本书为国家社会科学基金重点项目
"政府公共服务质量评价体系研究"
（项目批准号 12AGL009）
的最终成果

南开公共管理研究丛书

政府公共服务质量评价体系研究

Research
on the Evaluation System
of Government Public
Service Quality

沈亚平◎主编

天津出版传媒集团

天津人民出版社

图书在版编目(ＣＩＰ)数据

政府公共服务质量评价体系研究 / 沈亚平主编. --
天津：天津人民出版社，2019.12
（南开公共管理研究丛书）
ISBN 978-7-201-15779-5

Ⅰ.①政… Ⅱ.①沈… Ⅲ.①地方政府－社会服务－
质量评价－研究－中国 Ⅳ.①D625

中国版本图书馆 CIP 数据核字(2020)第 019385 号

政府公共服务质量评价体系研究
ZHENGFU GONGGONG FUWU ZHILIANG PINGJIA TIXI YANJIU

出　　版	天津人民出版社
出 版 人	刘　庆
地　　址	天津市和平区西康路35号康岳大厦
邮政编码	300051
邮购电话	（022)23332469
电子信箱	reader@tjrmcbs.com

责任编辑	王佳欢
装帧设计	卢炀炀

印　　刷	天津新华印务有限公司
经　　销	新华书店
开　　本	710毫米×1000毫米　1/16
印　　张	24.5
插　　页	2
字　　数	360千字
版次印次	2019年12月第1版　2019年12月第1次印刷
定　　价	108.00元

总　序

改革开放以来,中国行政学恢复研究已经历了三十多年。三十多年来,行政学伴随着改革开放的发展而发展,在与行政改革和行政发展实践的互动中奠定了理论根基,并不断地开拓自身的研究疆域,在中国社会科学的学术土壤上茁壮成长,如今已成为最富有生机和活力的学科之一。

作为学科,其建设至少包含研究队伍、科学研究、人才培养和学术声誉四个要素,它们综合水平的高低体现着该学科的整体实力。从较为宏观的角度来看,行政学作为社会科学重要的组成部分,其研究队伍从改革开放初期的从无到有、从弱到强,已经完成了从"转行"出身到"科班"出身的转换,一大批中青年的专业研究人才崭露头角,成为行政学研究领域的重要力量。在科学研究方面,各个梯次的研究队伍伴随着当代中国行政改革实践的发展,深入地探讨了行政系统各个内在要素及其相互之间的关系、行政系统与其环境之间的关系,全方位地探讨了与行政发展相关的重大问题,并形成了较为丰富的研究成果。这些成果源于行政改革实践,并对行政改革实践发挥着重要的指导意义。从人才培养来看,随着中国行政管理专业人才需求的增长,高等学校陆续设置了相关专业,至今已经形成了包括本科、硕士(专业硕士)和博士在内的完整的人才培养体系,为行政学的学科发展培育了一大批新生的学术力量,也为提高政府机关的整体素质提供了有力的保障。在学术声誉方面,行政学科自恢复研究以来,以其理论与实际相结合,积极构建中国特色行政学科,主动参与行政改革实践,努力解决当今中国行政发展与发展行政的重大问题,而在中国的社会科学领域确立了自己的地位,并赢得了良好的学术声誉。

如今,中国的经济、社会和人们的社会生活发生了巨大的变化,国内外的行政学科也取得了很大的进展。具有社会性、综合性、动态性特点的行政学,应当对这种变化给予更大的理论自觉。在以后的理论研究中,应当突出需求导向和前沿导向。所谓需求导向,就是行政学的研究要瞄着国家发展中的战略课题,运用新理论、新方法和新技术解决经济、社会进步和政府自身发展中的重大问题。马克思曾经指出:"理论在一个国家的实现程度,决定于理论满足这个国家的需要的程度。"邓小平也曾指出:"深入研究中国实现四个现代化所遇到的新情况、新问题,并且作出有重大指导意义的答案,这将是我们思想理论工作者对马克思主义的重大贡献。"行政学能否取得其应有的学术地位,关键因素之一就是它在多大程度上研究了行政管理自身和社会发展中的重大问题,并且为政府提供了多少富有创造性的、行之有效的对策。所谓前沿导向,即追寻国外行政学发展的最新趋势和最前沿课题,将其与中国行政改革和社会发展实践相联系,努力形成新观点,构建新理论,积极推进世界行政学科的发展。

党的十八大在新的社会历史条件下对我国的行政改革提出了新的要求。在政府和社会的关系方面,深入推进政企分开、政资分开、政事分开、政社分开;在政府建设方面,构建职能科学、结构优化、廉洁高效、人民满意的服务型政府;在政府职能及其转变方面,深化行政审批制度改革,继续简政放权,推动政府职能向创造良好发展环境、提供优质公共服务、维护社会公平正义转变;在行政体制改革方面,稳步推进大部门体制改革,健全部门职责体系;在行政技术方面,创新行政管理方式,提高政府公信力和执行力;在管理效率方面,严格控制机构编制,减少领导职数,降低行政成本;在事业单位改革方面,推进事业单位分类改革;在改革部署及其实施方面,完善体制改革协调机制,统筹规划和协调重大改革。

此外,党的十八大报告提出,在改善民生和创新管理中加强社会建设,加强和创新社会管理,加快推进社会体制改革,加快形成党委领导、政府负责、社会协同、公众参与、法治保障的社会管理体制,加快形成政府主导、覆盖城乡、可持续的基本公共服务体系,加快形成政社分开、权责明确、依法自治的现代社会组织体制,加快形成源头治理、动态管理、应急处置相结合的社会管理机制,提高社会管理科学化水平,推动社会主义和谐社会建设。

以上论述为中国的行政改革和社会管理发展指明了方向,也为行政学科的研究提出了新的课题。行政学应当按照上述新的要求迈向新的研究征程,争取为我国的经济、社会发展提供理论指导和应用支撑。

南开大学的行政学科建设起步于 20 世纪 80 年代中期,在新的世纪取得了长足的进步。除了设有行政管理本科专业之外,还设有公共管理一级学科硕士点和一级学科博士点。在公共管理一级学科硕士点下设行政管理、社会保障、教育经济与管理三个二级学科硕士点;在公共管理一级学科博士点下设行政管理、教育经济与管理两个二级学科博士点。多年来在教学和科研中,不仅培养出一批优秀的专业人才,而且发表和出版了一批优秀的科研成果。为进一步推进行政学科的理论研究,我们和天津人民出版社一道策划了"南开公共管理研究丛书",搭建南开行政学科教师和学生科研成果的展示平台。希望通过我们的努力,为中国行政学科的发展做出我们应有的贡献。

沈亚平

2013 年 3 月于南开园

目　　录

导　论

满足公众基本公共服务需求,提升基本公共服务质量,不仅是当今中国各级政府的基本职责,也是各级政府追求的目标之一。质量评价是实现质量改善和提升的基本手段:一方面,通过基本公共服务评价不仅可以控制政府部门有效依法履职,进而规范政府公共服务行为,同时还可以提升公众对政府的信任度和满意度;另一方面,在质量评价的约束下可以促成政府部门质量意识和质量文化的形成。为此,需要对基本公共服务质量评价的理论基础和实践发展等进行研究,以促进基本公共服务质量的持续改进,满足日益增长的公共服务需求。

一、政府公共服务质量评价的兴起与发展

由于社会环境的多变性和复杂性、政府与公民关系的特殊性、公共服务范围的广泛性,以及服务过程中影响因素的不确定性,加之质量概念的模糊性,致使对基本公共服务质量评价出现一定难度。但关于公共服务质量评价的理论与实践仍然在世界范围内兴起与发展。

(一)政府公共服务质量评价理论的缘起

关于公共服务评价的理论大体上可以总结为全面质量管理理论(公共部门质量管理理论)、成本效益分析理论(公共部门绩效评估理论)和客户关系管理理论(顾客满意度理论)等。这些理论为公共服务供给的"事前""事中""事后"三个阶段的质量监控和测评提供理论支撑。

1. 全面质量管理理论

公共部门质量管理起源于全面质量管理理论。美国学者费根堡姆于1961年最早提出"全面质量管理"概念。他认为,它是"为了能够在最经济的水平上,考虑到充分满足顾客要求的条件下进行市场研究、设计、制造和售后服务,把企业内各部门的研制质量、维持质量和提高质量的活动构成一体的一种有效体系"[①]。在中国,有研究者将"全面质量管理"定义为"一个组织以质量为中心,以全员参与为基础,目的在于通过让顾客满意和本组织所有成员及社会受益而达到长期成功的管理途径"[②]。从上述全面质量管理的定义可以看出,其有三个核心要素:一是"以质量为中心",二是"以全员参与为基础",三是"让顾客满意及社会受益"。

首先,全面质量管理的管理对象是"质量",因此以质量为中心的含义就是将"质量"作为管理全程的核心内容。若以全面质量管理为视角,"质量"是指某产品或服务满足规定,并且满足潜在顾客需要的特性总和。在这里,全面质量管理理论把质量和顾客自然而然地结合在一起。满足顾客的要求是任何产品或服务必须具备的质量特性,这种特性决定了"以质量为中心"等同于"以顾客为中心"。

其次,在全面质量管理理论看来,任何产品的质量都与生产这一产品的组织及其员工的工作有直接或间接的关系。因此,全员参与质量管理是提高产品和服务质量的有效手段和必经之路。

最后,在德鲁克看来:"企业的目的只有一种适当的定义:创造顾客。"[③]对所谓顾客的理解可有不同视角,但大多数人将其描述为购买并消费产品或服务的人,即"最终消费者"。当然,"最终消费者"也包括生产产品的组织内部人员。正如迈克尔和斯坦指出的那样:"顾客是一个群体,既包括组织的

---

① 杨林岩、詹联科:《全面质量管理理论在我国公共部门的运用分析》,《科学学与科学技术管理》,2006年第6期。

② 中国标准化与信息分类编码研究所等:《GB/T6583-1994 ISO8402:1994 质量管理和质量保证的术语》,中国标准出版社,2004年,第8页。

③ [美]彼得·F.德鲁克:《管理任务、责任、实践》(上),孙耀君等译,中国社会科学出版社,1987年,第82页。

外部顾客也包括组织的内部顾客——组织员工，两者的差异在于组织服务的对象有所不同。"①因此，让顾客满意和社会成员受益是提高公共服务质量的最终目的。

2. 成本效益分析理论

公共部门绩效评估起源于成本效益分析理论。从管理学的视角看，效益是一切组织进行内部管理的目标追求，管理是追求效益的手段和过程。作为经济决策方法之一的成本效益分析法，主要是将某一项目所消耗的全部成本与其产生的效益进行比对，来评价该项目所带来的价值。而通过这样的分析，不仅可以促进组织降低成本，更可以提高组织效益。作为公共部门的政府组织，是以利用公共资源为前提来提供公共服务的，但公共资源的利用也必须遵循经济性和效益性原则。因此，通过成本效益分析的理论与方法对政府公共服务予以评价，可以促进政府部门科学决策并改进公共服务的流程及其产出，提高公共服务质量。

3. 客户关系管理理论

公共部门的顾客满意理论起源于客户关系理论。随着电子政务的日益深入发展，为公共部门的客户关系管理提供了有效手段和技术平台，尤其是在互联网技术的推动下电子政务系统被广泛应用，公共部门可以为社会提供多种类和个性化的全天候政府信息服务，不仅推动了服务型政府的建设，也增强了社会公众主动参与社会事务的管理意识。因此，在这一实践背景下，"以服务为根本，以客户为核心"客户关系理论便逐渐被引入公共管理领域，其主要体现为顾客满意度理论。这一理论不仅拓展了政府与社会的沟通渠道，也便捷了政府与社会的沟通方式，并改善了政府的公众形象。

(二)政府公共服务质量评价实践的发展

美国学者约瑟夫·朱兰曾指出，21世纪是质量的世纪。"质量和顾客满意是21世纪公共管理的主题。"②在20世纪末期，伴随公共行政模式的转变，提升政府公共服务能力和水平已成为社会发展的基本要求。因此，构建和完

---

① 尤建新、张建同、杜学美:《质量管理学》，科学出版社，2003年，第28页。
② 周志忍:《政府管理的行与知》，北京大学出版社，2008年，第46页。

善公共服务体系便成为世界各国政府的共同追求。质量是所有服务的首要要求,公共服务也不例外。正因如此,"质量"一词逐渐突破了商业领域的限制而拓展到公共领域。

以提高公共服务质量为核心的行政改革运动于 20 世纪 80 年代初期在西方国家掀起。其目标不仅仅是为了降低政府的行政成本和提高政府的行政效率,更主要的目的是要建立一个"低成本"基础上的"高质量"政府。在这一目标的驱使下,企业的质量管理方法与实践不断被世界各国政府引入到公共部门的管理领域,例如绩效管理、全面质量管理、标杆管理等。人们试图通过这些方法和技术,改善公共服务质量以提高公共服务的满意度。

1. 英国政府的公共服务质量评价实践

从英国政府的改革和质量评价实践看,以"经济和效率"为核心的评估是其改革实践的初期目标,但随着改革的不断深入,"质量和效益"成为这场改革的核心内容。例如,撒切尔政府时期推出了"雷纳评审",其目的是要缓解政府面临的财政危机,其主要措施是将私营领域的管理原则、技术和方法,导入公共管理部门,对政府公共服务行为和结果进行调查、研究、审视与评估,并以此来降低公共开支和提高公共管理效率。不难看出,其评审的重点在于公共服务的"经济性"和"效率性"。时至 20 世纪 80 年代末期,由于公共部门对"经济和效率"的过度追求,虽然在这方面取得了较为显著的效果,但这样的追求也导致公共服务质量问题凸显。

因此,90 年代的梅杰政府将其改革的重心转向了公共服务质量。为了提高公共服务质量和公民对政府的满意度,英国政府开展"公民宪章"和"竞争求质量"运动。在这样的运动中调整了政府的评估方式、评估内容,即由政府机构内部评审改为社会公众参与的外部评估方式;由侧重于机构的服务能力转为强调公共服务质量的评估内容。这样的调整同时也带来了评估结果直接向政府的服务对象即社会公众负责。

在上述政府质量改革措施的基础上,布莱尔政府更加强调服务质量,试图打造一个"能给人民更好生活的更好的政府"。因此,在 1999 年布莱尔政府推出了"政府现代化"计划,以期通过改革政府的服务方式,为公众提供优质的公共服务。"公共服务协议"就是在这样的背景下产生的,该协议的重点落在了公共服务的质量改善和政府责任感的提升及业绩的改进上,试图促进以公共服务为主线的部门合作,进而保障跨部门的公共服务质量。

通过上述考察可以发现,英国政府的质量实践,无论是基于竞争的质量机制还是基于合作的质量策略,其目的都是为了改进政府公共服务质量和提高政府公共服务满意度。

2. 美国政府的公共服务质量评价实践

绩效评估是美国政府改革和质量评价实践的主要特色。美国的绩效评估兴起于20世纪40年代后期,并在绩效预算和标准改革方案的推动下大规模兴起。但是该时期美国政府改革的目的在于,将评估者的注意力从政府服务的投入转向产出。因此,50年代的美国政府为了强调政府部门的经济性和效率性,进而推出了预算管理改革方案,"经济性和效益性"也同时成为政府绩效评估的重要内容。60至70年代,联邦政府为了实现提高政府效率和控制预算的目的,试图将政府部门的活动、计划和目标等与部门的预算及资源分配相关联,又相继出台了《日落法》和"计划—项目—预算制度",来迫使政府部门定期对自己活动和规章的结果进行评估和加强预算控制。80年代以来,为了推行全面质量管理,美国联邦政府于1993年出台《政府绩效与结果法案》,这标志着美国政府部门的评估核心转向了质量。该法案还严格要求政府对质量和管理负责,且十分强调评估结果、服务质量和顾客满意的重要性。

以质量为核心的行政改革运动风靡全球。除英、美以外,加拿大、澳大利亚、新西兰等许多国家也相继加入了这场运动。例如加拿大,以往的政策评价主要的关注焦点是投入,为了改变这种现状,加拿大政府推出了《管理责任框架》,倡导评价的核心应是服务的供给质量与政策整合,关注的焦点应该是产出和结果以及政府的公信力。

尽管上述国家的行政改革策略不同,但不难看出,"质量管理"和"公众满意度"是这场改革运动的核心内容。伴随行政改革运动的不断深入,公共服务质量和公众满意度作为政府评估的一种主流范式,现阶段已被世界多数国家所认同。"公共服务的思想与观念,更多地使用与质量相关的词汇,而较少使用与效率和效果相关的词汇。质量概念过去是否以被消费者认可和接受的方式阐明过,这还是个值得怀疑的问题。然而,这还不是关键所在。现在强调的是地方政府在态度和思想上发生了改变,这种改变创造了一种把质量概念当成将政治的、行业的、技术的、管理的、消费者和公民的绩效标准一起使用的机会,这种机会在以前不可能发生。"[1]而且"质量概念作为下一个十年公共服务必经的根本变革,是因为它对传统服务本质的假定提出了挑战,对质量的研究以及对公共服务中传统的控制方式,尤其是直接的专业控制方式提出了挑战"[2]。"在这一新的哲学中,质量不再是需要兼顾的因素,而是管理者的核心工作。"[3]由此,"西方发达国家在政府评估方面已经基本实现了由'效率优位'向'质量优位'的过渡,'质量'和'顾客满意'成为这一时代他们共同的价值追求"[4]。

3. 我国政府的质量战略

伴随人们物质和文化需求的不断提高,我国政府加快了建设质量强国的步伐,以保障和改善人们的生活质量。为此,政府采取了多种质量措施,并制定了多项质量战略以提高国家的整体质量水平。为了促进各地方政府开展质量实践活动,我国于 1996 年颁布实施《质量振兴纲要(1996—2010)》,国务院于 2011 年再度出台了《质量发展纲要(2011—2020)》,这一质量发展的中长期规划的宗旨在于推动地方政府重视和解决目前较为突出的质量问题;监察部于 2012 年颁发了《关于印发 2012 年政府绩效管理工作要点的通知》(监发〔2012〕6 号),其中提出:对各级地方政府贯彻落实《质量发展纲要》情况考核时,一定要将绩效管理与监督检查工作结合起来,并将质量安全与质量发展作为专项绩效管理纳入 2012 年政府绩效管理工作要点。

---

① 于军:《英国地方政府行政改革研究》,国家行政学院出版社,1999 年,第 196 页。

② Isgrove Robert,Patel Anoop:Quality Progress in UK Social Services Departments:An Exploratory Study,*The International Journal of Public Sector Management*,1993.Vol.6,Issue:6.Start p.55. 转引自王庆峰:《国外公共部门质量管理机制研究》,中国经济出版社,2007 年,第 8 页。

③ LoSardo,Mary M.,Rossi,Norma M.,*At the Service Quality Frontier:A Handbook for Managers, Consultants and Other Pioneers*,Wisconsin:ASQC Quality Press,1993,pp.1–2.

④ 周志忍:《质量与顾客满意:21 世纪管理的主题》,《新视野》,2000 年第 4 期。

从我国政府公共服务质量实践的具体情况来看，各级政府都比较重视将 ISO9000 质量认证体系导入公共部门的质量实践。据中新社报道："在 2009 年时我国就已经有 2000 多个政府通过了 ISO9000 质量管理体系认证，实现了机构行政程序的规范化和标准化建设。"①"截至 2012 年底，全国共有 23 个省（区、市）、90 个市（地、州）设立了政府质量奖，有 25 个城市成为首批'全国质量强市示范城市'。"②由此可见，服务质量不仅已经成为衡量我国政府绩效水平的重要指标之一，而且也是我国政府行政追求的核心内容。

二、政府公共服务质量评价的意义

质量构筑了保护人类生存的大堤，当然，在"质量大堤"保护下生存的人类更是"质量大堤"的构筑者。作为公共事务管理者的政府，其自身的质量管理水平和公共服务质量水平，不仅关系到公众的日常生活质量，更关系到整个社会的总体质量水平，以致近年来社会各界尤其是学术界对如何科学有效地管理与改进我国政府公共服务供给质量倍加关注，并使其成为学界研究的焦点问题。公共服务质量的改进与提升一定会涉及质量评价，有效评价是管理与改进的前提和基础。因此，研究基本公共服务供给质量将具有重要的理论价值和现实意义。

（一）以质量评价促进政府公共服务质量管理

作为一种重要测评方式的质量评价是质量管理的核心环节，政府开展质量管理也是以此为前提和基础。它不仅可以判断政府服务行为和服务结果并以此鉴别和控制政府公共服务质量和水平，同时也能促进政府部门对其工作中存在的质量问题以及政策、规划中的不合理因素加以调整和改进，使其逐渐趋于合理。

---

① 《我国逾 2000 个政府部门通过 ISO9000 认证》，http://www.jmnews.com.cn/c/2009/09/03/14/c_5948925.shtml，（2009-09-03）[2013-06-25]。

② 《我国已有 23 个省份设立政府质量奖》，http://news.xinhuanet.com/politics/2013-01/08/c_114298 813.htm，（2013-01-08）[2013-09-21]。

质量不仅是现代政府行政和评估的核心内容，也是服务型政府的内在要求。加强对政府公共服务质量研究，一方面，可以有效把握政府绩效评估的要旨，进而充分体现现代政府行政的本质；另一方面，也可以有效促进政府对公共服务质量及其相关问题的高度重视，从而推进服务型政府建设和我国政府的行政改革进程，使其适应时代发展需要，更好地服务于社会和公众。

（二）以质量评价促进政府公共服务行为的规范

提供公共服务和社会事务管理，满足公众和社会需求是政府的基本职能及存在的基本前提之一。在此意义上可以将政府行政的核心过程理解为政府履行职能为社会提供服务的过程。政府在履责过程中必须依法行政，才能有效保证其公共服务质量。以公共服务质量评价为手段，对政府部门的服务质量进行评价，一定程度上可以增强政府部门对其行政过程的关注，使其自律意识加强；同时，在客观上也使政府部门的行政行为处于一种受控状态，进而达到规范政府服务行为的目的。不仅如此，通过公共服务质量评价，还能潜移默化地在政府部门中形成一种质量文化和质量意识，从源头上规范政府的行政行为并改善其公共服务质量，进而提升公众对政府的信任度和满意度。

（三）以质量评价促进政府服务理念落实

伴随现代社会的日趋进步，人们的生活越来越依赖公共设施和公共服务，为社会和公众提供公共产品和服务更是政府存在的基本前提。因此，以公民取向为理念的服务型政府更加强调自己的服务职能，为社会和公众提供有效、优质和完善的公共服务以实现社会和公众利益最大化是公共行政的最终目标。然而在实践中，由于多种主客观因素的干扰，政府在履行公共服务职责时往往会在特定条件下出现服务异化现象，诸如服务的不对称性、公共资源配置的不公平性等。导致这些问题的主要原因，除了客观上监督体制的不完善和公众参与的缺失外，还有主观上服务意识薄弱的因素。通过公共服务质量评价，不仅可以从客观角度监督政府的公共服务行为，也可以在主观上促进政府服务理念的落实。从本质上讲，政府公共服务质量的好坏、服务是否满足了社会和公众的需求，应该由社会公众来评价，而不是仅仅由政府自身进行评价。质量评价是一种重视公众参与的评估方式，并将研究重点置于政府为社会公众提供服务的质量问题上。这将在客观上推动和促进政府部门从社会和公众的角度思考问题，以人民利益为出发点有效履行和实施公共服务职责；同时也将在主观上确立和巩固为人民服务的行政理念，促进服务型政府的建设。

（四）以质量评价提高公共服务效果

"近年来，效果的概念越来越引起人们的广泛关注，特别是政府机构的质量这一层面，人们力求建立一个以效果为导向的管理机制。在公共管理领域对效果的关注，有利于促进把评估与质量改进两者紧密联系起来。"[①]"管理活动的质量要以获得的效果加以测量，'因为只有预期的效果得以实现，国家的任务才能得以完成'这一观点得到了广泛的认同。"[②]正因如此，在政府公共服务质量评价中，除了公共服务过程质量的测评外，公共服务的效果评价更是质量评价的关键环节。从行为科学的视角看，效果以行为为前提，公共服务效果产出于政府部门的服务行为。因此，公共服务效果的测评是公共服务质量研究的主要内容之一。对公共服务效果的关注和测评可以从不同侧面了解政府公共服务效果的信息和服务行为所产生的社会效应，以便全面充分把握政府公共服务行为的质量水平，并进一步了解公众的公共服务需求，及时有效地识别和处理公共服务过程中存在的某些问题，形成下一周期的优质、科学的公共服务决策。

---

① ［德］赖因哈德·施托克曼：《非营利性机构的评估与质量改进：效果导向质量管理之基础》，唐以志、景艳燕等译，中国社会科学出版社，2008 年，序。

② 同上，第 62 页。

三、核心概念、研究方法及研究框架

（一）核心概念

1. 服务质量

"服务是否能达到预设的标准"[①]是20世纪70年代列维特首次对"服务质量"作的解释。但学界普遍认为服务质量与有形产品的质量相比,存在较大区别。"服务质量既是服务本身特性的总和,也是消费者感知的反应。"[②]因此,学者们认为,服务质量的测评存在两个指标:一是服务本身的特性,二是服务预设的标准。以这两个指标为核心,学者们对服务质量的概念内涵进行了研究。由于服务具有无形性、不可分割性、异质性和易逝性等特点,因此导致其与有形产品的质量不同,服务质量无法固化在某一物质实体上,更不能通过技术特性进行客观界定,也无法统一制定一个公认的客观标准加以衡量;而且服务的"质量"形成于服务供给者与服务消费者的接触过程中,也正是这种过程性致使不同顾客或者同一顾客在不同时间、不同地点和不同条件等情况下,对服务质量的感知并不相同,以致表现出较强的差异性。这样看来,服务质量与顾客的感知密切相关,它是建立在顾客需求和期望基础上的一种感知质量。

此外,从联系的角度看,社会和公众对服务质量的感知某种程度地要受到服务系统内部管理质量和支持系统本身质量的影响。格罗鲁斯把服务质量分为"技术质量"和"功能质量"。在这里"技术质量"被解释为顾客通过消费服务产品所获得的东西,而"功能质量"被解释为顾客如何获得服务。随着质量观的变化和发展,目前关于服务质量的理解愈加深刻和宽泛,已不再局限于当初的消费者对服务过程和服务功能的感知,同时也涵盖了消费者对服务的整个流程中各个环节质量的感知。消费者对服务质量的评价也已成

[①] Levit R.C.,Booms B.H.,*The Marking Aspects of Service Quality in Emerging Perspectives on Service Marketing*,Chicago:American Marketing,1983,pp.99–107.

[②] 熊伟:《基于顾客导向的供应链服务质量概念模型研究》,《商业研究》,2013年第9期。

为对整个服务流程中各个环节、各个要素的综合性评价。基于此,我们认为"服务质量"是消费者的一种主观感知,它不仅包含了消费者对服务过程和服务功能的感知,同时也涵盖了消费者对服务行为和服务态度以及服务方式的综合感知。

2. 基本公共服务及基本公共服务质量

关于基本公共服务的疆域,学界的认识基本一致,即由政府提供的旨在保障全体公民生存和发展基本需求的基础教育、医疗卫生、基础设施、劳动就业和社会保障、公共文化、公共安全以及生态环境等产品和服务。我们结合国际标准化组织在 ISO9000:2000《质量管理体系——基础和术语》中,关于质量的界定来诠释基本公共服务质量的内涵:基本公共服务的质量是在公共精神前提下的符合预先设定的程序规范,满足预先设定的效果要求,以正确的方式实现功能最大化的基础上,由政府部门所提供的基础教育、医疗卫生、基础设施、劳动就业和社会保障、公共文化、公共安全以及生态环境等产品和服务所具有的特性满足社会和公众要求的程度。另外,由于基本公共服务的"基本型",对其质量的考察要在法律法规的前提下更多地从满足服务对象需求和期望的角度加以识别,因为服务对象的质量要求一定程度上体现了政府以人为本的服务理念,也能间接体现政府部门的民主性和廉洁性;而法律法规的尺度可以衡量政府的法制性。

3. 基本公共服务质量评价

服务质量评价不同于服务质量考核,两者比较而言,服务质量考核更侧重于内部评估,侧重于上级主管部门对下属机构的质量检查;而质量评价则更侧重于测评的外部性,注重外部评价主体对服务质量的看法。基于上述"服务质量""基本公共服务""基本公共服务质量"等概念内涵的分析,我们认为:基本公共服务质量评价,是对在公共精神前提下的符合预先设定的程序规范,满足预先设定的效果要求,以正确的方式实现功能最大化基础上的由政府部门所提供的基础教育、医疗卫生、基础设施、劳动就业和社会保障、公共文化、公共安全以及生态环境等产品和服务所具有的特性满足社会和公众要求的程度的价值判断与衡量。

(二)研究方法

方法是科学研究的工具,它是达成科学研究目标的中介,能否恰当选取有效的工具,决定了研究能否成功。本书的研究方法主要有访谈与文献分析相结合的研究方法、系统分析法、多学科综合与比较分析相结合的研究方法,以及定性分析与定量分析相结合的研究方法等。

1. 访谈与文献分析相结合的研究方法

访谈法是社会科学研究领域常用的调查研究方法之一,是研究者根据自己的研究目的、研究问题的性质以及对象的不同所进行的有组织、有计划地与访谈对象进行交谈,并以这种方式来获取研究所需资料的方法。而文献分析是指通过以研究主题为核心而进行的相关文献检索、资料收集以及加工和处理,并在此基础上进一步了解与研究主题相关研究的最新进展情况,以把握该研究领域的研究动态和变化趋势。本书在访谈的基础上掌握了较为充分的地方政府公共服务的现实情况,同时在通过文献分析充分掌握国内外关于服务质量和基本公共服务质量研究状况的基础上,系统地分析了基本公共服务的内涵、范围、作用和意义等,为基本公共服务质量评价的研究提供了坚实的理论基础和充分的现实依据。

2. 系统分析法

"系统分析法是将相关行政活动进而整个行政过程乃至社会环境视为一个有机整体,着重研究各个相关部门的交互影响,双向往来,动态平衡,彼此关系,进而寻求最优化的行政选择。"①我们将政府作为一个系统,分析它提供基本公共服务的理论前提和现实依据、内容、评价指标和评价方法及评价主体等相互之间的联系,并在此基础上构建基本公共服务质量评价体系。

3. 多学科综合与比较研究相结合的研究方法

公共服务实践覆盖社会的方方面面,其理论内容涉及众多学科,而公共服务质量问题更是一个范围广、内容多的复杂问题。因此,对公共服务质量及其评价问题的研究需要从不同学科视角进行理解和分析。本书试图从多

---

① 张国庆:《公共行政学》,北京大学出版社,2009年,第9页。

学科视角出发,并结合比较研究方法,在已有研究文献资料的基础上对基本公共服务质量的概念内涵和特质属性进行全面剖析。比较研究是指对事物之间的相似性或相异性进行研究和判断的方法。通过比较研究,有助于辨别不同类事物之间的异同点,从而得出科学的结论。本书通过对服务质量、基本公共服务及其质量和基本公共服务质量评价的不同特性进行比较研究,以便准确地把握这四个概念之间的异同,为构建基本公共服务质量评价体系提供理论依据。

4. 定性与定量分析相结合的研究方法

定性分析与定量分析是人们认识、分析事物的两种方式。定性分析法又称为非数量分析法,具体而言,是指研究者借助自身对事物的经验、知识、观察以及主观的判断和分析能力,运用归纳和演绎、分析与综合以及抽象与概括等方法,对获得的各种材料进行思维加工,从而达到认识事物本质、揭示事物内在规律的研究方法。而定量分析法是指依据统计数据,建立数学模型,并用数学模型计算出分析对象的各项指标及其相互之间的关系,并以此揭示事物的内在规律,达到认识事物本质的研究方法。定性与定量分析具有内在统一性和互补性。一方面,定量分析以定性分析为基础和前提,无定性的定量是一种盲目且毫无价值的定量;另一方面,定量分析使定性分析更加准确而科学,并可以促使定性分析得出广泛而深入的结论。本书通过定性分析方法研究基本公共服务质量评价的理论依据、基本公共服务评价的内容、基本公共服务供给主体、评价主体等,并通过定量分析方法研究基本公共服务评价的现实依据、评价指标和评价方法等,进而从理论与实践两个方面为基本公共服务质量评价体系的构建提供科学、可靠的依据。

(三)研究框架

本书研究的主体框架主要分为评价基础、评价内容、指标方法和主体实施四部分内容。评价基础部分包括:政府公共服务质量评价的理论依据、政府公共服务质量评价的现实依据;评价内容部分包括:政府基本物质保障服务质量评价、政府基本安全保障服务质量评价、政府基本生活意义保障服务质量评价;评价指标方法部分包括:政府公共服务质量评价体系设计、基本公共服务质量评价模型及赋权方法;评价主体实施部分包括:政府公共服务质量评价的主体与对象、政府公共服务质量评价程序等。

参考文献

一、著作类

1.Isgrove Robert,Patel Anoop:Quality Progress in UK Social Services Departments:An Exploratory Study,*International Journal of Public Sector Management*,1993,Vol.6. 转引自王庆峰:《国外公共部门质量管理机制研究》,中国经济出版社,2007 年。

2.Levit R.C.,Booms B.H.,*The Marking Aspects of Service Quality in Emerging Perspectives on Service Marketing*,Chicago:American Marketing,1983.

3.LoSardo,Mary M.,Rossi,Norma M.,*At the Service Quality Frontier:A Handbook for Managers*,Consultants and Other Pioneers,Wisconsin:ASQC Quality Press,1993.

4.[德]赖因哈德·施托克曼:《非营利性机构的评估与质量改进:效果导向质量管理之基础》,唐以志、景艳燕等译,中国社会科学出版社,2008 年。

5.[美]彼得·F.德鲁克:《管理任务、责任、实践》(上),孙耀君等译,中国社会科学出版社,1987 年。

6.尤建新、张建同、杜学美:《质量管理学》,科学出版社,2003 年。

7.于军:《英国地方政府行政改革研究》,国家行政学院出版社,1999 年。

8.张国庆:《公共行政学》,北京大学出版社,2009 年。

9.周志忍:《政府管理的行与知》,北京大学出版社,2008 年。

二、文章类

1.熊伟:《基于顾客导向的供应链服务质量概念模型研究》,《商业研究》,2013 年第 9 期。

2.杨林岩、詹联科:《全面质量管理理论在我国公共部门的运用分析》,《科学学与科学技术管理》,2006 年第 6 期。

3.周志忍:《质量与顾客满意:21 世纪管理的主题》,《新视野》,2000 年第4 期。

第一章　政府公共服务质量评价的理论依据

政府公共服务质量评价作为一种重要的实践活动，需要一定的理论进行指导。本章将重点对政府公共服务质量评价的两种理论依据进行介绍和分析：一种是政府公共服务理论，其作为政府公共服务质量评价的价值性理论基础，包括公共物品理论、公共治理理论和社会正义理论等子理论；另一种是政府公共服务质量评价理论，其作为政府公共服务质量评价的工具性理论基础，包括政府绩效评估理论、公共部门质量管理理论等子理论。通过对相关理论的阐述和分析，将为更好地理解和开展政府公共服务质量评价活动提供有益帮助。

第一节　政府公共服务理论

一、公共物品理论

（一）公共物品的内涵

"公共物品"（Public Goods）是经济学与公共管理学领域的一个重要概念。其最早由瑞典经济学家林达尔在 1919 年提出。在《公平税收》一文中，林达尔分析了两个消费者共同纳税分担一件公共物品的成本问题，指出每个人在总税额中的应纳份额应与他从该公共物品消费中所享有的效用价值相等。虽然林达尔最早提出了"公共物品"这一概念，但其并未对这一概念的内涵和外延进行具体界定。此后，美国著名经济学家萨缪尔森则在推进公共物品理论发展方面发挥了关键性作用。1954 年,萨缪尔森在其《公共支出的纯理论》一文中提出:"公共产品必须是由集体中所有成员均等消费的商品,如果集体中的任何一个成员可以得到一个单位,那么该集团中的每一个成员也必须可以得到一个单位。每一个成员对商品的消费不会造成其他成员消费的减少。"①从该论述中可以发现,萨缪尔森主要是从非竞争性的维度对公共物品进行界定。1959 年,马斯格雷夫将萨缪尔森的"公共物品"概念进行了进一步的发展。马斯格雷夫认为,公共物品不仅具有非竞争性的属性,通常还具有消费的非排他性。②马斯格雷夫对公共物品的这一界定获得了主流经济学界的认同,成为公共物品的经典定义。根据这一界定,消费的非竞争性、非排他性是公共物品的基本属性。

(二)公共物品的特征

如上所述,消费的非竞争性和非排他性是公共物品的基本属性。除此之外,公共物品还具有消费的不可分割性、公益性等特征。

1. 非竞争性(nonrivalry)

竞争性是指随着消费者或消费数量的增加而引起的商品生产成本的增加、单个消费者从该物品中所得效用降低的现象。而公共物品是一种具有非竞争性的公共物品。公共物品的非竞争性是指一个人对某一公共物品的消费并不排斥、妨碍或影响其他个体对该产品的同时消费,也不会因此减少其他个体对该物品消费的数量和质量。这就是说,对于既定的公共物品产出,新增加的消费人数所带来的边际分配成本为零。③例如,大海中航行的船舶的增加并不会提升灯塔的建设和维护成本,增加一些人听广播、看电视并不会影响电台的发射成本,也不会降低单个消费者收看、收听节目的效果。

---

① Paul A. Samuelson,The Pure Theory of Public Expenditure,*The Review of Economics and Statics*,1954(36),pp.387-389.

② See Musgrave R. A.,*The Theory of Public Finance:A Study in Public Economy*,New York: McGraw-Hill,1959,p.10.

③ 参见赵成根:《新公共管理改革——不断塑造的平衡》,北京大学出版社,2007 年,第63 页。

2. 非排他性(nonexclusion)

排他性是一种物品具有可以阻止其他人使用该物品的特性，指某个消费者在购买并得到一种商品的消费权之后，就可以把其他消费者排斥在获得该商品的利益之外。所谓非排他性是指，某人在消费一种公共物品时，不能排除其他人消费这一物品(不论他们是否付费)。由于公共物品具有非排他性特征，因此公共物品被生产出来后，每个个体均可以在不付费的情况下而获得消费的权利。公共产品具有非排他性特征的原因在于：一方面，在技术上难以实现对非付费用户的限制消费；另一方面，排他即使是在技术上是可行的，其成本也将极为高昂。

3. 消费效用的不可分性(non-divisibility)

公共物品是一种面向全体社会成员提供的特殊物品，全体社会成员共同分享公共物品产生的效用，而无法将其分割为若干部分，由付费的个体进行单独享用。鉴于这一特性，公共物品一经被生产出来，社会成员一般没有选择余地，只能被动地接受。同时，各个社会成员对公共物品的消费均是等量等质的。如以国防为例，单个社会成员无法获取异于他者的国防服务，即一个国家内的任何个体均必须受同样国防体系的保护。

4. 公益性(commonweal)

公共物品作为一种特殊的物品，其存在的价值在于满足公共利益的需要，实现公共价值。公共物品的共同消费特征或消费过程中的共用性，从其目的上来说具有共同受益性或公益性。随着社会的发展进步，公共物品的需求也随之增加。如在社会经济发展的推动下，交通、通信等越来越发达，社会保障、医疗、教育等公共服务的需求水平不断提升。有效的公共服务供给将提升全体社会成员的福利水平，这一点对于维护社会稳定，推动社会进步具有重要意义。

(三)公共物品的分类

对物品进行公、私两个维度的划分具有重要的现实意义。在公共物品理论被提出后，研究者针对公共物品与私人物品的不同特质设计了不同的制度安排。然而公共物品繁杂的种类决定了其内部的异质性。事实上，根据不同的分类标准和依据,可以将公共物品的种类进行进一步细分。

1. 根据公共物品利益影响的范围划分

根据公共物品利益影响的范围,可将公共物品划分为全国性公共物品、地方性公共物品和全球性公共物品。国防是一种典型的全国性公共物品,整个国家都在国防服务的保护之下;而图书馆或剧院的收益范围通常仅限于国家的某一地区,它们是地方性公共物品;而全球温室效应的治理、核武器的防扩散等的影响范围具有国际性特征,它们是全球性公共物品。[①]

2. 根据公共物品的形态划分

根据公共物品的形态,可以将公共物品划分为有形公共物品和无形公共物品两种类型。其中,有形公共物品又被称为硬性公共物品,其往往具备一定的可见形态,如医院、学校、公共图书馆、博物馆、公园、道路、桥梁等。而无形公共物品又被称为软性公共物品,其没有具体的实物形态。无形公共物品主要包括政府提供或实施的各种法律、公共政策、行政管理活动等。不论是有形公共物品,还是无形公共物品,它们都在推动经济发展、社会进步过程中发挥着不可替代的作用。

3. 根据公共物品是否是人类的劳动成果划分

根据公共物品是否是人类的劳动成果,可将公共物品划分为自然资源类公共物品和劳动类公共物品。自然资源类公共物品是天然生成与存在的,与人类的劳动无关。典型的自然资源类公共物品包括矿产资源、水资源、海洋中的渔业资源等。劳动类公共物品则是人类劳动的结果,如道路、灯塔、国防等均属于此类公共物品的范畴。

二、公共治理理论

(一)公共治理理论的兴起与发展

公共治理理论的发端可追溯至 20 世纪 70 年代。90 年代前后,治理理论

---

① 参见冷功业:《中国公共物品非营利组织供给研究》,西南财经大学博士学位论文,2010 年。

受到全球范围的广泛关注。在这一过程中，世界银行在公共治理理论的形成、发展和推广方面发挥了重要作用。1989 年，世界银行发布了名为"南撒哈拉非洲：从危机走向可持续增长"的报告。在该报告中，首次提出了"治理危机"（crisis in governance）一词。1992 年，世界银行发布了名为"治理与发展"的年度报告，对治理进行了较为系统的阐释。同年，联合国成立了"全球治理委员会"并创办了《全球治理》杂志，"治理"迅速成为政治学、公共管理学、行政学等众多学科探讨的热点概念，引发延续至今的研究热潮。①公共治理作为一种重要的理论创新，其兴起既是对社会发展现实的回应，也是社会科学发展内在规律作用的结果。具体分析，可以从以下三个方面对公共治理理论兴起的背景进行理解：

1. 福利国家危机的发生

20 世纪 70 年代以来，西方国家普遍面临着一种管理危机，而这种管理危机正是公共治理理论产生的社会根源。第二次世界大战以后，西方国家以凯恩斯主义为指导思想，施行政府对经济、社会的全面干预政策，公共事务处于政府部门的全面掌控之中。在这一时期，政府的职能和角色被大大强化，并推动建立了全面的社会福利系统，由此西方世界进入了"福利国家"阶段。然而 70 年代中期爆发的经济危机，使发达资本主义国家普遍陷入经济发展滞缓、财政赤字扩大、通货膨胀严重的困境，庞大的社会福利开支愈益成为国家财政的沉重负担，福利国家陷入进退两难的境地。同时，尽管政府存在职能扩张、机构臃肿、效率低下等问题，但公民却难以对公共管理过程实施有效的监督，使福利国家的政府不仅陷入了严重的财政危机，也深陷于信任危机之中。为应对福利国家危机，有学者提出要"以治理的方式应对市场或政府协调的失败"②，通过政府与市场之外的"第三只手"，即社会的力量，来解决国家发展中的现实问题。

---

① 参见何翔舟、金潇：《公共治理理论的发展及其中国定位》，《学术月刊》，2014 年第 8 期。

② ［英］鲍勃·杰索普：《治理的兴起及其失败的风险：以经济发展为例的论述》，转引自俞可平：《治理与善治》，社会科学文献出版社，2000 年，第 52~86 页。

2. 全球性公共问题的凸显

全球性公共问题是 20 世纪 90 年代以来国际社会面临的共同难题。较为典型的全球性问题包括全球气候变暖、国际恐怖主义、全球金融危机等。全球性问题的出现超出了单一国家的解决能力范围，任何一个国家均无法单独应对这些问题。同时，全球性问题的出现促进了"全球治理"(global governance)方式的孕育。全球治理的倡导者认为,面对全人类的共同难题,不仅要依靠各国政府、还需要各种国际组织、非政府组织、公民社会等其他非国家行为主体的参与。正如全球治理委员会所言:"在全球层面上,治理事务过去主要被视为处理政府间的关系,而现在必须这样理解,它也包括非政府组织、公民活动、跨国公司和全球资本市场。"①非政府组织在全球性公共事务治理中的参与改变了传统公共问题的解决方式,非政府组织与政府部门共同解决问题的现实活动需要用发展的理论作出解释,而治理理论的出现正是对这种理论需求的回应。

3. 全球性公民结社运动的兴起

20 世纪 80 年代,出现了一场全球范围内的"结社革命"。在这场"结社革命"中,不论是资本主义国家,还是社会主义国家,均涌现出了一大批民间组织。如美国的民间组织本来就很发达,二战后的发展更是迅速:1945 年,全美只有不到 10 万个非营利组织,至 20 世纪 60 年代中期增至 30 万个,到 80 年代末已达到 100 多万个。②在志愿服务传统较为盛行的英国,其民间组织规模也非常庞大。1990 年底,英国经过正式认定的慈善组织就有 27 万个。③同样,法国的民间组织和非营利部门在 20 世纪80 年代也获得了长足发展。到 1990 年,法国的非营利部门共雇用约 80 万人,占全部劳动力的 4.2%,其运营支出相当于国内生产总值的 3.3%。④不仅是在资本主义发达国家,发展中

---

① ［英］瓦尔·卡尔松、［瑞典］什里达特·兰法尔主编:《天涯成比邻——全球治理委员会的报告》,中国对外翻译出版公司,1995 年,第 2 页。

②④ 参见史柏年:《"全球性结社革命"及其启示》,《中国青年政治学院学报》,2006 年第 3 期。

③ 参见吴锦良:《政府改革与第三部门发展》,中国社会科学出版社,2001 年,第 380 页。

国家和社会主义阵营国家的民间组织也在此期间迅速发展。例如,在孟加拉国有近 10000 个注册的非政府组织;在斯里兰卡,萨沃达拉·希拉马达那运动已经组织了超过 8000 个村庄从事小规模的改良项目;在菲律宾,有 21000个非营利性组织;①在匈牙利,1982 年全国有 6570 个志愿组织,1989 年增加到 8514 个,1993 年增加到 23851 个,到 1995 年增加到 40000 多个。②全球公民结社运动的兴起使得民间部门成为政府和市场之外调控社会发展的第三种力量,意味着民间部门在社会公共事务管理中扮演着越来越重要的角色。全球公民结社运动在形式和内容上都极大地丰富了公共管理的内涵,为治理理论的形成和发展提供了现实基础。

(二)公共治理理论的内涵

"治理"一词源于拉丁文和古希腊语,原意是引导和操纵,主要用于与国家、社会的公共事务相关的管理活动和政治活动中。③而在现代公共治理理论的形成过程中,不同研究者或机构对治理的内涵进行了多元的阐释。作为治理理论的开创者之一詹姆斯·罗西瑙在其《没有政府的治理》一书中,把"治理"定义为一系列活动领域里未受到授权却能有效发挥作用的管理机制。罗西瑙认为,与统治不同,治理指的是一种由共同的目标支持的活动,这些管理活动的主体未必是政府,也无须依靠国家的强制力量来实现。换句话说,与政府统治相比,治理的内涵更加丰富。它既包括政府机制,同时也包括非正式的、非政府的机制。④

治理理论的另一位代表人物罗茨认为,治理意味着"统治的含义有了变化,意味着一种新的统治过程,意味着有序统治的条件已经不同以前,或是以新的方法来统治社会"。罗茨详细列举了六种关于治理的不同定义。这六种定义是:①作为最小国家的管理活动的治理, 它指的是国家削减公共开

---

① 参见何增科:《公民社会与第三部门》,社会科学文献出版社,2000 年,第 245 页。

② 参见王绍光:《多元与统一——第三部门国际比较研究》,浙江人民出版社,1999 年,第 262 页。

③ 参见俞可平:《治理与善治》,社会科学文献出版社,2000 年,第 1 页。

④ 参见[美]罗西瑙:《没有政府统治的治理》,转引自俞可平:《全球治理引论》,《马克思主义与现实》,2002 年第 1 期。

支,以最小的成本取得最大的效益。②作为公司管理的治理,它指的是指导、控制和监督企业运行的组织体制。③作为新公共管理的治理,它指的是将市场的激励机制和私人部门的管理手段引入政府的公共服务。④作为善治的治理,它指的是强调效率、法治、责任的公共服务体系。⑤作为社会—控制体系的治理,它指的是政府与民间、公共部门与私人部门之间的合作与互动。⑥作为自组织网络的治理, 它指的是建立在信任与互利基础上的社会协调网络。①

研究治理理论的另一位权威专家格里·斯托克对目前流行的各种“治理”概念作了一番梳理后指出,到目前为止,各国学者对作为一种理论的治理已经提出了五种主要的观点,分别是:①治理意味着一系列来自政府但又不限于政府的社会公共机构和行为者。②治理意味着在为社会和经济问题寻求解决方案的过程中存在着界限和责任方面的模糊性。③治理明确肯定了在涉及集体行为的各个社会公共机构之间存在着权力依赖。④治理意味着参与者最终将形成一个自主的网络。⑤治理意味着办好事情的能力并不仅限于政府的权力,不限于政府发号施令或运用权威。

我国治理理论研究专家俞可平认为,在关于治理的各种定义中,全球治理委员会的定义具有很强的代表性和权威性。根据全球治理委员会的界定,治理是“各种公共的或私人的个人和机构管理其共同事务的诸多方式的总和。它既包括有权迫使人们服从的正式制度和规则,也包括各种人们同意或以为符合其利益的非正式的制度安排”②。

(三)公共治理理论的主要特征

尽管当前的相关研究并未对“治理”的概念形成一致性的意见,但以上述关于公共治理理论内涵的介绍为基础, 仍然可以帮助我们把握公共治理理论的主要特征。

---

① 参见[英]罗茨:《新治理:没有政府的管理》,转引自俞可平:《全球治理引论》,《马克思主义与现实》,2002 年第 1 期。

② 俞可平:《治理与善治》,社会科学文献出版社,2000 年,第 1 页。

1. 治理主体的多元化

在传统的公共行政模式下,政府是对公共事务进行管理的唯一主体。治理理论认为,这种"全能型"政府模式侵占了本应属于社会力量发挥作用的领域,从而减损了社会主体的权利,并降低了公共事务的治理绩效。因此,治理理论认为,治理主体的多元化是公共事务治理有效性提升的必由之路。治理理论主张,不仅仅是公共部门,公民社会组织、私人部门、国际组织乃至公民个人都可以成为公共治理的主体。各种机构和组织,不管它是公共部门还是私营部门,只要行使的权力得到公众认可,就可能成为不同领域、不同层面上的权力中心。治理理论的治理主体多元化主张跳出了依靠正式权力部门解决公共问题的思维藩篱,使社会、市场中的行动主体与政府部门一道成为治理公共事务的重要力量。

2. 治理手段、方法的多样性

提升公共事务的治理水平是公共治理理论关注的重点问题之一。治理理论认为,传统公共行政模式下的管理手段和方法已经无法适应公共事务时代发展的要求,因此有必要改进公共事务的治理方式,综合运用各种治理手段和方法提升公共事物的治理绩效。治理理论主张,在公共事务治理方面,一方面要对传统的政治、法律等规制性手段进行保留和创新,实现对复杂公共事务的强制规制;另一方面也要引入市场机制调节、社会自主治理等新的管理方法和技术,以实现公共事务治理效能的优化。由此可知,公共治理理论并不主张对传统管理手段、方法的全面抛弃,而是在保留其有效部分的基础上,实现公共事务治理手段、方法的丰富和发展。

3. 治理过程的协调性

重视公共事务治理过程的协调性是公共治理理论的重要特征之一。根据全球治理委员会的观点,治理不是一整套规则,也不是一种活动,而是一个过程;治理过程的基础不是控制,而是协调。[①]治理理论认为,公共事务的

[①] 参见全球治理委员会:《我们的全球之家》,转引自俞可平:《全球治理引论》,《马克思主义与现实》,2002 年第 1 期。

治理权威不同于传统公共行政模式下政府部门自上而下的行政命令，而是来源于公众的认同与共识；公共事务治理目标的实现并非依赖于政府规制权力的运作，而是主要依靠多元主体之间彼此的信任与互惠。治理理论主张通过多元治理主体间持续互动的合作、协商、伙伴关系等方式，形成公共事务的自主治理网络，而建构治理主体、制定目标并施加影响、整合资源并协调管理等是这种自主治理网络构建需要经历的基本步骤。[1]通过这种治理网络的构建，能够促进公共事务治理主体间形成有效的协调机制，并进而推动公共事务治理目标的实现。

三、社会正义理论

"公平正义一直被视为人类社会的美德和社会制度的首要价值。"[2]正义是公共行政和社会发展的崇高理想和永恒追求。结合相关研究成果，本节在此处主要对中外具有代表性的社会正义理论进行分析。

(一)中国传统社会正义理论

对正义问题的探究是中国传统思想的重要内容，这种传统正义思想在维系中华民族的团结统一，推进中国社会发展方面发挥了重要作用。中国传统社会正义思想的内容较为丰富，儒家、道家、墨家等均对其进行了阐释，且形成了具有差异性的观点。

1. 儒家的社会正义观

"道""仁""礼""义"是儒家对正义问题进行探讨的经典理念，儒家的正义理论正是以上述理念为基础，从而构建了较为完备的正义理论体系。首先，"道"是正义的基本原则。儒家认为，任何事物皆有其道，这是每一种事物得以维持其自身的存在并且体现其基本特性的规定。其次，"仁"是正义的基

① 参见马利凯：《治理理论视阈下中国高等教育重点建设质量保障研究》，吉林大学博士学位论文，2016年。

② 曹玉涛：《分析马克思主义的正义论研究》，人民出版社，2010年，第55页。

础。"仁"是儒家极为推崇的政治原则,也是其政治理想的体现。儒家主张统治者应爱护百姓,施行"仁政",从而实现国家的稳定发展和人民生活的安定。最后,"礼""义"是正义的实现方式。在儒家思想中,"礼"是对个体间权利与义务关系的界定和确认,是社会秩序形成的重要基础,而"义"作为一种应当、适宜、合适的行为方式,是实现社会正义的道德原则。

2. 道家的社会正义观

道家的社会正义思想具有浓厚的自然主义色彩。道家认为,人的一切行为都是出自自然的本性,具有天然合理性。依据"道法自然"的本体依据,道家学派提出了生命原则、自由原则、均平原则和公正原则等社会正义的基本原则,从而建构了道家社会正义思想的基本轮廓。[1]首先,道家坚持生命原则。老子提出"益生曰祥"的思想,庄子认为"物得以生,谓之德"。因此,生命原则是道家社会正义思想的重要组成部分。其次,道家坚持自由原则。道家尊重生命的个性,提出了"顺其自然""无为""义设于适"的政治自由原则。[2]再次,道家坚持均平原则。道家将均平作为实现社会正义的基本要求,作为社会大治的标志。最后,道家坚持公正原则。老子有云,"知常容,容乃公,公乃全,全乃天,天乃道,道乃久,没身不殆"[3],并认为真正的公正必须是全面的公正,不同等级、不同社会身份的群体必须被一视同仁地对待。

3. 墨家的社会正义观

"义"在墨家的思想中具有重要地位。墨子认为:"天下有义则生,无义则死。有义则富,无义则贫。有义则治,无义则乱。"[4]义与兼爱、非攻等墨家"十义"是一般与个别的关系,兼爱、非攻等道德原则是"义"这一上位概念下的具体原则。[5]有学者认为"义"在墨家之所以具有这样的地位,是由其内在特征决定的。这些特征可以概括为三个:法天、兴利和举公。[6]首先,"法天"是对

---

①② 参见刘白明:《老庄正义思想研究》,湖南师范大学博士学位论文,2011年。

③ 高亨:《老子注释》,河南人民出版社,1980年,第47页。

④ 王焕镳:《墨子·天志上》,《墨子校释》,浙江古籍出版社,1987年,第210页。

⑤⑥ 参见霍国栋:《墨家"义"思想及其当代价值》,《伦理学研究》,2010年第1期。

"义"的合法性问题的回应。墨家认为凡天下事都必须有所依据,而一切的总依据是天,义是天道的转化,因此将义作为道德原则,是对"天志"的顺承。其次,"兴利"是实现"义"的路径。墨家坚持"贵义兴利"的义利观,主张通过利的追求来实现社会大义。最后,"举公"指以整体的天下作为正义价值的效用指向。天下为公是墨家思想的价值旨归,墨子的"举公"思想超越了个人之利、家庭之利、国家之利,而是将天下大义作为终极关怀。

(二)马克思社会正义理论

1. 马克思社会正义思想产生的理论渊源

马克思的社会正义思想有其深厚的理论渊源,主要包括自然法学派和德国哲理法学派等关于社会正义理念的论述。其中,自然法学派又被称为价值法学派,对法律价值的评价持积极的肯定态度是该学派的主要特点。同时,这一学派又可分为古典自然法学派和近代资产阶级自然法学派。前者以亚里士多德、柏拉图等思想家的观点为代表,突出强调社会正义的绝对性和整体性,并将抽象的正义理论与具体的社会生活实践相结合;后者以洛克、卢梭、霍布斯等人的观点为代表,强调个人权利和人的价值的重要意义。不论是古典自然法学派,还是近代资产阶级自然法学派,两者关于正义理念的论述均被马克思所批判吸收,并成为其正义观的理论基础。而德国哲理法学派作为马克思社会正义观的另一重要理论来源,同样对马克思的社会正义观产生了重要影响。在德国哲理法学派的代表人物中,康德与黑格尔对马克思的影响最大:马克思的社会正义观继承了康德的自由思想,反对资产阶级专制制度对人的价值和尊严的践踏;同时马克思批判继承了黑格尔的法学观,并对其进行了革命性改造,从而使其成为马克思社会正义理论的重要组成部分。

2. 马克思社会正义理论的基本内容

马克思的社会正义理论具有多维性特征,此处将就马克思社会正义理论的主要维度,即经济正义、政治正义和(狭义)社会正义进行简要的分析。

(1)马克思的经济正义思想。经济正义是马克思社会正义理论的前提和基础。①马克思的经济正义思想集中体现在其对经济平等的追求上。马克思指出,不能实现经济的平等,那么就是空谈社会正义。基于经济平等的理念,马克思提出要废除私有制,构建未来社会的财产公有制度。在《共产党宣言》中,马克思鲜明地提出"共产党人可以把自己的理论概括为一句话:消灭私有制"②。马克思认为,私有制是资本主义制度及各种剥削制度存在的基础,要解决经济平等和社会正义等问题,就必须将资产阶级私有制转变为社会主义公有制。

(2)马克思的政治正义思想。在马克思社会正义思想的形成过程中,曾对资本主义的自由主义正义观进行了批判。但马克思的这种批判并非意味着其对自由、民主与平等政治正义价值的放弃。相反,马克思认为,欲实现社会正义,就必须保障政治权利上的自由、民主与平等。马克思批判资本主义自由正义观的原因在于,资本主义社会无法真正落实公众应获得的政治权利,"真正的自由和真正的平等只有在共产主义社会制度下才可能实现;要向他们表明,这样的制度是正义所要求的"③。

(3)马克思的(狭义)社会正义思想。(狭义)社会正义是马克思社会正义的表征和归宿。④马克思认为,人的自由和解放应是社会正义的旨归,而自由人的联合体是社会正义的载体。在《共产党宣言》中,马克思阐明了一种标准化的正义社会:"代替那存在着阶级和阶级对立的资产阶级社会的,将是这样一个联合体,在那里,每个人的自由发展是一切人的自由发展的条件。"⑤最终,每个人都将成为自由而全面发展的个体,他们摆脱了社会分工的约束,也不再被限定于某些特殊的领域,"任何人都没有特殊的活动范围,而是都可以在任何部门内发展,社会调节着整个生产"⑥。

---

① ④ 参见张全胜、袁祖社:《马克思社会正义论探要》,《学术界》,2016年第9期。

② 《马克思恩格斯文集》(第二卷),人民出版社,2009年,第45页。

③ 《马克思恩格斯全集》(第1卷),人民出版社,1956年,第582页。

⑤ 《马克思恩格斯文集》(第二卷),人民出版社,2009年,第53页。

⑥ 《马克思恩格斯文集》(第一卷),人民出版社,2009年,第537页。

(三)罗尔斯社会正义理论

罗尔斯的社会正义理论的形成有其特定的历史和社会情境。二战之后，西方各国都处于战后的缓和时期，在这样的时代背景下，美国经济迅速发展，巩固了其作为世界超级大国的地位。然而到了20世纪60年代，美国经济开始走向衰退，进入了滞涨阶段，美国社会长期潜伏的矛盾在这一阶段集中爆发。较为典型的是马丁·路德·金领导的黑人争取平等权利运动、美国校园兴起的"反文化"运动、"新左派"运动，以及美国妇女和少数民族群体为争取权利而掀起的抗议运动，等等。一系列社会运动的爆发暴露出美国社会存在的严重问题，社会运动引发的动荡和危机迫使美国人不得不开始怀疑自己的价值信仰，严重质疑社会制度的合理性。在这一历史和社会背景下，罗尔斯的《正义论》的问世正是对美国社会出现的问题的回应。

关于正义的两个原则是罗尔斯社会正义理论的精髓。在《正义论》一书中，罗尔斯提出了其著名的两个"正义原则"：第一个原则是"自由平等原则"，即"每个人对与所有人所拥有的最广泛平等的基本自由体系相容的类似自由体系都应有一种平等的权利"。第二个原则是"公正原则"。"公正原则"包括两部分："社会的公平、平等原则"和"差别原则"，即"社会和经济的不平等应这样安排，使它们：(1)在与正义的储存原则一致的情况下，适合于最少受惠者的利益；(2)依系于在机会公平平等的条件下职务和地位向所有人开放"①。

同时，罗尔斯进一步指出，在上述两个原则中，第一个原则优先于第二个原则，而在第二个原则中，机会、公正、平等原则又优先于差别原则。具体说来就是："第一个优先原则(自由的优先性)：两个正义原则应以词典式次序排列，因此，自由只能为了自由的缘故而被限制。这有两种情况：(1)一种不够广泛的自由必须加强由所有人分享的完整自由体系；(2)一种不够平等的自由必须可以为那些拥有较少自由的公民所接受。第二个优先原则(正义对效率和福利的优先)：第二个正义原则以一种词典式次序优先于效率原则

---

① [美]约翰·罗尔斯：《正义论》，何怀宏等译，中国社会科学出版社，1988年，第292页。

和最大限度追求利益总额的原则;公平机会原则优先于差别原则。这有两种情况:(1)一种机会的不平等必须扩展那些机会较少者的机会;(2)一种过高的储存率必须最终减轻承受这一重负的人们的负担。"①作为对因正义缺失而引发的社会动荡问题的回应,维护社会稳定是罗尔斯正义原则建构的重要目标。在罗尔斯的社会正义理论中,其力图通过对自由体系和广泛的社会资源的正义分配,使每个人都能享有平等的机会和权利。同时,罗尔斯主张尽可能缓解社会财富分配上的不平等问题,使处于社会底层的人群也能分享社会发展的红利,从而实现社会的公平正义与自由和谐。

第二节　政府公共服务质量评价理论

从理论渊源看,公共服务质量评价理论处于"绩效评估→政府绩效评估"与"质量管理→全面质量管理→公共部门质量管理"两条理论演进延长线的交汇点,是绩效评估理论与质量管理理论在政府部门及公共服务领域的转化应用。因此,梳理、明晰绩效评估理论与质量管理理论的发展演变、主要内容及其与公共服务质量评价的关系,是阐释政府公共服务质量评价理论的重要前提。

一、政府绩效评估理论

(一)政府绩效评估概述

绩效评估,也称绩效评价,是指在特定价值原则的指导下,借助数理统计分析工具和系统科学的指标体系,按照一定的程序、标准,对一定时期内的组织行为与业绩进行较为全面、客观、公正的综合评价。绩效评估理论产生于西方,最先应用于企业管理。关于绩效评价的理论研究可以追溯到弗雷德里克·温斯洛·泰勒的《科学管理原理》中的动作研究、标准化研究等内容。

---

① ［美］约翰·罗尔斯:《正义论》,何怀宏等译,中国社会科学出版社,1988 年,第 292 页。

随后,在实践发展与理论探索的双重推动下,绩效评估被广泛应用于工商业组织,并开始向其他组织扩展。而绩效评估理论在以政府为代表的公共部门及相关公共领域的应用,既有力推动了理论本身的发展,也为政府革新提供了有效工具。国内学术界一般将西方发达国家政府绩效评估理论及实践划分为四个阶段:20 世纪初至 40 年代是"效率政府"时期的萌芽阶段,40 年代至 70 年代是政府"绩效预算"时期的起步阶段,70 年代至 80 年代是绩效评估系统化阶段,90 年代以来是绩效评估深化优化发展阶段。[1]也有研究者将50 年代美国绩效预算制度改革视为绩效评估在政府管理中真正得以运用的起点。[2]而兴起于 70 年代末 80 年代初的新公共管理运动,实现了绩效评估与政府革新、公共管理与服务改善的多方位结合,有研究者认为:"西方国家新公共管理运动的本质就是公共绩效管理。"[3]

　　政府绩效评估作为公共部门绩效评估的典型形式,其内容体系超出了私人部门绩效评估以经济、效率、效果"3Es"为核心的理论范畴。从概念内涵看,政府绩效评估的含义远比私人部门丰富,且学者们见仁见智。詹姆斯·Q.威尔逊认为:"政府绩效评估意味着这样一种制度设计,在该制度框架下以取得的结果而不是以投入要素作为判断政府部门的标准。"[4]在戴维·奥斯本和特德·盖布勒看来,政府绩效评估就是要改变照章办事的"划桨型"政府,通过讲求效果,明确顾客导向,引入竞争机制实现政府再造。克里斯托弗·胡德认为,政府管理应以市场或顾客为导向,实行绩效管理,并通过界定政府绩效目标、测评政府绩效提高服务效率和质量。[5]国内也有学者基于政府绩效评估理论发展与实践探索,界定了政府绩效评估的含义。例如,有研究者

---

　　① 参见孙迎春:《政府绩效评估的理论发展与实践探索》,《中国行政管理》,2009 年第 9 期。

　　② 参见蔡立辉:《西方国家政府绩效评估的理念及其启示》,《清华大学学报》(哲学社会科学版),2003 年第 1 期。

　　③ 卓越:《公共部门绩效评估初探》,《中国行政管理》,2004 年第 2 期。

　　④ [美]詹姆斯·Q.威尔逊:《美国官僚政治》,张海涛等译,中国社会科学出版社,1995 年,第444 页。

　　⑤ See Hood Christopher, A Public Management for All Seasons? *Public Administration*, 1991(1), pp.92–101.

认为："政府绩效评估就是根据绩效目标，运用评估指标对政府部门履行行政职能所产生的结果及其影响进行评估、划分绩效等级、提出绩效改进计划和运用评估结果来改进绩效的活动过程。"[1]也有研究者认为："运用科学的方法、标准和程序，对政府及其部门的业绩、成就和实际工作做出尽可能准确的评价，并在此基础上对政府绩效进行改善和提高，这就是政府绩效评估"，政府绩效评估也是"为提高政府公共管理和公共服务能力而采取的以公共责任和顾客至上为理念的政府改革策略"。[2]因此，政府绩效评估是与政府职能及其履行紧密联系在一起的。

从价值目标看，与私人部门追求利润的单一目标相比，政府等公共部门的管理与服务目标更加复杂多样，不仅仅包括经济、效率等可计量性目标，更包括社会公平、公共性、责任与回应性等价值性目标，评估难度较大。在这种情况下，"把效绩评估建立在'3Es'标准上是于事无补的，因为每一项都受到价值观的影响，且三者之间存在潜在的矛盾"[3]。从具体产出看，政府绩效既包括政府部门的行政效率，也包括政府管理公共事务，提供公共服务的实际效果。这些政府产出在形态上大多是无形的、变动的，部分产出甚至不具备形态上的可见性与终端性，难以实施测量。从评估指标上看，政府绩效评估的价值多元性、产出多样性决定了其评估指标体系结构更加复杂，指标遴选难度更大。在政府绩效评估中，指标体系应为政府职能的具象化。"每一个绩效评估都应指向某一级政府或某一个政府部门的职能"[4]，不仅包括政府机构运作效率测量指标、社会公共事业发展指标等，还必须包括公众对政府提供的管理与服务的满意度状况，这对政府绩效评估指标设计提出了更高要求。从方法运用上看，绩效评估常用的"3E"或"4E"评价法、标杆管理法、平

① 蔡立辉：《政府绩效评估：现状与发展前景》，《中山大学学报》(社会科学版)，2007 年第 5 期。

② 孙迎春：《政府绩效评估的理论发展与实践探索》，《中国行政管理》，2009 年第 9 期。

③ ［英］温森特·怀特：《欧洲公共行政现代化：英国的个案分析》，转引自国家行政学院国际合作交流部：《西方国家行政改革述评》，国家行政学院出版社，1999 年，第 247 页。

④ Charles K. Coe., Performance Measurement: Grading Report Cards and Single Performance Measurement, Paper of the 2001 Annual Meeting of the American Political Science.

衡计分卡法、层次分析法、数据包络分析法、顾客满意度评测法都可以运用到政府绩效评估中。但在方法运用上，"政府绩效评估始终面临一个困境：政府公共性本质与具体管理方法之间的矛盾与冲突"①。因此，评估方法的选择必须依据政府不同层级、不同部门、不同项目绩效评估的实际需求，应使工具服务于评估，而不是让评估迎合工具。

(二)我国政府绩效评估实践与理论研究

我国政府绩效评估实践探索与理论研究的起步晚于西方发达国家，其"是改革开放以来学习借鉴国外先进管理经验的结果，也是持续的行政改革的一个重要组成部分"②。从目前学术界已有的研究成果看，我国政府绩效评估的实践探索与理论研究大致经历了三个阶段。在实践探索方面，20世纪80年代中期至90年代初，我国政府以目标责任制、效能监察为重点，开始了关于绩效评估实践的有益探索。其中，"目标责任制是国际流行的'目标管理'(MBO)技术在我国的变通应用，且多采取'首长目标责任制'的形式，而首长目标完成情况的考核与组织绩效评估又有很大的相似之处"③；而效能监察则是指，由党的纪检部门、政府的监察部门对党政机关、国有企事业单位的管理、运转状况进行的监督检查活动。

20世纪90年代初至90年代末，随着我国行政管理体制改革的加速，地方政府绩效评估创新实践不断涌现，并形成了目标责任制、社会服务承诺制、公民评议政府等多种评估类型并存的实践探索格局。进入21世纪后，中国政府提出了新的施政理念，围绕科学发展观、"绿色GDP"、小康社会等新理念，我国政府绩效评估开启新一轮探索创新，并不断融入我国政府改革与发展进程中。我国政府绩效评估理论研究与实践探索的发展阶段具有较高重合度，"先后经历了20世纪90年代的研究起步与探索阶段、21世纪初的研究拓展阶段及2004年之后的研究深化与系统化阶段"④。以2004年为节

---

① 张小玲：《国外政府绩效评估方法比较研究》，《软科学》，2004年第5期。

② 孟华：《政府绩效评估——美国的经验与中国的实践》，上海人民出版社，2006年，第132页。

③④ 蓝志勇、胡税根：《中国政府绩效评估：理论与实践》，《政治学研究》，2008年第3期。

点,政府绩效评估的著作、教材大量涌现,许多高校与科研院所纷纷开设公共部门绩效评估或政府绩效评估的相关课程, 我国政府绩效理论研究开始体现丰富性与系统性。

通过上述梳理可以发现,我国政府绩效评估不论实践探索,还是理论研究都根植于我国改革开放与现代化建设的宏观实践, 服务于政府发展与行政体制改革的实践要求。建设服务型政府目标的提出及具体化、政府公共服务职能的强化为我国政府绩效评估实践发展与理论研究提供了新的生长点。从 2001 年大连、上海等地政府提出建设服务型政府的命题,到 2004 年时任总理温家宝强调要"建设服务型政府", 再到 2013 年,党的十八大提出建设职能科学、结构优化、廉洁高效、人民满意的服务型政府,服务型政府建设已成为我国行政体制改革与政府发展的主要目标之一, 而加快政府职能转变,强化公共服务职能无疑是建设服务型政府的关键所在。与此相适应,服务型政府建设状况、公共服务质量逐渐成为政府绩效评估的重点。实际上,公共服务质量评价本身就是政府绩效评估的关键组成部分,而我国政府绩效评估在起步阶段却忽视了这一点。而在西方发达国家, 新公共管理运动、政府绩效评估与公共服务质量改善具有内在一致性,前两者都是围绕第三者展开,西方有学者就曾明确提出"绩效评估的目的就是为了提高公共服务的质量"①。随着服务型政府建设进程的深化,政府公共服务职能不断强化,国内也有学者提出"我国在由'管制型'政府向'服务型'政府转型中,需要从机构绩效评估转向公共服务绩效评估, 推进以公共服务为主要内容的政府绩效评估"②。

当前,政府公共服务评价已成为学术界研究的热点之一,并逐渐形成了包括公共服务供给状况评估、公共服务均等化评估、政府公共服务供给能力与供需匹配度评估,以及养老、医疗、义务教育、环境保护、公共文化服务等

① Harry P. Hatry, Tracking The Quality of Services, James L. Perry, *Handbook of Public Administration*(Second Edition), Jossey-Bass Inc., Publishers, 1996. p.537.

② 孟华:《推进以公共服务为主要内容的政府绩效评估——从机构绩效评估向公共服务绩效评估的转变》,《中国行政管理》,2009 年第 2 期。

公共服务具体领域评估等内容在内的理论研究体系与实践探索格局。本书聚焦于政府基本公共服务质量评价体系研究，正是抓住了该领域研究的前沿趋势。公共服务质量评价是政府绩效评估在服务型政府建设更加深入、基本公共服务体系构建全面铺开的新背景下发生的，从机构人员评估到公共服务项目内容评估重心转换。因此，公共服务质量评价可以从政府绩效评估的理论、模型、方法中寻找可用资源，又必须明确与政府绩效评估的诸多差异，这些都是公共服务质量评价研究应该正视的问题。

二、公共部门质量管理理论

(一)质量管理理论的发展演变

"质量"是在工商业生产中使用已久的概念，也是质量管理理论的核心概念。"质量"概念起初是用来描述物品性质的基本术语，后随着实践与认知的不断发展，质量的外延也逐渐扩大。美国学者詹姆斯·埃文斯、威廉·林赛从六个角度总结了质量的不同内涵，包括超凡的观点——表示产品的良好程度，是优异或卓越的同义词；产品的观点——与产品的某一属性的数量有关；用户的观点——相对于预期用途的适用性，或产品履行其预期功能的程度；价值的观点——以价值为基础的产品价格关系；生产的观点——符合规范；顾客的观点——表征产品或服务满足给定需要的能力的特征和特性的总和。[①]目前，对质量的定义认知度比较高的是国际标准化组织所给出的各个版本，质量是指"反映产品或服务满足规定或潜在需要能力的特征和特性之总和"(ISO8402:1986)，"反映实体满足明确和隐含需要的能力的特性之总和"(ISO8402:1994)，"一组固有特性满足要求的程度"(ISO9000:2000)，"产品、过程或体系的一组固有特性满足顾客和其他相关方要求的程度"(ISO9000:2005)。[②]质量管理即为达到预期的质量目标而进行的管理活动。质量管理活

---

① 参见[美]詹姆斯·埃文斯、威廉·林赛：《质量管理与卓越绩效》，岳盼想等译，中国人民大学出版社，2016年，第6~9页。

② 参见鲁守东：《关于服务质量及相关理论研究的述评》，《山西财经大学学报》，2012年第4期。

动古已有之,但在前工业时代,质量管理相对简单,且并未上升到理论高度。到工业化时期,工商业生产的大规模化、大批量化,以及市场经济的发展对产品质量提出了更高要求,并要求相应的理论支撑。具有现代意义的质量管理研究大致可追溯至 20 世纪初弗雷德里克·温斯洛·泰勒发起的"科学管理运动",此时的质量管理基本等同于质量监测,生产组织开始组建独立的质量检控部门。20 世纪 20 年代,一些质量管理专家与统计专家开始尝试将数理统计方法引入到质量管理中。其中,沃尔特·休哈特创建了控制图,用来诊断生产过程中的质量问题,休哈特及其团队成员也成为统计质量控制领域的先行者。二战结束后,科学技术的迅猛发展缩短了新技术转化为商品的周期,市场竞争愈发激烈,要求质量管理理论寻求新的突破。

20 世纪 50 年代末,美国通用电气公司的阿曼德·费根鲍姆首次提出了"全面质量管理"(TQM)的概念。在费根鲍姆与另一位质量管理大师约瑟夫·M.朱兰的定义中,全面质量管理是指"为了能够在最经济的水平上,并考虑到充分满足顾客要求的条件下进行市场研究、设计、制造和售后服务,把企业内各部门的研制质量、维持质量和提高质量的活动构成为一体的一种有效的体系"[1]。ISO8402 标准(1994 年版)将全面质量管理定义为"一个组织以质量为中心,以全员参与为基础,目的在于通过让顾客满意和本组织所有成员及社会受益而达到长期成功的管理途径"[2]。全面质量管理也是"一个组织通过全员参与和全程控制以持续不断地改进所提供的产品和服务质量的管理过程"[3]。从概念内涵看,全面质量管理强调以质量为中心,以顾客需求为导向,以全员、全面、全程参与和管控带动整个组织结构、技术、人员的系统变革,实现组织再造与质量改进。全面质量管理的理念一经问世便被应用于工商业生产实践中,并取得了显著成效,也开始向其他领域扩展。

---

[1] 杨林岩、詹联科:《全面质量管理理论在我国公共部门的运用分析》,《科学学与科学技术管理》,2006 年第 6 期。

[2] 中国标准化与信息分类编码研究所等:《GB/T6583-1994 ISO8402:1994 质量管理和质量保证的术语》,中国标准出版社,2004 年,第 8 页。

[3] Pfau.L.D.,Total Quality Management Gives Companies a Way to Enhance Position in Global Marketplace,*Industrial Engineering*,1989.Vol.21(4),pp.17-21.

（二）公共部门质量管理理论

20世纪70年代末，一方面，由于西方国家经济滞涨状态导致政府财政危机，迫切要求政府改革与再造；另一方面，随着社会进步，公众的公共需求不仅在量上大幅增加，而对政府管理与服务的质量提出了更高要求。"在公民外部压力的驱使下，政府等公共部门逐渐将工作重心转移到提供优质服务上，改进公共服务质量和提高公共部门绩效成为当代公共管理改革的一项根本任务。"[①]因此，在西方发达国家政府改革实践与新公共管理运动中，质量管理理论，特别是全面质量管理理论开始被引入到公共部门的公共管理与服务实践中。美国里根政府利用全面质量管理的管理理念、操作方法对联邦政府若干个部门进行了一系列革新，以求改善政府运行与管理效率。20世纪90年代后，全面质量管理理论在政府等公共部门中应用得更加广泛。英国梅杰政府的"公民宪章"运动及"竞争求质量"运动，美国克林顿政府基于顾客至上制定顾客服务标准等政府改革实践，都运用了全面质量管理理论的相关内容与方法，进而"形成了公共管理过程中一种全新的管理工具和管理模式"[②]。全面质量管理对顾客导向的遵从、对服务质量的追求、对全程管理与全员参与的侧重与新公共管理运动的基本要旨高度一致，也适应了政府改进公共服务质量的要求。对于全面质量管理在政府部门应用取得的效果，史蒂文·科恩、罗纳德·布兰德认为："全面质量管理真正的成功之处不仅在于它能帮助政府组织实现它们的目标，解决类似的问题；更在于它使用的消除交流障碍的方法，使得问题没有机会出现。"[③]在质量管理理论适用于公共部门的过程中，"质量"一词早就超出了原初定义，概念含义进一步泛化、灵活化，更加适应公共部门的管理与服务实践。例如，在英国官方的一份

---

① Marc Holzer, Etienne Charbonneau, Younhee Kim, Mapping the Terrain of Public Service Quality Improvement: Twenty-Five Years of Trends and Practices in the United States, *International Review of Administrative Science*, Vol.75.No.3（2009）, pp.403-418.

② 党秀云：《公共部门的全面质量管理》，《中国行政管理》，2003年第8期。

③ ［美］史蒂文·科恩、罗纳德·布兰德：《政府全面质量管理》，孔宪遂译，中国人民大学出版社，2002年，第11页、14页。

文件中,质量被界定为"通过调动所有人员的潜力,以最低的成本满足确认的顾客需求"①;有学者"将质量等同于顾客,把顾客满意作为质量的唯一衡量尺度"②;也有人认为政府管理中的质量是指"民众于第一次及每一次接受政府服务时,该服务均能满足民众的期望与需求"③。而质量管理也被界定得更加清晰明了,"质量管理就是把握问题、消除问题"④。

进入21世纪以来,政府等公共部门更加重视公共管理与公共服务的质量问题。有学者指出:"在西方行政管理实践中,'效率运动'已被'质量运动'所取代,效率与质量的地位发生了转换"⑤,"质量和顾客满意将成为发达国家21世纪管理的主题"⑥。与西方发达国家相比,我国公共部门采用质量管理理论及方法的实践起步较晚,且应用层次较低。20世纪90年代末,我国政府及有关公共部门才开始采用质量管理理论及其某些技术方法,起步较晚,主要体现在部分政府部门及市政服务项目对ISO质量标准体系的采用上,应用层次较低且不够广泛深入。然而近些年来,服务型政府建设的深入及基本公共服务体系构建的全面展开,为在公共服务领域适用质量管理理论,特别是全面质量管理理论提供了契机。尽管政府在多数公共服务项目中处于"垄断"地位,公共服务的对象不同于一般市场上的消费者,但目前我国政府已开始将竞争机制、社会力量引入到公共服务供给中,特别是政府购买公共服务、政府与社会资本合作等举措已在大范围施行,这就为我国有选择地借鉴、使用质量管理理论创造了条件。本书所研究的政府公共服务质量评价问题,在很大程度上可以认为是质量管理、全面质量管理理论的构成环节。公共服务质量评价研究的意义不仅仅在于通过设计指标体系评价政府公共服务供给状况,更在于通过全面、系统的评价发现当前政府公共服务供给中存

---

① Cabinet Office(1996)Measuring Quality Improvements–Main Report,p.7.

② LoSardo,Mary M.and Rossi Norma M.,*At the Service Quality Frontier:A Handbook for Managers*,Consultants and Other Pioneers,Wisconsin:ASQC Quality Press,1993,p.13.

③ 张成福、党秀云:《公共管理学》,中国人民大学出版社,2001年,第331页。

④ 谷津进:《质量管理实践》,商务印书馆国际有限公司,1998年,第88页。

⑤ 周志忍:《行政效率研究的三个发展趋势》,《中国行政管理》,2000年第1期。

⑥ 周志忍:《公共部门质量管理:新世纪的新趋势》,《国家行政学院学报》,2000年第2期。

在的问题与不足,进而有针对性地改进完善。这与质量管理理论具有内在一致性,质量管理理论及全面质量管理理论的质量为重、顾客导向、全景思维、持续改进等内容及相关方法可以为政府公共服务质量评价提供重要理论依据与方法借鉴。

参考文献

一、著作类

1.Harry P. Hatry,Tracking The Quality of Services,James L. Perry,*Handbook of Public Administration*(Second Edition),Jossey-Bass Inc.,Publishers,1996.

2.LoSardo,Mary M. and Rossi Norma M.,*At the Service Quality Frontier: A Handbook for Managers*,Consultants and Other Pioneers,Wisconsin:ASQC Quality Press,1993.

3.Musgrave R. A.,*The Theory of Public Finance:A Study in Public Economy*,New York:McGraw-Hill,1959.

4.《马克思恩格斯全集》(第1卷),人民出版社,1956年。

5.《马克思恩格斯文集》(第二卷),人民出版社,2009年。

6.曹玉涛:《分析马克思主义的正义论研究》,人民出版社,2010年。

7.谷津进:《质量管理实践》,商务印书馆国际有限公司,1998年。

8.国家行政学院国际合作交流部:《西方国家行政改革述评》,国家行政学院出版社,1999年。

9.何增科:《公民社会与第三部门》,社会科学文献出版社,2000年。

10.[美]史蒂文·科恩、罗纳德·布兰德:《政府全面质量管理》,孔宪遂译,中国人民大学出版社,2002年。

11.[美]约翰·罗尔斯:《正义论》,何怀宏等译,中国社会科学出版社,1988年。

12.[美]詹姆斯·Q.威尔逊:《美国官僚政治》,张海涛等译,中国社会科学出版社,1995年。

13.[美]詹姆斯·埃文斯、威廉·林赛:《质量管理与卓越绩效》,岳盼想等译,中国人民大学出版社,2016年。

14.孟华:《政府绩效评估——美国的经验与中国的实践》,上海人民出版社,2006年。

15.王绍光:《多元与统一——第三部门国际比较研究》,浙江人民出版社,1999年。

16.吴锦良:《政府改革与第三部门发展》,中国社会科学出版社,2001年。

17.[英]瓦尔·卡尔松、[瑞典]什里达特·兰法尔主编:《天涯成比邻——全球治理委员会的报告》,中国对外翻译出版公司,1995年。

18.俞可平:《治理与善治》,社会科学文献出版社,2000年。

19.张成福、党秀云:《公共管理学》,中国人民大学出版社,2001年。

20.赵成根:《新公共管理改革——不断塑造的平衡》,北京大学出版社,2007年。

21.中国标准化与信息分类编码研究所等:《GB/T6583-1994 ISO8402:1994质量管理和质量保证的术语》,中国标准出版社,2004年。

二、文章类

1.Cabinet Office(1996)Measuring Quality Improvements-Main Report.

2.Charles K. Coe.,Performance Measurement:Grading Report Cards and Single Performance Measurement,Paper of the 2001 Annual Meeting of the American Political Science.

3.Hood Christopher,A Public Management for all Seasons?*Public Administration*,1991(1).

4.Marc Holzer,Etienne Charbonneau,Younhee Kim,Mapping the Terrain of Public Service Quality Improvement:Twenty-Five Years of Trends and Practices in the United States,*International Review of Administrative Science*,Vol.75.No.3(2009).

5.Paul A. Samuelson,The Pure Theory of Public Expenditure,*The Review of Economics and Statics*,1954(36).

6.Pfau.L.D.,Total Quality Management Gives Companies a Way to Enhance Position in Global Marketplace,*Industrial Engineering*,1989.Vol.21(4).

7.蔡立辉:《西方国家政府绩效评估的理念及其启示》,《清华大学学报》(哲学社会科学版),2003 年第 1 期。

8.蔡立辉:《政府绩效评估:现状与发展前景》,《中山大学学报》(社会科学版),2007 年第 5 期。

9.党秀云:《公共部门的全面质量管理》,《中国行政管理》,2003 年第 8 期。

10.何翔舟、金潇:《公共治理理论的发展及其中国定位》,《学术月刊》,2014 年第 8 期。

11.霍国栋:《墨家"义"思想及其当代价值》,《伦理学研究》,2010 年第 1 期。

12.蓝志勇、胡税根:《中国政府绩效评估:理论与实践》,《政治学研究》,2008 年第 3 期。

13.冷功业:《中国公共物品非营利组织供给研究》,西南财经大学博士学位论文,2010 年。

14.刘白明:《老庄正义思想研究》,湖南师范大学博士学位论文,2011 年。

15.鲁守东:《关于服务质量及相关理论研究的述评》,《山西财经大学学报》,2012 年第 4 期。

16.马利凯:《治理理论视阈下中国高等教育重点建设质量保障研究》,吉林大学博士学位论文,2016 年。

17.孟华:《推进以公共服务为主要内容的政府绩效评估——从机构绩效评估向公共服务绩效评估的转变》,《中国行政管理》,2009 年第 2 期。

18.史柏年:《"全球性结社革命"及其启示》,《中国青年政治学院学报》,2006 年第 3 期。

19.孙迎春:《政府绩效评估的理论发展与实践探索》,《中国行政管理》,2009 年第 9 期。

20.杨林岩、詹联科:《全面质量管理理论在我国公共部门的运用分析》,《科学学与科学技术管理》,2006 年第 6 期。

21.俞可平:《全球治理引论》,《马克思主义与现实》,2002 年第 1 期。

22.张全胜、袁祖社:《马克思社会正义论探要》,《学术界》,2016 年第 9 期。

23.张小玲:《国外政府绩效评估方法比较研究》,《软科学》,2004 年第 5 期。

24.周志忍:《公共部门质量管理:新世纪的新趋势》,《国家行政学院学报》,2000 年第 2 期。

25.周志忍:《行政效率研究的三个发展趋势》,《中国行政管理》,2000 年第 1 期。

26.卓越:《公共部门绩效评估初探》,《中国行政管理》,2004 年第 2 期。

第二章　政府公共服务质量评价的现实依据

　　服务型政府理念引领下公共服务供给体系的完善是我国新时期政府行政改革的方向,也是我国各级政府践行以人为本、执政为民的工作重点。经过多年的努力与实践,我国政府在公共服务供给的数量和质量方面得到了明显改善,但是在满足人民日益增长的美好生活需要上尚有较大的发展空间。为进一步推进服务型政府建设,需要完善科学合理的公共服务质量评价体系,该体系的构建不仅有其理论依据,也有其现实依据。本章即对政府公共服务质量评价的现实依据展开分析。

第一节　公共服务需求的现实状况

　　需求是相对于供给而言的, 对公共服务需求的研究目的是为了实现公共服务的有效供给。按一般规律而言,只有在供给与需求的均衡状态下才能实现有效供给。因此,我们将以满足公共服务需求为目的的公共服务有效供给称为公共服务供需均衡。作为公共服务的供给者,发现和遵循公共服务需求的一般规律,准确把握和了解公众的真实公共服务需求,作出正确公共服务供给决策,满足公众的公共服务需求,是实现公共服务供需均衡的前提和基础。能否满足公众的公共服务需求是衡量公共服务供需均衡与否的标准。公共服务的有效供给是供需均衡的实现途径, 公共服务供给与需求的匹配性是衡量公共服务供给有效性的判断标准。[①]

---

　　①　参见沈亚平:《城市化进程中公共服务供给研究》,南开大学出版社,2017 年,第 56 页。

一、城市居民公共服务需求现状

在中国统计年鉴中,对居民的消费性支出是这样划分的:交通通信、医疗保健、文教娱乐、一般性生活支出(食品、衣着、居住、家庭设备及用品等)以及其他消费性支出五类。在此对城镇居民公共服务需求的考察也是以这样的划分为基础而展开的。

(一)城镇居民公共服务需求数量分析

根据历年中国统计年鉴,对我国城镇居民的平均每人年收入、平均每人年消费性支出,以及食品、衣着、居住、家庭设备及用品等一般性生活消费支出和交通通信、医疗保健、文教娱乐以及其他消费性支出的数据进行了整理,并得到表2-1的一系列相关数据。

表 2-1 城镇居民家庭年收入和年消费性支出(元)

年份	人均年收入	人均年消费性支出	人均年交通通信支出	人均年文教娱乐用品及服务支出	人均年医疗保健支出	人均年其他用品及服务支出	人均年一般性生活消费支出				
							合计	食品	衣着	居住	家庭设备及用品
1985	748.92	673.20	14.39	55.01	16.71	47.23	539.86	351.72	98.04	32.23	57.87
1990	1522.97	1278.89	40.51	112.26	25.67	66.57	1033.98	693.77	170.90	60.86	108.45
1995	4288.09	3537.57	183.22	331.01	110.11	114.92	2798.31	1771.99	479.20	283.76	263.36
2000	6295.91	4998.00	395.01	627.82	318.07	258.54	3398.55	1958.31	500.46	500.49	439.29
2001	6907.08	5309.01	457.02	690.00	343.28	284.13	3534.56	2014.02	533.66	547.96	438.92
2002	8177.04	6029.88	626.04	902.28	430.08	195.48	3875.76	2271.84	590.88	624.36	388.68
2003	9061.22	6510.94	721.12	934.38	475.98	215.10	4164.36	2416.92	637.72	699.38	410.34
2004	10128.51	7182.10	843.62	1032.80	528.15	240.24	4537.29	2709.60	686.79	733.53	407.37
2005	11320.77	7942.88	996.72	1097.46	600.85	277.75	4970.08	2914.39	800.51	808.66	446.52
2006	12719.19	8696.55	1147.12	1203.03	620.54	309.49	5416.37	3111.92	901.78	904.19	498.48
2007	14908.61	9997.47	1357.41	1329.16	699.09	357.70	6254.11	3628.03	1042.00	982.28	601.80
2008	17067.78	11242.85	1417.12	1358.26	786.20	418.31	7262.96	4259.81	1165.91	1145.41	691.83
2009	18858.09	12264.55	1682.70	1472.76	856.41	474.21	7778.59	4478.54	1284.20	1228.91	786.94
2010	21033.42	13471.45	1983.70	1627.64	871.77	499.15	8489.20	4804.71	1444.34	1332.14	908.01
2011	23979.20	15160.89	2149.69	1851.74	968.98	581.26	9609.21	5506.33	1674.70	1405.01	1023.17
2012	24564.70	16674.32	2455.47	2033.50	1063.68	657.10	10464.56	6040.85	1823.39	1484.26	1116.06

续表

年份	人均年收入	人均年消费性支出	人均年交通通信支出	人均年文教娱乐用品及服务支出	人均年医疗保健支出	人均年其他用品及服务支出	人均年一般性生活消费支出					
							合计	食品	衣着	居住	家庭设备及用品
2013	26955.10	18487.50	2317.80	1988.30	1136.10	490.40	12285.00	5570.70	1553.70	4031.40	1129.20
2014	28843.90	19968.10	2637.30	2142.30	1305.60	532.90	13350.00	6000.00	1627.20	4489.60	1233.20
2015	31194.80	21392.40	2895.40	2382.80	1443.40	577.50	14093.30	6359.70	1701.10	4726.00	1306.50
2016	33616.20	23078.90	3173.90	2637.60	1630.80	594.70	15041.90	6762.40	1739.00	5113.70	1426.80
2017	36396.20	24445.00	3321.50	2846.60	1777.40	651.50	15847.90	7001.00	1757.90	5564.00	1525.00

数据来源：相应年份中国统计年鉴

从表2-1可以看到,改革开放早期(1985年)的数据,无论是城镇居民的平均每人年收入,还是平均每人年消费性支出都处于相对较低的水平。同期的食品、衣着、居住、家庭设备及用品等一般性生活消费支出和交通通信、医疗保健、文教娱乐以及其他消费性支出也处于历史较低水平。与1985年相比,1990年上述所有指标都几乎翻了一番。

2000年,城镇居民的人均年收入是1985年的8.4倍,人均年消费性支出是1985年的7.4倍,一般性生活消费支出是1985年的6.3倍,占平均每人年消费性支出的68.0%,此时的一般性生活支出仍然是城镇居民的主要消费支出;而交通通信支出却由1985年的14.39元猛增加到395.01元,是1985年的27.5倍;医疗保健支出由1985年的16.71元增加到318.07元,是1985年的19倍;文教娱乐支出由1985年的55.01元增加到627.82元,是1985年的11.4倍;其他消费性支出由1985年的47.23元增加到258.54元,是1985年的5.5倍。

到了2005年,城镇居民的平均每人年收入是1985年的15.1倍,是1990年的7.4倍,是2000年的1.8倍;平均每人年消费性支出是1985年的11.8倍,是1990年的6.2倍,是2000年的1.6倍;一般性生活消费支出是1985年的9.2倍,是1990年的4.8倍,是2000年的1.5倍;交通通信支出是1985年的69.3倍,是1990年的24.6倍,是2000年的2.5倍;医疗保健支出是1985年的36倍,是1990年的23.4倍,是2000年的1.9倍;是文教娱乐支出是1985年的20倍,是1990年的9.8倍,是2000年的1.7倍;其他消费性支出是1985年的5.9倍,是1990年的4.2倍,是2000年的1.1倍。

在2011年的数据中可以看到,城镇居民平均每人年收入23979.20元,是1985年748.92元的32倍,是1990年1522.97元的15.7倍,是2000年6295.91元的3.8倍,是2005年11320.77元的2.1倍。城镇居民平均每人年消费性支出15160.89元,是1985年673.20元的22.5倍,是1990年1278.89元的11.9倍,是2000年4998.00元的3倍,是2005年7942.88元的1.9倍。一般性生活消费支出9609.21元,是1985年539.86元的17.8倍,是1990年1033.98元的9.3倍,是2000年3398.55元的2.8倍,是2005年4970.08元的 1.9 倍。交通通信支出为 2149.69 元，是 1985 年 14.39 元的 149.4 倍，是 1990 年 40.51 元的 53.1 倍，是 2000 年 395.01 元的 5.4 倍，是 2005 年 996.72 元的 2.2 倍。医疗保健支出为 968.98 元，是 1985 年的 16.71 元的 58 倍，是 1990 年 25.67 元的 37.7 倍，是 2000 年 318.07 元的 3 倍，是 2005 年 600.85 元的1.6 倍。文教娱乐支出为 1851.74 元，是 1985 年 55.01 元的 33.7 倍，是 1990 年 112.26 元的 16.5 倍，是 2000 年 627.82 元的 3 倍，是 2005 年1097.46 元的 1.7 倍。其他消费性支出为 581.26 元，是 1985 年 47.23 元的 12.3 倍，是 1990 年 66.57 元的 8.7 倍，是 2000 年 258.54 元的 2.2 倍，是 2005 年 277.75 元的 2.1 倍。我国城镇居民公共服务需求的上述变化,在图 2–1 中可以更加直观地观察到。

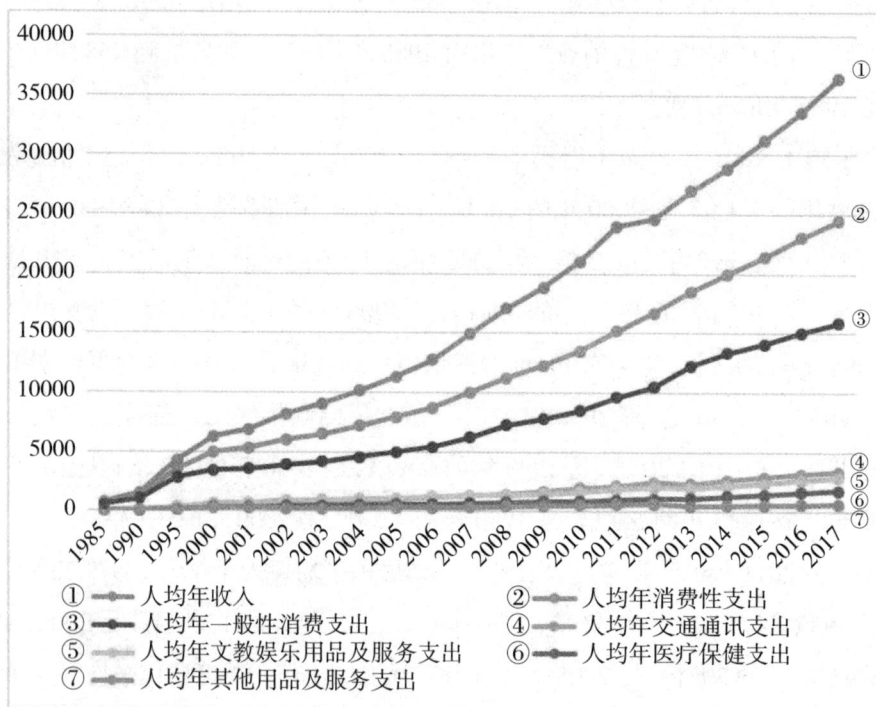

图 2–1 城镇居民家庭人均年收入和年消费性支出

在 2015 年的数据中可以看到，城镇居民平均每人年收入 31194.80 元，是 1985 年 748.92 元的 41.6 倍,是 1990 年 1522.97 元的 20.5 倍,是 2000 年

6295.91 元的 5 倍,是 2005 年 11320.77 元的 2.8 倍,是 2011 年 23979.2 元的
1.3 倍。城镇居民平均每人年消费性支出 21392.40 元,是 1985 年 673.20 元
的 31.8 倍,是 1990 年 1278.89 元的 16.7 倍,是 2000 年 4998.00 元的 4.3 倍,
是 2005 年 7942.88 元的 2.7 倍,是 2011 年 15160.89 元的 1.4 倍。一般性生
活消费支出 14093.30 元是 1985 年 539.86 元的 26.1 倍, 是 1990 年 1033.98
元的 13.6 倍, 是 2000 年 3398.55 元的 4.1 倍, 是 2005 年 4970.08 元的 2.8
倍,是 2011 年 9609.21 元 1.5 倍。交通通信支出为 2895.40 元,是 1985 年 14.39
元的 201.2 倍,是 1990 年 40.51 元的 71.5 倍,是 2000 年 395.01 元的 7.3 倍,
是 2005 年 996.72 元的 2.9 倍,是 2011 年 2149.69 元的 1.3 倍。医疗保健支
出为 1443.40 元是 1985 年的 16.71 元的 86.4 倍,是 1990 年 25.67 元的 56.2
倍,是 2000 年 318.07 元的 4.5 倍,是 2005 年 600.85 元的 2.4 倍,是 2011 年
968.98 元的 1.5 倍。文教娱乐支出为 2382.80 元,是 1985 年 55.01 元的 43.3
倍,是 1990 年 112.26 元的 21.2 倍,是 2000 年 627.82 元的 3.8 倍,是 2005
年 1097.46 元的 2.2 倍,是 2011 年 1851.74 元的 1.3 倍。

从 2017 年的数据看,上述各项指标都在均匀而平缓上扬,即随着城镇
居民平均每人年收入的增加,城镇居民平均每人年消费性支出、一般性生活
消费支出、交通通信支出、医疗保健支出、文教娱乐支出以及其他消费性支
出都在不同程度地平缓增加。仅从数量的视角来看,居民对公共服务需求呈
现由少到多的变化。

(二)城镇居民对不同公共服务需求比例分析

事实上,城镇居民对公共服务的需求不仅是数量上的增加,与此同时在
内容上也越来越丰富,而相对较为明显的变化是需求层次的不断提高,表 2-
2 中的数据可充分地证实这一点。

表 2-2　城镇居民家庭人均年消费性支出构成(%)

年份	人均年交通通信支出	人均年文教娱乐用品及服务支出	人均年医疗保健	人均年其他用品及服务支出	人均年一般性生活消费支出				
					合计	食品	衣着	居住	家庭设备及用品
1985	2.14	8.17	2.48	7.02	80.20	52.25	14.56	4.79	8.60
1990	1.20	11.12	2.01	0.94	84.73	54.25	13.36	6.98	10.14
1995	5.18	9.36	3.11	3.25	79.10	50.09	13.55	8.02	7.44
2000	8.54	13.40	6.36	3.44	68.25	39.44	10.01	11.31	7.49
2001	8.61	13.00	6.47	5.35	71.93	37.94	10.05	10.32	8.27
2002	10.38	14.96	7.13	3.25	67.53	37.68	9.80	10.35	6.45
2003	11.08	14.35	7.31	3.30	67.26	37.12	9.79	10.74	6.30
2004	11.75	14.38	7.35	3.34	66.52	37.73	9.56	10.21	5.67
2005	12.55	13.82	7.56	3.50	66.07	36.69	10.08	10.18	5.62
2006	13.19	13.83	7.14	3.56	65.84	35.78	10.37	10.40	5.73
2007	13.58	13.29	6.99	3.58	66.13	36.29	10.42	9.83	6.02
2008	12.60	12.08	6.99	3.72	68.32	37.89	10.37	10.19	6.15
2009	13.72	12.01	6.98	3.87	67.29	36.52	10.47	10.02	6.42
2010	14.73	12.08	6.47	3.71	66.72	35.67	10.72	9.89	6.74
2011	14.18	12.21	6.39	3.83	67.29	36.32	11.05	9.27	6.75
2012	14.73	12.20	6.38	3.94	62.76	36.23	10.94	8.90	6.69
2013	15.18	12.73	6.20	3.88	62.00	35.02	10.55	9.68	6.74
2014	13.21	10.73	6.54	2.67	66.86	30.05	8.15	22.48	6.17
2015	13.53	11.13	6.75	2.70	65.88	29.73	7.95	22.09	6.11
2016	13.75	11.43	7.06	2.58	65.33	29.30	7.53	22.16	6.18
2017	13.59	11.64	7.27	2.66	64.83	28.64	7.19	22.76	6.24

数据来源:相应年份中国统计年鉴

表 2-2 由城镇居民平均每人年消费性支出构成。1985 年城镇居民的一般性生活消费支出占总消费支出的 80.20%,交通通信支出占 2.14%,文教娱乐支出占 8.17%,医疗保健支出占 2.48%,其他消费性支出占 7.02%。这一时期的城镇居民几乎是将收入的绝大部分都投入到满足生存需要的基本生活领域。从 1990 年的数据来看,上述情况基本没有变化,这五年间,尽管城镇居民的人均收入翻了一番(见表 2-1),但居民的消费结构几乎没有变化。

到了 1995 年,情况略有不同,城镇居民的一般性生活支出下降到79.10%,这种变化虽不十分明显,但它却表现出了未来的一种趋势;同时交通通信支出由 1985 年的 2.14%增加到 5.18%。这一时期城镇居民对公共服务的需求已经由基本生存需求开始向更高层次的需求发展。

从 2000 年开始，城镇居民的公共服务需求发生了较为明显的变化，一般性生活支出比例呈急剧下降态势，从 1995 年的 80.20%下降为 2000 年的 68.25%。这一阶段，虽然一般性生活支出仍然是居民们生活支出比例最大的部分，但比重开始下降。同时，交通通信和医疗保健支出的比重呈明显上升趋势；而文教娱乐支出一直是除一般性生活支出以外比例最大的一项，此时的文教娱乐支出已经由 1985 年的 8.17%增加到 13.40%，人们的需求层次又提高一步。

时至 2005 年，城镇居民的一般性生活支出比例从 2000 年的 68.25%又进一步下降到 66.07%。同期，交通通信支出的比例上升为 12.55%，医疗保健支出的比例上升为 7.56%，文教娱乐支出的比例已上升为 13.82%。

从 2011 年的情况看，城镇居民的一般性生活支出占总消费性支出的比例为 67.22%，而交通通信支出比例从 2007 年开始到 2011 年都超过了文化娱乐支出的比例，跃居为仅次于城镇居民的一般性生活支出比例的第二位。

再看 2015 年的情况，城镇居民的一般性生活支出占总消费性支出的比例为 65.88%，但其中的居住一项从 2014 年开始已经超过 22%，而食品、衣着和家庭设备一直呈下降趋势，可见住房已成为城市居民的主要消费内容。2017 年基本延续了 2015 年的发展趋势。

在图 2-2 中可以清楚地看到，城镇居民的一般性生活支出比例从 1985 年到 2017 年呈总体下降趋势，而交通通信支出、文化娱乐支出、医疗保健支出以及其他消费支出都呈现出平缓上升趋势。

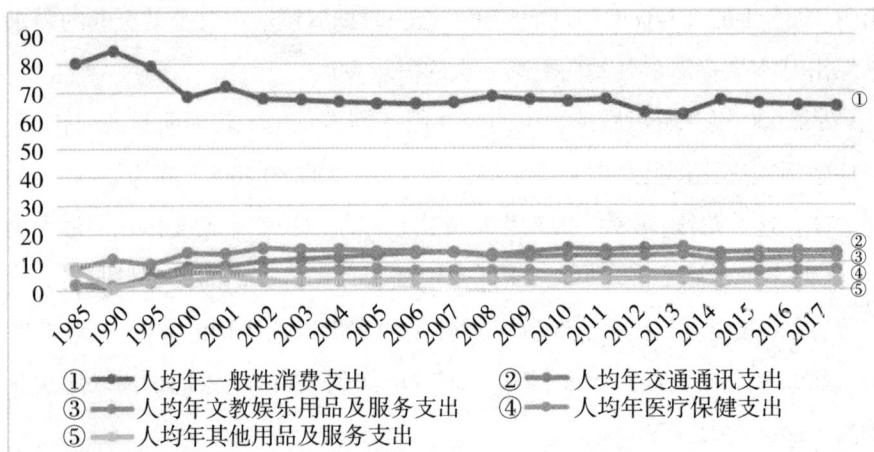

图 2-2　城镇居民家庭人均年消费性支出构成(%)

二、农村居民公共服务需求现状

对我国农村居民公共服务需求的考察同样是从居民的消费性支出入手。根据中国统计年鉴,我们将农村居民的消费性支出分为一般性生活消费支出(其中包括食品、衣着、居住、家庭设备及用品)、交通通信、医疗保健、文教娱乐以及其他消费性支出。

(一)农村居民公共服务需求数量分析

与城镇居民公共服务需求考察变量相同,我们对我国农村居民公共服务需求的考察也选取了农村居民平均每人年收入、平均每人年消费性支出,以及食品、衣着、居住、家庭设备及用品等一般性生活消费支出和交通通信、医疗保健、文教娱乐以及其他消费性支出作为相关变量,根据中国统计年鉴的相关数据进行了整理并得到表 2-3 的一系列相关数据。

表2-3 农村居民家庭人均年收入和消费性支出(元)

年份	人均年收入	人均年消费性支出	人均年交通通信支出	人均年文教娱乐用品及服务支出	人均年医疗保健支出	人均年其他用品及服务支出	人均年一般性生活消费支出				
							合计	食品	衣着	居住	家庭设备及用品
1985	397.60	317.42	5.48	12.45	7.65	3.40	288.44	183.43	30.86	57.90	16.25
1990	686.31	584.63	8.42	31.38	19.02	4.34	521.47	343.76	45.44	101.37	30.90
1995	1577.74	1310.36	33.76	102.39	42.48	23.06	1108.67	768.19	89.79	182.21	68.48
2000	2253.42	1670.13	93.13	186.72	87.57	52.46	1250.26	820.52	95.95	258.34	75.45
2001	2366.40	1741.09	109.98	192.64	96.61	56.42	1285.44	830.72	98.68	279.06	76.98
2002	2475.63	1834.31	128.53	210.31	103.94	57.66	1333.86	848.35	105.00	300.16	80.35
2003	2622.24	1943.30	162.53	235.68	115.75	43.01	1386.33	886.03	110.27	308.38	81.65
2004	2936.40	2184.65	192.63	247.63	130.56	48.27	1565.55	1031.91	120.16	324.25	89.23
2005	3254.93	2555.40	244.98	295.48	168.09	54.52	1792.33	1162.16	148.57	370.16	111.44
2006	3587.04	2829.02	288.76	305.13	191.51	63.07	1980.55	1216.99	168.04	468.96	126.56
2007	4140.36	3223.85	328.40	305.66	210.24	74.19	2305.37	1388.99	193.45	573.80	149.13
2008	4760.62	3660.68	360.18	314.53	245.97	76.67	2663.33	1598.75	211.80	678.80	173.98
2009	5153.17	3993.45	402.91	340.56	287.54	84.10	2878.36	1636.04	232.50	805.01	204.81
2010	5919.01	4381.82	461.10	366.72	326.04	94.02	3133.95	1800.67	264.03	835.19	234.06
2011	6977.29	5221.13	547.03	396.36	436.75	121.99	3719.01	2107.34	341.34	961.45	308.88
2012	7916.60	5414.47	652.79	445.49	513.81	147.54	3654.84	1863.11	396.14	1054.17	341.42

续表

年份\内容	人均年收入	人均年消费性支出	人均年交通通信支出	人均年文教娱乐用品及服务支出	人均年医疗保健支出	人均年其他用品及服务支出	人均年一般性生活消费支出				
							合计	食品	衣着	居住	家庭设备及用品
2013	8895.90	6112.90	795.80	485.60	613.90	171.60	4046.00	2054.50	437.70	1169.30	384.50
2014	10488.90	8284.60	1012.60	859.50	753.90	163.00	5593.60	2814.00	510.40	1762.70	506.50
2015	11421.70	9222.60	1163.10	969.30	846.00	174.00	6070.30	3048.00	550.50	1926.20	545.60
2016	12363.40	10129.80	1359.90	1070.30	929.20	186.00	6611.20	3266.10	575.40	2147.10	595.70
2017	13432.40	10954.50	1509.10	1171.30	1058.70	200.90	7014.50	3415.40	611.60	2353.50	634.00

数据来源:相应年份中国统计年鉴

表 2-3 为我们展示了从 1985 年到 2017 年农村居民的收入和消费情况。就 1985 年的数据来看,无论是农村居民的平均每人年收入,还是平均每人年消费性支出都处于相对较低的水平。同期的食品、衣着、居住、家庭设备及用品等一般性生活消费支出和交通通信、医疗保健、文教娱乐以及其他消费性支出也处于历史较低水平。与 1985 年相比,1990 年上述所有指标虽然有所变化,但变化幅度并不十分明显。然而到了 1995 年,农村居民的收入和消费情况发生了令人瞩目的变化。首先,农村居民平均每人全部年收入从 1985 年的 397.60 元增加到 1995 年的 1577.74 元,农村居民平均每人年消费性支出从 1985 年的 317.42 元增加到 1995 年的 1310.36 元,交通通信支出从 1985 年的 5.48 元增加到 1995 年的 33.76 元,文教娱乐用品及服务支出从 1985 年的 12.45 元增加到 1995 年的 102.39 元,医疗保健支出从 1985 年的 7.65 元增加到 1995 年的 42.48 元,一般性生活消费支出从 1985 年的 288.44 元增加到 1995 年的 1108.67 元。

进入 21 世纪,农村居民的收入和消费情况变化更加明显。2000 年的农村居民的平均每人年收入是 1985 年的 5.7 倍;平均每人年消费性支出是 1985 年的 5.3 倍;一般性生活消费支出是 1985 年的 4.3 倍,但此时的农村居民一般性生活支出仍然占农村居民平均每人年消费性支出（1670.13 元）的 74.86%;而交通通信支出却由 1985 年的 5.48 元猛增加到 93.13 元,是 1985 年的 17 倍;医疗保健支出由 1985 年的 7.65 元增加到 87.57 元,是 1985 年的 11.4 倍;文教娱乐支出由 1985 年的 12.45 元增加到 186.72 元,是 1985 年的 15 倍。

到了 2005 年,农村居民的平均每人年收入为 3254.93 元,是 1985 年 397.60 元的 8.2 倍,是 1990 年 686.31 元的 4.7 倍,是 2000 年 2253.42 元的 1.4 倍;平均每人年消费性支出为 2555.40 元,是 1985 年 317.42 元的 8.1 倍,是 1990 年 584.63 元的 4.4 倍,是 2000 年 1670.13 元的 1.5 倍;一般性生活消费支出为 1792.33 元,是 1985 年 288.44 元的 6.2 倍,是 1990 年 521.47 元的 3.4 倍,是 2000 年 1250.26 元的 1.4 倍;交通通信支出为 244.98 元,是 1985 年 5.48 元的 44.7 倍,是 1990 年 8.42 元的 29.1 倍,是 2000 年 93.13 元的 2.6

倍;医疗保健支出为168.09元,是1985年7.65元的22倍,1990年19.02元的8.8倍,是2000年87.57元的1.9倍;文教娱乐支出为295.48元,是1985年12.45元的23.7倍,是1990年31.38元的9.4倍,是2000年186.72元的1.6倍。

在2011年的数据中可以看到,农村居民的平均每人年收入6977.29元,是1985年397.60元的17.5倍,是1990年686.31元的10.2倍,是2000年2253.42元的3.1倍,是2005年3254.93元的2.1倍。农村居民平均每人年消费性支出5221.13元,是1985年317.42元的16.4倍,是1990年584.63元的8.9倍,是2000年1670.13元的3.1倍,是2005年2555.40元的2倍。一般性生活消费支出为3719.01元,是1985年288.44元的12.9倍,是1990年521.47元的7.1倍,是2000年1250.26元的3倍,是2005年1792.33元的2.1倍。交通通信支出为547.03元,是1985年5.48元的99.8倍,是1990年8.42元的65倍,是2000年93.13元的5.9倍,是2005年244.98元的2.2倍。医疗保健支出为436.75元,是1985年的7.65元的57.1倍,是1990年19.02元的23倍,是2000年87.57元的5倍,是2005年168.09元的2.6倍。文教娱乐支出为396.36元,是1985年12.45元的31.8倍,是1990年31.38元的12.6倍,是2000年186.72元的2.1倍,是2005年295.48元的1.3倍。从2011年到2015年再到2017年,各项数据都平缓上升。

通过图2-3可以看到,我国农村居民公共服务需求变化情况。随着我国农村居民平均每人年收入的增加,城镇居民平均每人年消费性支出、一般性生活消费支出、交通通信支出、医疗保健支出、文教娱乐支出以及其他消费性支出都在不同程度地平缓增加,与城镇居民公共服务需求变化相同,仅从数量的视角来看,农村居民对公共服务需求呈现由少到多的变化。

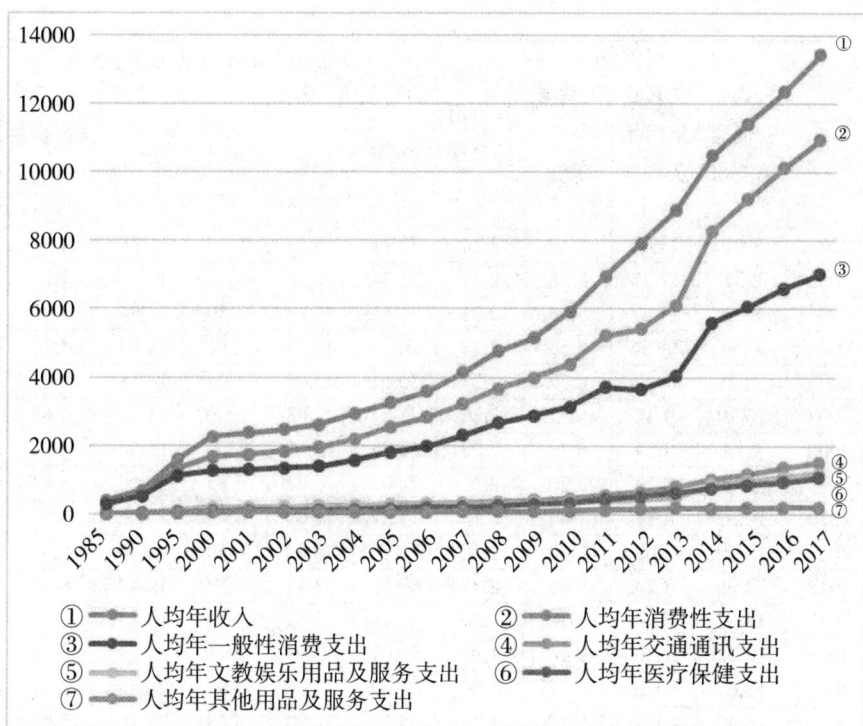

图 2-3 农村居民家庭人均年收入和年消费性支出

(二)农村居民对不同公共服务需求比例分析

与城镇居民的公共服务需求变化相比,农村居民对公共服务需求在数量上的变化幅度相对较小,但同样也呈现了数量的增加和需求层次的不断提高。表 2-4 中的数据可充分地证实这一点。

表 2-4 农村居民家庭人均年消费性支出构成(%)

年份	人均年交通通信支出	人均年文教娱乐用品及服务支出	人均年医疗保健	人均年其他用品及服务支出	人均年一般性生活消费支出				
					合计	食品	衣着	居住	家庭设备及用品
1985	1.76	3.89	2.42	1.12	90.81	57.79	9.69	18.23	5.10
1990	1.44	5.37	3.25	0.74	89.20	58.80	7.77	17.34	5.29
1995	2.58	7.81	3.24	1.76	84.61	58.62	6.85	13.91	5.23
2000	5.58	11.18	5.24	3.14	74.86	49.13	5.75	15.47	4.52
2001	6.32	11.06	5.55	3.24	73.83	47.71	5.67	16.03	4.42

年份	人均年交通通信支出	人均年文教娱乐用品及服务支出	人均年医疗保健	人均年其他用品及服务支出	人均年一般性生活消费支出				
					合计	食品	衣着	居住	家庭设备及用品
2002	7.01	11.47	5.67	3.14	72.71	46.25	5.72	16.36	4.38
2003	8.36	12.13	5.96	2.21	71.34	45.59	5.67	15.87	4.20
2004	8.82	11.33	5.98	2.21	71.65	47.23	5.50	14.84	4.08
2005	9.59	11.56	6.58	2.13	70.14	45.48	5.81	14.49	4.36
2006	10.21	10.79	6.77	2.23	70.01	43.02	5.94	16.58	4.47
2007	10.19	9.48	6.52	2.30	71.51	43.08	6.00	17.80	4.63
2008	9.84	8.59	6.72	2.09	72.75	43.67	5.79	18.54	4.75
2009	10.09	8.53	7.20	2.11	72.08	40.97	5.82	20.16	5.13
2010	10.52	8.37	7.44	2.15	71.52	41.09	6.03	19.06	5.34
2011	10.50	7.60	8.40	2.30	71.20	40.40	6.50	18.40	5.90
2012	12.05	8.23	9.49	2.72	67.50	34.41	7.31	19.47	6.30
2013	13.02	7.94	10.04	2.80	66.19	33.61	7.16	19.13	6.29
2014	12.22	10.37	9.10	1.97	67.51	33.97	6.16	21.27	6.11
2015	12.61	10.51	9.17	1.89	65.82	33.05	5.96	20.88	5.91
2016	13.42	10.56	9.17	1.84	65.00	32.24	5.68	21.20	5.88
2017	13.75	10.67	8.47	1.83	63.92	31.12	5.57	21.45	5.78

数据来源:相应年份中国统计年鉴

表2-4由农村居民平均每人年消费性支出构成,1985年农村居民的一般性生活消费支出占总消费支出的90.81%,交通通信支出占1.76%,文教娱乐支出占3.89%,医疗保健支出占2.42%,其他消费性支出占1.12%。这一时期的农村居民同样是将收入的绝大部分投入到满足生存需要的基本生活领域,较城镇居民的80.20%还高。从1990年的数据来看,上述情况与城镇居民公共服务需求变化趋势基本相同,但变化幅度略小。这五年间,农村居民的消费结构几乎没有变化。

到了1995年,农村居民公共服务需求情况略有不同,农村居民的一般性生活支出下降到84.61%,与1985年相比下降了6.2个百分点。这种变化虽不十分明显,但它却表现出了一种变化趋势,而交通通信支出由1985年的1.76%增加到2.58%,几乎翻了一番。这一时期农村居民对公共服务的需求也开始由基本生存需求向更高层次的需求发展。这一点还可以从文教娱乐需求和医疗保健需求的数据进一步得到证明：1995 年的文教娱乐支出为 7.81%，比 1985 年的 3.89% 增加了 3.92 个百分点；1995 年的医疗保健支出为 3.24%，比 1985 年的 2.42% 增加了 0.82 个百分点。

与城镇居民公共服务需求变化相同，从 2000 年开始，农村居民的公共服务需求发生了较为明显的变化，一般性生活支出比例呈急剧下降态势，从 1985 年的 90.81% 下降为 2000 年的 74.86%。这一阶段，虽然一般性生活支出仍然是居民们生活支出比例的最大部分，但比重开始下降。同时，交通通信和医疗保健支出的比重呈明显上升趋势，而文教娱乐支出一直是除一般性生活支出以外比例最大的一项，此时的文教娱乐支出已经由 1985 年的 3.89% 增加到 11.18%，人们的需求层次又提高一步。

从 2005 年的情况看，农村居民的一般性生活支出比例从 2000 年的 74.86% 又进一步下降到 2005 年的 70.14%，同期下降 4.72 个百分点。交通通信支出的比例从 2000 年的 5.58% 上升为 9.59%，上升了 4.01 个百分点；医疗保健支出的比例从 2000 年的 5.24% 升上为 6.58%，上升了 1.34 个百分点；文教娱乐支出的比例从 2000 年的 11.18% 上升为 11.56%，上升了 0.38 个百分点。

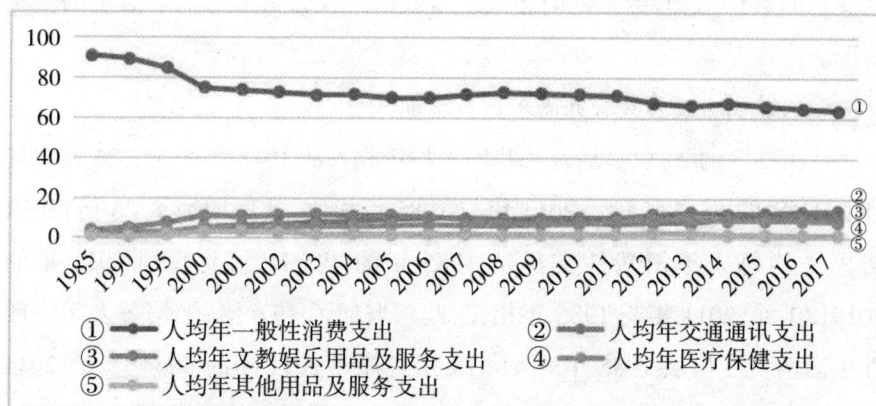

图 2-4　农村居民家庭人均年消费性支出构成(%)

从 2011 年的情况看，农村居民的一般性生活支出占总消费性支出的比例为 71.20%，而交通通信支出比例从 2007 年开始到 2011 年都超过了文化娱乐支出的比例,跃居为仅次于农村居民的一般性生活支出比例的第二位。在表 2-4 和图 2-4 中可以清楚地看到,农村居民的一般性生活支出比例从 1985 年到 2017 年呈总体下降趋势,而交通通信支出、文化娱乐支出、医疗保健支出以及其他消费支出都呈现平缓上升趋势。

三、城乡居民公共服务需求变化趋势

城乡居民公共服务需求不仅表现出了数量增加的趋势,而且需求层次不断提高。但伴随经济社会快速发展的同时,也有经济社会发展不平衡的现象出现。因此,在公共服务需求数量增加和层次提高的同时,也出现了某些方面的城乡差异和地区差异。这是前进中的曲折,发展中的必然现象。作为社会管理者和服务者的政府,应正确处理城市化与满足公共服务需求能力之间的矛盾,最大程度地满足公众的公共服务需求

通过对城镇和农村居民的平均每人年消费性支出的考察,笔者梳理了我国居民公共服务需求的数量变化和层次变化。表 2-5 的数据是根据相应年份的中国统计年鉴数据,进行计算和整理的我国居民平均每人年消费性支出的数据。这些数据同时也表明了我国居民公共服务需求数量的变化情况。

(一)城乡居民公共服务需求数量增加

从表 2-5 的数据可以看出,我国人均年收入从 1985 年的 573.26 元增加到 2011 年的 15478.25 元,2011 年与 1985 年相比,此项增加了 26 倍;我国居民平均每人年消费性支出从 1985 年的 495.31 元上升到 2011 年的 10191.01 元,2011 年与 1985 年相比,此项增加了 19.6 倍;平均每人年一般性生活消费支出从 1985 年的 414.15 元上升到 2011 年的 6664.11 元,2011 年与 1985 年相比,此项增加了 15.1 倍;人均公共服务性消费支出,从 1985 年的 55.85 元上升到 2011 年的 3175.28 元,2011 年与 1985 年相比, 此项增加了 55.9 倍。可见,居民的公共服务性消费支出,是随着人均收入和人均年消费性支出的增加而增加的。但更应看到,公共服务性消费支出的增加幅度

远远地超过了人均年收入和人均年消费性支出增加的幅度。就1985年到2011年情况看，当人均年收入增加26倍，人均年消费支出增加19.6倍时，居民的公共服务性消费支出却增加了55.9倍。其中，平均每人年交通通信支出从1985年的9.94元上升到2011年的1348.36元，2011年与1985年相比，此项增加了134.7倍；平均每人年文教娱乐用品及服务支出从1985年的33.73元上升到2011年的1124.05元，2011年与1985年相比，此项增加了32.3倍；平均每人年医疗保健支出从1985年的12.18元上升到2011年的702.87元，2011年与1985年相比，此项增加了56.7倍。从2011到2017年间，我国农村和城镇居民平均每人年收入和消费支出的变化情况基本与2011年情况相同。

表2-5　农村和城镇居民平均每人年收入和消费支出情况（元）

年份	人均年收入	人均年均消费性支出	公共服务性消费支出				人均年其他用品及服务支出	人均年一般性生活支出
			合计	人均年交通通信	人均年文教娱乐用品及服务	人均医疗保健		
1985	573.26	495.31	55.85	9.94	33.73	12.18	25.32	414.15
1990	1104.64	931.76	118.64	24.47	71.82	22.35	35.46	777.73
1995	2932.92	2423.97	401.49	108.49	216.70	76.30	68.99	1953.49
2000	4274.67	3334.07	854.16	244.07	407.27	202.82	155.5	2324.40
2001	4636.74	3525.05	944.77	283.50	441.32	219.95	170.28	2410.00
2002	5326.34	3932.10	1200.60	377.29	556.30	267.01	126.57	2604.81
2003	5841.73	4227.12	1322.73	441.83	585.03	295.87	129.06	2775.35
2004	6532.46	4683.38	1487.71	518.13	640.22	329.36	144.26	3051.42
2005	7287.85	5249.14	1701.79	620.85	696.47	384.47	166.14	3381.21
2006	8153.12	5762.79	1878.05	717.94	754.08	406.03	186.28	3698.46
2007	9524.49	6610.66	2114.99	842.91	817.41	454.67	215.95	4279.74
2008	10914.20	7451.77	2241.14	888.65	836.40	516.09	247.49	4963.15
2009	12005.63	8129.00	2521.45	1042.81	906.66	571.98	279.16	5328.48
2010	13476.22	8926.64	2818.49	1222.40	997.18	598.91	296.59	5811.58
2011	15478.25	10191.01	3175.28	1348.36	1124.05	702.87	351.63	6664.11
2012	16240.65	11044.39	3582.37	1554.13	1239.495	788.745	402.32	7059.70
2013	17925.50	12067.77	4022.21	1766.34	1389.795	866.080	435.48	7610.08
2014	19666.40	14126.35	4355.60	1824.95	1500.90	1029.75	347.95	9471.80

续表

年份	人均年收入	人均年均消费性支出	公共服务性消费支出				人均年其他用品及服务支出	人均年一般性生活支出
			合计	人均年交通通信	人均年文教娱乐用品及服务	人均医疗保健		
2015	21308.25	15307.50	4850.00	2029.25	1676.050	1144.70	375.75	10081.80
2016	22989.80	16604.35	5400.85	2266.90	1853.95	1280.00	390.35	10826.55
2017	24914.30	17699.75	5842.30	2415.30	2008.95	1418.05	426.20	11431.2

数据来源:相应年份中国统计年鉴

　　1985—2017 年,在城乡居民公共服务性消费支出中,交通通信支出的增加的幅度最大,其次是医疗保健支出。在城乡居民消费支出的数据里,可以发现居民公共服务需求的变化数据, 每一项数据的变化都表明了我国居民公共服务需求数量增加的情况。如果将目光转向图 2-5,我国城乡居民公共服务需求数量变化的情况可直观再现。

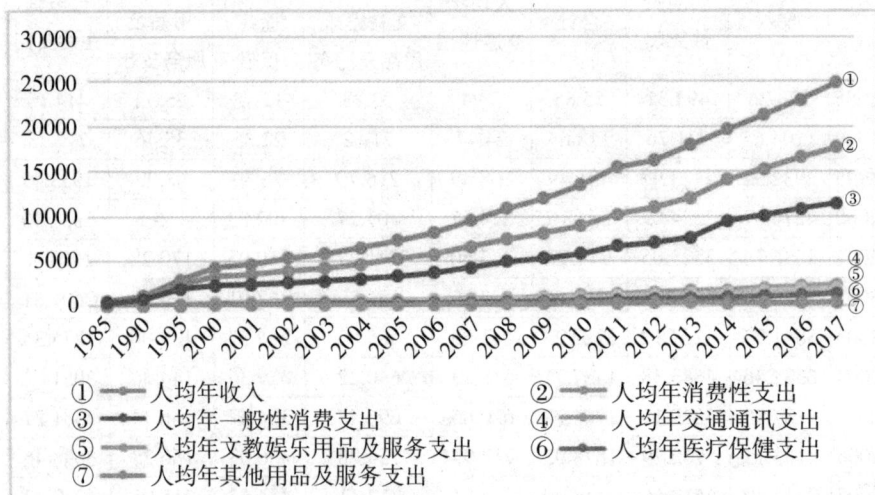

图 2-5　农村和城镇居民家庭人均年收入和消费情况

(二)城乡居民公共服务需求层次提高

　　马斯洛的需求层次理论,将人的需求划分为五个层次,最低层次的需求为生理的需求,其次是安全的需求,第三为社交的需求,第四为尊重的需求,第五为自我实现的需求。现在一些研究者将马斯洛的需求层次理论作为研究人类需求的重要的指导理论。根据这一理论可以将居民对公共服务的需求进行层次划分,而不同居民对不同层次的公共服务表现出了不同的需求,即居民对公共服务需求的高低层次存在差异。

第一是生存需求。生存需要是指满足个体存活所必需的一切公共物品和服务的需要,如洁净的空气、衣、食、住、行等一般生活性用品及服务,这是任何一个生命个体能够延续生命的基本保障。因此,这种生存需要对任何人来说都是最基本的、不可或缺的一种需要。这种需要也往往表现得最明显、最强烈。在表2-6中可以十分清楚地看到,一般性生活消费支出(包括食品、衣着、居住、家庭设备及用品等)占居民平均每人年消费性支出的绝大部分。尤其是在经济较为落后的年代,即1985年到1995年之间,人们几乎将收入的全部都投入到一般性生活保障领域,此时人们对公共服务的需求还处于最低层次。

第二是安全需求。这种需求不仅是为了避免危险,更主要的是要使生活有所保障。安全需求是人们对自己生活的外部环境提出的最基本要求。从总体环境来讲,由于人们需要规律性的生活,远离痛苦和恐惧,并感受世界的有序,所以人们渴望社会的安定有序和世界的和平。除了强有力的国防能使居住在本国的居民有安全感外,良好的国内社会秩序也是满足人们安全需求的基本条件。由于数据来源的限制,对这类需求的考察没有进入本部分的研究范围。

第三是发展需求。这种需求是人们的生存需求得到了保障之后,并同时又基于良好有序的社会秩序基础之上,为了扩大生存空间和提高生存质量而对公共服务提出的一种新的需求。这种需求的实现是以基本生产需求得到满足并保证生存和生产质量提高为前提条件的。一般来讲,完善的基础设施是居民发展的基本前提,例如有序的交通和良好的通信体系不仅方便了人们的自由出行,同时更扩大了人们的生活和交往范围,为人们实现自己的理想和生活目标提供了基本条件。从表2-6中可以看到,自1995年起交通通信支出在平均每人年消费性支出中的比例大幅增加,这表明人们的公共服务需求提高了一个层次。

第四是延伸需求。这种需求是人们为了进一步提高自己的生活质量而对公共服务提出的又一新的需求。但这种需求的出现是以社会发展、经济水平的提高和人们自身素质的提升为前提的。它是一种较高层次的需求,因此它并非是全体居民共同拥有的一种需求。但由于公共物品的外部效应,这样的需求有益于社会的发展和进步。这种需求的产生和出现表现为人们对自身素质的提高付出了更多的关注。为了提高生活质量和自身素质,人们一方面对自己的健康提出了更高的要求,即不仅身体要避免痛苦还要延长寿命,因此对医疗保健产生了更多的需求;另一方面,人们对自己的文化素质提出了更高的要求,文化、教育和娱乐的需求也因此而进一步扩大。从 1995 年以后尤其是 2000 年后,医疗保健和文化娱乐的消费支出不断攀升,并在消费支出中的比例逐年增加,足以看出居民的高层次的公共服务需求越来越大,即居民公共服务需求层次是不断提高的。

(三)城乡居民公共服务需求差异变化

无论是农村居民还是城镇居民的公共服务需求都是随着居民收入和消费性支出的增加而增加的。但是城乡居民对公共服务需求是存在一定差异的,这种差异更多地表现在对公共服务需求的数量上。当然,需求层次也有某些差异。表 2-6 是城乡居民人均年的收入、人均年消费性支出情况,通过这样的比较可以看出城乡居民对公共服务需求的数量差异。

表2-6　城乡居民人均家庭支出（公共服务性支出（公共服务需求）比较（元）

| 年份 | 人均年消费性支出 | | 人均年公共服务性消费支出 | | | | | | | | 人均年一般性生活支出 | | 人均年其他用品及服务支出 | |
| | | | 合计 | | 交通通信 | | 文教娱乐用品及服务 | | 医疗保健 | | | | | |
	农村	城市	农村	城市	农村	城市	农村	城市	农村	城市	农村	城市	农村	城市
1985	317.4	673.2	25.6	86.1	5.5	14.4	12.5	55.0	7.7	16.7	288.4	539.9	3.4	47.2
1990	584.6	1278.9	58.8	178.4	8.4	40.5	31.4	112.3	19.0	25.7	521.5	1034.0	4.3	66.6
1995	1310.4	3537.6	178.6	624.3	33.8	183.2	102.4	331.0	42.5	110.1	1108.7	2798.3	23.1	114.9
2000	1670.1	4998.0	367.4	1340.9	93.1	395.0	186.7	627.8	87.6	318.1	1250.3	3398.6	52.5	258.5
2001	1741.1	5309.0	399.2	1490.3	110.0	457.0	192.6	690.0	96.6	343.3	1285.4	3534.6	56.4	284.1
2002	1834.3	6029.9	442.8	1958.4	128.5	626.0	210.3	902.3	103.9	430.1	1333.9	3875.8	57.7	195.5
2003	1943.3	6510.9	514.0	2131.5	162.5	721.1	235.7	934.4	115.8	476.0	1386.3	4164.4	43.0	215.1
2004	2184.7	7182.1	570.8	2404.6	192.6	843.6	247.6	1032.8	130.6	528.2	1565.6	4537.3	48.3	240.2
2005	2555.4	7942.9	708.6	2695.0	245.0	996.7	295.5	1097.5	168.1	600.9	1792.3	4970.1	54.5	277.8
2006	2829.0	8696.6	785.4	2970.7	288.8	1147.1	305.1	1203.0	191.5	620.5	1980.6	5416.4	63.1	309.5
2007	3223.9	9997.5	844.3	3385.7	328.4	1357.4	305.7	1329.2	210.2	699.1	2305.4	6254.1	74.2	357.7
2008	3660.7	11242.9	920.7	3561.6	360.2	1417.1	314.5	1358.3	246.0	786.2	2663.3	7263.0	76.7	418.3
2009	3993.5	12264.6	1031.0	4011.9	402.9	1682.7	340.6	1472.8	287.5	856.4	2878.4	7778.6	84.1	474.2
2010	4381.8	13471.5	1153.9	4483.1	461.1	1983.7	366.7	1627.6	326.0	871.8	3134.0	8489.2	94.0	499.2
2011	5221.1	15160.9	1380.1	4970.3	547.0	2149.7	396.4	1851.7	436.8	968.9	3719.0	9609.2	122.0	581.3
2012	5414.5	16674.3	1612.1	5552.7	652.8	2455.5	445.5	2033.5	513.8	1063.7	3654.8	10464.6	147.5	657.1

续表

| 年份 | 人均年消费性支出 | | 人均年公共服务性消费支出 | | | | | | | | 人均年一般性生活支出 | | 人均年其他用品及服务支出 | |
| | | | 合计 | | 交通通信 | | 文教娱乐用品及服务 | | 医疗保健 | | | | | |
	农村	城市	农村	城市	农村	城市	农村	城市	农村	城市	农村	城市	农村	城市
2013	6112.9	18022.4	1895.3	6149.1	795.8	2736.9	485.6	2293.9	613.9	1118.3	4046.0	11174.2	171.6	699.4
2014	8284.6	19968.1	2626.0	6085.2	1012.6	2637.3	859.5	2142.3	753.9	1305.6	5593.6	13350.0	163.0	532.9
2015	9222.6	21392.4	2978.4	6721.6	1163.1	2895.4	969.3	2382.8	846.0	1443.4	6070.3	14093.3	174.0	577.5
2016	10129.8	23078.9	3359.4	7442.3	1359.9	3173.9	1070.3	2637.6	929.2	1630.8	6611.2	15041.9	186	594.7
2017	10954.5	24445.0	3739.1	7945.5	1509.1	3321.5	1171.3	2846.6	1058.7	1777.4	7014.5	15847.9	200.9	651.5

数据来源：相应年份中国统计年鉴

1. 城乡居民公共服务需求数量差异越来越大

从 1985 年到 2017 年，我国城乡居民的公共服务需求在数量上一直存在相当的差异，任何一种消费，农村都低于城市。首先，从城乡居民人均年一般性生活支出来看，1985 年农村居民的平均每人年一般性生活支出为 288.4 元，而城镇居民的平均每人年一般性生活支则为 539.9，在人均年一般性生活支出这一项，此期城市比农村高 251.5 元。1995 年农村居民的平均每人年一般性生活支出为 1108.7 元，城市居民 2798.3 元，此期城市比农村高出 1689.6 元。从 2000 年的情况看，居民的平均每人年一般性生活支出，城市比农村高 2148.3 元。2005 年居民的平均每人年一般性生活支出，城市比农村高 3177.8 元。2011 年居民的平均每人年一般性生活支出，城市比农村高 5890.2 元。2017 年居民的平均每人年一般性生活支出，城市比农村高 8833.4 元。从这些数据看，此项的城乡差距越来越大。

其次，从人均年公共服务性消费支出看，1985 年农村居民的人均年公共服务性消费支出 25.6 元，而城镇居民为 86.1 元，在人均公共服务性消费支出这一项，此期城市比农村高 60.5 元。1995 年农村居民公共服务性消费为 178.6 元，城市居民为 624.3 元，此期城市比农村高出 445.7 元。2000 年农村居民公共服务性消费为 367.4 元，城市居民的公共服务性消费支出为 1340.9 元，此期，城市比农村高出 973.5 元。2005 年农村居民公共服务性消费为 708.6 元，城市居民为 2695.0 元，此期城市比农村高出 1986.4 元。2011 年农村居民公共服务性消费为 1380.1 元，城市居民为 4970.3 元，此期，城市比农村高出 3590.2 元。2017 年农村居民公共服务性消费为 3739.1 元，城市居民的公共服务性消费支出为 7945.5 元，此期城市比农村高出 4206.4 元。从这些数据看，此项的城乡差距一直在拉大，而且越来越大。

其中，交通通信支出情况也是如此，1985 年农村居民的平均每人年交通通信支出为 5.5 元，城镇居民为 14.4 元，城镇居民比农村居民多 8.9 元；十年后这种情况并未改变。到了 2011 年，农村居民为 547.0 元，而城镇居民则为 2149.7 元，城镇居民比农村居民多 1602.7 元；2017 年，农村居民的平均每人年交通通信支出为 1509.1 元，城镇居民为 3321.5 元，城镇居民比农村居民多 1812.4 元。可见这种差距在 2017 年出现缩小趋势。

再看医疗保健支出情况,1985 年农村居民平均每人年医疗保健支出为 7.7 元,城镇居民为 16.7 元,城镇居民比农村居民多 9 元;2011 年农村居民平均每人年医疗保健支出为 436.8 元,城镇居民平均每人年医疗保健支出为 968.9 元,城镇居民比农村居民多 532.1 元;2017 年农村居民平均每人年医疗保健支出为 1058.7 元,城镇居民平均每人年医疗保健支出为 1777.4 元,城镇居民比农村居民多 718.7 元,从 2017 年开始出现差距缩小趋势。

至于文教娱乐需求的情况基本相同,1985 年农村居民的平均每人年文教娱乐支出为 12.5 元,城镇居民为 55.0 元,城镇居民是农村居民的 4.4 倍;2011 年农村居民的平均每人年文教娱乐支出为 396.4 元,城镇居民为 1851.7 元,城镇居民是农村居民的 4.67 倍;2017 年农村居民平均每人年文化娱乐支出为 1171.3 元,城镇居民平均每人年文化娱乐支出为 2846.6 元,城镇居民比农村居民多 1675.3 元,同样在 2017 年出现差距缩小趋势。

表 2-7 1985—2017 年城乡居民人均公共服务性消费支出变化趋势

年份	人均年公共服务性消费支出(元)			变化趋势
	城市	农村	城乡差距	
1985	86.1	25.6	60.5(3.36 倍)	差异小
1995	624.3	178.6	445.7(3.50 倍)	
2000	1340.9	367.4	973.5(3.65 倍)	
2005	2695.0	708.6	1986.4(3.80 倍)	
2011	4970.3	1380.1	3590.2(3.60 倍)	差异大
2017	7945.5	3739.1	4206.4(2.12 倍)	开始缩小

数据来源:相应年份中国统计年鉴

2. 城乡居民公共服务需求层次差异变化的阶段性特点

从 1985 到 2011 年,与公共服务需求数量的城乡差异相比,公共服务需求层次的城乡差异相对并不十分明显,尽管如此,差异还是某种程度地存在着。表 2-8 是城乡居民公共服务需求层次情况的比较。

首先,从人均年一般性生活消费支出在总消费支出中的比例来看,1985 年农村居民一般性生活消费支出占整个消费支出的 90.81%,城镇居民的一般生活消费性支出占整个消费行支出的 87.22%。可见农村居民将更多的消费投入到了最基本的需求层次。但从 2015 年开始情况有些变化,2015 年农村居民的一般性生活消费支出占整个消费支出的 65.82%,城镇居民的一般性生活消费支出占整个消费支出的 65.88%;2017 年,农村居民的一般性生活消费支出占整个消费支出的 64.03%,城镇居民的一般性生活消费支出占整个消费支出的 64.93%。这是因为城市住房价格的影响,使得城市居民不得不将更多的消费投入到住房方面,进而使城镇居民的一般性生活消费支出比例高于农村居民同向比例。

表 2-8　城乡居民家庭人均年消费性支出构成比较(%)

| 年份 | 人均年公共服务性消费支出 | | | | | | | | 人均年一般性生活支出 | | 人均年其他用品及服务支出 | |
| | 合计 | | 交通通信 | | 文教娱乐用品及服务 | | 医疗保健 | | | | | |
	农村	城市	农村	城市	农村	城市	农村	城市	农村	城市	农村	城市
1985	8.07	12.79	1.76	2.14	3.89	8.17	2.42	2.48	90.81	87.22	1.12	7.02
1990	10.06	14.33	1.44	1.20	5.37	11.12	3.25	2.01	89.20	85.67	0.74	0.94
1995	13.63	17.65	2.58	5.18	7.81	9.36	3.24	3.11	84.61	82.35	1.76	3.25
2000	22.00	28.30	5.58	8.54	11.18	13.40	5.24	6.36	74.86	71.70	3.14	3.44
2001	22.93	28.08	6.32	8.61	11.06	13.00	5.55	6.47	73.83	71.93	3.24	5.35
2002	24.15	32.47	7.01	10.38	11.47	14.96	5.67	7.13	72.71	67.53	3.14	3.25
2003	26.45	32.74	8.36	11.08	12.13	14.35	5.96	7.31	71.34	67.26	2.21	3.30
2004	26.13	33.48	8.82	11.75	11.33	14.38	5.98	7.35	71.65	66.52	2.21	3.34
2005	27.73	33.93	9.59	12.55	11.56	13.82	6.58	7.56	70.14	66.07	2.13	3.50
2006	27.77	34.16	10.21	13.19	10.79	13.83	6.77	7.14	70.01	65.84	2.23	3.56
2007	26.19	33.86	10.19	13.58	9.48	13.29	6.52	6.99	71.51	66.13	2.30	3.58
2008	25.15	31.67	9.84	12.60	8.59	12.08	6.72	6.99	72.75	68.32	2.09	3.72
2009	25.82	32.71	10.09	13.72	8.53	12.01	7.20	6.98	72.08	67.29	2.11	3.87
2010	26.33	33.28	10.52	14.73	8.37	12.08	7.44	6.47	71.52	66.72	2.15	3.71
2011	26.50	32.78	10.50	14.18	7.60	12.21	8.40	6.39	71.20	67.22	2.30	3.83
2012	29.77	33.31	12.05	14.73	8.23	12.20	9.49	6.38	67.50	62.76	2.72	3.94
2013	31.00	34.11	13.02	15.18	7.94	12.73	10.04	6.20	66.19	62.00	2.80	3.88
2014	31.69	30.48	12.22	13.21	10.37	10.73	9.10	6.54	67.51	66.86	1.97	2.67

| 年份 | 人均年公共服务性消费支出 | | | | | | | | 人均年一般性生活支出 | | 人均年其他用品及服务支出 | |
| | 合计 | | 交通通信 | | 文教娱乐用品及服务 | | 医疗保健 | | | | | |
	农村	城市	农村	城市	农村	城市	农村	城市	农村	城市	农村	城市
2015	32.29	31.41	12.61	13.53	10.51	11.13	9.17	6.75	65.82	65.88	1.89	2.70
2016	33.08	32.24	13.39	13.75	10.54	11.43	9.15	7.07	65.09	65.16	1.83	2.58
2017	34.13	32.55	14.24	13.61	10.69	11.66	9.66	7.28	64.03	64.93	1.83	2.67

数据来源:相应年份中国统计年鉴

其次,就人均年公共服务性消费支出在总消费中的比例而言,从平均每人年交通通信支出情况看,1985 年农村居民的平均每人年交通通信支出占整个消费性支出的 1.76%,城镇居民为 2.14%;2011 年农村居民的平均每人年交通通信支出占整个消费性支出的 10.50%,城镇居民为 14.18%。从平均每人年医疗保健支出情况看,1985 年农村居民的平均每人年医疗保健支出占整个消费性支出的 2.42%,城镇居民为 2.48%;2011 年农村居民的平均每人年医疗保健支出为 8.40%,城镇居民为 6.39%。这一项情况似乎有所不同,事实上农村居民对医疗的投入可能多于保健,而城镇居民的医疗有多种形式的报销渠道,从而减少了他们在医疗方面的投入而更多地投入于保健。从平均每人年文教娱乐支出情况看,1985 年农村居民的平均每人年文教娱乐支出占整个消费性支出的 3.89%,城镇居民为 8.17%;2011 年农村居民的文教娱乐支出占整个消费性支出的 7.60%,城镇居民为 12.21%。这些数据充分证明了城乡居民公共服务需求层次的差异。

从 2014 年开始,在公共服务性消费支出上,农村居民已经超过城镇居民。2014 年农村和城镇居民的公共服务性消费构成分别为 31.69% 和 30.48%;2015 年农村和城镇居民的公共服务性消费构成分别为 32.29% 和 31.41%,2017 年农村和城镇居民的公共服务性消费构成分别为 34.13% 和 32.55%。

第二节　公共服务供给模式与政策的变迁现状

一、公共服务供给模式的变迁

历史上公共服务的社会实践由来已久,从最初的民间组织、宗教团体的自发行动, 逐步发展演化为以政府为主的公共组织系统的自觉行动和法定职能。有学者指出,现代政府的最重要性质就在于服务,政府是"公共服务的机关"。服务的精神意味着政府施政应与公民的愿望与需要相一致;政府及其公职人员提供尽可能多的产品与服务,同时又得是高品质的服务。[1]基于这种认识,政府被定位为公共服务责无旁贷的主导者和协调者。然而受困于政府自身的能力、资源等条件限制,政府公共服务表现出整体水平偏低、发展不平衡、效率低下等问题。面对上述问题,改革传统公共行政中政府主导公共服务的"一元化"模式,在教育、医疗、就业、社会保障等基本公共服务领域适当发挥私营部门和社会组织的作用, 就成为各国公共服务改革的重要尝试,公共服务的主体从"一元化"向"多元化""混合化"不断演进。[2]

(一)改革开放前的政府统一供给模式

改革开放前约三十年(1949—1978 年),我国推行的是以政府包揽、分级负责、平均分配为主的高度集中、统一计划的公共服务制度。[3]在计划经济体制下,政府是公共服务的唯一供给主体。新中国成立后,历经数十载的社会主义建设,国家对社会资源和经济资源形成了高度垄断和全面控制,其特点是政企不分、政事不分、政社不分,整个社会逐步形成主体一元化、刚性身份

---

① 参见张成福:《论公共行政的"公共精神"》,《中国行政管理》,1995 年第 5 期。

② 参见沈亚平:《城市化进程中公共服务供给研究》,南开大学出版社,2017 年,第 96 页。

③ 参见姜晓萍等:《中国公共服务 30 年的制度变迁与发展趋势》,《四川大学学报》(哲学社会科学版),2009 年第 1 期。

制①的国家高度控制的社会形态。政府承担着大量的社会服务职能,但是其实现方法不是社会化,而是政府亲力亲为。社会的许多功能和事务矛盾都集中在政府身上,政府直接面对社会,直接从事大量的具体而微观的社会服务活动,"机关办社会""企业办社会"现象较为普遍,其弊端是显而易见的:一方面,社会自治能力、自律水平得不到锻炼和提高,限制了社会的自我发展,政府的统制功能越强,社会的自治功能就越弱;另一方面,政府负担越来越重,当社会事务管理达到一定量的情况下,就不得不进行新的权力划分,增加相应的管理机构和编制,形成政府机构和人员编制的恶性膨胀。②此外,从政府提供公共服务的总体水平看,计划经济时期我国政府虽然也很重视各项社会事业的发展,但是在许多领域,公共服务的供给存在着明显的不足,甚至在一些领域公共服务供给几乎为空白。许多公共服务的提供是由政府部门或者企事业单位为本单位的工作人员直接提供的,对于非企事业单位人员和广大农民,则基本上享受不到固定的公共服务和福利保障,整个社会的公共服务体系没有真正建立起来。

(二)改革开放以来的多元化供给探索

改革开放后,随着经济体制改革与行政管理体制改革的逐步推进,公共服务制度变革也成为历史的必然,公共服务供给主体逐渐朝着多元化的方向迈进。首先,社会管理和服务在政府职能定位中的地位日益突出。改革之初是以政府的经济职能改革为突破口,政企逐步分开,企业逐步发展为独立自主的法人实体。随着经济职能改革的深入,社会职能改革受到越来越多的关注。党的十六大报告首次提出了"完善政府的经济调节、市场监管、社会管理和公共服务的职能,减少和规范行政审批"③。党的十七大报告则进一步指

---

① 刚性身份制指"在彻底的计划体制下,所有社会成员被划分为彼此难以相互跨越的几大社会身份类别"。详见时宪民:《中国社会转型期的结构分化与双二元社会结构》,《中国社会科学季刊》(香港),1993 年第 5 期。

② 参见夏书章:《行政管理学》(第三版),高等教育出版社,2003 年,第 55 页。

③ 江泽民:《全面建设小康社会 开创中国特色社会主义事业新局面——在中国共产党第十六次全国代表大会上的报告》,2002 年 11 月 8 日。

出:"加快行政管理体制改革,建设服务型政府……健全政府职责体系,完善公共服务体系,推行电子政务,强化社会管理和公共服务。"①在党的十八大报告中更是多次提到了要加强和创新社会管理。党的十八大报告中"社会管理"出现了 16 次,而"公共服务"则出现了 11 次。②

其次,引入市场竞争机制,打破政府垄断,提高公共服务供给质量。在传统社会管理体制下,我国政府和大量的国有企事业单位长期垄断社会公共服务行业,相互之间缺乏竞争,服务质量不高。近几年来,随着市场化进程的加快,许多地方政府在不同领域尝试利用市场机制打破原来国有企事业单位垄断的局面,公共服务质量和效率都有了明显的改进。

最后,社会中介组织不断发育完善,逐步进入公共服务领域。随着市场经济的发展和近年来政府对社会中介组织的培育,我国公共服务社会化趋势日益明显,政府建立和规范了会计师事务所、审计事务所、人才交流中心、职业介绍所、行业协会等各类社会中介组织,基金金、红十字扶贫开发服务中心、爱之桥服务社等一些民间力量自发形成的社会中介组织也不断发展壮大。它们承担了以前许多由政府承担的信息交流、引导协调、监督检查等社会服务工作,既避免了政府对社会事务的过多干预,也弥补了市场机制的不足。

（三）面向未来的混合化供给模式展望

当前城市公共服务供给面临着很多困境。中国社科院蓝皮书《国际城市发展报告 2012》指出:2011 年,中国城镇人口比例为 51.27%,预计 2020 年城市化率将达到 55%。在城市化加速阶段,城市人口急速增长必将导致城市公共服务需求的快速提升。③同时,伴随城市经济发展、社会转型,市民对公共服务的数量和质量都有了更高的期待,单纯依靠政府、企业或者社会中介组

---

① 胡锦涛:《高举中国特色社会主义伟大旗帜　为夺取全面建设小康社会新胜利而奋斗——在中国共产党第十七次全国代表大会上的报告》,2007 年 10 月 15 日。
② 参见胡锦涛:《坚定不移沿着中国特色社会主义道路前进　为全面建成小康社会而奋斗——在中国共产党第十八次全国代表大会上的报告》,2012 年 11 月 8 日。
③ 参见屠启宇:《国际城市发展报告 2012》,社会科学文献出版社,2012 年,第 79 页。

织某一方面的力量都很难完全满足公众的需求。因此,过去简单地以市场失灵为政府干预的理由,政府失灵则以市场机制加以克服的二元互补循环模式,或者是加入社会自治之后的多元供给模式,实际上是非此即彼的形而上学思维方式,片面强调不同主体之间的竞争关系,而忽略了各主体合作共治的功能。从未来的发展看,政府与企业合作、政府与社会组织合作、企业和社会组织合作,甚至政府、企业、社会组织的合作将在公共服务供给方面发挥更大的作用,通过这类合作方式,政府、企业、社会组织可以扬长避短,充分发挥各自的优势,为公众提供更加高效优质的公共服务。

二、公共服务供给政策的演进

新中国成立以来,中国特色的教育、医疗、就业、社会保障等基本公共服务体系逐步建立,公共服务政策措施日趋完善。城市公共服务作为公共服务与城市特性结合的产物,是公共服务在城市中的实践。从制度安排的角度来看,城市化进程中公共服务政策与传统服务机制下的政策最明显的区别就是,城市政府在公共服务供给机制中的地位、角色及其功能,这些是制定公共服务政策的首要前提。总体上看,城市化进程中的公共服务政策经历了从一元化到多元化、从差别化到均等化、从基本服务到个性化服务的演变。

(一)计划经济时代的公共服务政策

从新中国成立初期到1978年改革开放之前,这一时期实行的是计划经济。此时期我国公共服务的总体特征是由政府统一负责,公共服务的生产者和提供者合而为一。公共服务的供给主体是单一的公共部门,实行由政府包办的公共服务供给机制。几乎所有的公共服务都由政府兴办,资金由政府划拨,价格由政府决定,盈亏由政府负责,风险由政府承担。

这一时期的公共服务政策主要是效仿苏联,实行绝对的平均主义,公共服务的供给同样是绝对平均的免费配给。在公共服务政策制定方面主要是基于公平的价值取向,以保障社会成员基本生存和维持社会稳定为主要目标,采取高效的自上而下型政策制定模式,由政府直接提供公众最需要的基本公共服务,领域主要集中于义务教育、公共卫生和基本医疗、公共就业服务等。在政策制定和执行方面,政府占据了全面的主导地位,政府负责决定基本公共服务的种类、数量和品质,并直接加以提供,民众基本上没有选择的空间。由于这一时期的公共服务体系是建立在单位制度、户籍制度和城乡二元结构之上,导致城市以"单位制福利"为主体,农村以"集体福利制度为主体",[①]不仅城乡之间形成了两套截然不同的政策,不同单位和集体之间福利政策也有很大差别。制定的政策虽然在同一个单位和集体内部倾向于平均主义,但在不同户籍、不同单位之间却存在着严重的结构性不公平,进而导致城乡之间不同所有制单位之间、群众和干部之间基本公共服务供给存在着重大差别。同时,由于"文化大革命"的负面影响,许多政策遭到了扭曲、陷于停滞乃至被废止。

(二)改革开放初期的探索与准备

实行改革开放之初,政府的公共服务职能的主要任务就是恢复遭到严重破坏的公共服务机制,如恢复了高考制度,开始允许个体医生行医等。但是这一阶段政府忙于改革开放、经济建设,公共服务职能让位于经济发展职能。从1985年开始,中央先后颁布了《关于教育体制改革的决定》《关于卫生工作若干政策问题的报告》《关于认真执行改革劳动制度的几个规定的通知》《关于企业职工养老保险制度改革的决定》等,对教育、卫生、社会保障等公共服务领域的体制改革进行政策性指导,标志着我国公共服务体制改革进入全面启动阶段。[②]改革适应了中国经济体制和行政体制改革的双重目标。从20世纪90年代开始,随着国企改革的推进,城市公共服务改革的目标是从传统的"企业办社会"模式转变为社会化和市场化的公共服务供给。[③]广大农村地区的公共服务供给则处于一种真空状态。这一时期公共服务供给的总体特点是:主体逐渐多元化,供给逐渐社会化、市场化、地方化、有偿性。

---

① 郁建兴:《中国的公共服务体系:发展历程、社会政策和体制机制》,《学术月刊》,2011年第3期。
② 参见姜晓萍:《中国公共服务体制改革30年》,《中国行政管理》,2008年第12期。
③ 参见郁建兴:《中国的公共服务体系:发展历程、社会政策和体制机制》,《学术月刊》,2011年第3期。

从总体上看,这一时期的公共服务政策表现出以下特征:一是迅速恢复已有的公共服务管理和事业部门的活动,尽快满足社会发展步入正轨以后对于公共服务的迫切需要,维持市场和社会的正常运转。二是在现有的公共服务供给空白区和薄弱领域,有限度地允许个人或社会参与供给,并给予一定的政策发展空间,三是公共服务部门的管理体制基本上还是停留在计划经济时代的"三位一体"管理体制,即对于跨地区的公用事业项目,一般都是由中央各部委立项出资建设,以及以中央计划单列的形式统一管理和运营;对于地区内,或者省内项目,一般都是由地方立项报批,然后由地方财政出资建立和管理及运营。

然而这一时期政府的公共服务职能仍是让位于经济职能的,公共服务的供给总体上短缺,分配不均,广大农村地区和城市贫困居民社会保障较差。虽然开始尝试供给主体多元化,但是不同供给主体之间没有形成良好的协调机制,导致一些有收益的社会服务争相供给,一些社会服务无人供给。由于分税制等财政机制原因,地方政府在社会服务的供给上力不从心,中央和地方在社会服务的供给上分工不明。

(三)市场经济体制下公共服务政策的变革

1992年,党的十四大提出关于建立社会主义市场经济体制的改革目标。其中,强调要建立与社会主义市场经济体制相适应的社会保障制度,由原来的企业包办社会开始转向由个人、企业和政府三方共同承担融资与社会服务管理的责任。这一时期公共服务政策制定表现出以下三个特点:一是从公共服务投资机制入手,改变财政大包大揽的局面,引入社会资金;二是放松管制程度,扩大公共部门管理自主权,支持公私部门的合作关系;三是引入市场机制,按照市场需求有控制地扩大公共服务和产品的种类,同时允许公共部门采取灵活多样的方式开展与事业相关的多种经营,补充经费不足的问题。

随着权力下放,增强企业活力等相应改革措施的出台,城市公共服务体系日渐完善,养老保险、医疗保险、失业保险、生育保险和工伤保险等社会保险体系相应建立起来。同时,随着国企改革的开始,失业问题出现并且加剧,对此逐步建立起城市最低生活保障制度。通过在卫生、教育和住房方面进行的市场化改革,原来通过福利来免费享受卫生、住房等方面的服务,逐步从免费享用到付费享用,呈现货币化的服务趋势。福利分房比例在逐步减少,而商品房的供给在逐步兴起。这一系列举措在很大程度上提高了医疗、住房和教育的水平和效率,但是客观上也导致了后期出现的看病难、上学贵、房价高等亟待解决的问题。

(四)面向城市的公共服务政策革新

20 世纪末与 21 世纪初,随着国有企业改革的深化推进,使得相配套的社会基本工资制度与最低生活保障制度相应建立, 社会保险等相应措施进一步完善,社会公共服务的供给进一步呈现市场化的发展趋势。这一时期城市公共服务政策不断得以创新和完善。自党的十六大以来,我国政府工作开始在注重经济发展的同时更加关注社会公共服务职能。中国的公共服务政策逐渐呈现新的特色,在如何促进就业、实施义务教育、提升医疗卫生水平、完善老年人养老、保障性住房的提供等方面出现了一系列的政策,对保护社会弱势群体,保障和改善民生,促进社会公平正义方面,发挥着越来越重要的作用。

在基本教育方面,2006 年的《中华人民共和国义务教育法(修改案)》通过,规定在义务教育方面不收取学杂费,同时,将义务教育经费纳入公共财政的保障范围。尤其是对于教育资源短缺的农村地区,免费义务教育的普及意义重大,对于基本教育服务均等化起到了极大的推动作用。

在基本医疗保障方面,2003 年国务院开始试点 "新型农村合作医疗制度",实行以"大病统筹为主",个人缴费、集体扶持和政府资助相结合的筹资机制。2008 年"新农合"制度基本上在全国农村建立起来。2007 年,国务院开始试点"城镇居民基本医疗保险制度",这样逐步将全国城镇非从业人员和灵活就业人员纳入基本医疗保险体系。2009 年国务院发布《关于深化医药卫生体制改革的意见》,提出建立中国特色的医药卫生体制,逐步实现人人享有基本医疗卫生服务的目标。2011 年 2 月,国务院办公厅公布了《医药卫生体制五项重点改革 2011 年度主要工作安排》,逐步推进"新医改"在我国的有序进行。在我国农村推行建立新型农村合作医疗制度,在城镇推行城镇居民基本医疗保险制度。

在住房保障方面,为了解决住房难的问题,2007年国务院出台了《关于解决城市低收入家庭住房困难的若干意见》,提出了以建立廉租房和经济适用房为主体的保障性住房体系。2009年国务院进一步提出了"加快保障性住房建设"的目标。2010年,国务院发布《关于坚决遏制部分城市房价过快上涨的通知》,将保障性住房的建设纳入政府的绩效考核与问责机制之中。

在劳动与社会保障方面,2007年制定了《中华人民共和国就业促进法》《中华人民共和国劳动合同法》①,为劳动力市场服务的公共政策的出台,对于规范劳动力就业环境,保障弱势群体的劳动诉求起到了很大的作用。同时,不断完善城市居民最低生活保障制度,更加关注城镇贫困居民的基本公共服务。

总体而言,随着执政理念的转变,政府从以经济建设为主要目标,到经济建设、社会管理与公共服务并重,促进政府向服务型政府转变。我国公共服务体系逐渐完善,公共服务供给的总体水平和质量有了质的提高,基本公共服务供给均等化进程得到了推进。

第三节　公共服务供给现状

公共服务的范围广泛且内容多样。此处关于公共服务供给现状与变化趋势的考察主要是对基本公共服务供给而言的。基本公共服务的内容主要包括:教育、医疗卫生、社会保障与就业、城乡社会事务、公共安全、公共文化以及环境保护等内容。

根据《中国统计年鉴》统计,教育包括教育行政管理、学前教育、小学教育、初中教育、普通高中教育、普通高等教育、初等职业教育、中专教育、技校

---

① 《中华人民共和国就业促进法》提出了"扩大就业、市场就业、平等就业和统筹就业"的四项基本原则,明确要求各级政府建立起健全的就业援助制度;《中华人民共和国劳动合同法》规范了劳动关系,保障了劳动者尤其是农民工的合法权益。

教育、职业高中教育、高等职业教育、广播电视教育、留学生教育、特殊教育、干部继续教育、教育机关服务等；医疗卫生包括医疗卫生管理事务支出、医疗服务支出、医疗保障支出、疾病预防控制支出、卫生监督支出、妇幼保健支出、农村卫生支出等；社会保障和就业包括社会保障和就业管理事务、民政管理事务、财政对社会保险基金的补助、补充全国社会保障基金、行政事业单位离退休金、企业改革补助、就业补助、抚恤、退役安置、社会福利、残疾人事业、城市居民最低生活保障、其他城镇社会救济、农村社会救济、自然灾害生活救助、红十字事务等；城乡社会事务包括城乡社区管理事务支出、城乡社区规划与管理支出、城乡社区公共设施支出、城乡社区住宅支出、城乡社区环境卫生支出、建设市场管理与监督支出等；公共安全包括武装警察、公安、国家安全、检察、法院、司法行政、监狱、国家保密、缉私警察等；公共文化包括文化、文物、体育、广播影视、新闻出版等。以下将根据上述几个方面的内容进行阐述。

　　国内有学者认为，我国在总体上存在基本公共服务供给不足的问题，但对其原因的分析各有独到见解。丁元竹、江汛清在《我国社会公共服务供给不足原因分析》一文中，总结我国之所以会出现社会公共服务发展滞后，总量供应不足，分配不平衡，根本原因是长期以来缺乏正确的社会管理理念，政府的发展领域缺位。[1]"中国民生问题的出现主要源于基本公共服务供给机制的缺位，基本公共服务供给是政府不可推卸的责任，政府提供基本公共服务的能力和水平，直接关系到民生需求的满足程度。"[2]也有人认为，我国公共服务的短缺且不均等是中国社会发展面临的最大挑战，并试图从公共财政的视角对我国公共服务供给不足作出解释并提出相应的解决对策。[3]还有学者以实地调研资料为基础，总结了我国农村公共服务中所存在的供求

　　① 参见丁元竹、江汛清：《我国社会公共服务供给不足原因分析》，《中国经济时报》，2006年5月23日。

　　② 李红霞：《基本公共服务供给不足的原因分析与强化政府财政责任的对策》，《财政研究》，2014年第2期。

　　③ 参见夏杰长：《我国公共服务供给不足的财政因素分析与对策探讨》，《经济研究参考》，2007年第5期。

结构性失衡现象,认为:"供求内容的不匹配、供给方式的不适当、供给机制过于单一、供给中的重建设轻管护和重县城轻乡村是目前农村公共服务供求失衡的主要表现;而财权过于向上集中所造成的基层财力紧张、公共服务严重依赖省级以上专项资金,是造成上述结构性失衡的重要原因。"①

孟兆敏通过对上海、苏州、大连三个不同类型的城市公共服务资源配置有效性的比较发现,在加入人口变量后,我国城市公共服务配置过程中存在以下矛盾:第一,供给中存在政府投入不足,并滞后于经济的发展速度;第二,分配中存在空间分布不均的现象,优质资源的存在加剧了空间分布不均的矛盾;第三,供给类型、水平没有根据服务对象群体构成的变化进行调整,部分资源配置与居民偏好不完全相符。他从供给、需求及供需结合三个方面探讨了造成以上供需矛盾的原因:第一,公共服务的供给模式及财政体系的顶层设计缺陷,导致城市公共服务有效供给不足;第二,人口大规模向城市集聚,城市人口变动及社会分化引发有效需求的变动,反映居民需求民意的机制和渠道尚未形成;第三,城市公共服务供给体制及机制存在的问题,阻碍供需有效结合。

结合上述观点,我国公共服务资源供给的现状可以概括为:基本公共服务供给总体水平偏低,公共服务供给面临总量上和结构上的双重失衡。

一、基本公共服务供给水平偏低

我国政府基本公共服务供给总体水平偏低,主要表现在政府财政对基本公共服务投入比例偏低上。有学者对 2006 年以前的政府财政对基本公共服务投入情况进行了分析,2002 年我国政府社会保障支出为 2623.22 亿元,占财政支出的 10.72%,占国内生产总值的比重仅为 2.574%。2003 年我国财政支出用于经济建设的费用为 7410.87 亿元,占国内生产总值比重的 6.32%,占政府财政支出总额的 30.06%;而社会文教费用为 6469.37 亿元,占

① 林万龙:《中国农村公共服务供求的结构性失衡:表现及成因》,《管理世界》,2007 年第 9 期。

国内生产总值比重的 5.52%,占财政支出总额的 26.24%。我国基本公共服务供给水平与发达国家相比,尚有很大差距。

改革开放以来,我国维护性支出、经济性支出和社会性支出之间结构比例的变化,反映出政府职能的转型对于公共服务供给结构所起的影响作用。从 1978 年以来,"以经济建设为中心"成为各级政府的行动纲领,因而经济建设支出就成为我国财政的主体支出。在庞大的政府支出中,经济性支出一直占据主导地位。1978 年我国财政的经济建设支出占财政支出的比重高达 63.08%,之后逐年下降,2006 年降至 26.56%。维护性支出占财政支出的比重逐年上升,1978 年为 19.67%,2006 年达到 26.1%,尤其是行政管理支出所占比重从 3.71%上升到 18.73%。行政管理支出一直居高不下,势必挤占政府在公共投资、教育、医疗、卫生等方面的支出。这与政府职责范围不断扩大、机构和人员不断膨胀有着直接的关系。同时,社会性公共服务文化支出(如教育、社会保障、医疗卫生)却增长缓慢,维持在 26%上下。经济建设支出比重过大,社会性公共服务支出增长缓慢,反映出各级政府热衷于对市场进行干预甚至替代,迟迟不愿退出竞争性、营利性领域,但对提供普惠的基本公共服务和促进社会公平却缺乏足够的热情[1]。

从 2007 至 2017 年,我国地方政府在基本公共服务方面的支出情况仍然存在一定问题见表 2-9、表 2-10。2007 年,教育支出、医疗卫生支出、社会保障与就业支出、城乡社会事务支出、公共安全支出、公共文化支出以及环境保护支出等,分别占财政收入的 11.14%、8.29%、21.65%、13.73%、11.99%、3.27%、4.07%。同时以上各项分别占国内生产总值的 2.44%、0.71%、1.85%、1.17%、1.04%、0.28%、0.35%(见表 2-9)。

---

[1]　参见冯兴元:《地方政府竞争:理论范式、分析框架和实证研究》,译林出版社,2010 年,第 101 页。

表 2-9　各项基本公共服务支出占财政收入及国内生产总值的比例(%)

	各项公共服务支出占财政收入的比例			各项公共服务支出占国内产生总值的比例		
	2007	2011	2017	2007	2011	2017
教育	11.14	29.24	31.27	2.44	2.97	3.46
医疗卫生	8.29	12.09	15.68	0.71	1.21	1.73
社会保障与就业	21.65	20.18	25.81	1.85	2.03	2.85
城乡社会事务	13.73	14.47	22.48	1.17	1.45	2.49
公共安全	11.99	10.02	11.60	1.04	1.01	1.28
公共文化	3.27	3.24	3.41	0.28	0.32	0.38
环境保护	4.07	4.88	5.76	0.35	0.49	0.64

数据来源:相应年份中国统计年鉴

　　到了 2011 年,上述情况略有改变,教育支出、医疗卫生支出、社会保障与就业支出、城乡社会事务支出、公共安全支出、公共文化支出以及环境保护支出等, 分别占财政收入的 29.24%、12.09%、20.18%、14.47%、10.02%、3.24%、4.88%。上述各项分别占国内生产总值的 2.97%、1.21%、2.03%、1.45%、1.01%、0.32%、0.49%。与 2007 年相比,除了社会保障与就业支出占财政收入的比例和公共安全支出占财政收入的比例略有下降外, 其他各项均有所上升;从上述各项公共服务支出占国内生产总值的比例看,只有公共安全支出的比例有所下降。当然这同时也说明,2011 年国内的公共安全状况与2007 年相比有所改善。时至 2017 年,教育支出、医疗卫生支出、社会保障与就业支出、城乡社会事务支出、公共安全支出、公共文化支出和环境保护支出等, 分别占财政收入的 31.27%、15.68%、25.81%、22.48%、11.60%、3.41%、5.76%。上述各项分别占国内生产总值得 3.46%、1.73%、2.85%、2.49%、1.28%、0.38%、0.64%。与 2007 年相比,2017 年,只有公共安全支出占财政收入的比例继续下降,而其他各项指标都呈现上升状态。与 2011 年相比,2017 年各项基本公共服务支出占财政收入比例均呈增加态势,见表 2-9 和表 2-10。

表 2-10　2007—2017 年基本公共服务支出情况

支出年份	教育（亿元）	医疗卫生（亿元）	社会保障（亿元）	城乡社会事务（亿元）	公共安全（亿元）	公共文化（亿元）	环境保护（亿元）	财政收入（亿元）	GDP（亿元）
2007	6727.06	1955.75	5104.53	3238.49	2878.33	771.43	961.24	23572.62	275624.60
2009	9869.92	3930.69	7851.85	5103.76	3898.30	1238.32	1896.13	32602.59	365303.70
2011	15498.28	6358.19	10606.92	7608.93	5267.26	1704.64	2566.79	52547.11	521441.10
2013	20895.11	8203.20	13849.72	11146.51	6489.75	2339.94	3334.89	69011.16	630009.30
2015	24913.71	11868.67	18295.62	15875.53	7795.79	2804.65	4402.48	83002.04	722767.90
2017	28604.79	14343.03	23610.57	20561.55	10612.33	3121.01	5266.77	91469.41	827121.70

数据来源：相应年份中国统计年鉴

　　正如吴乐珍在其博士论文中所提出的，政府所提供的社会性公共服务远远不能满足公众的需要。地方政府的支出结构偏好于发展支出和经济投资倾斜，造成对市场的过多侵占，而对基本公共服务则投入不足，造成政府职能缺位和越位并存的局面。政府将过多的财政资金投入到经济建设领域，产生对社会保障、公共卫生及基本医疗、基础教育等基本公共服务的"挤出效应"，从而导致公共服务资源供给的不足。

　　目前许多政府机关和部门尚未实现向简洁人性化的办事流程转变，依然是原来那一套以政府为中心的职能导向型服务流程模式；虽然不少政府部门已经开始进行服务性办事流程转变，但与之相应的流程规范和责任机制尚未形成，由此带来公共服务资源的浪费、供给效率的低下和公众需求的难以满足。在公共服务供给过程中，由于政府不能积极主动地听取民众的意见，使民意流于形式无法进入反馈环节中，导致政府公共服务供给水平的持续偏低。[1]

---

[1]　参见沈亚平：《城市化进程中公共服务供给研究》，南开大学出版社，2017年，第125页。

二、基本公共服务供给城乡之间失衡

城乡二元发展格局导致城乡无论是在人均收入，还是在人口公共服务水平上和城乡事业发展上都存在很大的差距。在以往的公共服务供给机制下，政府把大量的公共资源投入到城市，城市居民享受着优越的基础设施条件，交通便捷，环境整洁，教育费用低廉；而农村的基础设施建设、医疗、教育、社会保障等方面的供给远低于城市。有时农民为了享用某些公共服务甚至需要自己掏钱付费，这往往需要付出更多的代价，这对农民来说显然是不公平的。国家对农村的财力投入明显低于对城市的投入，这导致农村公共服务体制机制的建设明显短缺。"以义务教育、社会保障、公共卫生和基础设施为代表性基本公共服务进行的测算表明，我国城乡义务教育的差距主要表现在投入、人均受教育程度、办学条件和教师水平方面；城乡社会保障的差距主要表现在养老保险、医疗保险、最低生活保障方面；城乡公共卫生的差距主要表现在投入和医疗卫生资源分布方面；城乡基础设施差距主要表现在道路尤其是饮用水的安全方面。下一步，应从调整财政支出结构；完善转移支付制度；深化县乡财政管理体制等财政制度着手，设计实现城乡基本公共服务均等化的财政机制。"[1]

也有研究"以财政支出、城镇化、居民收入水平与城乡基本公共服务供给的内在逻辑为理论基础，基于 2000~2008 年面板数据的估计，得出财政对城乡基本公共服务均等化的保障必不可少，但现行政策并不能改善医疗卫生公共服务的城乡差距；另外社会保障公共服务的改善上仅仅通过提高人均保障水平也不能产生更好的效果，并根据实证分析得到政府应强力保障农村医疗卫生公共服务经费、通过提高人均水平改善社会保障是否得当、当前公共服务均等化改善措施应更注重面的覆盖而不是质的提高等一些极为积极的政策启示"[2]。

---

[1] 俞雅乖：《基本公共服务城乡差距及均等化的财政机制》，《经济体制改革》，2009 年第 1 期。

[2] 和立道：《城乡基本公共服务均等化：政策固化与突破》，《云南财经大学学报》，2012 年第 6 期。

三、基本公共服务供给地区间失衡

由于我国地区经济发展的不平衡，导致基本公共服务在不同地区的供给出现了不均衡的现象，如东部地区优于西部地区。在经济繁荣、企业多且效益好、市场发达和成熟的东部地区，地方政府有足够的财力提供较多种类的公共服务；相反，在交通不便，资源稀缺、底子较薄的西部地区，公共服务的供给则呈现短缺的情形。下面以基本公共服务的供给情况为例，考察公共服务供给地区间失衡现象。

（一）2007 年基本公共服务服务的地区差异

通过各地区人均教育支出、人均医疗卫生支出、人均社会保障与就业支出、人均城乡社会事务支出、人均公共安全支出、人均公共文化支出和人均环境保护支出来考察基本公共服务的地区差异，见表 2-11 和图 2-6。

表 2-11 2007 年各地区人均基本公共服务支出情况（元）

	人均教育支出	人均医疗卫生支出	人均社会保障与就业支出	人均城乡社会事务支出	人均公共安全支出	人均公共文化支出	人均环境保护支出	人口数（万人）
北　京	1610.56	728.43	1097.86	1147.76	819.32	328.35	181.16	1633
天　津	986.77	296.83	713.64	1396.63	483.20	143.15	53.04	1115
河　北	408.17	112.50	317.06	143.13	156.88	29.89	63.08	6943
山　西	534.09	153.54	538.82	184.42	208.11	79.01	132.54	3393
内蒙古	638.53	182.39	632.11	506.99	253.02	115.22	256.67	2405
辽　宁	586.63	154.96	937.60	399.68	294.96	57.69	71.50	4298
吉　林	529.00	154.98	565.45	168.92	223.51	81.79	111.55	2730
黑龙江	522.37	150.47	567.62	180.88	209.08	53.21	115.95	3824
上　海	1524.94	478.10	1475.87	1973.95	722.99	233.62	107.84	1858
江　苏	646.42	151.20	278.73	408.16	276.37	63.16	63.35	7625
浙　江	758.67	221.90	213.41	305.60	343.46	97.51	62.03	5060
安　徽	348.10	106.92	337.44	147.05	118.54	42.92	61.54	6118
福　建	512.86	145.18	252.92	171.91	213.79	51.09	27.09	3581

	人均教育支出	人均医疗卫生支出	人均社会保障与就业支出	人均城乡社会事务支出	人均公共安全支出	人均公共文化支出	人均环境保护支出	人口数（万人）
江 西	397.91	132.95	288.79	117.98	149.14	36.17	31.78	4368
山 东	483.99	106.38	268.79	284.99	166.77	47.09	36.24	9367
河 南	391.16	105.53	300.45	118.87	127.87	35.66	65.08	9360
湖 北	381.12	116.01	370.62	98.64	192.00	43.73	49.22	5699
湖 南	359.59	93.15	347.73	141.87	151.54	31.71	46.95	6355
广 东	609.48	148.98	300.01	254.42	360.64	56.13	28.27	9449
广 西	397.20	106.45	232.11	123.00	172.92	44.90	29.57	4768
海 南	477.24	147.41	424.66	150.01	222.77	54.04	63.00	845
重 庆	431.63	120.63	493.50	323.45	191.03	37.57	137.14	2816
四 川	360.35	121.66	334.84	133.85	153.85	35.18	87.56	8127
贵 州	441.98	129.69	188.20	72.89	152.10	41.75	72.39	3762
云 南	422.10	170.83	377.67	100.91	187.43	43.95	69.52	4514
西 藏	1182.04	604.31	609.23	243.57	625.30	254.59	167.79	284
陕 西	492.30	133.15	424.26	156.08	171.20	57.98	130.06	3748
甘 肃	473.69	156.79	408.36	105.71	145.21	58.22	128.40	2617
青 海	631.38	353.34	927.16	175.47	289.59	125.81	343.93	552
宁 夏	775.52	187.17	417.99	285.66	241.28	115.79	209.23	610
新 疆	681.47	218.69	434.02	283.40	260.08	111.46	107.96	2095

数据来源：根据 2007 年中国统计年鉴计算所得

从表 2-11 和图 2-6 中可以看出，第一，人均教育支出排在前三名的为北京、上海和西藏，分别为 1610.56 元、1524.94 元和 1182.04 元；后三名为安徽、湖南和四川，分别为 348.10 元、359.59 元和 360.35 元，北京比安徽多1262.46 元，是安徽的 4.6 倍。

第二，人均医疗卫生支出排在前三名的是北京、西藏和上海，分别为 728.43元、604.31 元和 478.10 元；后三名是湖南、河南和广西，分别是 93.15 元、105.53 元和 106.45 元，北京比湖南多 635.28 元，是湖南的 7.8 倍。

第三，人均社会保障与就业支出排在前三名的是上海、北京和青海，分别为 1475.87 元、1097.86 元和 927.16 元；后三名是贵州、浙江和广西，分别为 188.20 元、213.41 元和 232.11 元，上海比贵州多 1287.67 元，是贵州的 7.8 倍。

第四，人均城乡社会事务支出排在前三名的是上海、天津和北京，分别为 1973.95 元、1396.63 元和 1147.76 元，后三名是贵州、湖北和云南，分别为 72.89 元、98.64 元和 100.91 元，上海比贵州多 1901.06 元，是贵州的 27.1 倍。

第五，人均公共安全支出排在前三名的是北京、上海和西藏，分别是 819.32 元、722.99 元和 625.30 元，后三名是安徽、河南和甘肃，分别为 118.54 元、127.87 元和 145.21 元，北京比安徽多 700.78 元，是安徽的 6.9 倍。

第六，人均公共文化支出排在前三名的是北京、西藏和上海，分别为 328.35 元、254.59 元和 233.62 元，后三名是河北、湖南和四川，分别为 29.89 元、31.71 元和 35.18 元，北京比河北多 298.46 元，是河北的 11 倍。

第七，人均环境保护支出排在前三名的是青海、内蒙古和宁夏，分别是 343.93 元、256.67 元和 209.23 元，后三名是福建、广东和广西，分别是 27.09 元、28.27 元和 29.57 元，青海比福建多 316.48 元，是福建的 12.7 倍。上述事实表明，2007 年基本公共服务的地区间差异较为明显。

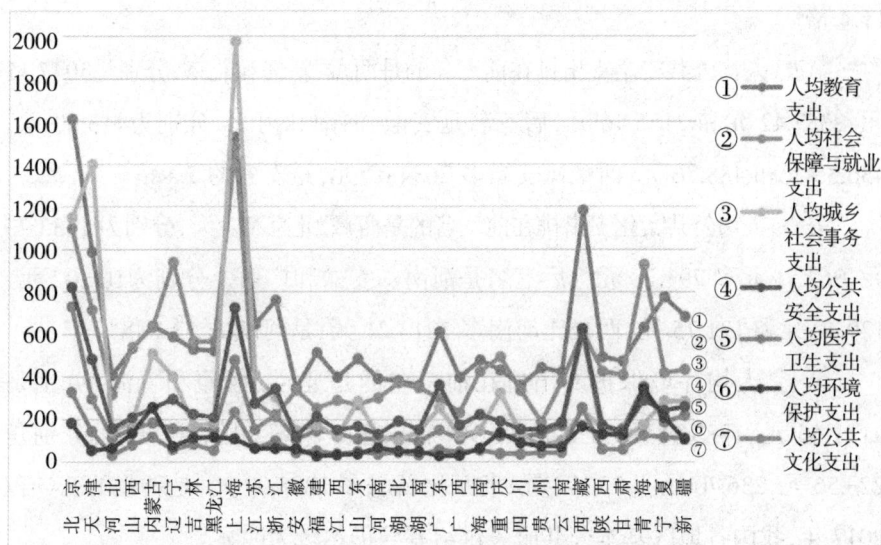

图 2-6　2007 年各地区人均基本公共服务支出情况

（二）2017年各地区基本公共服务供给的地区差异

同样,还是通过上述七项基本公共服务的供给情况,来考察 2017 年我国各地区基本公共服务供给的地区差异情况,见表 2-12 和图 2-7。

第一,人均教育支出排在前三名的是西藏、北京和上海,分别为 6741.84 元、4443.21 元和 3614.97 元;后三名为辽宁、黑龙江和河南,分别为 1483.31 元、1512.56 元和 1561.99 元,西藏比河南多 5258.53 元,是辽宁的 4.5 倍。

第二,人均医疗卫生支出排在前三名的是西藏、北京和青海,分别为 2783.38 元、1970.84 元和 2093.81 元;后三名是辽宁、黑龙江和河北,分别是 770.50 元、784.30 元和 804.65 元,西藏比辽宁多 2012.88 元,是辽宁的 3.6 倍。

第三,人均社会保障与就业支出排在前三名的是西藏、上海和北京,分别为 4624.93 元、4388.05 元和 3663.66 元;后三名是福建、山东和河南,分别为 1008.85 元、1131.28 元和 1213.76 元,西藏比福建多 3616.08 元,是福建的 4.6 倍。

第四,人均城乡社会事务支出排在前三名的是上海、天津和西藏,分别为 6333.42 元、5666.99 元、4925.52 元,后三名是贵州、河北和甘肃,分别为 555.36 元、605.52 元和 635.57 元,上海比贵州多 5778.06 元,是贵州的 11.4 倍。

第五,人均公共安全支出排在前三名的是西藏、新疆和北京,分别是 3047.11 元、2357.42 元和 2155.46 元,后三名是安徽、河南和河北,分别为 413.09 元、436.35 元和 488.76 元,西藏比安徽多 2634.02 元,是安徽的 7.4 倍。

第六,人均公共文化支出排在前三名的是西藏、北京和上海,分别为 1333.23 元、962.51 元和 791.23 元,后三名是河南、安徽和广西,分别为 102.02 元、129.40 元和 131.75 元,西藏比河南多 1213.21 元,是河南的 13.1 倍。

第七,人均环境保护支出排在前三名的是北京、西藏和青海,分别是 2111.65 元、1383.98 元和 1018.98 元,后三名是新疆、山东和湖北,分别是 223.56 元、236.70 元和 236.72 元,北京比新疆多 1888.09 元,是新疆的 9.4倍。2017 年,我国各地区基本公共服务供给差异仍然较为明显。

表 2-12　2017 年各地区人均基本公共服务支出情况(元)

	人均教育支出	人均医疗卫生支出	人均社会保障与就业支出	人均城乡社会事务支出	人均公共安全支出	人均公共文化支出	人均环境保护支出
北　京	4443.21	1970.84	3663.66	4763.43	2155.64	962.51	2111.65
天　津	2791.20	1169.56	2951.70	5666.99	1332.18	372.13	707.90
河　北	1697.54	804.65	1299.04	605.52	488.76	137.22	470.01
山　西	1676.58	868.02	1746.70	761.51	583.47	194.27	348.11
内蒙古	2221.63	1279.08	2784.26	1344.88	988.89	461.80	568.09
辽　宁	1483.31	770.50	3068.30	937.61	690.46	197.85	243.83
吉　林	1870.04	1027.68	2027.24	1451.79	781.89	260.18	423.70
黑龙江	1512.56	784.30	2450.65	1205.33	589.58	141.36	509.90
上　海	3614.97	1704.63	4388.05	6333.42	1472.79	791.23	929.11
江　苏	2465.52	983.34	1299.54	1868.90	893.10	242.08	363.81
浙　江	2528.11	1032.65	1417.32	1608.93	969.49	282.23	336.13
安　徽	1622.56	955.62	1378.94	1620.78	413.09	129.40	317.57
福　建	2153.44	1075.02	1008.85	1861.62	843.83	223.32	308.49
江　西	2034.98	1065.75	1436.46	1116.53	553.31	161.51	310.26
山　东	1888.87	828.77	1131.28	1075.27	565.71	141.81	236.70
河　南	1561.99	875.26	1213.76	1174.46	436.35	102.02	252.80
湖　北	1866.06	1041.32	1850.73	1175.21	673.57	161.40	236.72
湖　南	1625.85	854.20	1483.82	1044.52	541.94	216.95	252.59
广　东	2305.95	1170.70	1274.36	1952.31	1086.97	255.95	387.89
广　西	1883.73	1048.74	1389.25	1084.32	579.67	131.75	174.23
海　南	2385.21	1375.49	1977.11	1295.03	925.70	322.46	385.75
重　庆	2069.27	1150.54	2285.59	2652.49	767.19	158.99	503.90
四　川	1673.33	1001.52	1808.42	873.25	567.84	171.60	238.20
贵　州	2519.44	1218.46	1393.13	555.36	748.85	180.81	350.25
云　南	2079.42	1139.33	1562.96	968.03	714.98	148.51	373.84
西　藏	6741.84	2783.38	4624.93	4925.52	3047.11	1333.23	1383.98
陕　西	2159.71	1090.66	1872.80	1245.71	630.56	317.99	423.78
甘　肃	2160.51	1101.45	1782.79	635.57	648.82	245.96	389.19
青　海	3135.62	2093.81	3504.52	2290.97	1505.69	628.43	1018.90
宁　夏	2502.20	1436.66	2380.06	2741.94	947.07	334.60	844.72
新　疆	2955.38	1090.84	2151.33	1346.83	2357.42	328.83	223.56

数据来源:根据 2018 年中国统计年鉴计算所得

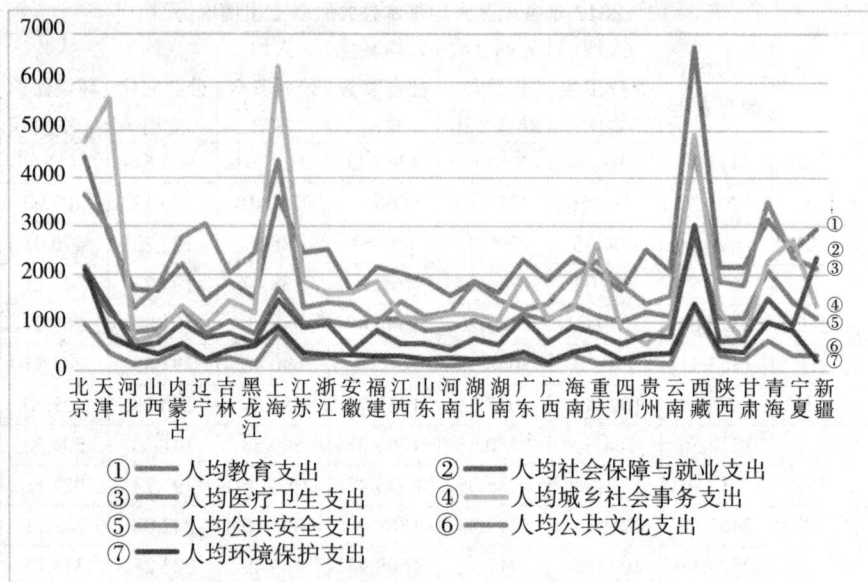

图 2-7　2017 年各地区人均基本公共服务支出情况

通过上述梳理可以发现，我国公共服务供给地区差异不仅存在，而且较为明显，就变化情况来看，这种差异有扩大的趋势。表 2-13 总结了 2007 年和 2017 年我国基本公共服务供给地区差异的变化情况，以便我们对其进行比较。第一，人均教育支出第一名与最后一名的差距从 2007 年的 1262.46 元扩大到 2017 年的 5258.53 元；第二，人均医疗卫生支出第一名与最后一名的差距从 2007 年的 635.28 元扩大到 2017 年的 2012.88 元；第三，人均社会保障及就业支出第一名与最后一名的差距从 2007 年的 1287.67 元扩大到 2017 年的 3616.08 元；第四，人均城乡社会事务支出第一名与最后一名的差距从 2007 年的 1901.06 元扩大到 2017 年的 5778.06 元；第五，人均公共安全支出第一名与最后一名的差距从 2007 年的 700.78 元扩大到 2017 年的 2634.02 元；第六，人均公共文化支出第一名与最后一名的差距从 2007 年的 298.46 元扩大到 2017 年的 1213.21 元；第七，人均环境保护支出第一名与最后一名的差距从 2007 年的 316.48 元扩大到 2017 年的 1888.65 元。由此可以看出，基本公共服务供给的地区差异呈扩大趋势。

表 2-13　2007 年与 2017 年基本公共服务供给地区差异比较：元(倍)

内容 年份	人均教育支出 第一名与最后一名的差距	人均医疗卫生支出 第一名与最后一名的差距	人均社会保障及就业支出 第一名与最后一名的差距	人均城乡社会事务支出 第一名与最后一名的差距	人均公共安全支出 第一名与最后一名的差距	人均公共文化支出 第一名与最后一名的差距	人均环境保护支出 第一名与最后一名的差距
2007	1262.46 (4.6)	635.28 (7.8)	1287.67 (7.8)	1901.06 (27.1)	700.78 (6.9)	298.46 (11)	316.48 (12.7)
2017	5258.53 (4.5)	2012.88 (3.6)	3616.08 (4.6)	5778.06 (11.4)	2634.02 (7.4)	1213.21 (13.1)	1888.09 (9.4)

数据来源：根据相应年份中国统计年鉴计算所得

四、公共服务供给结构失衡

公共服务供给结构失衡主要体现在两个方面：一是"政绩类"与"非政绩类"公共服务的供给失衡，二是基本公共服务内部供给失衡。

（一）"政绩类"与"非政绩类"公共服务的供给失衡

不仅存在公共服务供给数量上的非均衡状态，而且还存在供给结构上的非均衡状态，即政府只提供其愿意提供的公共服务且并不是当下公众所需要的服务，如大型博物馆、广场等。而公众迫切需要的公共服务，如基本医疗卫生服务却显得不足。因此，在公共服务的供给上出现了与总量非均衡供给并存的另一种情况，即公共服务供需结构上的非均衡状态。地方政府是公共服务的最重要的供给主体，依据地方政府的行为，可将公共服务分为"政绩类"与"非政绩类"公共服务。举凡与地方政府政绩考核直接且密切相关的公共服务，如招商引资行政服务、基础设施建设、公共交通、环境保护等都与政绩直接相关，就属于政绩类公共服务；而基础教育、医疗卫生、社会保障与住房等与地方政府的政绩考核相关度比较低的公共服务，则为非政绩类公共服务。由此，公共服务结构非均衡供给就是政绩类公共服务与非政绩类公共服务供给不均衡，公众需要的是非政绩类的基本公共服务，而地方政府供给的却是政绩类的公共服务，造成了公共服务资源供给在结构上的非均衡。

(二)基本公共服务供给内部失衡

我们以地方政府每项基本公共服务支出占基本公共服务支出总额的比例,来判断基本公共服务供给的内部情况。2007年,教育、医疗卫生、社会保障与就业、城乡社会事务、公共安全、公共文化以及环境保护支出,分别占地方政府这几项基本公共服务支出总额的比例为:31.09%、9.03%、23.59%、14.96%、13.30%、3.56%和4.44%。2008年,医疗卫生、城乡社会事务和环境保护支出比上一年有所增长,但教育和公共安全支出却有所下降。2009年,教育和公共安全支出继续下降,分别从2007年的31.09%和13.30%下降到2009年的29.20%和11.36%。2010年与2008年和2009年相比,除社会保障与就业支出下降幅度较大外,其他各项基本没有变化。从2007年的23.59%下降到21.90%。2011年,教育支出回升到31.23%;医疗卫生支出上升幅度也较为明显,从2007年的9.03%上升到12.81%。2012年,教育支出为33.97%达历史最高,但其他各项均有所下降。2013年的变化较大,教育和公共安全大幅回落,城乡社会事务和环境保护大幅攀升。2014到2015年,教育支出继续下降到28.98%,直到2017年的26.96%;医疗卫生从2014年的13.83到2017年的13.52;城乡社会事务支出一直上升到2017年的19.38%;等等。见表2-14。

表2-14 2007—2017年间基本公共服务支出结构

支出\年份	教育支出占公共服务支出的比例(%)	医疗卫生支出占公共服务支出的比例(%)	社会保障与就业支出占公共服务支出的比例(%)	城乡社会事务支出占公共服务支出的比例(%)	公共安全支出占公共服务支出的比例(%)	公共文化支出占公共服务支出的比例(%)	环境保护支出占公共服务支出的比例(%)	公共服务支出(亿元)
2007	31.09	9.03	23.59	14.96	13.30	3.56	4.44	21636.82
2008	30.82	9.80	23.37	15.16	12.34	3.45	5.01	27632.07
2009	29.20	11.63	23.23	15.10	11.36	3.66	5.61	33788.96
2010	29.83	11.93	21.90	15.08	11.71	3.51	5.98	39624.87
2011	31.23	12.81	21.37	15.33	10.61	3.43	5.17	49611.01
2012	33.97	12.09	20.24	15.28	10.00	3.49	4.89	59274.96

续表

支出 年份	教育支出占公共服务支出的比例(%)	医疗卫生支出占公共服务支出的比例(%)	社会保障与就业支出占公共服务支出的比例(%)	城乡社会事务支出占公共服务支出的比例(%)	公共安全支出占公共服务支出的比例(%)	公共文化支出占公共服务支出的比例(%)	环境保护支出占公共服务支出的比例(%)	公共服务支出(亿元)
2013	31.53	12.38	20.90	16.82	9.79	3.53	5.03	66259.12
2014	29.88	13.83	20.96	17.75	9.43	3.38	4.75	72904.75
2015	28.98	13.80	21.28	18.46	9.06	3.26	5.12	85956.45
2016	27.90	13.70	21.70	19.26	9.74	3.08	4.65	95413.56
2017	26.96	13.52	22.25	19.38	10.00	2.94	4.96	106120.05

数据来源:根据相应年份中国统计年鉴计算所得

从表 2-14 中可以看出,我国基本公共服务供给的总体情况,在 2007 至 2017 年间,教育支出一直居于首位;第二是社会保障与就业;第三是城乡社会事务;第四是公共安全,但此项从 2009 年开始下降并低于医疗卫生;第五是医疗卫生,此项在 2009 年开始上升;第六是环境保护;第七是公共文化。在此不难看出,教育支出与公共文化支出的比例差异十分明显。

参考文献

一、著作类

1.冯兴元:《地方政府竞争:理论范式、分析框架和实证研究》,译林出版社,2010 年。

2.沈亚平:《城市化进程中公共服务供给研究》,南开大学出版社,2017 年。

3.屠启宇:《国际城市发展报告 2012》,社会科学文献出版社,2012 年。

4.夏书章:《行政管理学》(第三版),高等教育出版社,2003 年。

二、文章类

1.江泽民:《全面建设小康社会　开创中国特色社会主义事业新局面——在中国共产党第十六次全国代表大会上的报告》,2002 年 11 月 8 日。

2.胡锦涛:《高举中国特色社会主义伟大旗帜 为夺取全面建设小康社会新胜利而奋斗——在中国共产党第十七次全国代表大会上的报告》,2007年10月15日。

3.胡锦涛:《坚定不移沿着中国特色社会主义道路前进 为全面建成小康社会而奋斗——在中国共产党第十八次全国代表大会上的报告》,2012年11月8日。

4.丁元竹、江汛清:《我国社会公共服务供给不足原因分析》,《中国经济时报》,2006年5月23日。

5.和立道:《城乡基本公共服务均等化:政策固化与突破》,《云南财经大学学报》,2012年第6期。

6.姜晓萍等:《中国公共服务30年的制度变迁与发展趋势》,《四川大学学报》(哲学社会科学版),2009年第1期。

7.姜晓萍:《中国公共服务体制改革30年》,《中国行政管理》,2008年第12期。

8.李红霞:《基本公共服务供给不足的原因分析与强化政府财政责任的对策》,《财政研究》,2014年第2期。

9.林万龙:《中国农村公共服务供求的结构性失衡:表现及成因》,《管理世界》,2007年第9期。

10.夏杰长:《我国公共服务供给不足的财政因素分析与对策探讨》,《经济研究参考》,2007年第5期。

11.俞雅乖:《基本公共服务城乡差距及均等化的财政机制》,《经济体制改革》,2009年第1期。

12.郁建兴:《中国的公共服务体系:发展历程、社会政策和体制机制》,《学术月刊》,2011年第3期。

13.张成福:《论公共行政的“公共精神”》,《中国行政管理》,1995年第5期。

14.朱琳:《公共服务质量评价体系的模型构建》,《企业经济》,2010年第1期。

第三章 政府基本物质保障服务质量评价

公共服务供给是我国政府现阶段的重要职能，也是政府汲取合法性资源的重要路径和过程。在服务型政府建设不断深化的背景下，我国各级地方政府均注重加强公共服务能力建设，公共服务供给水平不断提升。基本物质保障服务是现代公共服务体系的重要组成部分，而基本生活保障和基本设施保障则是基本物质保障服务构成中的核心内容。因此，对基本公共服务质量评价体系进行研究，需要对基本生活保障和基本设施保障进行深入分析。本章将对基本生活保障和基本设施保障两个方面的评价指标进行筛选和设计，希望通过较为广泛的指标来源和严谨合理的指标遴选，形成较为完善的相关事项指标测度体系，以为当前服务型政府建设进程的评价和改进提供参考。

第一节 基本生活保障

社会保障和劳动就业服务是基本生活保障的主要构成部分。因此，在公众基本生活保障层面，笔者选取这两项内容进行重点分析，并分别就社会保障供给和劳动就业事项进行指标体系设计。

一、社会保障供给及其评价指标体系

（一）社会保障服务的内涵与框架

"社会保障"概念译自英语"social security"，最早出现在 1935 年美国的

《社会保障法案》中。对社会保障的解释,学术界并无统一说法,一是因为社会保障的含义本身随着时代的变化而变化;二是因为世界各国都根据自己的国情、传统和现实需要对社会保障作出解释。第二次世界大战后,国际劳工组织对社会保障所作的定义为:"社会通过一系列对付经济和社会风险的公共措施,为社会成员提供保护。"20世纪80年代中期,国际劳工组织发表了《21世纪社会保障展望》报告,其中提道:"社会保障的目标不止于防止或减轻贫困,应该更为广泛。它反映着一种最广义的社会保障意愿。它的根本宗旨是使个人和家庭相信他们的生活水平和生活质量会尽可能不因任何社会和经济上的不测事件而受很大影响。"概括起来看,社会保障是政府通过公共行动而向社会成员提供基本生活保障的政策体系,是通过制度化的方式使社会成员在因年老、疾病、伤残、失业、生育、死亡、灾害等原因而丧失劳动能力或生活遇到障碍时,能够从国家和社会获得的基本生活保障。[①]

社会保障是一个庞大、复杂的系统,分为多个层次,各层次又由许多项目构成。社会保障体系就是由各个层次的诸多项目构成的整体。如果把这些项目从保障对象、保障目标、资金来源、给付方式等项目加以归纳,可归总为三种不同的保障形式,即社会保险、社会救助、社会福利,它们是社会保障体系的三个基本组成部分。在我国,由于不同时期强调的重点不同,对社会保障体系的表述虽互有差别,但三个基本组成部分不变。《中共中央关于建立社会主义市场经济体制若干问题的决定》提出建立多层次社会保障体系的任务,包括社会保险、社会救济、社会福利、优抚安置和社会互助、个人储蓄积累保障。

现在通常认为社会保障体系由社会保险、社会救助、社会福利和社会优抚构成。它们相互衔接、相互补充,构成一个相对完整的社会安全网络体系。这其中,"社会保险是整个社会保障体系的主体和发展重点,基本原因就在于社会保险覆盖的主要对象是创造社会财富、决定经济成长的人口群体——劳动者"[②]。体系示意图如图3-1:

① 参见关信平:《社会政策概论》,高等教育出版社,2009年,第242页。
② 朱光磊:《城市公共服务体系建设纲要》,中国经济出版社,2010年,第71页。

```
                        ┌──────────────┐
                        │  社会保障体系  │
                        └──────┬───────┘
              ┌────────────────┴────────────────┐
       ┌──────────────┐                  ┌──────────────┐
       │ 核心公共服务项目 │                  │ 基本公共服务项目 │
       └──────┬───────┘                  └──────┬───────┘
        ┌─────┴─────┐                      ┌─────┴─────┐
  ┌────────┐  ┌────────┐            ┌────────┐  ┌────────┐
  │ 社会保险 │  │ 社会救济 │            │ 社会福利 │  │ 社会优抚 │
  └───┬────┘  └───┬────┘            └───┬────┘  └───┬────┘
```

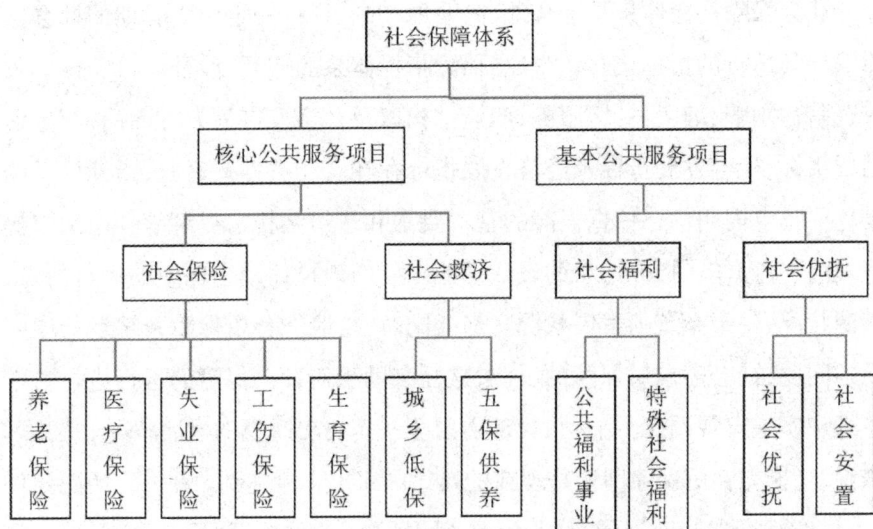

图 3-1　社会保障体系的基本框架

(二)社会保障服务指标体系的构建

从社会发展与社会稳定的层面来看,随着市场经济的发展,国民面临的风险将增大。社会安全网的发展和运行如何,直接关系社会安定。建立和完善社会保障制度,是深入改革的重要环节。衡量和评价由社会保险、社会救助、社会福利和社会优抚构成的社会安全网的运行状况,需要建立和完善社会保障指标体系。许多国家和国际组织都在研究和设计社会保障指标体系,但由于各国经济、文化发展不平衡,对社会保障事业的认识及统计制度、体制的差异,各国社会保障的内涵和口径不统一。我国学术界认为,社会保障指标体系的建立需要注意以下三个方面:第一,应以人为中心,从中国国情出发,力求指标切实可行;第二,社会保障可以理解为国家与社会通过国民收入再分配,对社会成员的基本生活实施规范化的保障,而指标体系的建立不能回避这一问题;第三,需要对社会保障系统进行过程的规划,力求多层面地反映社会保障的运行态势。[1]

---

[1]　参见缪青、陈孟平、龚名:《社会保障指标体系的理论构建与指标设计》,《北京社会科学》,1996 年第 2 期。

社会保障指标体系是综合地、简明地刻画、评价一定历史时期的社会保障发展与运行的指标集合。①社会保障指标体系的展开，涉及人口、家庭、收入、消费、闲暇、健康、社区服务、职业结构以及社会发展等方方面面；与生活品质指标、社会发展指标及经济发展指标存在着相关性。对此，指标体系的设置要具有简明性，依据保障的基本要素和基本结构，提纲挈领地加以提炼，以便于操作。指标体系的设计应能多层面地描述社会保障的运行特点、资源状况、各子系统的发展状况。与此同时，还应能分析保障系统运行中存在的问题，社会需求对保障的反应，这样有助于对社会保障的运行进行科学管理和实施宏观调控。指标设计应着眼于一定历史时期的发展状况。从长远来说，功能完善的保障即便是现在的发达国家也未能达到。在一定历史条件下，注意社会保障发展的目标、资源、手段之间的关系，就目前而言，社会保障指标体系的设计应充分考虑中国经济活跃而又人口多、资源缺乏的特点。

1. 地方政府社会保障服务评价指标的遴选

根据政府社会保障评估的特点，评估指标体系可以分成定量指标体系模块和定性指标体系模块，两者相互结合。社会保障评价指标体系的选取需考虑我国社会保障实际水平和综合国情，应从社会保障的发展水平、发展速度、内部平衡及与国民经济发展的协调关系等方面，来评价全国社会保障的综合发展水平和地方社保建设状况。

（1）遴选的原则

描述、评价、衡量一个国家或地区社会保障水平的发展状况，必须站在系统、全局的角度，坚持以人为本的理念，利用科学的方法进行全面的分析。为此，根据社会发展的特点和规律，社会保障水平指标体系的设计必须遵循如下原则：

第一，科学性原则，表现在两个方面：一是要以科学的理论为指导，在实践上也必须科学而有实效。如该体系由哪些指标构成，各个单项指标的含

---

① 参见缪青、陈孟平、龚名：《社会保障指标体系的理论构建与指标设计》，《北京社会科学》，1996年第2期。

义、口径范围的确定等都要建立在深入分析研究的基础上；二是构建出的指标体系要有可操作性，这样才能在搜集资料时便于操作，减少误差，使统计结果具有一定的可信度和效度，能够真实地反映社会保障现状。

第二，系统性原则，即设计指标体系时，要从全局上把握好各单个指标间的相关性、协调性，确保它们在含义、口径范围、计算方法、计算时间和使用范围等方面都是相互衔接、相互联系的。若各单个指标间没有相关性，缺乏协调性，就会使认识对象多元化，使认识任务不明确，降低整个指标体系的科学性。

第三，稳定性原则，即设计指标体系时，各单个指标及整个指标体系在其内容、口径范围、计算方法、计算单位等方面力求较长时期保持不变，以利于对认识对象在各时期的运动状态有一个统一的评价考察标准，进而有利于对认识对象未来发展状况作出较为可靠的预测。

第四，层次性原则，即设计指标体系时，要根据研究对象的内容、范围和性质而选择最适合的层次。参见图 3-2。

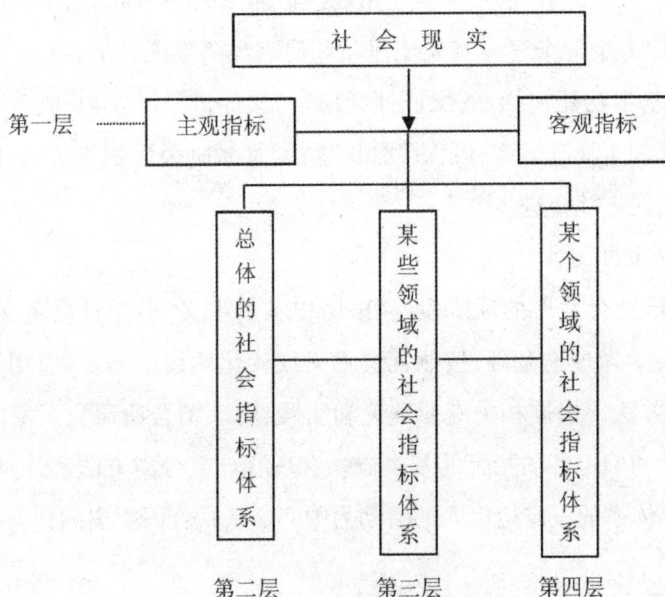

图 3-2　指标遴选的层次

第一层为主观指标与客观指标,表示反映社会现象的单项的、具体的社会指标,它们是建立任何社会指标的基础。第二层是一种总体指标,横跨社会生活的各个领域。第三层是人们通过对某一个社会领域的研究而建立的一组相互联系的社会指标。它可以自成一个独立的、小的指标体系,也可以是更高层次的体系的一部分。第四层是就某一个专题而对几个社会领域研究建立的指标体系。

第五,可测度、可比较原则。可测度是建立定量化评价指标的前提,其包括可以数量化和数量变化的显著程度。数量化即评价指标可以用数字来描述,显著程度是指标数量的上升或下降是否能准确说明事物变化水平或性质。指标的可比较性包括纵向比较和横向比较。指标的纵向比较即指标按时间进行比较,目的是要反映自身进步的情况;指标的横向比较主要指国与国之间、国内各省市区之间的比较,目的是要反映中国在世界上所处的位置或水平、国内各省市区之间发展的差别。

第六,体现其功能的原则。我国的社会保障制度服务于中国特色社会主义市场经济的发展和完善,并且是市场经济体系的一个重要组成部分。评价社会保障服务应充分考虑其实现保障和促进经济发展功能目标的程度。社会保障的基本功能包括:既保证社会稳定,又促进经济发展;既有利于社会公平,又有利于提高效率;既保障公民生活,又激励公民积极劳动;既提高公民素质,又促进社会进步。

(2)遴选的依据

在我国社会发展的现阶段,应以历史唯物主义、科学社会主义、政治经济学、社会学为理论基础,按照社会主义现代化建设的需要,应用统计科学的理论和方法,[1]根据相关专业理论和实践经验,结合所研究对象的性质和特点,设计和确定各项指标的基本概念、口径范围、分类方法和计量方法等。此外,指标体系的设定应以人的活动为中心。从联合国提出的社会指标内容

---

① 参见李立辉:《广东省可持续发展指标体系及测评方法》,西南财经大学出版社,2010年,第95页。

中可以看出,所有的指标都围绕着一个核心——人,也就是社会中的每一个个体。因为从根本上讲,人是社会的中心,社会发展的最高目标是通过推动经济的发展,提高社会成员的生活水平和质量,进而使社会中的每一个个体都能获得全面的发展(见表3–1)。

表 3–1　联合国亚经会讨论的社会指标及内容

主体指标	支撑指标
人口控制	人口增长率、出生率、死亡率,净移民率,育龄妇女的生育率
健康	平均预期寿命、婴儿死亡率、患病率
住宅	城市住宅所有率、城乡住宅给水方式及比例、都市住宅每间使用人数
营养	每人消耗卡路里量与蛋白质量、入学儿童体重偏低人数的比例、营养不足家庭户的比例
文化教育	小学适龄儿童入学率、小学儿童中途辍学率、中学适龄儿童入学率、中学适龄儿童中途辍学率、中学女性新生比率、大专适龄青年入学率、大专科技学生所占比例、10岁以上人口中的识字率、公立图书馆人均拥有图书册数、大众喜爱报纸人均发行量
就业与社会安全	城乡男女劳动人口中有报酬工作者的比例、经济活动人口中15岁至24岁及25岁以上两组失业人口的比例、完成中等以上教育程度者的失业率、从事非农业工作者中妇女所占比例、经济活动人口中得到社会保障者的比例、经济活动人口中参加社会会组织者的比例、实际工资指数
人身安全	每千人中犯罪案件的比例、人身侵犯犯罪率、财产侵犯犯罪率
其他一般指数	收入仅能维持支出家庭户的比例、收入最高5%户数与最低低户数的收入比、农户耕作不足与当地认为合理面积标准者的比例、持有农地面积最多的5%人口拥有的土地在农地总量中所占比例、政府及民间机构的社会福利服务支出的人均金额及家庭的人均支出额

（3）指标的选取

社会保障评价指标体系的选取需考虑我国社会保障的实际水平和综合国情,应从社会保障的发展水平、发展速度、内部平衡及与国民经济发展的协调关系,以评价全国社会保障综合发展水平和地方社保建设状况。主要可从以下五方面选取指标:一是社会保障水平与国民经济的协调关系,反映社会保障水平与本地区经济实力的协调性;二是社会保障基金及其收支情况,主要是对各类保障基金尤其是社会保险基金的增值情况、基金收入占国内生产总值的比重、人均基金收入以及基金收入与支出比例等进行统计,以反映社会保障基金方面的情况;三是社会保险水平,这是我国社会保障制度最重要的一部分,可以说占社保支出的90%以上;四是社会福利概况,社会福利反映了一个国家或地区社会保障水平的较高层次,福利的好坏直接影响人们特别是老年人生活的幸福感程度;五是社会救助与优抚,社会救助与优抚随着经济的发展在一个国家或地区社会保障支出所占比例会越来越低,但却是不可少的一道保障线。因此,可分别从经济协调、社保基金、社会保险、社会福利、社会救助与优抚五个子系统进行指标的选取及评价,最后进行合成,对社会保障综合水平进行评价。具体指标的选取参见表3-2:

表3-2　地方政府社会保障服务评价指标体系

社会保障服务综合水平	社会保障与经济发展协调性	社会保障支出占国内生产总值比重、社会保障支出增长率与占国内生产总值增长率之比、人均社会保障支出与人均占国内生产总值之比
	社会保障基金	社会保障基金收入占国内生产总值的比重、社会保障基金收入与支出之比、人均社会保障支出、社会保障财政拨款占财政支出比重、人均社会保障支出占人均国民收入比重
	社会保险	参加企业基本养老保险人数、养老保险待遇水平、城镇医疗保险覆盖面、城镇医疗保险支出、参加工伤保险人数、参加生育保险人数、社会保险基金支出
	社会福利	社会福利机构数、福利机构床位数、福利机构收养人数、社会福利企业数、福利企业实现利润水平、残疾职工人数比例
	社会救助与社会优抚	城镇居民最低生活保障人数、农村最低生活保障人数、农村五保人数、医疗救助支出、自然灾害救济支出、抚恤补助经费、退役士兵安置率

2. 地方政府社会保障服务评价指标的构建

(1)地方政府社会保障服务评价指标的分层

根据上文选取的地方政府社会保障服务评价指标,可以分为五个子系统,分别是:社会保障与经济发展协调性、社会保障基金、社会保险、社会福利、社会救助和社会优抚。其中从中国地方政府社会保障体系发展的现状来看,社会救助和社会优抚发展水平较低,远落后于社会保险的发展水平,因此将二者合并为一个子系统。在这五个子系统中,社会保险居于核心地位。在设计社会保险评价指标时,应力求全面详尽。但是我国现在社会保险制度还没能完全摆脱城乡二元的束缚,农村养老保险出于种种原因,现在很难取得具体、准确、全面的数据,故在此暂不考虑。

社会保障与经济发展子系统包含三个指标:社会保障支出占国内生产总值比重、社会保障支出增长率与国内生产总值增长率之比、人均社会保障支出与人均国内生产总值之比。它反映了社会保障水平与本地区经济实力的协调性。

社会保障资金子系统包括五个指标: 社会保障基金收入占国内生产总值的比重、社会保障基金收入与支出之比、人均社会保障支出、社会保障财政拨款占财政支出比重、人均社会保障支出占人均国民收入比重。这些指标反映了生活于社会保障网络之内人均享受社会保障的水平、社会保障基金的使用规模、社会保障水平与经济发展的关系、政府财政支出力度是否适度、一定时期内人均享受社会保障的水平与社会经济发展的关系。社会保险子系统包含了七个指标,这些指标反映了社会保险基金使用的规模和效益。社会福利、社会救助和优抚子系统共包含十三个指标,这些指标都在一定程度上反映了社会保障体系内部的发展水平, 构成了地方政府社会保障服务评价指标体系。根据以上论述,地方政府社会保障评价指标体系的分层参见表3-3。

表3-3　地方政府社会保障服务评价指标体系的分层

	一级子系统	二级指标
社会保障服务综合水平（A）	社会保障与经济发展协调性（B1）	社会保障支出占国内生产总值比重（C1）
		社会保障支出增长率与国内生产总值增长率之比（C2）
		人均社会保障支出与人均国内生产总值之比（C3）
	社会保障基金（B2）	社会保障基金收入占国内生产总值的比重（C4）
		社会保障基金收入与支出之比（C5）
		人均社会保障支出（C6）
		社会保障财政拨款占地方公共财政支出比重（C7）
		人均社会保障支出占人均地区生产总值比重（C8）

一级子系统	二级指标
社会保险(B3)	参加城镇职工基本养老保险人数(C9)
	养老保险待遇水平(C10)
	城镇医疗保险覆盖率(C11)
	城镇医疗保险支出(C12)
	参加工伤保险人数(C13)
	参加生育保险人数(C14)
	社会保险基金支出(C15)
社会福利(B4)	社会福利机构数(C16)
	福利机构床位数(C17)
	福利机构收养人数(C18)
	社会福利企业数(C19)
	残疾职工人数比例(C20)
	福利企业实现利润水平(C21)
社会救助与社会优抚(B5)	城镇居民最低生活保障人数(C22)
	农村最低生活保障人数(C23)
	集中农村五保人数(C24)
	直接医疗救助支出(C25)
	医疗救助人数(C26)
	抚恤补助优抚总人数(C27)
	退役士兵安置率(C28)

（2）层次分析法——指标权重的计算路径

上文对地方政府社会保障服务评价指标进行了分层。为了确定每个指标在指标体系中的重要程度，需要引入权数，权数亦即指标重要程度的系数。为了确保权数的客观、合理，我们采用层次分析法计算权重，即权数。层次分析法(Analytical Hierarchy Process，简称 AHP)是美国匹兹堡大学教授萨泰于 20 世纪 70 年代提出的一种系统分析方法。出于研究工作的需要，萨泰教授开发了一种综合定性与定量分析，模拟人的决策思维过程，以解决多因素负责系统，特别是难以定量描述的社会系统分析方法。在 1977 年举行的第一届国际数学建模会议上，萨泰教授发表了《无结构决策问题建模——层次分析理论》。层次分析法开始引起了人们的注意并被加以应用。用层次分析法分析问题大体要经过以下步骤：建立层次结构模型—构造判断矩阵—

层次单排序——一致性检验。[①]本研究结合专家征询法,对征询意见采用 EC 软件进行处理,获得地方政府社会保障服务评价指标体系维度和二级指标权重,示于表 3-4:

表 3-4　地方政府社会保障服务评价指标权重

一级子系统			二级指标	权重
指标	权重			
社会保障服务综合水平(A)	社会保障与经济发展协调性(B1)	0.3532	社会保障支出占 GDP 比重(C1)	0.017
			社会保障支出增长率与 GDP 增长率之比(C2)	0.120
			人均社会保障支出与人均 GDP 之比(C3)	0.060
	社会保障基金(B2)	0.3216	社会保障基金收入占 GDP 的比重(C4)	0.110
			社会保障基金收入与支出之比(C5)	0.080
			人均社会保障支出(C6)	0.080
			社会保障财政拨款占财政支出比重(C7)	0.040
			人均社会保障支出占人均地区生产总值(C8)	0.010
	社会保险(B3)	0.1538	参加城镇职工基本养老保险人数(C9)	0.030
			养老保险待遇水平(C10)	0.030
			城镇医疗保险覆盖面(C11)	0.020
			城镇医疗保险支出(C12)	0.020
			参加工伤保险人数(C13)	0.010
			参加生育保险人数(C14)	0.010
			社会保险基金支出(C15)	0.030
	社会福利(B4)	0.1138	社会福利机构数(C16)	0.030
			福利机构床位数(C17)	0.030
			福利机构收养人数(C18)	0.030
			社会福利企业数(C19)	0.010
			残疾职工人数比例(C20)	0.008
			社区服务中心(C21)	0.004

---

① 参见谭跃进:《定量分析方法》,中国人民大学出版社,2014 年,第 139 页。

续表

一级子系统		二级指标	权重
指标	权重		
社会救助与 社会优抚(B5)	0.0577	城镇居民最低生活保障人数(C22)	0.018
		农村最低生活保障人数(C23)	0.018
		农村集中五保人数(C24)	0.004
		医疗救助支出(C25)	0.012
		自然灾害救济支出(C26)	0.002
		抚恤补助优抚总人数(C27)	0.002
		退役士兵安置率(C28)	0.001

二、公共就业服务供给及其评价指标体系

(一)公共就业服务的属性与评价理论

1. 公共就业服务的属性分析

公共就业服务(Public Employment Service,简称 PES)起源于 19 世纪末,是当时西方国家为了缓解社会压力、维护社会稳定,改善失业群体的生活水平而采取的对劳动力市场进行干预的活动。1910 年英国的内阁大臣丘吉尔在英国开办了第一家国家职业介绍公司。在当时声名鹊起的职业介绍公司声称其"是国家政策运行机制的必由之路,对社会秩序起到维护的作用"。

一般而言,现代政府会在国家的就业政策和就业法规下,作出相应的就业服务计划,针对性地解决就业问题,由此展开公共就业服务。世界各国对公共就业服务的解读不一,源于世界各国的国情不同,公共就业服务发挥的功能也不尽相同。在我国,公共就业服务是以政府为导向的,旨在通过公共就业服务机构,无偿地向就业困难群体提供的服务性政策支持和工作供给,以扶持劳动者提升就业能力和获得就业岗位, 协助用人单位找到合适的劳动人选,最终使劳动力资源得以有效运用和开发的一系列服务的总称。其属性表现在四个方面:

第一,完整性。公共就业服务的面向群体是广泛的,其中包括就业困难群体、择业期人群、转业人群等;其是面向不同群体提供不同方面的就业导

向、就业政策,包括一系列的职业培训、职业规划、职业指导等方面援助。同时,随着市场的发展,其会对劳动者的需求予以满足,为需求对象提供劳动能力和综合素质提升的培训,所以公共就业服务具备内容的完整性。

第二,透明性。政府的公共就业服务政策在劳动力市场当中起到规范作用,保证整个就业环境下的公开透明,在不对等的就业条件下保持公平、透明的双向选择,避免在劳动力市场中出现特殊服务对象、外部性效应和信息不对称等问题,维护公共就业服务秩序。

第三,均等性。供给量和需求量相匹配,是国家对待劳动力市场和劳动者所履行的责任。因此,要实现公众享有公共就业服务的机会均等,要求公共就业公共服务的规则相等并和法律法规相一致,并使公民在获得劳动就业公共服务的质量和数量差异方面,控制在可以接受的范围内。①

第四,价值性。公共就业服务是公共产品,具有价值性。政府应坚持"公平、正义、普遍、权利"的原则进行生产和提供,并通过政策法规将这一"等值目标"予以确认。因此,在公共就业服务的供给过程中,效率标准不是唯一标准,相反更应该强调其公平正义性。同时,这也要求政府成为其核心的提供主体。

2. 公共就业服务绩效的评价理论和方法

(1)公共就业服务的绩效评价及维度选择

公共就业服务评价围绕劳动市场和就业领域的公共服务来展开。其评价指标以公共就业服务范围的绩效综合评价及绩效指标为基础。合理、科学地设置评价指标体系并付诸实施可以改进公共就业服务,提高该项公共服务的质量:一方面,通过具体、系统的评价指标的遴选,可以数据化、准确化地反映公共就业服务的结果;另一方面,绩效评估的结果可以反映出投入和产出之比,促使人们节省成本,提高公共就业服务的效率。此外,公共就业服务体系不仅包括就业主体、就业对象、就业内容和就业手段等要素,还包括

---

① 参见陈文权、张欣:《十七大以来我国理论界关于"基本公共服务均等化"的讨论综述》,《云南行政学院学报》,2008 年第 5 期。

公共就业服务的运行过程。公共就业服务评价可围绕相关要素和过程来展开。因此，利用绩效评价方法可以有效地测评现行公共就业服务的运行状态，为后续的理论方面的深入研究和实际工作的持续改进提供启示与借鉴。

我国公共就业服务系统正处于不断完善的阶段，对该领域绩效评价的研究和实施正在发展。有的地方政府尝试在分析我国地方政府的公共就业服务系统管理体制和运行模式的基础上，将企业战略性绩效评价研究和公共事业绩效评价研究相结合，从涉及市及所辖的区县两级的一个区域的公共就业服务系统(包括政府组织、非政府组织、营利组织就业机构)绩效评价研究为切入点和着力点，构建出一个模块式绩效评价模型。地方政府的公共就业服务绩效评价指标体系是一个受外部因素影响和制约的系统。根据权变理论，这些影响因素，即权变因子的存在要求不同的评价对象需匹配不同属性的指标权重。在地方的公共就业服务系统绩效评价当中，根据其特点，可着重分析绩效评价的目的、服务系统的发展目标、服务系统的行政职能、服务系统的主客观条件、绩效评价所需信息的数量和质量，以及社会发展的趋势为六大因子对地方就业服务系统绩效评价指标体系予以构建。[①]

关于公共就业服务绩效评价指标体系，国外已有相关研究成果。其根据公共就业服务绩效评价的构建原则和权变因子，以平衡计分卡为分析框架，从业绩指标、收入指标、成本指标和内部管理指标四个维度，来构建公共就业服务的绩效评价指标体系。

(2)平衡计分卡

政府绩效评估一般采用定性分析和定量分析相结合的方法，其在政府公共服务供给的理论研究和实践中具有重要作用。平衡计分卡是绩效评估的通用方法。早期的平衡计分卡是以集团发展战略制定为导向的，其是以企业管理为核心，以相关方面的相互影响、相互促进为前提，以平衡、综合为宗旨建立起来的一种旨在加强战略实效性的评价方法。平衡计分卡分为四个有效维度，分别以财务、客户、内部运营、学习和成长四个部分为目标。基于

---

① 参见李永捷：《中国就业服务系统的构建研究》，电子科技大学博士学位论文，2008年。

平衡计分卡的思想,公共就业服务质量评价也可以从四方面入手,将企业发展战略的指标转换为有关公共就业服务质量评价指标, 以为研究公共就业服务质量评价指标体系做好理论和数据结合。

(3)公共就业服务绩效的评价原则

在实务界和学界的努力下,关于公共部门绩效评价指标基本达成共识。其共有四个核心指标:公平性指标、经济性指标、效率性指标和有效性指标,即"4E"原则。公共就业服务是政府部门履行服务职能的重要方面,因此也可适用于上述指标。就公共就业服务而言,其是公益性质的活动,以就业为根本目标,所以与经济类活动会有所不同。公共就业服务更强调公平性,除了效益的经济指标,公平性与效率性指标将对整个绩效评价更有意义。

对于上述四维评价指向,有研究者进行了相关分析:

第一,公平性评价。公共就业服务是公民人人享有的基本服务,所以公平性是第一要义。在绩效评价的指标体系中要把握公共就业服务是否均等化,服务范围是否合理化;公共就业服务面向的群体是否需要特殊照顾与特殊对待;公平性评价是公共就业服务评价的一把标杆,重在公共就业服务评价中贯穿公平价值理念。

第二,经济性评价。经济性评价在公共就业服务评价中同样起着重要的作用。在政府提供公共产品的过程中应当"厉行节俭";在公共就业服务的范围内,要以较少的成本支出或投入来换取更好的公共就业服务效果。坚持经济性评价,不仅可以对公共部门的支出发挥监督作用,也有助于衡量公共部门对公共就业服务的年度预算和支出的科学性、合理性。

第三,效率性评价。效率性在公共部门的绩效评价中可以起到催化剂的作用,可以使政府能够在既定的时间内,通过既定的预算成本或产出实现快速、有效的公共就业服务。与经济性评价类似的是,效率性评价同样强调投入与产出比。强调效率性评价,可以有效促进公共就业服务部门服务质量的提升和数量的增加。

第四,有效性评价。有效性评价有着对公共就业服务的检验和改善作用,即在与绩效评价之前相比较,目标是否实现。所谓有效性评价,是以公共就业服务的运行状况和行为为依据,将服务的产出和服务的结果作为有效的评价对象加以衡量。如果说绩效评价是一个闭环系统,那么有效性评价便是闭环系统中最重要的反馈系统,也是整个绩效评价的核心目标所在。它不仅对就业目标的实现起到促进作用,也会提升就业质量。[①]

综上所述,对公共就业服务进行绩效评价应遵循"4E"原则,在评价体系内充分发挥这四个维度的作用,从而为公共就业服务的质量评价指标体系的构建奠定基础。

(二)公共就业服务质量评价体系构建的原则

公共就业服务质量评价指标体系的确立,有助于打破传统的"就业率"单一指标,将就业的多方面信息结合起来,实现动态跟踪、全面服务、就业协助等;让公共就业服务机构与劳动者无缝连接,构架一条畅通无阻、具有实际意义的、具备实际操作价值的就业服务平台;让信息化覆盖整个质量评价系统,动态实时跟踪就业过程以便调节市场需求和劳动者的关系,促进全面充分就业。

在公共就业服务质量评价体系构建的目标确定以后,就需要根据一定的原则对具有评价性质的指标予以选择。选取的指标都是从不同的层面反映系统所具备某些特质的度量,每一个分指标都是支撑上一层指标的基础。质量评价指标体系的建立,要遵循一定的原则,根据现行劳动力市场突出的问题整合筛选合适指标。针对现有的就业体系所具有的特质,可从以下四个方面确定质量评价体系构建的原则:

(1)全面性和系统性原则

传统意义上的就业率单一指标已经不能满足于现阶段我国就业市场所反映的现实要求。随着就业劳动者的多元化,公共就业服务质量评价指标系统应该包括影响就业的各个方面因素。设计指标要充分考虑就业的来龙去脉并予以整体考虑。同时,遴选不同方面、不同性质的体系指标时,相关指标之间应当具有一定逻辑关系;各级指标与指标之间要层层递进,上位指标需

---

① 参见王飞鹏:《我国公共就业服务均等化问题研究》,首都经济贸易大学博士学位论文,2012年。

要涵盖下位指标,下位指标也要支撑上位指标,从而使各级指标之间形成不可分割的有机整体。遴选指标的全面与系统有助于保证整个公共就业服务系统评价的有效性。

(2)定性与定量相结合原则

在进行相关研究、收集数据并确定评价指标时,要注重定性分析与定量测评相结合，通过科学的手段适当地将定量指标和定性指标融入评价指标体系当中,力求能系统客观地反映整个就业市场和劳动者就业情况,反映公共就业服务的实质性成效。

(3)通用性与可比性原则

在以往的"就业率"单一指标下衡量整个就业系统的通用性较好,单一指标衡量一个整体具有说服力。但单一指标缺少可比对象,可比性较差。如今公共就业服务评价指标体系应当将劳动就业的前置、过程和结果进行综合研究与考量,获取指标加以对比,将重点放在就业环境、就业能力、就业状况等就业机构指标和有关劳动者指标的劳动者报酬、社会保护和劳动关系等的对比方面,更能体现评价的合理性。此外,扩充指标至二级指标、三级指标能够使评价对象之间具有可比性,评价结果将更加科学、客观。

(4)独立性与可操作性原则

各项指标具有相关性,其相互影响可能对整体的指标体系造成偏差。因此,在建立指标体系时要注重统一分类,明确各个方向指标,进一步梳理各个指标的内涵。指标在一定范围内可以外延但不允许互相交叉和重叠,指标具有独立性。[①]同时,为了使指标可以良好地在体系中运用,挑选易读取和易理解的指标,使用方法做到简明清晰,整个操作过程不宜复杂,指标不在多而在精,有事实依据,在整个指标采集过程中应注意其具有可操作性。

(三)公共就业服务质量评价的指标遴选与体系确立

1. 公共就业服务质量评价体系的指标选择

通过对相关领域专家和学者进行访谈，在他们集中关注的四个一级指

---

① 参见宋继勋等:《实用型高效就业评价指标体系的构建》,《教育与职业》,2010 年第 3 期。

标和二十三个二级指标中，最终选取了十八个二级指标进行接下来的重要程度分析及排序，探索建立一套能较为全面反映我国公共就业服务质量评价的指标体系。指标体系构建依据维度完整、逻辑清楚、特征明确、数据可得、度量可行的原则，最终选取以下四个一级指标和十八个二级指标（详见表3-5）：

（1）就业服务环境

营造良好的就业服务环境是公共就业服务体系的重要组成部分。劳动就业服务系统的就业环境是指政府在构建劳动就业服务体系时，为了更好提供公共就业服务所要获取的人口基数、人口密度和职业介绍机构的数量等。其中，人口乃第一问题，有人口数值才可知人口比例、劳动力需求和供应比例、劳动年龄分布等，从而进行下一步的操作。所以掌握某一区域年末常住人口（万人）、人口密度（人/平方千米）、城市人口迁移（万人）指标有助于衡量现阶段就业情况。另外，我国的研究发现，劳动力市场不断开放，匹配方式发生了实质性的转变，中介公司的作用日趋完善。中介公司作为就业服务环境中的一个重要影响因素，通过向招聘者和求职者之间提供以对等信息为基础的沟通桥梁来实现就业的促进作用。①就业服务机构在扩大就业方面发挥着重要的作用，是就业制度和就业政策的重要组成部分。随着我国经济改革和就业政策不断调整，各个地区建立了职业培训和就业服务机构，有必要利用就业服务这个二级指标来考察这些服务对就业质量的影响。

（2）就业效果反馈

就业效果反馈是就业服务质量的重要反映，其实施能反映出我国现阶段公共就业服务的质量表现。所以拟选取在就业效果方面具有典型作用的从业人员总数（万人），失业人员登记数量（万人），城镇登记失业率（%），离休、退休及退职职工人数（万人），新增加就业岗位（万个）等细化指标进行调查研究。其不仅能体现出我国的就业格局，也能反映我国的就业效果和就业稳定性。其中，城镇登记失业率（%）反映的是一定时期全部就业人口中有一

---

① 参见曾湘泉：《劳动力市场中介组织的发展与就业促进》，《中国人民大学学报》，2009年第9期。

定工作意愿但未获得工作岗位的劳动力数量所占比例,离休、退休及退职职工人数(万人)是指因受到年龄期满或者个别因素影响而不能继续工作的人口比例,衡量闲置人口比例。在劳动生产率一定的条件下,就业质量和就业数量呈负相关关系,二者相互融合,相互促进形成正相关关系,所以失业率也是衡量就业质量效果的重要指标。

(3)服务满意度

我国公共就业服务也逐渐以服务为导向,满意度则成为考核公共就业服务的一项重要指标。在此主要从公共就业服务组织、服务对象及服务人员三个角度来选取二级调查研究指标,重点选取了求职者满意度(%)、服务效率满意度(%)、服务响应时间(分钟)、服务投诉率(%)和服务覆盖率(%)五个二级指标。一方面,主要通过特定的督查机构来完成数据的采集;另一方面,从求职者和企业角度,就服务质量和服务态度两方面对公共就业服务进行评分。而公共就业服务员工方面数据则从服务员工自身工作角度,从工作环境舒适度、工作强度、人际关系(含上下级领导关系)进行自评,从而形成在满意度方面数据的前后360°的调查分析, 这样可以更加客观地反映出服务满意度指标在公共就业服务质量评价过程中的作用和位置。

(4)政策性引导

政府公共就业政策性引导是公共就业服务之前需要开展的一项基础性的指导和铺垫工作,也是对服务群体对象而言的一项必不可少的服务工作。只有服务受众广泛了解公共就业服务政策, 才能更好地指导其在公共就业服务享受国家的政策,使群众利益最大化。因此,我们在政策性引导方面,选取了政策解答数量(个)、政策汇编指南资料发放数(万套)和政策宣传资料播出时间(分钟)三个具有代表性的指标,从三个指标的数据上进行采集,并从这三个层面进行量化数据分析,从而把政策性引导作为重要指标之一,也是尝试从政策角度分析对公共就业服务质量的影响度。

表 3-5 公共就业服务质量评价的指标体系

一级指标		二级指标
公共就业服务质量评价指标体系(A)	就业服务环境(B_1)	1.1 全市城镇年末常住人口(万人)(C_1)
		1.2 全市城镇人口密度(人/平方千米)(C_2)
		1.3 城市城镇人口迁移(万人)(C_3)
		1.4 人均职业介绍机构的数量(个)(C_4)
		1.5 职业介绍机构服务效率(%)(C_5)
	就业效果反馈(B_2)	2.1 从业人员总数(万人)(C_6)
		2.2 失业人员登记数量(万人)(C_7)
		2.3 城镇登记失业率(%)(C_8)
		2.4 离休、退休及退职职工人数(万人)(C_9)
		2.5 新增加就业岗位(万个)(C_{10})
	服务满意度(B_3)	3.1 求职者满意度(%)(C_{11})
		3.2 服务效率满意度(%)(C_{12})
		3.3 服务响应时间(分钟)(C_{13})
		3.4 服务投诉率(%)(C_{14})
		3.5 服务覆盖率(%)(C_{15})
	政策性引导(B_4)	4.1 政策解答数量(个)(C_{16})
		4.2 政策汇编指南资料发放数(万套)(C_{17})
		4.3 政策宣传资料播出时间(分钟)(C_{18})

2. 地方政府劳动就业服务评价的指标赋值

从科学角度来看,现阶段我国劳动就业服务质量是优是劣,各个地区的就业质量是否卓有成效不能仅从描述上获取,还应该依靠科学的评测工具,利用较为客观的数据进行定量分析,作出客观的评价,采用多指标综合评定模型,以权重为主要衡量参考项。权重的合理与否直接影响着最后的结果,本节则采用层次分析法(AHP),对公共就业服务质量评价指标体系进行赋权,并对有代表性的地区公共就业服务质量作出测评分析。

(四)公共就业服务质量评价体系调查与分析的工具选择

1.问卷设计与数据采集

在此部分,根据所构建的公共就业服务质量评价的指标体系具体内容设计了调查问卷,采取实地调研和发放问卷的形式,主要选取了两类调查对象:正在求职的大学生和社会上参与过公共就业服务机构的在职人员。问卷主要包括四个部分:问卷指导语、个人基本信息、服务质量评价内容、开放性建议的填写。问卷的发放工作主要采取网上填写、现场填写和电子邮件填写三种形式展开,正式发放调查问卷300份调查问卷,有效地回收问卷278份,有效回收率为92.7%。

2.数据分析工具选择

采用相关软件(SPSS 24.0 软件包和 EC 软件),运用层次分析法对所构建的公共就业服务质量评价体系进行实证分析。通过实证研究,对所构建的公共就业服务质量评价体系的适用性进行验证,并在此基础上,运用层次分析法的分析结论,综合评价我国现阶段公共就业服务的质量状况,为今后如何提升公共就业服务质量提供借鉴和参考。

(五)公共就业服务质量评价体系的指标权重分析

公共就业服务质量评价体系的各项指标是评价体系的核心要素,用于反映服务质量的每一方面的质量情况。对各方面的质量状况进行分析汇总,能够反映服务质量的综合状况。各指标的重要程度具有一定差异,这种相对重要程度及其在整体评价中所占的比例大小就是指标权重。要对每一项指标的重要性进行定量化分解,通过对各指标在总体评价中的作用加以区分来确定其权重,指标权重是否分配合理将影响服务质量评价的准确性和有效性。

因此,为各项指标赋予权重成为公共就业服务质量评价体系设计过程中的一个重要环节。我们采用层次分析法进行赋权,首先建立层次结构,编制问卷,向十六位该领域的专家征询,取其平均值作为指标的权重,见表3-6。

表 3-6 公共就业服务质量评价指标权重及位次

	一级指标	权重	位次	二级指标	权重	位次
公共就业服务质量评价指标体系(A)	就业服务环境(B₁)	14.24%	4	1.1 全市城镇年末常住人口(万人)(C₁)	9.098%	1
				1.2 全市城镇人口密度(人/平方千米)(C₂)	7.886%	2
				1.3 城市城镇人口迁移(万人)(C³)	5.962%	3
				1.4 人均职业介绍机构的数量(个)(C₄)	4.409%	18
				1.5 职业介绍机构服务效率(%)(C₅)	4.420%	17
	就业效果反馈(B₂)	19.73%	3	2.1 从业人员总数(万人)(C₆)	4.463%	14
				2.2 失业人员登记数量(万人)(C₇)	4.475%	11
				2.3 城镇登记失业率(%)(C₈)	4.467%	13
				2.4 离休、退休及退职职工人数(万人)(C₉)	4.490%	7
				2.5 新增加就业岗位(万个)(C₁₀)	4.483%	9
	服务满意度(B₃)	21.05%	2	3.1 求职者满意度(%)(C₁₁)	4.457%	16
				3.2 服务效率满意度(%)(C₁₂)	4.477%	10
				3.3 服务响应时间(分钟)(C₁₃)	4.463%	15
				3.4 服务投诉率(%)(C₁₄)	4.485%	8
				3.5 服务覆盖率(%)(C₁₅)	4.469%	12
	政策性引导(B₄)	44.98%	1	4.1 政策解答数量(个)(C₁₆)	4.495%	6
				4.2 政策汇编指南资料发放数(万套)(C₁₇)	4.532%	4
				4.3 政策宣传资料播出时间(分钟)(C₁₈)	4.512%	5

(六)公共就业服务质量体系指标重要性的结论

本研究在总结当前公共就业服务情况,从对就业服务环境、就业效果反馈、服务满意度、政策性引导这四个指标的影响因素的分析基础上,将层次分析法(AHP)引入公共就业服务评价研究中,建立评价指标的层次结构,计算出各层级指标权值,体现出各指标对公共就业服务质量的重要性程度。

由此可见,在对公共就业服务质量评价体系的各项指标按照层次分析法进行权重分析后,在对就业服务环境、就业效果反馈、服务满意度和政策性引导四个一级指标的权重进行分析后,按照重要性原则,排序依次是:政策性引导、服务满意度、就业效果反馈和就业服务环境。

(七)公共就业服务质量评价指标体系研究结论

在对四个一级指标和十八个二级指标权重分析后,反映出了公共就业服务质量评价体系研究的指标权重与影响情况,能够反映出本节所选取指标体系评价模型的一定适用性。但是对于公共就业服务质量评价指标的研究与量化工作还在始终不断发展进化中,对于本节的研究,有以下三点结论:

第一,构建了公共就业服务质量指标评价体系。以相关理论基础为前提,根据服务质量的一般特点,结合公共就业服务的特征,构建了一套公共就业服务质量评价体系,为现实中的公共就业服务质量评价提供了依据。

第二,将层次分析法和计算机统计分析工具相结合。在实证研究中,通过相关软件(SPSS 软件)对各指标进行了系统性的分析,对各指标的权重分析更具科学性和准确性,评价结果可以体现公共就业服务质量的现状。

第三,通过权重分析,找出公共就业服务质量评价体系中的关键权重。通过数据分析和实证研究,找出现阶段服务质量评价体系指标中往往被忽略政策性引导因素成为权重最大的指标,一方面说明政策性引导的重要性,另一方面也说明政策的制定和引导是影响公共就业服务过程和效果的重要前提条件。

第二节　基础设施保障

一、基础设施纳入评价体系的缘由

(一)基础设施服务概念的梳理及界定

基础设施(Infrastructure)起初是一个工程术语。目前,各国学术界并没有对基础设施予以统一定义, 但被各界广为接受的是由美国经济学家汉森(N. Hansen)在 1965 年提出的广义和狭义基础设施分类。汉森提出,广义基础设施分为经济型基础设施(economic infrastructure)和社会性基础设施(social infrastructure);而狭义基础设施则单指经济型基础设施。[①]梳理两类基础设施所包含的内容如表 3-7:

---

① See Hansen N. M., Unbalanced Growth and Regional Development, *International Tax & Public Finance*, 1965, 4(1), pp.3–14.

表3-7　城市基础设施分类

广义的城市基础设施	经济性基础设施（狭义的城市基础设施）	直接参与、支持城市物质生产过程的基础设施部门，其核心包括能源供应系统、交通运输系统和邮电通信系统。
	社会性基础设施	旨在提高城市福利水平、间接影响城市物质生产过程的基础设施部门，包括文化、教育、卫生、福利、环保等系统。

资料来源：笔者整理资料所得。

《1994年世界银行发展报告——为发展提供基础设施》提出，城市基础设施建设项目可分为三类：第一是公共工程，包括公路、灌溉排水渠道、大坝等水利设施；第二类是公共设施，包括自来水、卫生设施、电信、电力、管道煤气、固体废弃物的收集与处理、排污等；第三类是其他交通运输部门，包括市内交通、铁路、港口、航道及机场等。[①]

20世纪90年代以来，基础设施所涵盖的类别不断演变和完善。国内学界较为认同将基础设施分为"六大系统"，即城市能源动力系统、城市水资源和供排水系统、城市道路交通系统、城市邮电通信系统、城市生态环境系统和城市防灾系统（详见表3-8）。

表3-8　基础设施"六大系统"

六大系统名称	系统具体内容
城市能源动力系统	包括城市电力生产、供应系统，城市燃气生产和供应系统，城市供热生产、供应系统。
城市水资源和供排水系统	包括地下水、地表水资源供水专用水库，引水渠道和取水设施，制水及输配系统，配水渠道、管网、泵站，排水管网及污水处理厂设施等。
城市道路交通系统	由城市道路系统、交通管制系统和客运系统组成。
城市邮电通信系统	由城市邮政系统和城市电信系统组成。
城市生态环境系统	由城市园林绿地系统和城市环卫系统组成。
城市防灾系统	包括城市抗震、防震设施，城市防洪、排涝等防汛设施，城市消防设施，城市人防设施等。

资料来源：笔者整理资料所得。

---

① 参见世界银行：《1994年世界发展报告——为发展提供基础设施》，毛晓威译，中国财政经济出版社，1994年，第13页。

我国政府相关文件中对基础设施服务的界定主要有以下几种。

《国家基本公共服务体系"十二五"规划》对基础设施服务的内容进行了规定,指出"基础设施、环境保护两个领域的基本公共服务重点任务,包括:行政村通公路和客运班车,城市建成区公共交通全覆盖;行政村通电,无电地区人口全部用上电;邮政服务做到乡乡设所、村村通邮;县县具备污水、垃圾无害化处理能力和环境监测评估能力;保障城乡饮用水水源地安全等"。

《国务院关于加强城市基础设施建设的意见》主要对基础设施建设的如下几方面提出了意见:加强城市道路交通基础设施建设,包括公共交通基础设施建设、城市道路、桥梁建设改造、城市步行和自行车交通系统建设;加大城市管网建设和改造力度,包括市政地下管网建设改造、城市供水、排水防涝和防洪设施建设、城市电网建设;加快污水和垃圾处理设施建设,包括城市污水处理设施建设、城市生活垃圾处理设施建设;加强生态园林建设,包括城市公园建设、提升城市绿地功能。

在我国,地方政府是指省级及以下各层级政府,且在本研究中主要以城市为主要研究范围。本研究主要以基础设施服务作为研究对象,即在国家基本公共服务体系范畴内进行研究。综合现有基础设施服务的界定与《国家基本公共服务体系"十二五"规划》的内容,可以将地方政府基础设施服务作出以下界定,即地方政府基础设施服务是地方政府为社会生产和居民生活提供物质工程设施方面的公共服务,是用于保证国家或地区经济社会活动正常进行的公共服务系统。其主要包括以下几类:公路、道路及桥梁,城市公共交通,城市供水,供能,邮政,市政设施(包括污水及垃圾处理、排水管道等),园林绿化等。

(二)基础设施服务纳入评价体系的缘由

1. 基础设施服务需要适合我国实际的评价体系

基础设施向来是关系民生的大事,也是各级政府长期重点关注的领域之一。基础设施建设关系民生,关系居民的生活质量,同时也关系着城市的经济发展与竞争力。

基础设施是衡量一个城市发展水平的显著标尺。在各种具有国际影响力的城市评价体系中,基础设施都占有相当大的比重。例如在瑞士洛桑管理学院(IMD)的国家国际竞争力测评体系中,基础设施是四大测评维度之一,是国际竞争力的重要衡量指标。而且在该评价体系中基础设施一项还包括了五个分项、九十余项具体指标,涵盖了广义与狭义基础设施的方方面面。再比如联合国的城市指标体系,一级分类的六大模块中,基础设施占据其一,交通也被单列为模块之一。在世界银行的全球城市指标(Global City Indicators)、全球城市竞争力项目(GUCP)等诸多世界知名影响力测评中,都可以看出基础设施对一个城市经济和发展的重要性。

基础设施服务是城市、区域乃至国家竞争力的着力点,是强盛发展的硬实力,更是提高居民生活质量与幸福感的重要条件。一个城市的基础设施保障着这座城市的正常、协调运转,在我国,其供给是目前全面建成小康社会的基础工作。因此,如若发展经济,提高城市和国家的竞争力,就要先夯实基础,不断提升基础设施服务水平。只有基础牢靠,才能为经济的稳步发展和城市竞争力的不断提升提供有利和完善的环境。

改革开放以来,随着我国经济的腾飞,基础设施服务的发展也越来越快,呈现铺开式发展态势。从补短板到树强项,从粗放式建设到集约型服务,从大规模投入到关注产出再到讲求效率,显示出我国基础设施服务及其供给方式都在向科学化转变。

但是在这样的转变过程中,仍有诸多问题需要解决。如何进行横向对比从而树立基础设施服务的城市典型?如何进行纵向测评来判断发展的速度与质量?又如何来判断目前服务的质量与效率?在迈入基础设施发展新阶段之际,解决这些问题的途径之一便是构建科学的评价体系对基础设施服务进行全面的测评。

对此国内外相关学者进行过很多探索。被学界和实务界较为认同的基础设施评价体系多存在于国际城市竞争力等相关综合评价体系之中,而国内则多作为现代化城镇等评价体系的一部分而存在。这一方面体现了基础设施服务对于城市的重要性;另一方面,由于相关评价指标的不完善性也反映出基础设施服务专项评价体系的匮乏。总结理论与实践中的相关研究可以发现,虽然对基础设施服务评价体系的相关探索很多,但是在如何构建符合我国国情的评价指标体系方面依然存在较大研究空间。因此,实现该评价体系的科学化以作为基础设施服务优质持续发展的指导便具有了重要意义。

2. 以评价促质量改善是实现政府职能转变与服务效率的必由之路

政府职能转变是我国行政改革的重中之重,建设服务型政府、不断完善基本公共服务体系,这都在强调"服务"二字。服务,就要强调客户的满意程度,这体现在对服务质量的反馈结果之中,而获取反馈结果的最直接方式就是进行质量测评。

基础设施服务作为公共服务的重要内容之一,已不再是单纯的基础设施"建设",而是侧重于"服务"。要从解决基础设施的"温饱"向实现基础设施"小康"转变,突出其应对社会需求的新特性,追求服务质量。而要实现基础设施服务的良性发展,要靠完善的制度保障。好的评价制度,可以有效降低基础设施服务的建设与管理成本,鼓励促进科学优质服务的发展,同时预防和减少不合理服务的出现,提高基础设施服务的质量与效率。以对服务的评价结果为导向,来倒逼服务质量的提升,正是公共服务体系完善的关键一环,也是政府职能转变的加速器。由此可见,建立健全、科学的基础设施服务质量评价体系势在必行。

3. 目前亟须有效的评价体系引导基础设施服务供求关系平衡

从解决基础设施的"温饱"向实现基础设施"小康"转变的过程中,体现着供求关系的平衡作用。从需要什么就去建什么到需要哪里变得更好就去改善哪里,以解决实际需要为目的、以需求为指向的服务供给,恰恰是基础设施服务未来发展的重要方向。

一直以来,政府投入是基础设施建设的主要渠道,但是随着社会需求与政府职能的不断变化与发展,单一性质的投入已不能满足市场经济的独立性和自主性特点。这就要求政府在投入的同时不断反思投入效率与服务质量的高低与优劣,以不断的自我调整来应对社会与民众需求的演变。

人类社会发展的动力来源于人的自身,科学发展观要求坚持以人为本,促进人的全面发展。作为政府公共服务中的重要一环,基础设施服务建设也应本着以人为本的原则,将公民与社会的需求放在首位,实现资源投放与服务供给的效率最大化。而构建基础设施服务质量评价体系,正是科学衡量供需关系和供给效率的有力手段。通过评价结果,可以很好地反映出基础设施服务存在的问题,也便于进行横向、纵向比较,实现基础设施供给与需求的平衡。

二、基础设施领域各项指标的基准

(一)从基础设施服务特点的视角

1. 公共性

基础设施服务最为显著的特征就是公共性。公共,强调的是共同、共享。基础设施服务作为基本公共服务中的重要一项,其供给的主导主体是政府,受众是广大公民,因此其是政府主导提供给公民共同享有的一项服务。基础设施关系城市生活与运转的方方面面,其质量与每位社会成员和各行各业都息息相关,这也充分体现了基础设施服务公共性特点中的社会性。基础设施服务还具备公共性之中的公益性。基础设施服务的受众是广泛的,是非特定的,其目的不在于营利,而在于保障公民的日常需要与生活质量。公共交通、市政设施、能源供给等这些基础设施服务的关键环节,其收益并不表现在利润的获得,而是在于提高公民公共生活的便捷程度与生活质量。在指标选取时,要注重指标该项特征,所选取的指标要能够符合公共性的原则。

2. 均等性

基础设施服务是提供给公民共同享有的服务,也就是说,每一位公民都有同样的机会与权利选择自己所需要的基础设施服务。所谓基础设施服务的均等性,一是指无差别化地提供给每一位公民,使每位公民都可以自由选择服务内容;二是指每位公民都应有同等的机会接受服务。基础设施服务应在服务范围、服务过程、服务效果上尽可能克服地域、环境等客观因素的制约,从而使每位公民能够得到同等机会与同样质量的共享。均等性是基础设施服务重要的原则之一,也是目前基础设施服务不断改进和努力所力求实现的目标。因此,在指标设计时,应重视均等性原则,注意选取带有均等性特色的指标作为评价体系的重要一环,使指标整体更加科学,符合实际。

3. 基础性

基础设施是城市经济社会发展的基础,是公民安居乐业、城市机器有序运转的重要保障。因此,基础设施并不是独立存在的服务,而是作为每位公民和各行各业日常生活与工作中的基础保障而存在的,这便是基础设施服务基础性的表现。同时,基础设施服务是公共服务体系中最为基本的一项服务,是其他服务开展的前提。例如,基础设施服务可以为公共文化服务提供所需的场地,可以为社会保障服务提供相应的辅助设施,也可以为环境保护提供必要的市政设施。基础设施服务涉及城市道路、供水供能等最贴近公民生活的方方面面,是公民所需的最基础的服务供给。这就要求指标在设计过程中,能够体现出基础设施服务的基础性。

4. 综合性

作为最基础的服务供给,基础设施服务还具有较强的综合性。基础设施服务旨在满足公民日常生活之所需,保障城市的正常运转。从城市道路到公共交通,从供水供能到邮政电信,从市政设施到园林绿化,基础设施服务存在于公民的衣食住行、社会的各行各业之中。基础设施服务本身就是一个巨大的系统,任何一个子系统都是基础设施服务中不可或缺的重要组成部分。这就要求基础设施服务的质量评价要与其综合性的特点相契合,指标选取既要具有广泛性,能够覆盖其服务的各个项目,也要具备代表性,可以以精炼的指标设计体现出基础设施服务的综合性特质。

(二)从评价体系特点的视角

1. 系统性

基础设施服务评价体系是对基础设施服务整体质量的优劣进行测评的工具,这就要求评价体系要具备较高的科学性。一个完整、合理的评价体系,应在纵向指标上分层明确,上下级指标能够具有明显的分级特征,逻辑结构严密;在横向指标设计上彼此独立,具有较高的可辨识度,使每个指标都能代表评价对象的一个侧面。因此,在指标选取时要注意其合理性,本身能够形成完整架构,具有推广使用的价值和意义。基础设施服务评价体系应遵从基本公共服务评价体系的构建要求，在整体设计和指标选取上能够形成完整结构，具有较强的逻辑性，符合评价体系应有的系统性原则。

2. 可比较性

构建评价体系的意义在于运用评价体系对基础设施服务质量进行评价，以评价结果为导向，对服务的规划与发展提出切实有效的合理建议。在此过程中，还可能涉及不同主体对同一服务项目的测评结果比较。例如同一城市不同年度的基础设施服务质量评价，同一年度不同城市基础设施服务质量评价等。将这些评价结果进行比对，了解同一城市不同阶段的服务质量情况，可以总结出发展的趋势、问题与未来方向，也可以发现同一阶段不同城市基础设施服务发展的各自短板与强项，便于城市间的相互借鉴与学习。评价体系的可比较性要求指标选择要具体、清晰，没有歧义，明确数据指向；也要求指标择取过程中要注意普遍性与特殊性相结合，指标能够适用于大多数待测评对象，具有推广的可行性。遵循这样的原则择取指标项，才能使评价结果具有比较价值，从而使基础设施服务质量评价更好地运用到政府实践中去。

3. 现实性

现实性是指指标的遴选要符合基础设施服务的发展实际。在指标选取的过程中，要综合既有文献与研究的成果，也要大量分析待测评数据样本的分布与所属项目分类。现实性原则体现的是评价体系的可操作性，指标设计要与待测评样本和地方实际情况相匹配，使得在评价过程中能够获得相应的数据进行测算。

4. 效率性

基础设施服务质量是指，地方政府为社会生产和居民生活提供的物质工程设施的客观水平及满足公众需求的程度。地方政府基础设施服务质量评价指标体系是对地方基础设施服务的水平和状态进行衡量的评价系统。评价的目的在于，总结投入的量是否适中，得到的产出是否符合预期，投入与产出之间的契合关系就可以称为服务的效率。基础设施服务在新的发展阶段所追求的目的之一即为效率，这也就要求在指标的选取过程中，注意效率性原则的体现,使选择的指标能够客观反映出服务的成效与不足。

三、基础设施服务质量评价的指标体系

（一）基础设施服务质量评价的研究现状

自服务型政府改革理念确立以来，民众对基础设施服务质量的需求也日益提升。相比较而言,政府与学界从不同视角对基本公共服务进行了深度探索,取得了很多成果,但将基础设施服务作为公共服务相关范畴所进行的评价研究数量较少。梳理现有的政策及研究成果,可以为本研究关于基础设施服务评价体系的探索与构建提供借鉴与经验。

1. 政府评价现状

自改革开放以来，我国行政系统的改革大体上体现为自上而下和自下而上相结合的发展模式。但就重要的行政改革举措,则一般先经由中央进行顶层设计,即由中央出台方向性政策,提出宏观要求及规范,再由地方结合自身实际进行实践探索。基础设施服务质量及其评价也体现了这一特点。

（1）中央政府层面的探索

基础设施与百姓生活息息相关，其建设历来受到中央政府的重视。由基础设施"建设"到基础设施"服务"这一转变,不仅是政府职能体系由建设型向服务型转变的重要体现，也标志着作为民生问题的基础设施服务不断趋于完善,迈向新的历史发展阶段。

2008 年 2 月,胡锦涛在中共中央政治局第四次集体学习时指出,要推进以公共服务为主要内容的政府绩效评估和行政问责制度。这一讲话强调,要注重公共服务的评价及其结果的导向作用,以结果倒逼公共服务质量的提高。

近年来,中央涉及基础设施服务的政策不断出台。2013 年 7 月,李克强在国务院常务会议上强调加强城市基础设施服务的六大重点任务。一是加强市政地下管网建设和改造；二是加强污水和生活垃圾处理及再生利用设施建设;三是加强燃气、供热老旧管网改造;四是加强地铁、轻轨等大容量公共交通系统建设;五是加强城市配电网建设,推进电网智能化;六是加强生

态环境建设,提升城市绿地蓄洪排涝、补充地下水等功能。此后,国务院又印发了《关于加强城市基础设施建设的意见》。这是国务院在改革开放以来首次针对基础设施建设制发的文件。该文件的颁发标志着我国基础设施服务的发展进入了新的阶段。文件中明确要求优先加强供水、供气、供热、电力、通信、公共交通、物流配送、防灾避险等与民生密切相关的基础设施建设,加强老旧基础设施改造。①这清晰地体现了民生优先、服务优先的政府职能理念。同时,该文件还要求加强公共服务配套基础设施规划统筹,即要求全面规划及评价基础设施服务工作,将其中每一分项工作融入基础设施服务这一主体进行规划与统筹。

2014年,中共中央、国务院印发《国家新型城镇化规划(2014—2020年)》,明确规定了城镇化的六年目标,其中多处对城市基础设施服务提出了发展规划及要求。文件要求,加强市政公用设施和公共服务设施的建设,增加基本公共服务供给,增强对人口集聚和服务的支撑能力,尤其强调优先发展城市公共交通、加强市政公用设施建设,并着重要求强化综合交通运输网络支撑。该规划还要求建立健全统计监测指标体系和统计综合评价指标体系,这是国家首次对涉及基础设施服务相关领域提出规范性评估体系要求,旨在对发展过程及结果进行跟踪评估与分析,动态测评规划实施效果,不断完善发展路径。整理涉及基础设施服务的指标项见表3-9、表3-10、表3-11。

表3-9 新型城镇化主要指标——基础设施服务部分

指　　标	2012年	2020年
基础设施		
百万以上人口城市公共交通占机动化出行比例(%)	45*	60
城镇公共供水普及率(%)	81.7	90
城市污水处理率(%)	87.3	95
城市生活垃圾无害化处理率(%)	84.8	95
城市家庭宽带接入能力(Mbps)	4	≥50
城市社区综合服务设施覆盖率(%)	72.5	100

注:带 * 为2011年数据。

---

① 参见国务院办公厅:《国务院关于加强城市基础设施建设的意见》(国发〔2013〕36号),http://www.gov.cn/zwgk/2013-09/16/content_2489070.htm。

表 3–10　城市基础设施和服务设施变化情况

指标	2000 年	2012 年
用水普及率(%)	63.9	97.2
燃气普及率(%)	44.6	93.2
人均道路面积(平方米)	6.1	14.4
人均住宅建筑面积(平方米)	20.3	32.9
污水处理率(%)	34.3	87.3
人均公园绿地面积(平方米)	3.7	12.3
普通中学(所)	14473	17333
病床数(万张)	142.6	273.3

表 3–11　县城和重点镇基础设施提升工程

项目	具体要求
公共供水	加强供水设施建设,实现县城和重点镇公共供水普及率85%以上。
污水处理	因地制宜建设集中污水处理厂或分散型生态处理设施,使所有县城和重点镇具备污水处理能力,实现县城污水处理率达85%左右、重点镇达70%左右。
垃圾处理	实现县城具备垃圾无害化处理能力,按照以城带乡模式推进重点镇垃圾无害化处理,重点建设垃圾收集、转运设施,实现重点镇垃圾收集、转运全覆盖。
道路交通	统筹城乡交通一体化发展,县城基本实现高等级公路连通,重点镇积极发展公共交通。
燃气供热	加快城镇天然气(含煤层气等)管网、液化天然气(压缩天然气)站、集中供热等设施建设,因地制宜发展大中型沼气、生物质燃气和地热能,县城逐步推进燃气替代生活燃煤,北方地区县城和重点镇集中供热水平明显提高。
分布式能源	城镇建设和改造要优先采用分布式能源,资源丰富地区的城镇新能源和可再生能源消费比重显著提高。鼓励条件适宜地区大力促进可再生能源建筑应用。

　　通过上述列表可以看出,虽然《国家新型城镇化规划(2014—2020 年)》中明确了涉及基础设施服务的指标,但是这些指标的提出属于目的导向性的,其规定了基础设施服务在新型城镇化规划中的预计目标,只能在过程或结果中用于比对某一项指标是否达到预计数值,但还不能构成基础设施服务质量及整体服务水平的综合评价指标体系。

　　2015 年,国务院办公厅印发了《国家标准化体系建设发展规划(2016—2020 年)》,提出要提高标准化意识。文件中强调要强化标准监督,建立标准实施的监督和评估制度,从而完善信息反馈渠道,以评估结果促进改善提高。规划中设定了社会领域的标准化重点,要求在城市基础设施领域重点开展城市和小城镇市政设施、能源供给、园林及邮政等方面的标准化工作。加强标准化水平和完善标准化监督评估机制,是对质量评价体系出台的需求,这也标志着中央重视基础设施服务统一化、规范化评价体系的建立健全。

2016 年,国务院连续发布公报,颁布《关于进一步加强城市规划建设管理工作的若干意见》和《国务院关于深入推进新型城镇化建设的若干意见》。我国基础设施服务已经形成了较为健康的运行机制,服务水平不断改善和提升,但是仍然存在许多固有问题。意见主要提出了完善城市公共服务等九项目标,健全公共服务设施、建设地下综合管廊等三十项具体要求。随着我国步入经济新常态,基础设施服务也逐渐面临新的调整与方向。

中央政府层面近年来越来越重视基础设施服务改善与发展,提出了切实可行的指导纲领与改革方向,为地方政府的基础设施服务提供了政策依据与实践基础。但是这些规定对基础设施服务提出的要求与目标较多,也指出应建立健全评价体系和监督机制,但是中央政府尚未颁布具体的评价体系与评价指标。因此,在基础设施服务质量的评价体系方面还有很大研究空间。

(2)地方政府层面的实践

随着中央精神的传达和对基础设施服务的不断重视,地方政府也积极承担起公共服务中应尽的责任与义务,不断进行实践和探索。在基础设施服务方面,地方政府不但在项目实施上加强建设,不断改善固有基础设施现状,更在理论层面进行更多的探索。在基础设施服务评价体系的构建上,已经有一些地方政府以课题的形式进行理论探索,但将理论成果转化为实践的地方政府数量还相对较少。

上海市政府曾在 1992 年规划了到 2000 年和 2020 年的城市基础设施现代化的具体量化目标。其主要指标以行业为一级指标,分为电力供应、邮电通信、对外交通、市内道路交通、燃气、自来水、环境保护、城市排水和污水治理、环卫和城市绿化,共十项。二级指标包括人均需电量、电话主线普及率、公路通车里程、人均道路面积等五十六种、九十二个指标。在该指标汇总表里,还根据 1992 年的数据分别测算了 2000 年、2010 年和 2020 年的指标值,提出了目标数值。但是这个指标体系也是以目标为导向,仅能作为目标期限的结果数值比较用,得知是否达成既定目标,但无法对整体的基础设施服务发展情况进行综合的评价,例如每年的综合发展情况如何,各分项发展占比情况等。

2013年江苏省修订了《江苏基本实现现代化指标体系》,并颁布实施。该指标体系主要用来评价城镇现代化的实施情况,指标共设有五大类、三十项、五十三个指标。该指标主要应用于江苏省及省内各辖市,并给予各地方政府根据自身实践进行指标调整的自由度。该指标不仅对每一分项指标进行了目标值界定,同时还通过给每一项具体指标赋权重值,达到综合评价的目的。该指标体系还设定了一项人民群众的满意度指标项,较好地体现了公共服务的"服务"理念。整理该指标体系中涉及基础设施服务的指标项目具体如表3-12所示:

表3-12　江苏省基本实现现代化指标体系涉及基础设施服务指标项

类别	序号		指标名称	单位	目标值	权重
人民生活	1	居民住房水平	城镇家庭住房成套比例	%	95	3
			农村家庭住房成套比例	%	85	
	2	公共交通服务水平	城市居民公共交通出行分担率	%	26	3
			镇村公共交通开通率	%	100	
生态环境	3	环境质量	地表水好于Ⅲ类水质的比例	%	70	6
			生活垃圾无害化处理率	%	95	
			城镇污水达标处理率	%	95	
			康居乡村建设达标率	%	90	
			村庄环境整治达标率	%	99	
	4	绿化水平	林木覆盖率	%	24	3
			城镇绿化覆盖率	%	40	

注:涉及人均的指标,按常住人口计算。

资料来源:《江苏基本实现县现代化指标体系》。

该指标体系相比较之前其他省市的指标体系来说,在权重分配方面有所考量,但主体依然是以目标导向为重,综合评价的实用性有待加强。此外,该指标主要用来衡量城镇现代化的水平与发展情况,并非针对基础设施服务,因此在基础设施服务的指标设计上较为简单,不够全面。

在中央出台标准化及现代化城镇的要求和规范后，各省市纷纷出台相应的指标体系，在模式与类别上基本与江苏省的指标体系类似。但与中央政策的情况相同，各省市都十分注重基础设施服务的改善和发展，然而尚未有地方政府出台针对基础设施服务的质量评价体系。

2. 学术界评价现状

学术界同政府层面相比，对基础设施所构建的评价体系的研究较多。学术界针对基础设施的评价体系主要分为基础设施项目评价和基础设施建设评价两种，将基础设施划入公共服务范畴的研究还相对较少。

（1）评价视角的比较

目前学界对基础设施评价体系研究多集中于五个方面。一是针对环境基础设施的研究。在基础设施普遍认同的定义中包含市政设施，即污水处理和垃圾处理能力等与环境密切相关的设施项目。同时，基础设施还包括园林绿地的建设。因此，针对生态基础设施、湿地生态设施等的评价体系研究较多。

二是针对基础设施单项内容的评价体系研究。此类型多集中于对公共交通系统的研究，如交通基础设施评价体系研究、道路安全基础设施评价研究、干线公路交通评价体系研究等。这一类研究多深入单个领域，剖析基础设施一个分项的评价指标设计，因此制定的指标较为详细，也为设计整体、综合评价体系中的各个分项指标提供了借鉴依据。

三是基于基础设施均等化的评价体系研究也较为常见，尤其是城乡一体化的相关研究。例如吴涛、李同昇（2011年）基于城乡一体化发展的视角，对关中地区的基础设施建设进行了测评，设计了两级评价指标体系。一级类指标主要包括城乡空间一体化设施、城乡经济一体化设施、城乡社会文化一体化设施和城乡生态环境一体化设施四类；二级指标包括城乡公路网密度、农村农业机械化率等十五个具体指标。

四是基于基础设施项目的评价及融资绩效评价。这一类型的评价主要侧重于项目评价与融资风险评估，属于基础设施评价的外延研究。

五是关于基础设施的综合评价体系研究。目前基础设施的综合评价体系一般侧重于建设评价，即侧重对建设情况，各细分类别发展均衡性等方面的研究,能够侧重于服务及效率的评价体系很少,但这类综合评价体系对于本研究具有较大的借鉴意义。比如黄金川等(2010年)对中国地级以上城市基础设施的评价研究,通过构建加权平均模型、均方差决策模型和标准分模型,对中国基础设施建设情况的全国性分布进行了分析。该评价体系包括三层指标,在五个维度的分项下细化了二十二个具体指标。具体指标设计可见表3-13。该体系所涉及的指标较为全面,但仍有调整空间。

表3-13　城市基础设施评价指标体系[①]

分项	权重	序号	指标名称/单位	权重
环境设施	0.25	1	绿化覆盖/%	0.160
		2	人均公共绿地/m²	0.200
		3	生活垃圾处理/%	0.120
		4	工业废水排放达标率/%	0.080
		5	污水集中处理率/%	0.160
		6	万人拥有环卫专用车辆/个	0.120
		7	万人拥有公厕数/个	0.160
交通设施	0.23	8	人均道路面积/m²	0.26
		9	道路网密度/km/km²	0.174
		10	每万人拥有公交车辆/标台	0.261
		11	公交线网密度/km/km²	0.217
		12	轨道交通线网密度/km/km²	0.087
邮电设施	0.18	13	国际互联网普及率/%	0.333
		14	邮政局分布密度/处/km²	0.222
		15	每百人固定电话数/部	0.278
		16	每百人移动电话数/部	0.167
供排水设施	0.22	17	供水普及率/%	0.364
		18	供水管道密度/km/km²	0.227
		19	排水管道密度/km/km²	0.227
		20	供水管网漏损率/%	0.182
能源设施	0.12	21	管道燃气普及率/%	0.667
		22	集中供热管道密度/km/km²	0.333

---

① 参见黄金川、黄武强、张煜:《中国地级以上城市基础设施评价研究》,《经济地理》,2011年第1期。

（2）评价方法的比较

从评价方法上来看，目前学界多通过定性研究与定量计算相结合的方法进行评价体系的研究。一般步骤为通过专家访谈、实地调研、文献查阅等方式设计指标分级及指标项，之后多运用层次分析法（AHP）、数据包络分析法（DEA）、最大关联分类法、模糊综合评价法等方法确定权重和进行数据处理，继而构建出预设的评价模型。在模型建构上，主要构建了灰色系统理论模型、三维模型、均方差决策模型等。评价体系的构建理念趋于规范化，但具体实施过程中的科学性和结果验证还有待进一步加强。

（3）指标设计的比较

由于评价侧重于评价方法的不同，学界研究中所构建的指标结构也有较大差异。总体来说，指标多呈树形分布，以三级指标居多。在指标结构上，常见有"系统层—子系统层—指标层"结构，"维度层—要素层—指标层"结构，以及"目标层——一级指标—二级指标—三级指标"等。在常见的三级指标体系中，一般第一级为一至三个具体项，第二级多为三至五个具体项，第三级多为二十个具体项左右。这样所构成的指标层，在层级递进关系上较为明显，能够构成清晰的逻辑关系，同时可以使指标简洁明朗，便于实际操作。

（二）基础设施质量评价体系的指标来源

基础设施服务质量评价的指标，是构成评价体系的最基本要素。评价指标选取的科学与否，直接关系整个基础设施服务质量评价体系的科学性与可行性。作为整个体系的支撑子项，指标不仅仅是一个个独立存在的条目，更是整个系统得以运行的中流砥柱，起到了评价体系的支撑作用。选取的指标应当符合从基础设施服务与评价体系特点出发而确定的八项重要原则，同时综合各方面的客观因素并整合现有资源，指标选取时的来源主要有以下三个方面。

一是查阅现有研究与文献的理论途径。目前学界对基础设施建设及服务的研究较为充分，为其评价体系的研究奠定了良好的基础。充分阅读、学习这些既有的理论成果，能够明确指标体系构建的目的与方向，深化对研究对象的认识，继而为指标设计提供较为完整的构想和理论依据。这是指标选择中的一个关键步骤。

二是整理、分析现有指标体系与数据的实践途径。学界与各地方政府都曾在基础设施建设与服务的领域尝试过评价体系的构建，也形成了很多的相关经验和评价体系。通过分析、整理、整合与归纳，可以对既有的指标体系形成理性认识，获得具有参考价值的指导与经验。同时，关注中央及地方政府在基础设施服务领域的相关政策规定，可以使指标设计更为理性合理。另外，对中国统计年鉴、地方统计年鉴和其他涉及基础设施服务数据的样本进行大数据处理与分析，可以使指标设计更加贴近实际，便于提高评价体系日后操作的可行性。

三是借鉴基础设施服务相关领域的国外经验。目前国外关于基础设施服务评价体系的研究也已形成一定成果，分析中外差异与共通之处，借鉴国外先进经验，可以促进以不同视角获得新的启发与思维方式。在借鉴国外先进经验与既有成果时，应注意与我国地方实际的结合，通过不断整合国内外研究成果的经验，为我所用，从而使指标不断得以改进和完善。

(三)基础设施质量评价指标的体系架构

1. 各级指标的确定

(1)指标筛选的标准

本研究通过对新公共服务理论与政府绩效评估理论进行梳理，对中央与地方政府颁布的基础设施服务相关政策进行总结、归纳，同时对既有研究成果进行提炼和分析，进一步加深了对基础设施服务质量评价体系重要性的认识，明确了对该体系研究过程中值得关注的热点。各级指标在确定时，要遵循基础设施服务视角与评价体系视角下所应具备的八项原则，在具体评价指标操作过程中，尤其应该重视投入、产出、效率和均等四个筛选标准，作为指标遴选的衡量维度，如图3-3。

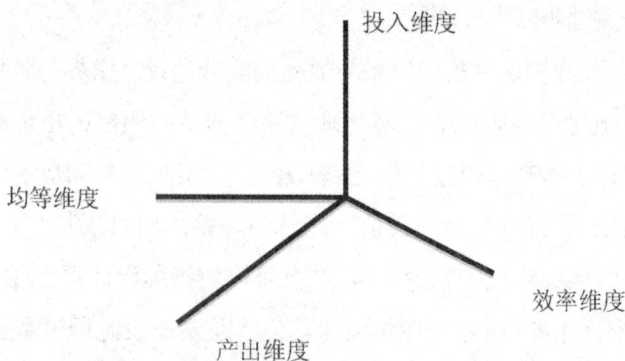

图 3-3　基础设施服务质量评价体系指标筛选的标准

这四个维度是在指标筛选过程中,在遵循指标遴选原则的基础上,需要重点考量的四个维度。投入维度是指政府在提供基础设施服务中,进行设施建设而投入的人力、物力等资源成本。产出维度是指政府进行成本投入后所形成的基础设施服务产品、设施及非物质形式的服务。效率维度是指政府提供服务时,投入成本后所得产品与服务成果的出品率,其可以有效量化政府的服务供给是否有效,是否与公众需求达成较好的匹配。均等维度是指基础设施服务的均等化水平,基础设施服务本身就具有较强的公共性和均等性,公民具有同等机会享受该项服务的权利。在评价基础设施服务时,应通过在人均指标范畴进行有效筛选,以匹配均等性维度的要求。

（2）一级指标的确立

指标体系将设立四个层次对基础设施服务进行评价。目标层是地方政府基础设施服务评价,是整个评价体系的目标所在;设置一级指标两项,二级指标七项,三级指标二十六项。

根据该研究的概念界定,基础设施服务质量应由客观和主观两方面因素共同决定。因此,在设立一级指标时,客观方面设立基础设施水平指标进行衡量,而主观方面则通过客户满意度即公民对基础设施服务的满意度进行评价。

（3）二级指标的确立

基础设施服务质量评价体系中的七项二级指标是按照基础设施服务涵

盖范围及满意度来确定的,根据不同项目分类确立指标项如下:

第一,城市道路及桥梁。城市道路及桥梁是基础设施建设的重要工作,是经济生活中不可替代的公共设施。在这一指标中主要包括四项具体三级指标,分别为城市道路里程、城市道路桥梁数、城市道路网密度及人均道路面积。城市道路及桥梁的数量能够反映政府在该项建设中投入的成本与产出产品的直观情况。道路网密度可以反映出政府服务效率的高低。人均道路面积是对该项目均等性情况的评价,关注公民每个个体能够享受到的服务情况。

第二,公共交通。公共交通是一个城市精神风貌的重要体现,是展现城市形象的重要窗口。良好的公共交通不仅能够方便公民出行,也同时可以缓解城市拥堵,带动城市经济社会发展。在评价公共交通这一分项时,主要侧重于最贴近公民的公共电汽车及地铁轨道交通的服务状况,设立公共交通车辆数、运营线路长度、客运量和万人拥有公共交通车辆四项三级指标。这四项指标不但可以直观地体现公共交通服务中的成果产值,同时也能够较好地衡量公共交通服务对公民的覆盖情况。

第三,供水、供能。这里的供水主要指城市水资源的供应情况,供能主要指煤气、天然气、电力等主要能源的供应情况。水与能源供给都是保障城市正常运转的重要环节,水与能源的正常供应是城市经济社会发展的根本。在这一指标下设置城市供水综合生产能力、人均日生活用水量、人均生活用能源量与日均主要能源消耗量四项三级指标。在这一分项的设置下,主要侧重于供给侧与需求侧的二者匹配,通过测评供给与需求情况,来对城市供水、供能的供给效率进行科学评估。

第四,邮电。邮电分为邮政和电信两个方面。邮电服务与交通运输服务形成有效互补,使人际、府际之间的联系都更加紧密。随着信息时代的快速发展,邮电在人们的生活中的重要性也日益凸显,正是邮电服务使人与人、城市与城市之间的距离缩短,使跨空间的信息交流成为可能。邮电服务下列四个三级指标,分别为邮电业务总量、电话用户数、移动电话普及率和互联网宽带接入户数。这四个指标较好地涵盖了邮电服务的开展情况与覆盖状况,同时也兼顾了邮电服务中的邮政、电话、移动数据服务及互联网服务各方面。

第五,市政设施。市政设施主要包括城市污水排放处理、垃圾处理等设施建设。市政设施是改善市容市貌的重要途径,也是降低污染、净化环境的重要手段。市政设施主要涉及城市外排系统的建设,是助力城市高效运转的不可或缺的一环。在市政设施中共列排水管道长度、污水集中处理率、生活垃圾无害化处理率和万人拥有公共厕所数四项三级指标,主要对市政设施的效率与均等性进行测评。

第六,园林绿化。随着经济社会的发展与生活质量的提高,人们对环境的要求也不断提升,越来越注意到绿化对人们生活所带来的正面力量。园林绿化服务是对公民生活环境的改善,其能够起到净化空气、减少污染、改善局部气候、削弱噪音等重要作用。另外,公园等公共场地的建设也能极大地丰富公民的物质文化生活,提升公民的精神生活质量。在这一指标中,设计公园绿地面积、城市绿化覆盖率和人均公园绿地面积三个三级指标。

第七,基础设施服务公民满意度。基础设施服务公民满意度是指公民对地方政府基础设施服务的供给情况,基础设施的服务、产品、质量等的满意程度。这一指标可以直观地体现服务效率与公民对服务的评价。该指标分为丰富度、便捷度、舒适度三个三级指标。

2. 指标体系的架构

经过上述分析论证,指标体系基本构建完成。初步设计基础设施服务质量评价体系包括基础设施水平和基础设施公民满意度两个一级指标,城市道路及桥梁、公共交通、供水供能、邮电、市政设施、园林绿化以及公民满意度七项二级指标,二十六项三级指标,所涉及基础设施服务质量评价体系的整体构造及指标内容如表3-14。

表 3-14　地方政府基础设施服务质量评价指标体系

目标	一级指标	二级指标	序号	三级指标	单位
地方政府基础设施服务评价	基础设施服务水平	城市道路及桥梁	1	城市道路里程	km
			2	城市道路桥梁数	座
			3	城市道路网密度	km/km²
			4	人均道路面积	m²
		公共交通	5	公共交通车辆数	辆
			6	运营线路长度	km
			7	客运量	万人
			8	万人拥有公共交通车辆数	辆
		供水、供能	9	城市供水综合生产能力	万 m³/日
			10	人均日生活用水量	L
			11	人均生活用能源量	千克标准煤
			12	日均主要能源消耗量	万吨标准煤
		邮电	13	邮电业务总量	亿元
			14	电话用户数	万户
			15	移动电话普及率	%
			16	互联网宽带接入户数	万人
		市政设施	17	排水管道长度	km
			18	污水集中处理率	%
			19	生活垃圾无害化处理率	%
			20	万人拥有公共厕所数	个
		园林绿化	21	公园绿地面积	公顷
			22	城市绿化覆盖率	%
			23	人均公园绿地面积	m²
	基础设施公民满意度	满意度	24	丰富度	分值
			25	便捷度	分值
			26	舒适度	分值

　　指标在设计过程中遵循了指标遴选的八项重要原则，同时也兼顾了投入、产出、效率与均等四个指标选取的维度要求，具有可操作性与实际推广性。但是评价体系中仍然有三项指标的数据无法从统计年鉴中获得，因此在后续的实证过程中，为保证指标体系的全面有效，主要将其他二十三项指标作为重点测评项进行分析。

(四)基础设施质量评价指标体系的确立

1. 评价指标体系分层赋权

基于表 3-15,使用层次分析法对地方政府基础设施服务评价指标进行层次化处理,可得到 AHP 层次结构图如表 3-15 所示:

表 3-15　地方政府基础设施服务质量评价体系层级结构

目标层	一级指标	二级指标	三级指标
地方政府基础设施服务评价 T	基础设施服务水平 A_1	城市道路及桥梁(B_1)	城市道路里程(C_1) 城市道路桥梁数(C_2) 城市道路网密度(C_3) 人均道路面积(C_4)
		公共交通(B_2)	公共交通车辆数(C_5) 运营线路长度(C_6) 客运量(C_7) 万人拥有公共交通车辆数(C_8)
		供水、供能(B_3)	城市供水综合生产能力(C_9) 人均日生活用水量(C_{10}) 人均生活用能源量(C_{11}) 日均主要能源消耗量(C_{12})
		邮电(B_4)	邮电业务总量(C_{13}) 电话用户数(C_{14}) 移动电话普及率(C_{15}) 互联网宽带接入户数(C_{16})
		市政设施(B_5)	排水管道长度(C_{17}) 污水集中处理率(C_{18}) 生活垃圾无害化处理率(C_{19}) 万人拥有公共厕所数(C_{20})
		园林绿化(B_6)	公园绿地面积(C_{21}) 城市绿化覆盖率(C_{22}) 人均公园绿地面积(C_{23})
	基础设施服务公民满意度(A_2)	公民满意度(B_7)	丰富度(C_{24}) 便捷度(C_{25}) 舒适度(C_{26})

目标层:地方政府基础设施服务指数(T);

一级指标层:基础设施服务水平(A_1),

　　　　　　基础设施服务公民满意度(A_2);

二级指标层:城市道路及桥梁(B_1),

　　　　　　公共交通(B_2),

　　　　　　供水、供能(B_3),

　　　　　　邮电(B_4),

　　　　　　市政设施(B_5),

　　　　　　园林绿化(B_6),

　　　　　　公民满意度(B_7),

三级指标层:城市道路里程(C_1)等。

2. 各层次指标权重计算

指标赋权采用层次分析法,结合专家调查,向15位该领域的专家发放权重咨询问卷。通过EC软件计算每位专家的赋权,最后取15位专家赋权的平均值。结果示于表3-16。

表3-16　地方政府基础设施服务质量评价体系各指标权重及排序

	一级	权重	二级指标	权重	排序	三级指标	权重	排序
地方政府基础设施服务评价T	基础设施服务水平(A_1)	0.500	城市道路及桥梁(B1)	0.149	2	城市道路里程(C_1)	0.038	6
						城市道路桥梁数(C_2)	0.016	16
						城市道路网密度(C_3)	0.024	10
						人均道路面积(C_4)	0.071	3
			公共交通(B_2)	0.0785	4	公共交通车辆数(C_5)	0.012	18
						运营线路长度(C_6)	0.020	12
						客运量(C_7)	0.010	20
						万人拥有公共交通车辆数(C_8)	0.037	7
			供水、供能(B_3)	0.149	2	城市供水综合生产能力(C_9)	0.063	4
						人均日生活用水量(C_{10})	0.020	13
						人均生活用能源量(C_{11})	0.037	8
						日均主要能源消耗量(C_{12})	0.029	9

续表

	一级	权重	二级指标	权重	排序	三级指标	权重	排序
			邮电(B₄)	0.044	6	邮电业务总量(C₁₃)	0.018	14
						电话用户数(C₁₄)	0.005	25
						移动电话普及率(C₁₅)	0.012	19
						互联网宽带接入户数(C₁₆)	0.008	22
			市政设施(B₅)	0.0485	5	排水管道长度(C₁₇)	0.007	24
						污水集中处理率(C₁₈)	0.021	11
						生活垃圾无害化处理率(C₁₉)	0.013	17
						万人拥有公共厕所数(C₂₀)	0.008	23
			园林绿化(B₆)	0.031	7	公园绿地面积(C₂₁)	0.005	26
						城市绿化覆盖率(C₂₂)	0.017	15
						人均公园绿地面积(C₂₃)	0.009	21
	基础设施公民满意度(A₂)	0.500	公民满意度(B₇)	0.500	1	丰富度(C₂₄)	0.324	1
						便捷度(C₂₅)	0.115	2
						舒适度(C₂₆)	0.061	5

参考文献

一、著作类

1.Robert S.Kaplan and David P.Norton, *The Balanced Scorecard：Translating Strategy into Action*, Guang dong Economy Press, 2004.

2.关信平：《社会政策概论》, 高等教育出版社, 2009 年。

3.李立辉：《广东省可持续发展指标体系及测评方法》, 西南财经大学出版社, 2010 年。

4.世界银行：《1994 年世界发展报告——为发展提供基础设施》, 毛晓威译, 中国财政经济出版社, 1994 年。

5.谭跃进：《定量分析方法》, 中国人民大学出版社, 2014 年。

6.朱光磊：《城市公共服务体系建设纲要》, 中国经济出版社, 2010 年。

二、文章类

1.Hansen N. M., Unbalanced Growth and Regional Development, *Interna*-

tional Tax & Public Finance,1965,4(1).

2.郭晓凌、刘社建:《就业结构演变:三产将成为吸纳就业人员主力》,《中国国情国力》,2002 年第 1 期。

3.黄金川、黄武强、张煜:《中国地级以上城市基础设施评价研究》,《经济地理》,2011 年第 1 期。

4.缪青、陈孟平、龚名:《社会保障指标体系的理论构建与指标设计》,《北京社会科学》,1996 年第 2 期。

5.宋继勋等:《实用型高效就业评价指标体系的构建》,《教育与职业》,2010年第 3 期。

6.王飞鹏:《我国公共就业服务均等化问题研究》,首都经济贸易大学博士学位论文,2012 年。

7.曾湘泉:《劳动力市场中介组织的发展与就业促进》,《中国人民大学学报》,2009 年第 9 期。

8.邹薇、张芬:《农村地区收入差异与人力资本积累》,《中国社会科学》,2006 年第 2 期。

第四章　政府基本安全保障服务质量评价

影响一国政治稳定、经济发展以及社会和谐的因素有很多,其中社会基本安全状况扮演着重要角色,可谓社会发展的保障。任何国家的经济社会发展不可能脱离社会基本安全这一重要因素。一方面,社会基本安全与社会公众的人身、财产等切身利益密切相关, 个人和群体的生存权与发展权的维护,建立在一定的社会基本安全基础之上,这是社会公众的一项基本的公共需求与期待;另一方面,保障社会基本安全本身就是政府的职责之一,政府有责任承担所属辖区内的基本安全服务。通过基本安全保障服务的供给,政府为社会公众提供安全稳定的公共环境, 实现社会基本安全保障服务需求与供给的均衡。由此可见,社会基本安全保障服务在社会公众的公共生活中具有重要的作用。因此,突出政府在基本安全保障服务上的责任以及强化对政府基本安全保障服务的质量评价意义重大。本章将政府基本安全保障服务主要限定于公共安全、环境保护和医疗卫生上,分别考察公共安全、环境保护和医疗卫生纳入评价体系的缘由、各项指标的基准及各评价指标体系的构建。

第一节　公共安全

公共安全既是一定区域内公众生存的基本需求, 同时又是一个国家持续发展的重要保障。国家要实现秩序良好、繁荣稳定的状态,必然将公共安全置于重要的位置, 公共安全是国家其他众多事业子目标得以完成的必要前提。可以想象,如果当一个国家的公共安全无法得到保证,那么国家的治理景象将蜕变为混乱、无序、分裂、失信，更不用谈政治清明、经济繁荣、社会安定了。从现实状况来看，我国在公共安全的防范上也正面临着威胁与挑战，公共事件时有发生。根据《国家突发公共事件总体应急预案》，这些公共事件涵盖了自然灾害(气象、地震等)、事故灾害(交通运输事故、环境污染等)、公共卫生事件(传染病疫情、食品安全等)以及社会安全事件(恐怖袭击等)[①]，致使公民的生命与财产蒙受损失，并对社会造成重大影响。这些显现的或潜在的公共安全事件关涉国家的综合治理能力，若得不到适当的应对与处理，便会在一定程度上削弱政府的正当性，从而产生公众对政府的信任危机。正因为公共安全对于国民和国家来说价值巨大、意义深远，因而政府加强和完善公共安全服务势在必行。

一、公共安全纳入评价体系的缘由

(一)公共安全服务的内涵

对于公共安全服务，不同的学者具有不同的理解。有学者认为，基本公共安全服务是保障公民最基本的人权，社会领域最基本的价值、规范、利益等不受威胁而提供的基本公共安全产品和服务。[②]该观点将提供公共安全视为一种公共产品与服务，并且着重强调该项服务的基本性。也有学者从公共安全管制过程的视角出发，将公共安全管制视为整体的、动态的、连续性的过程，并强调法律的规范性，认为公共安全管制是以法律法规为依据的包括监测预警、信息报告至社会动员等环节在内的一系列工作流程。[③]还有学者从政府职责的角度出发，认为公共安全是应该提供的公共物品，是以公安机关为代表的部门所承担的一项基本职责。[④]

---

① 最高人民法院研究室:《司法文件选 2006 年合订本》，人民法院出版社，1996 年，第 302 页。
② 参见金诚:《基本公共安全服务均等化及其实现途径——以浙江省为例》，《中国人民公安大学学报》，2008 年第 4 期。
③ 参见刘星:《中国公共安全管理机制:问题与对策》，《经济社会体制比较》，2009 年第 5 期。
④ 参见侯雷:《城市公共安全服务供给的基本机制及其整合——以城市社会治安服务为例》，《东北师大学报》(哲学社会科学版)，2014 年第 3 期。

我们认为,公共安全服务是以政府为代表的公共组织为了保护公众的生命、财产等利益,维持社会秩序并营造一种稳定的社会心理状态及和谐的社会环境所应履行的职能。首先,公共安全属于政府基本公共服务的范畴,向社会和公众提供公共安全服务是政府必须履行的职能。其次,公共安全服务旨在保护公众的生命与财产等利益。其一方面体现为预防性,在公共事件发生之前采取各种防范措施,以避免公共事件的发生,这是公共安全服务的前瞻性行动;另一方面体现为损失最小化,即公共事件发生之后,采取有效的措施防止事态扩大,将公众的生命、财产等利益的受损状况降低至最小化。再次,政府提供公共安全服务,是要追求良好的社会秩序、和谐的社会环境,并且公众对政府所提供的公共安全服务持认可、信任直至满意的态度,将公共安全相关的社会心理状况的起伏与波动控制在适度的范围之内。最后,责任是政府不可回避的重大议题。权责一致始终是政府提供包括公共安全在内的一切基本公共服务所坚持的原则。当政府在提供公共安全服务的过程中,由于未能遵从正当的程序或未能充分履行职责或存在腐败等行为,从而导致公共安全事件事态失控、公众的生命与财产损失扩大以及民众的抗议情绪增加时,政府必须要承担相应的责任,为自身的渎职、失职后果买单。

(二)公共安全服务纳入评价体系的缘由

公共安全作为地方政府基本公共服务的重要指标, 主要体现在以下三个方面:第一,公共安全是地方政府基本公共服务的重要范畴之一;第二,公共安全在地方政府基本公共服务中的基础性价值凸显;第三,公共安全是衡量地方政府基本公共服务能力的重要指标之一;第四,公共安全与服务型政府的责任密切关联。

1. 公共安全是地方政府基本公共服务的重要范畴之一

地方政府基本公共服务的领域广泛, 其中公共安全就是地方政府基本公共服务的重要范畴。关于公共安全的理解众多,但大致上可以将公共安全理解为公民个人及其群体在一定的工作、学习、生活和娱乐等活动中所需要的秩序与环境。它包含了诸如食品、公共卫生、信息、建筑、场地和人身等各种安全要素。①由于公民个人抑或未成体系的社会组织尚不具备承担领域广泛的公共安全的能力,且公共安全直接关涉社会及公民个人的切身利益,在此前提下,公共安全的供给自然成为地方政府不可推卸的责任。因此,保护社会和公民个人的财产、人身等安全,维护一定区域内的公共环境和公共秩序,构成地方政府基本公共服务的主要内容之一。要评价地方政府基本公共服务状况,必然要对地方政府基本公共服务的各领域进行评价。而公共安全作为地方政府基本公共服务的重要领域,评价地方政府在公共安全领域的服务便是不可或缺的组成部分。这既体现了公共安全作为公共物品的属性特征,又体现出地方政府基本公共服务的职责,将公共安全评价作为地方政府基本公共服务评价体系的一个部分,从基本公共服务内容的角度凸显出合理性。

2. 公共安全在地方政府基本公共服务中的基础性价值凸显

尽管地方政府基本公共服务的领域众多,包含了义务教育、社会保障、公共卫生、环境保护、基础设施建设等诸多要素,但公共安全在地方政府所供给的各项基本公共服务中的基础性价值凸显。公共安全既可以视为一种安全秩序,又可以看作一种安全环境,其他各项基本公共服务或多或少都建立在一定的安全秩序或安全环境上。若在公共安全难以得到保障的社会环境中,地方政府的其他各项基本公共服务必然面临不同程度的安全隐患,其供给的质量或效率也难逃威胁和挑战。"基本公共安全服务的有效供给,是其他诸如义务教育、卫生、社会保障等公共服务有效供给的基础和前提。由此也决定了基本公共安全服务的缺失会导致严重的后果,政府能否提供足够有效的基本公共安全服务,直接决定着政府能否有效提供其他公共服务。"②从这个意义上看,公共安全为地方政府的其他各项基本公共服务提供了环境条件。安全的外部环境是公民工作、生活、学习、娱乐的重要保障,同时也是地方政府供给各项基本公共服务的前提条件。由此可见,公共安全在

---

① 参见李培林:《社会管理概述》,研究出版社,2012年,第177页。

② 陈晓济、胡人斌:《基本公共安全服务均等化:理论、问题与路径》,《湖北社会科学》,2009年第7期。

地方政府基本公共服务中扮演着关键角色,占据着基础地位。因此,要考评地方政府基本公共服务,公共安全必然构成其评价体系中的基础性环节,是地方政府基本公共服务评价体系的基础性要素所在。

3. 公共安全是衡量地方政府基本公共服务能力的重要指标之一

地方政府基本公共服务能力是地方政府提供基本公共服务的一种才能、力量或本领,是地方政府内在素质的体现。公共安全供给与地方政府基本公共服务能力有着密切关系,公共安全供给能力是地方政府基本公共服务能力的表现之一。一定区域内公共安全事件发生率越低、公共安全防范意识越强、社会公共生活越稳定,那么该区域内地方政府的公共安全服务能力就越强;反之一定区域内公共安全措施不到位、公共安全事件发生率较高,那么也折射出该区域内地方政府的公共安全服务能力的低下。公共安全服务能力作为地方政府基本公共服务能力的重要体现,其能力的强弱必然影响地方政府基本公共服务能力的高低。因此,将公共安全作为地方政府基本公共服务评价体系的一部分,不仅有利于从直观上判断地方政府在公共安全服务的一般状况,还有利于深入分析地方政府的基本公共服务能力大小。一方面,为地方政府在公共安全服务上发现问题、解决问题提供评价指标;另一方面,又有助于引导地方政府在公共安全服务中的实践行为,从而促进地方政府基本公共服务能力的整体提升。

4. 公共安全与服务型政府的责任密切关联

当前,区域内的公共安全问题逐渐受到各级政府的高度重视。地方政府的公共安全服务不仅仅体现为一种社会管理行为,已俨然上升到政治高度,成为国家战略的一部分。与此同时,公共安全与服务型政府的责任之间的关系越发紧密,加强地方公共安全服务的供给成为服务型政府的责任所在。因此,当地方政府在公共安全方面存在失职渎职或者效率低下而导致重大安全事件的发生,也要承担相应的政治、行政及法律责任。尤其是在社会转型期,公共安全事件时有发生,强化对地方政府公共安全服务的问责,也是服务型政府建设的题中之义。正如有学者指出,在公共安全事件的严重后果和媒体"地毯式报道"的影响和压力下,迫使政府相关部门、相关企业等贡献诚意并采取积极的应对措施，即便没有直接关系的高层官员也在强大的压力面前引咎辞职或被免职，这在社会公众中被称为"问责风暴"①。公共安全对服务型政府的建设来说既是压力也是动力，迫使地方政府强化公共安全服务的质量与效率。因此，要评价地方政府基本公共服务，公共安全成为不可回避的主题，并再次体现出在地方政府基本公共服务评价中的重要意涵。

二、公共安全领域各项指标的基准

公共安全评价主要通过一级指标和二级指标的设计、筛选和确定来建构公共安全评价指标体系。公共安全领域各项指标的最终确定也须遵循相应的基准，主要是符合指标选择的技术性与价值性基准。这是公共安全评价指标体系最终确立的基础和前提，从而保证公共安全领域各项指标建构的科学、合理与严谨。

（一）技术性基准

从技术性指标来看，公共安全领域各项指标的设计遵循系统性、互斥性、可操作性、稳定性等技术基准。

1. 系统性基准

系统性基准主要指向公共安全评价指标体系的完整性、归纳性和条理化，体现出公共安全评价指标体系的整体观与系统观。系统性基准要求公共安全评价指标体系不能过于繁杂冗余、含混不清，也不至于残缺不全，而要实现评价指标体系在结构和内容上的完整与统一。从结构上来看，公共安全评价指标体系在设计上要符合完整性原则。公共安全评价指标体系必须有相应的一级指标作统领，并以一级指标为基础建构属于该类指标下的二级指标，突出公共安全评价指标的层级性和逻辑性，从结构上维持公共安全评价指标体系的完整。从内容上来看，公共安全评价指标体系须在内容上符合

---

① 冯辉：《问责制、监管绩效与经济国家——公共安全事故问责现状之反思》，《法学评论》，2011 年第 3 期。

整体性原则,即各项评价指标要能清晰、准确地考察政府在公共安全服务供给上的数量与质量,完整地体现出政府在公共安全上的服务行为,防止造成对政府公共安全评价不同领域的疏忽与遗漏。系统性基准是公共安全领域各项指标的基础性"基准",残缺或冗余的指标体系均不利于对政府公共安全评价的科学性。只有在系统性基准的设计前提下,公共安全评价指标体系才能在结构上和内容上趋于完整。

2. 互斥性基准

互斥性基准要求公共安全评价指标在内容设计上要相互排斥,各项指标之间不应存在包含或被包含关系,从而体现评价指标在逻辑上的独立性与评价方向上的特殊性。在互斥性基准的指导下,公共安全评价指标的遴选必须首先遵循归纳性原则,即从整体上对公共安全评价指标体系进行分类,将公共安全评价指标分为数个大类,这也是公共安全评价指标体系中一级指标设计的来源。公共安全一级指标的确定是实现互斥性基准的关键,也是解决各类指标互斥的难题。只有公共安全一级指标的确定实现不相容,才能从整体上把握公共安全评价指标的互斥。通过对不同类型的一级指标进行概括与确定,再在此基础上选择、设计二级指标,作为公共安全一级指标的"子指标"。二级指标主要归属于一级指标门类,作为对一级指标的分解,不同类型的二级指标之间不能产生相容性。公共安全二级指标主要是一级指标在不同领域上的细分,更突出公共安全评价领域的细节与特殊性。互斥性基准是公共安全评价指标体系设计在内容上不重合,各项指标互补并促进公共安全服务评价科学化的保障。

3. 可操作性基准

可操作性基准强调评价指标体系的设计必须坚持实践性原则,即所建构的评价指标在现实的公共服务质量评价过程中切实可行。其既能够用以评价政府的公共服务质量状况,又能对政府的公共服务提供引导,而非纯理论性的"纸上谈兵",从而突出评价指标体系的现实性和适用性。因此,公共安全服务质量评价体系也必须可操作性基准,凸显公共安全领域各项指标的实用性,保证公共安全服务质量评价体系的设计与地方政府的实际公共安全服务行为和效果紧密联系。公共安全的一级评价指标设计须直指地方政府公共安全的实践路向,能够紧贴地方政府公共安全服务的方向;公共安全二级指标作为对一级指标的分解, 应当在反映地方政府公共服务实践的基础上,有效地衡量地方政府公共安全服务数量与质量的供给,并相对准确地获得地方政府公共安全服务质量的结论。可操作性将评价指标体系的理论与实践结合起来,更加强调公共安全评价的实践性,是公共安全服务质量评价体系必须重点考虑的原则之一。

4. 稳定性基准

稳定性基准主要指向评价指标设计在一定时间范围内具有相对稳定性,这是保证评价结果具有可靠性的来源。如果评价指标在一定的时间范围内相对稳定,变动幅度不大,那么评价结果在该时间范围内的可靠性和真实性越大;若评价指标本身具有波动性,在一定的时间段变动不居,那么也很难获得真实可靠的评价结果。公共安全无论是在概念上还是在类型上所产生的争议本身不大,不同学者在对公共安全的理解上也基本能够达到共识,再加之在社会转型加剧的当下,我国公共安全事件及其威胁也相对集中,对地方政府而言,也相对容易把握。因此,对地方政府的公共安全服务质量评价体系的设计,更应该强调其稳定性。公共安全一级指标和二级指标的设计应当能够较为准确地体现一定时间段内甚至相当长的时间段内, 政府对公共安全服务的供给数量和质量。其目的之一在于考察较长的时间范围内地方政府公共安全服务的实践状况;其二在于有利于发现地方政府公共安全服务中存在的问题,避免较大变动性所带来的影响,在一定程度上保障地方政府公共安全服务质量评价的有效性。

(二)价值性基准

从价值性指标来看,公共安全领域各项指标的设计主要遵循公共性、公平性等价值基准。

1. 公共性基准

公共性是公共安全质量评价指标遴选的首要价值性基准, 强调政府在公共安全供给上要注重公众利益,关注社会公众对公共安全服务的需求。公共安全作为政府提供的一项公共产品，其自身的属性就决定了公共性这一特质。在一定的区域内，保障社会公众的安全便成为地方政府不可推卸的责任。在公共性价值基准的指导下，政府的公共安全供给不是针对某一类特殊群体，而是囊括一定辖区内的社会公众，不具排他性；同时社会公众的公共利益不受侵害。因此，公共安全领域各项指标在遴选的过程中，必须坚持公共性的价值基准，保证地方政府所供给的公共安全服务具有一定程度上的普遍性，使绝大多数社会公众处于地方政府公共安全服务的覆盖范围，切实保障社会公众的人身、财产安全。公共性是地方政府公共安全服务供给的首要价值性基准，在公共性难以保障的前提下，其他各项价值性基准也难以得到实现。这是政府公共安全质量评价体系建构所要考虑的首要原则。

2. 公平性基准

考察地方政府公共安全质量评价体系是否健全，公共安全服务的公平与否也是重要的衡量标准之一。公平性基准要求地方政府的公共安全服务在供给过程中保证社会公众能够平等地享受该项服务，不因身份、地位、区域等因素的限制而产生歧视或排斥现象。一旦地方政府的公共安全服务使该辖区内的社会公众受到差别对待，其供给行为与效果的合法性与合理性也将遭受质疑。为保证地方政府公共安全质量评价的合法性与合理性，公共安全领域各项指标的选择应当体现出地方政府公共安全服务供给的公平、平等等价值。公平性基准不仅有助于保障对地方政府公共安全服务供给的科学与有效，还能对地方政府公共安全供给行为提供价值选择上的指引，增强地方政府公共服务的合法性。通过公平性价值基准的约束，地方政府公共安全评价指标的选择自然内含公平性，这也是对地方政府公共安全服务优质高效的敦促。

三、公共安全服务质量评价的指标体系

公共安全服务评价体系，即是一套相对完整的评价政府公共安全服务的供给行为与能力的指标群。该评价体系设计的主要目的表现在两个方面：

首先,发挥公共安全服务评价体系的预防作用。相对系统而完善的公共安全服务评价体系,有利于引导政府在公共安全服务供给中的价值判断,规范政府的服务程序与行为活动,使政府的服务活动具有前瞻性与导向性。这在一定程度上避免了政府行动的盲目性与随意性,预设了政府活动的正常秩序以及朝目标发展的合理运行轨迹。

其次,发挥公共安全服务评价体系的评估作用。政府在公共安全服务供给上的质量是否属优,政府的公共安全服务的能力与意识是否达到服务型政府的基本要求,政府的公共安全服务的目标是否在预定的时间内完成,政府的公共安全服务是否得到了公众与社会的认可,这些问题的解答必然要对政府的公共安全服务进行相对系统的评价,因而政府公共安全服务评价体系的研究就凸显其价值所在。

我们在公共安全服务评价体系的设计上,主要从系统性并坚持一般性的研究视角出发,力求该评价体系的相对系统性、应用性与可行性,尤其是在政府公共安全服务行为上。因而不求也难求做到每一个大指标之下的细致入微,但尽力为政府公共安全服务评价设计相对健全的指标群。在公共安全评价指标体系技术性基准与价值性基准的规范下,公共安全评价指标体系由一级指标与二级指标共同构成。其中,一级指标主要涉及地方政府在公共安全服务上的投入环节、产出环节、社会效应和保障条件四类,并在此基础上建构二级指标。

(一)指标构成

1. 投入环节

地方政府公共安全服务的投入环节主要体现在相关经费投入上。地方政府公共安全质量评价的投入环节可以从相关经费的安排入手,通过检查经费是否实现合理配置来考评地方政府在公共安全投入上的质量状况。一方面,预算可以为公共安全质量评价提供观测点,预算经费的安排直接关系地方政府在公共安全服务供给状况,其是地方政府公共安全职能履行的基本保障。通过地方政府预算内公共安全经费(万元)的配置,可以在一定程度上考察地方政府公共安全服务投入充分与否。另一方面,预算内公共安全经费占地方政府财政支出的比重大小，也为评价地方政府公共安全投入质量提供参考依据。地方政府预算内公共安全经费应在其财政支出中占合理比重，比重过低或过高都会影响地方政府公共安全供给的效率。同时，可以从公共安全经费人均享用的角度，来衡量地方政府公共安全服务在本区域内的公众享用的均等化程度及享用水平的高低。因此，可以将地方政府预算内公共安全经费（万元）、预算内公共安全经费占地方政府财政支出的比重大小以及人均公共安全经费作为地方政府公共安全质量评价体系中投入环节的二级指标，来考察地方政府在公共安全服务上的投入效果。

2. 产出环节

公共安全产出主要指地方政府在消耗一定的公共安全投入基础上，为社会公众创造的各种机构设施和相关人员配备等。在地方政府公共安全产出环节，以下五类标准可以组成地方政府公共安全产出环节的指标体系。第一，人均公共安全机构数（公安局、派出所等）和人均公共安全人员数（民警、协警等治安人员）；第二，人均消防机构数和人均消防人员数；第三，人均交通安全机构数和人均交通安全人员数；第四，人均安全生产监察机构数和人均安全生产监察人员数；第五，人均食品安全监察机构数和人均食品安全检察人员数。公安、消防、交通、生产及食品安全这五类的归纳，有助于对公共安全各项领域进行考察，反映地方政府在公共安全产出环节中是否有效使用投入的经费，是否成立了健全的公共安全组织机构，是否实现了公共安全人员的合理配置等，为地方政府公共安全产出质量的评价提供参考标准。

3. 社会效应

社会效应是地方政府提供公共安全服务所产生的社会效果、作用等的表现。设置该指标是从社会的角度为评价地方政府公共安全服务质量提供参考。在公安方面，治安案件查处率可以作为地方政府公共安全质量评价的观测点；在生产方面，生产事故降低率可作为观测点；在交通方面，交通事故降低率可作为观测点；在食品方面，食品安全问题查处率可作为观测点；在消防方面，火灾事故降低率可作为观测点；最后，从主观满意度的角度，社会公众对地方政府公共安全服务满意度亦可作为观测点。由此，公共安全领域内各项事故的降低率,以及社会公众对地方政府公共安全服务的满意度,构成地方政府公共安全评价体系中社会效应下的二级指标。这些指标既可以通过公共安全各项领域的事故降低状况来考评地方政府公共安全服务质量的水平,又可以透过社会公众的满意度来获取地方政府公共安全服务质量的主观评价。

4. 保障条件

保障条件主要涉及一定区域内生产发展状况和居民消费水平等。要从保障条件的角度来考察地方政府公共安全的质量。首先,必须了解该地区的生产总值,这是总的保障因素,一定的地区生产总值也在很大程度上反映该地区公共安全服务所能维持的水平,体现该地区政府在公共安全领域的保障程度。其次,人均地区生产总值作为衡量该地区经济发展的重要指标,也是公共安全质量评价体系中保障条件的参考指标。最后,地区居民年人均可支配收入或纯收入和各市居民消费水平,为评价地方政府公共安全质量提供保障条件。地方政府公共安全服务质量状况与其保障条件有密切关系,在保障条件不足或保障环境恶劣的情形下,地方政府公共安全服务的质量必然受到影响。只有在一定保障条件的基础上,地方政府公共安全服务质量才有可能获得有力的支撑。在保障条件方面,地区生产总值、人均地区生产总值、地区居民年人均可支配收入或纯收入,以及各市居民消费水平构成其二级指标。

(二)公共安全质量评价体系

在地方政府公共安全质量评价一级指标投入环节、产出环节、社会效应和保障条件的确立下,分别对各类一级指标进行细化与分解,从而建立起相对完整的公共安全质量评价体系(见表4-1)。表中的权重通过征询相关领域的专家获得。

表 4-1　地方政府公共安全服务质量评价体系

一级指标		二级指标	权重
地方政府公共安全服务	投入环节	地方政府预算内公共安全经费(万元)	4.07%
		预算内公共安全经费占地方政府财政支出的比重(%)	7.17%
		人均公共安全经费(元)	8.32%
	产出环节	人均公共安全机构数(公安局、派出所等)(个)	4.23%
		人均公共安全人员数(民警、协警等治安人员)(人)	4.49%
		人均消防机构数(个)	3.42%
		人均消防人员数(人)	3.45%
		人均交通安全机构数(个)	2.36%
		人均交通安全人员数(人)	2.54%
		人均安全生产监察机构数(个)	2.68%
		人均安全生产监察人员数(人)	2.98%
		人均食品安全监察机构数(个)	4.05%
		人均食品安全监察人员数(人)	3.98%
	社会效应	治安案件查处率(%)	4.16%
		生产事故降低率(%)	3.89%
		交通事故降低率(%)	2.73%
		食品安全问题查处率(%)	4.74%
		火灾事故降低率(%)	3.53%
		公众对政府公共安全服务满意度	6.23%
	保障条件	地区生产总值(亿元)	4.07%
		人均地区生产总值(元)	5.35%
		地区居民年人均可支配收入或纯收入(元)	6.38%
		各市居民消费水平(元)	5.18%

第二节　环境保护

一、环境保护及其纳入评价体系的缘由

(一)政府环境保护服务的内涵

关于环境保护服务,不同的学者对此持有不同的理解。有研究者认为:
"作为地方政府,首先要建设宜居环境,搞好环境的长期规划设计,其次也应加强环境基础设施的建设,为经济社会的发展建设良好的基础环境。另外还要提供良好的政府服务,地方政府不能局限于管制要立足于社会服务,为企业和市民积极提供相关的环境服务,加强对普通民众的环境保护教育。"①根据这一观点,地方政府的环境保护服务包含公民宜居的生活、生产环境。首先,满足公民的生存权;其次,要体现有利于经济社会发展的基础环境,为经济社会发展奠定基础;最后,政府的环境保护服务还涉及对公民的环境保护教育,通过强化对公民在环境保护中的教育,以达到环境保护的目的。

另有研究者认为,环境保护服务是政府执行、指挥、组织、监督环境保护工作,与社会公众进行环境保护相关的信息交流并引导社会公众参与到环境保护过程中,从而达到在环境保护领域统筹决策的目的。②根据这一表述,政府除了要履行自身在环境保护领域中的基本职责之外,还须加强与社会公众在环境保护信息上的沟通与交流,并通过鼓励、倡导等途径协同社会公众参与环境保护服务。

还有观点认为,政府的环境保护服务包括制度供给、环境执法与推动公众参与。③地方政府在环境保护服务中,一方面要强化制度供给,为环境保护的有效开展制定相关的法规、政策等制度规则,约束、规范社会公众在环境领域中的行为;另一方面,强化地方政府在环境保护领域中的执法力度,不仅要求地方政府在环境保护中加强监管,还要加强对破坏环境的行为的惩治力度,做到"有法必依、执法必严"。不仅如此,环境保护不仅仅是政府单个主体的责任,还要引导社会公众参与其中,突出对环境保护的协同治理作用。

还有研究者认为,环境保护服务涉及政府执行相关的法律法规;制定相应的环境保护规则,诸如条例、标准、规章等;强化对环境领域的监管,掌握该领域的环境发展状况及趋势;对破坏环境的行为实施处罚,并以此作为对

---

① 郭世英、郭喜:《协同治理:和谐社会视阈下地方政府环境保护职能的转变》,《前沿》,2014年第7期。

② 参见王珏翎、龚世达:《环境保护:西部环境建设中政府的主要职能》,《四川大学学报》(哲学社会科学版),2004年第S1期。

③ 参见刘恒科:《地方政府环境责任论纲》,《中北大学学报》(社会科学版),2011年第4期。

社会公众的环境教育。①

综上所述,我们可以将地方政府的环境保护服务理解为,在相关法律法规的规制下,地方政府通过制定相应的环境保护法规、规章、标准等并加以执行,对违反环境保护法律法规的行为实施惩戒,并对社会公众进行环境保护教育引导社会公众共同参与环境保护的行为。其一,地方政府的环境保护服务必须在相关的法律框架内进行,不能与法律相抵触;其二,地方政府的环境保护服务要体现在对相关法律法规的执行过程中,这是将环境保护服务付诸实践的关键;其三,强化地方政府对违反环境保护行为的惩戒力度;其四,加大对环境保护的宣传与教育,也是地方政府环境保护服务的重要表现之一。

(二)环境保护纳入评价体系的缘由

在地方政府基本公共服务质量评价体系中,环境保护这一领域不可或缺。之所以将环境保护纳入评价体系,主要体现在以下五个方面。

第一,环境保护是地方政府基本公共服务的重点领域之一。以往迫于经济增长的压力,地方政府在过度追求国内生产总值的目标下付出了太大的环境代价,环境保护尚未在地方政府职能议程中占据重要地位。而伴随着社会转型的加剧,在经济发展方式转变的要求下,政府的经济职能,也随之发生改变,伴随而来的是地方政府对"绿色 GDP"的追求,同时环境保护职能也逐渐提升到相应的地位,强调在追求经济发展的同时也要兼顾环境利益,从而最终促进社会的可持续发展。因此,环境保护也是地方政府基本公共服务的重点领域。地方政府通过行使环境保护职能,为该区域内公众的生产生活等营造良好的环境,并出台相应的措施制裁、惩戒破坏环境的行为。由于环境保护在近年来的重要性不断提升,甚至有学者将环境保护视为地方政府职能结构中的首要职能,突出其履行的现实价值。"环境保护职能是地方政府建设职能的重要方面,而且,由于地方政府职能的效益目标以生态效益优

---

① 参见乌兰:《论政府环境行政管理职能的有效发挥》,《学术交流》,2006 年第 9 期。

先,因此,环保职能在地方政府的职能构成中具有首要职能的地位。"①由于地方政府环境保护职能在经济社会发展中的价值日渐突出,且保护环境也是地方政府职能履行的题中之义,因此要考察地方政府基本公共服务的质量状况,环境保护职能履行效果的优劣为评价地方政府基本公共服务质量提供了观测点。

第二,环境保护与地方政府职能转变紧密联系。社会转型期,地方政府在职能转变的方向上主要朝向服务型政府转变,其转变的速率在很大程度上决定地方政府基本公共服务质量的高低,而环境保护则是地方政府职能转变的重要抓手之一。在传统的地方政府职能结构中,政府的经济性职能占据主导地位;而服务型政府建设的目标,则要求政府调整其原有的职能结构,在继续履行经济性职能的同时,兼顾社会性职能。其中,环境保护就体现出服务型政府的要义。地方政府要通过相关的制度建设为该地区公众提供适宜的生态环境,突出地方政府的服务性。在此过程中,地方政府应当以建设成为"生态型政府",即"能够将实现人与自然的自然性和谐作为其基本目标,将遵循自然生态规律和促进自然生态系统平衡作为其基本职能,并能够将这种目标与职能渗透与贯穿到政府制度、政府行为、政府能力和政府文化等诸方面之中去的政府"②。生态型政府旨在强化政府的生态环境保护功能与责任,实现地方政府职能转变的有效性。以环境保护为抓手的地方政府职能转变与其基本公共服务质量密切关联,这也成为将环境保护纳入地方政府基本公共服务质量评价体系的重要缘由之一。

第三,环境保护与公众利益密切关联。无论是从宏观还是微观视角来看,环境始终是公众生产、生活所无法抛开的重要变量。公众在一定的环境中生存发展,其切身利益也受到环境的影响。尤其是在现代社会,环境对公众的影响力可谓无处不在,严重的环境污染不仅减小了市场投资机会,影响了该区域的生产效率,甚至对个人的生命财产构成威胁。生态环境牵制着公

①　徐勇、高秉雄:《地方政府学》,高等教育出版社,2005 年,第 122 页。

②　黄爱宝:《生态型政府构建与生态公民养成的互动方式》,《南京社会科学》,2007 年第 5 期。

众利益,生态环境的破坏必然在某种程度上以公众利益的损害为代价。中央领导指出:"良好生态环境是最公平的公共产品,是最普惠的民生福祉。"在学术界有专家认为:"生态环境作为一种特殊的公共产品比其他任何公共产品都更重要,生态环境中清洁的大气每个人都需要呼吸,清洁的淡水每个人都需要饮用,不受污染的土壤更是生产粮食的最基本条件。"①在环境保护与公众切身利益的关联上,基本能够达成共识,至少生态环境在公众的日常生活中扮演着重要角色。因此,鉴于环境保护对社会公众的重要价值,考察地方政府环境保护的实践状况必然构成评价地方政府基本公共服务质量的重要一环。评价环境保护的质量状况,也是在衡量地方政府保护公众利益的实践程度。

第四,地方政府环境保护职能与国家战略日益密切。国家战略是一个国家在一定的环境中为谋划发展而采取的一系列理念、政策、方法和技术等的总称,其是一个国家提升国际竞争力和地位的重要方式。以往的国家战略更偏重于从宏观上关照政治策略、经济策略以及文化、外交策略,但随着生态文明理论与实践的推进,环境保护也逐渐上升至国家战略高度,成为国家发展的重要制约性因素之一。新时期,我国也进行了若干环境战略研究,诸如"中国环境宏观战略研究、国家环境安全战略研究、国家'十一五''十二五''十三五'环境保护战略研究、若干重要环境问题发展战略研究等。这些研究工作为新时期制定环境保护战略提供了很好的基础。新时期全球经济、科技发展格局在不断发生变化,将对中国的环境战略产生直接影响,中国的环境战略设计必须在全球发展大趋势、大格局的背景下考虑"②。而地方政府无疑是环境保护这项浩大工程的直接执行者,与国家环境发展战略直接挂钩。地方政府的环境保护效率的高低,直接影响国家战略实现的程度。地方政府的环保工作既服务于该区域内的社会公众,又服务于国家战略。毋庸置疑,环境保护自然而然成为评价地方政府基本公共服务质量的抓手。

① 宋腾虎:《习近平:良好生态环境是最公平的公共产品》,http://news.oeeee.com/html/201602/02/369751.html.

② 郝吉明等:《新时期国家环境保护战略研究》,《中国工程科学》,2015年第8期。

第五，当今我国环境问题的凸显不断引发社会的关注。环境问题的凸显，成为经济社会发展新时期公众关注的焦点之一。我国当前的环境问题较为严重，不仅威胁着社会公众的生命财产安全，也考验着地方政府的执行力与公信力。若未妥善处理环境问题与社会发展的关系，会影响地方政府的合法性，而且也会对地方政府执政能力、政府威信等造成影响。当前的环境问题多种多样，雾霾、水污染、垃圾城等可谓"甚嚣尘上"。这些环境问题还引发相关的次生灾害，新闻媒体、社会公众对此的关注度也在不断提升，并对地方政府的环境保护工作施加压力。根据有关学者的实证研究显示："在 2010年参与设计的中国综合社会调查（以下简称 CGSS）数据表明：在全国城乡随机抽样的 3716 名受访者中，70%的人认为中国面临的环境问题非常严重和比较严重，认为根本不严重和不太严重的只占 12%。另有 18%的被访者认为既严重也不严重。"[1]由此可见，新闻媒体与社会公众对环境问题现状的认识可谓高度一致。新闻媒体的持续报道和社会公众对现实环境保护的不满，必然导致公众环境保护需求与地方政府环境保护服务供给之间的失衡，并对地方政府环境保护服务能力与责任提出更高要求。因而将环境保护纳入地方政府基本公共服务质量评价体系理所当然。

二、环境保护领域各项指标的基准

从环境保护领域指标建构的技术性基准来看，主要包括：整体性与相对独立性、数据可得性与数据可测量性、相关性与可比性、普遍性与特殊性等。从环境保护领域指标建构的价值性基准来看，主要涉及公平性与公共性。

（一）技术性基准

1. 整体性与相对独立性

环境保护基本公共服务评价质量评价指标体系设计的整体性，是指所构建的指标体系不是某一局部或单一侧面的指标体系设计，而是要从整体

---

① 洪大用：《关于中国环境问题和生态文明建设的新思考》，《探索与争鸣》，2013 年第 10 期。

视角出发,建立相对全面、系统、全方位的指标体系。因此,在指标体系的设计上必须涵盖所有的环境保护基本公共服务质量评价的重要领域和内容,即各项指标都能够全面系统、公正客观地反映环境保护基本公共服务的实际数量和质量,涵盖评价对象的具体服务,并且要求具有一定的时间和空间的连续性,能够将各项指标的计算方法、统计时间和口径相互衔接。只有这样才能使指标体系尽可能的系统,才能对环境保护基本公共服务质量进行全面的反映与衡量。同时,作为环境保护领域的整体性指标设计原则,还应当注意不同指标群之间的关联性,建立起各项指标群之间的关联性,从而实现环境保护领域各项指标的网络化。

但指标尽可能地全面涵盖并不意味着简单的指标堆砌与叠加,也并不仅仅是将所有可行的指标不加选择地都纳入评价体系当中,而是要求指标体系中的各个指标不相互重叠或互相之间并不存在因果联系,彼此之间保持相对的独立性。也就是说,环境保护领域之间不同指标群应具有一定程度的独立性或互斥性,两两之间不能出现逻辑的重复或重叠,否则,便大大削减了环境保护领域评价指标设计的科学性。

2. 数据可得性与数据可检测性

数据可得性是指所选取的指标数据要尽可能选取通用性较强、权威性较强、认可度较高以及较为成熟的数据。环境保护基本公共服务质量评价的指标本身要求具有一定的可操作性。一般政府部门的公共服务质量评估所需要收集的信息资料包括其各部门的工作计划、工作方案、工作报表、统计年鉴等,其公开的信息可以较为方便地获取。但政府部门内部的有关会议资料、重大决策过程、管理内容等信息很难获取。

数据可检测性是指所获取的与环境保护相关的数据能够得以检测、证实与实验,如果所获取的数据经不起检测、无法运用到实验中,那么意味着该数据本身存在问题。因此,所设计的环境保护基本公共服务的指标体系将尽可能地广泛收集可以公开获取的成熟的较为权威的数据。例如可以直接从环境统计年鉴、环境统计年报、环境状况公报等文献资料中获取数据,从而保证数据来源的可靠性和获取数据的可用性。同时,环境保护基本公共服务指标评价体系所涉及的数据还要具有可检测性,其数据来源、数据的精准度等必须经得起实验或检测。

3. 相关性与可比性

环境保护领域质量评价指标设计的相关性意味着指标体系中所选取的指标要尽可能地与环境保护基本公共服务密切相关,与当前当地的实际供给与服务水平相一致,能够充分反映现实的环境保护基本公共服务的质量水平。但指标数量不宜过多,应用尽可能少的指标表述尽可能全面的信息。一方面,要求所设计的评价指标要与政府的基本公共服务职能与责任紧密联系,体现服务型政府的要义;另一方面,要求所设计的评价指标与当地的服务水平相联系,从而有效体现当地政府在环境保护上的服务质量。

可比性基准要求除了满足数据在计量口径、范围等方面保持一致,指标应当与国际标准或者地区间的通用指标保持一致性。环境保护基本公共服务的各项指标所需要处理的数据应当在计算过程中保持口径一致,保证质量评估的客观真实。通过坚持可比性原则,可以为地方政府在环境保护服务提供借鉴与参考。但是在实际的调查研究中,不可避免地会遇到数据统计缺失或者使数据不全的情况。因此在此情况下,为保证评价的客观性,有所选择地舍弃相关指标成为必要。

4. 普遍性与特殊性

环境保护领域质量评价指标设计既要符合普遍性原则,又要满足特殊性要求,即基于指标体系一般系统所具有的共性,还要基于环境保护基本公共服务质量评价的独特性而构建指标体系。首先,环境保护领域质量评价指标要有相当的普遍意义,该套指标体系对于全国地方政府环境保护质量评价具有普遍指导作用,对于大多数地方政府来说都有一定程度的适用性。其次,构建指标体系时还要结合各个地方政府当地的环境保护基本公共服务的实际情况,从该领域、该地区的特征出发,突出构建该质量评价指标体系的特殊性。环境保护不是某一单一的领域,也包含众多分枝。有的地方政府面临严重的大气污染,而有的地方政府却面临严重的水污染,还有的地方政府面临植被破坏等问题。因此,在指标体系的设计上,除了要坚持环境保护领域质量评价的一般性原则外，还须考虑各个地方政府在环境保护上的特殊性需求，实现指标设计普遍性与特殊性的统一。

(二)价值性基准

1.公共性基准

公共性基准是环境保护领域质量评价指标的首要基准，强调地方政府在环境保护职能的履行中要保护公众的切身利益。这里的公众带有一般性意义，不具有排他性，所有的公民都应该纳入地方政府环境保护职能的领域内。同时，环境保护领域质量评价指标的公共性基准还指向不同的公共区域，即地方政府的环境保护职能不仅辐射城市地区的环境保护状况，还要环绕城市周边、郊区以及乡村等自然生态、天然林等自然环境，并提供相应的服务。公共性基准的设立，有利于地方政府强化其公共服务供给中的"基础性"职能履行，实现环境保护职能的普惠性。不仅如此，公共性基准还指向公共利益，突出地方政府对社会公众利益的切实维护。因此，环境保护领域质量评价指标在对地方政府职能履行的引导上也重点关注公共利益。

2.公平性基准

公平性也是地方政府环境保护评价指标设计的重要价值尺度，强调地方政府在环境保护职能行使中要坚持公平原则，不能因身份、地位、区域、经济等因素而产生差别性或歧视性的服务供给，要做到一视同仁。首先，地方政府环境保护评价指标设计要体现城乡公平性，即地方政府在环境保护中的服务供给要体现出城乡的公平，在向城市提供一定数量与质量的环境保护服务时，也必须相应地照顾乡村地区的环境保护服务供给，实现城乡环境服务供给数量与质量的均衡。其次，环境保护领域的事项多种多样，因此地方政府的环境服务不能只向某一领域倾斜，也不能绝对均匀地平均分配，而是考量不同环境保护领域的具体权重，在需求较大的领域提供较为充分的服务。如果当前大气污染、水污染等问题较为严重，地方政府的环境保护服务在这些领域更应该加大工作力度，相应的评价指标的权重自然增加。最后，公平性基准还应体现在地方政府的惩戒手段上，即对环境造成污染的集体或个体进行惩罚，一方面起到警示作用，另一方面也是对社会公众利益的公平维护。

三、环境保护领域各项指标选取的依据

在我国社会发展的现阶段,应当按照社会主义现代化建设的需要,应用统计科学的理论和方法,根据社会研究的有关科学理论知识和实践经验,结合所研究对象的性质和特点,设计和确定各项指标的基本概念、口径范围、分类方法和计量方法。

基于本研究的周期,指标选取主要依据为国家基本公共服务体系"十二五"规划中有关环境保护基本公共服务方面的相关表述。在我国基本公共服务体系"十二五"规划中,环境保护基本公共服务已经成为政府公共服务体系中的重要组成部分。该规划提出,"各地(县)都应具备污水、垃圾无害化处理能力和环境监测评估能力","保障城乡饮用水水源地安全","废气处理","固废处理"以及"环境保护基本公共服务均等化"等都是环境保护基本公共服务的重要内容。

四、环境保护质量评价体系

目前我国国内针对基本公共服务质量评价指标的研究,均依据一定的逻辑框架进行,其可以大致概括为"经济—效率—效益"的"3E"框架、"政治—经济—社会"的三维框架、"综合指标—分类指标—单项指标"框架以及平衡计分卡框架等。而关于我国环境保护基本公共服务质量评价指标体系的研究,目前我国已有的研究框架包括"投入—产出—收益"三维度框架、"纵横向"框架、"压力—状态—响应模型"框架以及"压力—驱动力—状态—影响—响应模型"框架等。

本节指标遴选在借鉴上述提到的各类指标体系框架研究成果的基础上,重点参考我国基本公共服务体系"十二五"规划中对环境保护基本公共服务内容的界定与描述,从公民最需要的环境保护基本公共服务内容这一

角度出发,构建环境保护基本公共服务评价指标体系。指标体系主要从投入环节、产出环节、社会效应和保障条件这四个方面予以阐释。

(一)指标构成

1. 投入环节

地方政府环境保护质量评价指标的投入环节主要涉及地方政府在环境保护中所产生的成本与投入状况,主要包括环保事务管理经费(万元)、环境监测与监察费用(万元)、污染防治费用(万元)、自然生态保护费用(万元)、天然林保护费用(万元)、退耕还林还草费用(万元)、能源节约利用投入(万元)、污染减排费用(万元)、可再生能源研发费用(万元)、能源管理事务费用(万元)等。这些指标均从管理、研发等角度来衡量地方政府在环境保护中的质量状况。投入环节是地方政府环境保护职能履行的首要环节,投入的充足与否是检验地方政府环境服务的基本条件。在投入不充分或缺失的情形下,地方政府的环境保护职能必然会步履维艰。因此,系统的投入环节是地方政府环境保护质量评价指标设计的基础。

2. 产出环节

地方政府环境保护质量评价指标的产出环节主要指, 地方政府通过一定的成本投入而产生的环境保护组织、人员及相关设施的数量。该产出环节主要包括环境保护机构数(个)、每万人环保教育人员数(人)、环境保护人员数(人)、环境保护设施数(个)等。这些环境保护机构、人员及相关设施的形成是地方政府实施环境保护职能的重要支撑,在缺乏相关机构、人员和设施的前提下,地方政府的环境服务职能几乎成为空谈,更不用谈对其进行的质量评价了。

3. 社会效应

社会效应主要反映地方政府环境保护服务所产生的社会效果, 是对地方政府环境保护服务质量的直接体现。在该类指标下,地方政府的完成率越高,那么地方政府在环境保护服务上的供给质量则越高。社会效应指标主要包含城市空气质量达标率(%)、城市噪声达标率(%)、饮用水达标率(%)、固体废弃物综合利用率(%)、工业废水排放达标率(%)、城市污水处理率(%)、城市生活垃圾无害化处理率(%)、城市回用水利用率(%)、工业用水重复利用率(%)、规模化畜禽养殖场粪便无害化处理率(%)、森林覆盖率(%)、危险废物安全处置率(%)、电磁辐射环境质量处于受控和达标状态(%)、废辐射源收贮处置率(%)、污染事故安全处置率(%)、环境行政处罚案件办结率(%)、生态修复治理率(%)、政府环境保护服务公众满意度等。这些指标可以衡量地方政府在环境保护职能上的履行力度及服务成效,同时也能反映社会公众对地方政府环境保护职能履行状况的态度与评价。

4. 保障条件

地方政府实施环境保护职能还需要一定的保障条件,这也是环境保护质量评价的重要制约因素。只有具备一定的保障条件,地方政府才有能力提供优质高效的环境保护服务;否则,在缺乏保障的前提下,地方政府的环境保护服务质量必然受到影响。该类指标主要涉及地区生产总值(亿元)、人均地区生产总值(元)、地区居民年人均可支配收入或纯收入(元)、各市居民消费水平(元)等。

(二)环境保护质量评价体系

通过对地方政府环境保护质量评价的投入环节、产出环节、社会效应和保障条件进行剖析,获得地方政府环境保护质量评价指标体系各个维度的二级指标,并通过问卷对专家就指标的权重征询意见,获得的权重列于表4-2中。

表 4-2　地方政府环境保护服务质量评价体系

	一级指标	二级指标	权重
地方政府环境保护服务	投入环节	环保事务管理经费(万元)	1.26%
		环境监测与监察费用(万元)	2.95%
		污染防治费用(万元)	3.85%
		自然生态保护费用(万元)	4.13%
		天然林保护费用(万元)	3.16%
		退耕还林还草费用(万元)	2.79%
		能源节约利用投入(万元)	2.90%
		污染减排费用(万元)	2.93%
		可再生能源研发费用(万元)	2.10%
		能源管理事务费用(万元)	1.45%

续表

一级指标	二级指标	权重
产出环节	环境保护机构数(个)	2.91%
	每万人环保教育人员数(人)	5.07%
	环境保护人员数(人)	5.15%
	环境保护设施数(个)	3.80%
社会效应	城市空气质量达标率(%)	3.00%
	城市噪声达标率(%)	2.32%
	饮用水达标率(%)	3.27%
	固体废弃物综合利用率(%)	2.08%
	工业废水排放达标率(%)	2.24%
	城市污水处理率(%)	2.42%
	城市生活垃圾无害化处理率(%)	2.25%
	城市回用水利用率(%)	1.74%
	工业用水重复利用率(%)	1.42%
	规模化畜禽养殖场粪便无害化处理率(%)	1.27%
	森林覆盖率(%)	1.85%
	危险废物安全处置率(%)	1.87%
	电磁辐射环境质量处于受控和达标状态(%)	2.18%
	废辐射源收贮处置率(%)	1.86%
	污染事故安全处置率(%)	1.74%
	环境行政处罚案件办结率(%)	0.90%
	生态修复治理率(%)	1.36%
	政府环境保护服务公众满意度	2.57%
保障条件	地区生产总值(亿元)	2.81%
	人均地区生产总值(元)	4.44%
	地区居民年人均可支配收入或纯收入(元)	6.41%
	各市居民消费水平(元)	5.55%

五、基于山西省环境保护的实证分析

以上述地方政府环境保护质量评价指标为基础,从污染总量排放、水污染防治、大气污染防治、固体废弃物污染防治以及环境安全保障等角度出发,对山西省环境保护的成效与不足进行系统的考察。

(一)山西省环境保护服务的成效

近些年来,随着资源节约型和环境友好型社会建设的进一步推进,山西省越来越重视环境保护工作,已经将环境保护作为工作重点,环境保护因山西省的环境保护基本公共服务建设也随之不断完善。山西省先后出台了《山西省重点工业污染监督条例》《山西省减少污染物排放条例》《山西省重点工业污染源治理办法》等八十多件环境保护管理法规、规章和规范性文件。这些文件的出台为强力推进环境保护基本公共服务提供了相关的法律依据和制度保障。同时,各级地方政府及政府各部门均把环境保护工作作为转变发展方式、调整经济结构、改善民生的重点内容,实行环境保护目标责任制,层层落实环保责任,强化环境保护基本公共服务供给与保障力度。环境保护基本公共服务的建设取得了明显的成效。

第一,在污染物总量减排方面。山西省近些年来将主要污染物减排作为实现转型跨越发展、改善生态环境质量、推进生态文明建设的重要举措。主要污染物总量减排作为地方政府推行环境保护基本公共服务必须完成的硬任务、硬指标,各级地方政府认真履职综合施策,取得了较大的突破。例如,列入国家责任书的 75 个重点项目全面完成,脱硝机组装机容量占火电总装机容量比例达到 72%,减排支撑能力得到大幅度提升;主要污染物排放总量持续下降,全省化学需氧量排放量 46.13 万吨,氨氮排放量 5.53 万吨,二氧化硫排放量 125.54 万吨,氮氧化物排放量 115.78 万吨,烟尘排放量 68.44 万吨,工业粉尘排放量 34.10 万吨,以上六项主要污染物总量约束性指标均超额完成减排任务。

第二,在水污染防治方面。山西省在水污染防治方面的环境保护基本公共服务主要取得了以下成效:划定了山西省全省范围内 840 个乡镇集中式饮用水水源地,并获得了省政府批复;开展了城市集中式饮用水水源地评估工作;在山西省全省范围内开展集中式饮用水水源地、跨省界河流环境安全大检查,共排查了 25 处市级饮用水水源地、17 户市级饮用水水源地涉及的企业和 17 条穿越市级水源地保护区的公路,对排查中发现的问题及时督查整改,防范了水污染事故的发生;完善了地表水跨界断面水质考核生态补偿机制,增加了22个扩权强县试点县(市区)出入境断面,对全省45条河流及沟渠的88个断面进行监测考核,进一步完善了扣缴奖励机制。这些环境保护基本公共服务推动了山西省水环境的改善。

第三,在大气污染防治方面。自国务院下达《大气污染防治行动计划》以来,山西省各级地方政府均成立了专项小组,扎扎实实组织开展大气污染防治工作。按照国务院与山西省政府签订的《大气污染防治目标责任书》,2013年山西省政府确定了必须完成的20项重点工作和必须启动的16项工作。经过努力,在必须完成的20项重点工作中,19项超额完成任务,仅油气治理1项未完成,必须启动的16项工作全部启动。

第四,在固体废弃物防治方面。山西省历来重视危险固体废弃物的规范化管理,已对全省的319家危险固体废弃物产生单位及经营单位进行了规范化管理考核;严格相关的行政审批程序,对11家单位的危险固体废弃物经营许可证的申请进行了审核办理,对将近80家单位跨省转移处置危险固体废弃物的申请给予了及时办理;切实加强危险废物处置能力建设,组织完成历史遗留铬渣无害化处置的验收工作;积极推动省级固体废弃物管理信息系统运行。

第五,在环境安全保障方面。山西省积极开展重污染天气监测预报预警,正式向社会发布城市环境空气质量新标准监测信息实时报和日报,并对大气污染物来源开展解析和研究工作;同时加强对突发环境事件的应急监测,切实加强环境质量监测和重点污染源监督性监测任务;严格实施环境监测人员上岗考核制度,大力推进环境监测站标准化建设,山西省环境监测中心站和23个市、县(市区)环境监测站均通过达标验收;全面启动国控企业污染源和环境质量自行监测,加强减排监测体系建设考核;省环境监控中心和11个市级环境监控中心与生态环境部监控平台稳定联网,实时上传国控重点污染源在线监控数据,监控数据在总量减排核算、排污费征收、环境执法等环境安全保障方面的环境保护基本公共服务中发挥了重要作用。

(二)山西省环境保护服务的不足

第一,环境保护投入结构的不合理。环境保护基本公共服务供给对财政拨款依赖程度较大。山西省环境保护基本公共服务经费的主要来源是财政拨款,自主经费所占比重较低,但是随着环境保护基本公共服务的进一步深化,仅仅依靠政府财政的力量肯定不能满足现实的巨大需求。多渠道资金募集例如企业赞助、社会捐助等方式应当成为今后环境保护基本公共服务经费的重要来源。然而当前山西省环境保护基本公共服务融资渠道狭窄,经费来源主要以国家环保专项资金与地方政府拨款为主。该融资方式远不能满足环境保护基本公共服务进一步发展完善的需求,经费不足、经费来源单一已经成为制约环境保护基本公共服务供给的重要因素。

第二,环境保护区域上的非均等化。山西省环境保护基本公共服务供给在区域上存在较大差别,公共产品的分配也存在区域差异。在经济落后的地区,尤其是偏远贫困的农村地区,这种供给上的差异就尤为凸显,造成了环境保护基本公共服务与公民的实际需求未能达到有效对接,以及资源配置上的浪费和公共服务惠及的缺失。

第三,人才队伍建设的滞后。截至 2012 年底,山西省环保系统人员编制总数为 10106 个,2012 年末实有 11595 人。大多数环境保护基本公共服务人员缺乏深入基层实践的一线经验,对实际环境状况缺乏深入的了解,难以切实在环境保护基本公共服务上发挥积极的作用;环境保护基本公共服务人员普遍素质不高,专业技术人员的水平与数量都无法达到环境保护基本公共服务发展的要求,且骨干队伍不稳定,人才流失情况较为严重。除此以外,环境保护基本公共服务人员队伍还存在着年龄偏大、缺乏服务意识和暴力执法等亟待解决的问题。

第三节　医疗卫生

一、医疗卫生及其纳入评价体系的缘由

(一)政府医疗卫生服务的内涵

对于政府医疗卫生服务的内涵,学界也没有相对统一的界定,不同的研究者持有不同的观点。有的研究者认为,政府的医疗卫生服务是政府组织提供基本公共卫生服务、建立覆盖全体国民的基本医疗保障制度、制定和实施区域卫生规划以及加强对医药卫生领域的监管等行为。[①]在这一界定中,政府的医疗卫生服务要体现政府的基本卫生公共服务,因为公共卫生服务具有较强的公共物品属性;政府需要完善基本医疗保障方面的制度供给,来规范医疗保障中的政府和社会行为;政府还应立足于医疗卫生规划,并发挥对医疗卫生领域的监管作用,及时矫正市场失灵现象。

有的研究者认为,医疗卫生服务是政府向社会提供的公共卫生服务和医疗服务,"公共卫生服务由政府举办的医疗卫生机构免费提供,或者由政府通过购买服务的方式来提供,主要包括国家为促进基本公共卫生均等化而安排的基本项目和各省市结合财力情况各自推进的项目";"基本医疗指政府及社会医疗保险基金能够为属地居民提供的服务,是准公共产品,一般都是以个人付费,政府和企业再给予补贴的方式解决"。[②]在此界定中,要理解政府的医疗卫生服务,通过公共卫生服务和基本医疗服务就能够提供相应的观测点。

有的研究者认为:"基本医疗服务是指医疗制度中对劳动者或社会成员最基本的福利性照顾,目标是保障劳动者或社会成员基本的生命健康权利。

---

① 参见孙开、崔晓冬:《基本医疗卫生服务均等化与财政投入研究》,《地方财政研究》,2011 年第 5 期。

② 李凤芹、张秀生:《积极推进政府购买医疗卫生服务》,《宏观经济管理》,2014 年第 9 期。

具体在我国主要涉及常见病和多发病在内的小病，包括医疗服务机构对患者进行检查、诊断、治疗、康复护理等方面的服务，以及与之相联系的其他服务，如提供药品、医用材料器具、救护车、病房住宿等。"①政府在这一过程中所建立的相应的医疗卫生机构、购买的设备、安置的医护人员以及相关医疗卫生设施等都是政府服务内容的体现。

还有的研究者认为："医疗卫生服务是指为提高国民健康，国家、社会和公共共同参与，所开展的疾病诊断治疗、疾病预防控制、健康教育、妇幼保健、精神卫生、采供血和卫生技术、医疗保障服务、药品供应等的一系列服务活动。医疗卫生服务的体系主要包括：公共卫生服务、基本医疗服务、超出基本医疗范围的更高层次的医疗服务"。②该观点认为医疗卫生服务涵盖公共卫生服务、基本医疗服务乃至更高层次的医疗服务范围，不仅体现政府的服务供给，还须有社会公众的公共参与，医疗卫生服务是一项多环节、内容丰富的服务活动。

综上所述，对于地方政府的医疗卫生服务可以理解为，地方政府为保障国民健康，通过制度供给、宏观规划、实施监管等措施向社会公众提供公共卫生服务、基本医疗服务以及更高层次的医疗卫生服务的一系列活动。首先，医疗卫生服务的目的在于保障公众的健康，为社会公众提供健康的生存环境；其次，政府需要制定相应的法规、规章等，来规范医疗卫生服务中的行为；再次，政府还应着手于对医疗卫生领域的监管，尤其是对违法违规行为的惩戒与警示；最后，地方政府的医疗卫生服务涵盖公共卫生服务、基本医疗服务以及更高层次的医疗卫生服务。

（二）医疗卫生纳入评价体系的缘由

将医疗卫生纳入地方政府基本公共服务评价体系的缘由，主要体现在以下四个方面：第一，医疗卫生属于地方政府基本公共服务的重要范畴；第二，医疗卫生与公众的利益密切关联；第三，频发的医疗卫生事件考验着地

---

① 陈文玲、易利华：《2011 年中国医药卫生体制改革报告》，中国协和医科大学出版社，2011年，第 155 页。

② 林闽钢：《现代社会服务》，山东人民出版社，2014 年，第 163~164 页。

方政府的危机管理能力;第四,医疗卫生水平的高低与地方政府的服务性建设能力挂钩。

第一,医疗卫生属于地方政府基本公共服务的重要范畴。地方政府基本公共服务的一个重要特征就在于其公共产品特性,尽管医疗卫生并不是完全意义上的公共产品,但公共需求是重要的客观事实。因为医疗卫生关涉公众的健康问题,如公众的健康问题得不到有效解决,很有可能引发次生的卫生安全问题,从而对整个社会的良性运转构成威胁。而面对医疗卫生的保障措施,单凭一人之力难以奏效,因此地方政府必须将其纳入基本公共服务的范畴,承担医疗卫生这一供给服务。正如有关研究者所言:"公共卫生问题影响着社会的公共安全,公共卫生是投入产出率很高的人力资本投资项目,因此,公共卫生既是体现政府作用的最佳领域,更是政府和公共部门的重要责任。对公共卫生这个公共产品政府必须保障供给的结论应该是没有争议的。"[1]尽管有些特殊的医疗卫生服务可能超出了公共产品的概念,但从一般意义而言,地方政府向公众提供医疗卫生服务属于一项基本的职能,该职能的履行有助于实现医疗卫生供给与公众需求之间的合理均衡。由此可见,将医疗卫生纳入地方政府基本公共服务评价体系,由医疗卫生自身的公共属性和地方政府的行政职能所决定,其是考察地方政府服务质量的重要指标。

第二,医疗卫生与公众的利益密切关联。医疗卫生是社会福利制度不可或缺的重要组成部分,公众有权利享受国家提供的平等的、无差别的医疗卫生服务。世界卫生组织(WHO)的章程中指出:"健康是每个人的基本权利之一,每一个公民都应该享受卫生保健权利。"[2]公众对医疗卫生的需求具有普遍性,医疗卫生的质量、价格和范围等方面能够对公众利益的实现产生深刻影响。医疗卫生质量直接影响公众的健康水平,是与社会中的每个人息息相关的大事。按照马斯洛的需求层次理论,人最基本的需求是生理的需求、安定和安全的需求,有必要提供高质量的医疗卫生服务以满足公众最基本的

---

① 陈文辉:《论医疗卫生的公共产品特性及其实现形式》,《宁波大学学报》(理工版),2007年第3期。

② 转引自白丽萍:《论卫生经济政策的伦理价值基础》,《中国医学伦理学》,2005年第1期。

健康需求。医疗卫生的价格高低深刻影响着公众的生活,在我国,关于"看病贵"的怨言不断,"因病致贫""因病返贫"现象屡见不鲜,贫与病的恶性循环使公众的生活水平和生活质量受到严重威胁。目前,医疗卫生领域的问题是区域间、城乡间、群体间享受医疗卫生服务的公平性问题。基于社会公平目标,政府应该提供全民性、非商业化和平等性的基本医疗卫生服务,这使得公众的尊严得到维护、生命健康的权利得到保证。

第三,频发的医疗卫生事件考验着地方政府的危机管理能力。我国面临着经济转轨和社会转型,处于危机事件的高发时期。地方政府身处危机前线,其危机管理能力直接影响着公共危机的发展程度、损失程度,关系地方政府自身的形象,甚至关系国家的稳定和长治久安。医疗卫生事件作为公共危机的常见形式,往往会严重损害公众的身体健康和生命安全,造成巨大的人力资本损失和经济损失,引起社会恐慌,甚至是威胁国家安全,危害相当严重。日本学者龙泽正雄指出,危机管理的范围很广,应该包括发现、确认、分析、评估、危机处理等流程,在每一个操作阶段,必须始终以"如何以最小的费用取得最大的效用"为目标。[①]应对医疗卫生事件的各个环节,包括现场抢救、控制和转运救治、原因调查和善后处理等都涉及多个组织或部门,需要由地方政府进行主导实施。相对于中央政府,地方政府是应对突发的医疗卫生事件的先行者,其危机管理能力直接影响应对医疗卫生事件的效果和保护公众利益的能力。地方政府处理医疗卫生事件的态度、行动,往往比医疗事件本身更能决定最后的损失程度。医疗卫生事件处理不当可能会导致政府与公众关系迅速恶化,政府公信力遭受损害。地方政府在公共危机管理中的先行者定位,以及地方政府在处理医疗卫生事件中能够展现整体素质和形象,是将医疗卫生纳入地方政府基本公共服务评价体系的重要因由。

第四,医疗卫生水平的高低与地方政府的服务性建设能力挂钩。地方政府的服务性建设能力是指地方政府回应并满足公众的利益需求,为公众提供公共服务的能力。十二届全国人大三次会议政府工作报告指出,要不断提

---

① 参见张小明:《公共部门危机管理》,中国人民大学出版社,2006年,第41~42页。

高医疗卫生水平,打造健康中国。健康是公众的基本需求,确保医疗卫生服务的公共物品属性、确保每个公民都能平等地获得基本医疗卫生服务,是政府应当履行的服务性职能;超出基本需求范围以外、表现为私人物品属性的医疗卫生服务,应该由政府引导、发挥市场机制的作用来满足,这有利于实现提高效率与服务质量、降低成本的目标。无论是医疗卫生的公共物品属性还是私人物品属性,都要求地方政府发挥相应的服务性建设能力,从而提供高效、优质的医疗卫生产品及服务。地方政府服务性建设能力强调回应性,即地方政府所提供的公共服务水平的认定不是由政府自身认定的,而是来源于该地区公众的反馈与评价。公众对一个地区的医疗卫生水平的评价主要从供方服务能力、价格水平等微观因素考虑。地方政府对该地区医疗卫生的财政支持程度、资源配置合理性水平、对专业人才的激励手段等政策性举措,是影响供方服务水平、医疗卫生价格水平的重要因素,医疗卫生水平的高低正是地方政府服务性建设能力的反映。

二、医疗卫生领域各项指标的基准

从医疗卫生领域指标建构的技术性基准来看,主要包括整体性、可操作性、可比性、针对性和稳定性。而从医疗卫生领域的价值性基准来看,主要遵循公共性和公平性。

(一)技术性基准

1. 整体性

医疗卫生服务评价指标的整体性,要求综合考察系统各个子单元的实施效果,构建具有内部逻辑联系的指标体系;注重拓展信息的涵盖范围,实现横向与纵向视角的全覆盖,设计全面、系统的评价指标,整体考核中央和地方政府提供基本医疗卫生服务的质量。同时,各指标有机有序,互相独立又彼此补充,共同构成全息评价,具有独立性、系统性和逻辑性综合特征。强调全面衡量并不意味着面面俱到,设立过多过繁的指标,而是关注不同指标的关键性差异,通过分析关系密切度进行适度取舍,剔除次要或辅助指标,选取重要的、公认的代表性指标,提高单一指标的贡献率,使评价系统一定程度上整体反映研究对象的全貌, 又能从不同侧面具体体现研究对象的状况。另外,应运用科学模型对评价系统的构成要素赋予相应权重,确定不同层次、不同指标因子的标准值,不得过分强调某项指标和片面寻求单个指标的最优化。

2. 可操作性

可操作性主要涉及评价指标的可量化与可实施。可量化是指将复杂的评价对象根据其本质属性和内在特征分解, 转化为行为化的、可衡量的指标。在具体内容上,基本医疗卫生服务包括公共卫生服务和医疗服务,其中公共卫生服务又可细分为十二个领域,医疗卫生也可进一步划分。在机构设置上,基本医疗卫生服务又涉及医院、公共卫生机构和基层医疗卫生机构等部门。多环节和多层次的现实因素要求控制指标的数量,既不宜过分细化,也不宜抽象化和复杂化。应当指出,可量化不等同于数量化,定性指标与定量指标侧重要点和考核内容不同,相互配合共同组成完整的指标体系。可实施是指数据的可获得程度, 要求将资料数据的获取途径和难易程度纳入选择评价指标的考量范围。在成本可控的范围内保证数据的真实性和广泛性,譬如采用政府的公开报告和医院的统计数据,而非文献中的间接资料,当信息获取渠道受限或数据私密性强,则应将关注点适当转移。

3. 可比性

评价指标的可比性要求保持评价体系在指标定义、计算方法、量度单位和口径范围上的一致性。横向上不同时期可比,便于追踪服务质量的动态发展趋势,分析各个要素变化对于整体的影响,探寻导致指数波动的具体原因。纵向上不同地区、不同国家可比,评价指标的研究对象不是只针对某个省市的医疗卫生服务,并非依据数据为单一地区评分,而是致力于建立一套客观普遍的评价系统,适用范围广泛。因而不仅要考虑到不同地区的自然情况、经济规模和人口数量情况,制定具有普遍价值的选择标准,梳理共性因素,例如选取人均指标或者相对指标来衡量基本医疗卫生服务的水平,也要关注国际间的比较,对比其他国家评价体系的设计,尽量选择国际通用的指标。

4.针对性

该基准研究对于指标的描述定义清晰,指向性明确,力求减少模糊描述和语意分歧。评价体系不是众多指标的简单堆砌和组合,而是主题明确,中心突出的有机整体,要求克服盲目性和片面性。选定的指标要紧密围绕基本医疗卫生服务质量的核心内容,直接客观地反映本质。评价指标要能准确检验各级政府提供医疗卫生服务的各项能力,应从微观角度入手而非泛泛评判。评价目的的针对性在于运用层级分析的方法,依据评价目标将宏观指标进行连续性分解,得出衡量服务程度的基本指标。指标体系并非简单反映现实情况,体现优劣程度和进行高低排名,以目的为导向选取指标旨在激励和引导政府认真履行医疗卫生服务中的职责,解决问题的同时提高服务职能,加快向服务型政府的转变。

5.稳定性

评价指标的稳定性是可比性的重要前提,即实现服务质量时间可比、空间可比的条件是指标体系中标准、参数的内涵和外延总体保持不变,与指标相对的参照值和尺度保持不变。评价指标的确定需要通过长期的研究和论证,需要进行反复检验和偏差纠正,具有科学性和合理性。因此,评价体系一经确定,内容不可随意更改和变动。随着时间的推移和政策的变迁,地区间独特性和差异性凸显,评价指标的稳定性并不是一成不变,而是相对性概念,在保持基本体系稳定的前提下,留足弹性指标空间,根据具体情况采取改变权重的办法进行合理调整。

(二)价值性指标

1.公共性

公共性是政府的内在属性,是政府提供公共服务的基本价值取向。基本医疗卫生属于关乎民生的消费型公共服务,因此在评价指标的设计中,有必要将服务是否体现公共性置于首位。公共性价值的基准下,政府在医疗卫生领域进行改革的过程中,要求体现社会共同愿景和人民的公共意志,将其作为公共资源配置决策和医疗卫生支出结构优化的基本依据,立足于广大人民群众基本医疗卫生需要的出发点,提供具有非排他性和非竞争性的公共产品和服务。

2. 公平性

为体现公平性，应侧重考核各级地方政府在医疗卫生领域的投入量和服务质量增量，消除原有基数的差异和初期累积性指标的影响。公平是政府履行公共服务职能的基本准则，也是社会再分配的重要标准。从主观来看，公平性来源于人们衡量社会利益和价值分配时的内在感受，从客观来看，公平性是由分配数据和实际状况判断的。因此，基于公平性原则，政府的医疗卫生服务应公开、平等地被公众所享用，决策的制定和执行过程必须公开、透明，实现公共产品和服务供给的均等化，满足全体公民的基本需求，重点保障未成年人、老年人和残疾人等弱势群体的权益，逐步实现统筹城乡、普遍均等的目标。

三、医疗卫生质量评价体系

医疗卫生质量评价体系主要通过地方政府医疗卫生服务的投入环节、产出环节、社会效应、保障条件构建。这四类指标也是地方政府医疗卫生质量评价体系的一级指标，并在此基础上建构二级指标，从而建立医疗卫生质量评价指标群。

(一)构成要素

1. 投入环节

投入环节主要涉及地方政府在医疗卫生服务供给中所产生的相关可计量的费用，这也是地方政府医疗卫生服务供给的成本。其中涉及地方政府在医疗卫生服务中所需要的管理经费和相关的建设发展经费等，诸如卫生健康管理事务经费(万元)、公立医院投入(万元)、基层医疗卫生机构投入(万元)、公共卫生费用(万元)、中医药发展投入(万元)、计划生育管理费用(万元)、食品和药品监管费用(万元)。这些基本要素能够在一定程度上衡量政府在医疗卫生服务投入环节的绩效，检验政府在医疗卫生领域的投入是否充足。

2. 产出环节

产出环节是地方政府通过消耗一定的成本而产生的医疗卫生服务机构、人员、设施等,这是地方政府医疗卫生服务供给的组织要素,其为医疗卫生服务供给的顺利进行提供执行上的保障。医疗卫生服务产出环节包括:每千人医疗卫生服务机构数(个)、每千人医疗卫生管理机构数(个)、每千人医疗卫生服务人员数(人)、每千人医疗卫生设备设施数(床位、仪器等)(个)、每千人疾病预防机构数(个)、每千人口疾病预防人员数(人)。医疗卫生服务产出环节的指标用来衡量地方政府在服务过程中是否具备相应的组织保障,组织保障的缺乏必然对医疗卫生服务供给的质量造成影响。

3. 社会效应

社会效应是地方政府的医疗卫生服务供给所产生的社会效果或社会反响,这是对地方政府医疗卫生服务绩效的直接评价。地方政府在医疗卫生服务供给中所产生的社会效应较好,那么政府的服务质量也就相对较高。这类指标涉及新生儿死亡率(%)、孕产妇死亡率(%)、年门诊就诊人次(人次)、年住院人次(人次)、疾病死亡率(%)、传染病发病率(%)、平均病人治愈率(%)、政府医疗卫生服务公众满意度。在这类指标中,政府医疗卫生服务的客观现实和社会公众的主观满意度将是政府医疗卫生服务的质量的影响因素,这是从社会反响的角度来评价地方政府的医疗卫生服务供给。

4. 保障条件

地方政府的医疗卫生服务供给也和当地的生产总值及居民的可支配收入等相关联,后者是地方政府医疗卫生服务的保障条件;若离开了这些保障条件,地方政府的医疗卫生服务将与地方实际经济能力相脱节。这类指标涉及:地区生产总值(亿元)、人均地区生产总值(元)、地区居民年人均可支配收入或纯收入(元)和各市居民消费水平(元)。这些指标为地方政府的医疗服务供给的客观环境及其能力大小提供了一定的观测点。

(二)医疗卫生质量评价体系

地方政府医疗卫生质量评价体系整体上由医疗卫生服务的投入环节、产出环节、社会效应、保障条件这四大类构成,在此基础上,分门别类设计相应的二级指标群,并通过问卷对专家就指标的权重征询意见,共同构成地方政府医疗卫生质量评价体系(如表 4-3)。

表 4-3 地方政府医疗卫生服务质量评价体系

一级指标		二级指标	权重
地方政府医疗卫生服务	投入环节	卫生健康管理事务经费(万元)	2.34%
		公立医院投入(万元)	5.26%
		基层医疗卫生机构投入(万元)	5.06%
		公共卫生费用(万元)	5.18%
		中医药发展投入(万元)	3.00%
		计划生育管理费用(万元)	1.59%
		食品和药品监管费用(万元)	3.50%
	产出环节	每千人医疗卫生服务机构数(个)	3.93%
		每千人医疗卫生管理机构数(个)	2.07%
		每千人医疗卫生服务人员数(人)	6.86%
		每千人医疗卫生设备设施数(床位、仪器等)(个)	5.60%
		每千人疾病预防机构数(个)	2.37%
		每千人口疾病预防人员数(人)	3.97%
	社会效应	新生儿死亡率(%)	3.17%
		孕产妇死亡率(%)	2.80%
		年门诊就诊人次(人次)	3.15%
		年住院人次(人次)	3.07%
		疾病死亡率(%)	4.42%
		传染病发病率(%)	3.58%
		平均病人治愈率(%)	5.23%
		政府医疗卫生服务公众满意度	2.92%
	保障条件	地区生产总值(亿元)	3.10%
		人均地区生产总值(元)	4.83%
		地区居民年人均可支配收入或纯收入(元)	6.98%
		各市居民消费水平(元)	6.00%

参考文献

一、著作类

1.程胜利:《社会政策概论》,山东人民出版社,2012 年。

2.崔旺来、随付国等:《浙江公共服务实证分析》,浙江大学出版社,2012 年。

3.葛察忠:《环境经济研究进展·第 8 卷》,中国环境科学出版社,2014 年。

4.侯保龙:《民参与公共危机治理研究》,合肥工业大学出版社,2013 年。

5.胡伟、吴伟:《中国城市公共服务公众满意度蓝皮书》,上海人民出版社,2013 年。

6.亢犁、杨宇霞:《地方政府管理》,西南师范大学出版社,2015 年。

7.孔凡河:《上海城乡基本公共服务均等化问题研究》,上海社会科学院出版社,2015 年。

8.李法云等:《环境市场与环境经营》,化学工业出版社,2005 年。

9.李文:《当代中国社会》,五洲传播出版社,2014 年。

10.梁学平:《医疗卫生服务的政府供给效率评价与投入机制创新研究》,南开大学出版社,2014 年。

11.潘允康:《中国民生问题中的结构性矛盾研究》,北京大学出版社,2015 年。

12.秦永方:《现代医院精细化运营绩效管理实务》,中国经济出版社,2014 年。

13.沈洪艳、任洪强:《环境管理学》,中国环境科学出版社,2005 年。

14.宋其超:《医改取向及相关政策》,中国社会出版社,2009 年。

15.孙德超:《中国省级政府基本公共服务发展报告》,社会科学文献出版社,2014 年。

16.孙瑛、刘呈庆:《可持续发展管理导论》,科学出版社,2003 年。

17.王金南:《中国环境政策》,中国环境科学出版社,2006 年。

18.王树文:《我国公共服务市场化改革与政府管制创新》,人民出版社,2013 年。

19.王玉振:《环境绩效评估与环境报告书》,化学工业出版社,2006 年。

20.吴鹏森:《公共安全的理论与应用:改革以来我国公共安全研究综述》,中国人民公安大学出版社,2014 年。

21.夏保成:《西方公共安全管理》,化学工业出版社,2006 年。

22.鄢洪涛:《发展型社会政策视域下的中国医疗卫生事业管理创新研究》,湘潭大学出版社,2014 年。

23.杨龙:《新型工业化背景下的政府职能研究》,天津人民出版社,2011年。

24.叶文虎:《环境管理学》,高等教育出版社,2000年。

25.于秀娟:《环境管理》,哈尔滨工业大学出版社,2002年。

26.余谋昌、王耀先:《环境伦理学》,高等教育出版社,2004年。

27.俞卫:《国际社会保障动态全民医疗保障体系建设》,上海人民出版社,2013年。

28.战俊红,张晓辉:《中国公共安全管理概论》,当代中国出版社,2007年。

29.张承中:《环境管理的原理和方法》,中国环境科学出版社,1997年。

30.张付领等:《公共安全法与法律法规概论》,当代中国出版社,2007年。

二、文章类

1.陈志勇、卓越:《加强公共安全管理的三维空间》,《兰州大学学报》(社会科学版),2016年第2期。

2.程琼、耿娜、江志斌:《医疗卫生机构公益公平性与收益性的平衡度评价及实证研究》,《工业工程与管理》,2015年第3期。

3.丛树海、李永友:《中国公共卫生支出综合评价及政策研究——基于1997—2002年数据的实证分析》,《上海财经大学学报》,2008年第4期。

4.崔爽、杨九龙、李中帅、李传荣:《公立医院绩效评价研究——公立医院绩效评价的方法与指标体系》,《中国卫生经济》,2008年第2期。

5.戴卫东:《"金砖四国"医疗卫生体制改革比较及思考》,《华中科技大学学报》(社会科学版),2011年第2期。

6.董丹丹、孙纽云:《澳大利亚医疗卫生绩效评价体系的循证研究及对我国的启示》,《中国循证医学杂志》,2012年第6期。

7.高萍:《区域基本医疗卫生服务均等化现状、成因及对策——基于全国各省面板数据的分析》,《宏观经济研究》,2015年第4期。

8.官永彬:《新医改以来我国医疗卫生财政支出效率评价:2009—2011》,《中共南京市委党校学报》,2015年第1期。

9.郭斌、薛冰:《回顾与反思:政府公共服务评价指标体系研究进展》,《理论导刊》,2009年第3期。

10.黄健荣、钟裕民:《中国政府决策能力评价及其优化研究——以医疗卫生体制改革决策为例》,《社会科学》,2011 年第 11 期。

11.李礼:《城市化进程中的公共安全治理》,《电子科技大学学报》(社科版),2012 年第 4 期。

12.李郁芳、王宇:《中国地方政府医疗卫生支出效率及影响因素研究》,《海南大学学报》(人文社会科学版),2015 年第 3 期。

13.刘欣葵:《首都城乡环境建设战略举措研究》,《城市管理前沿》,2008 年第 5 期。

14.卢洪友:《环境基本公共服务地供给与分享——供求矛盾及化解途径》,《人民论坛学术前沿》,2013 年第 9 期。

15.卢洪友、袁光平、陈思霞等:《中国环境基本公共服务绩效的数量测度》,《中国人口资源环境》,2012 年第 10 期。

16.罗力:《政府公共危机管理中信息预警能力评价指标体系研究》,《重庆大学学报》(社会科学版),2012 年第 5 期。

17.马梦砚:《论地方政府公共危机管理绩效评价体系的构建》,《扬州大学学报》(人文社会科学版),2010 年第 6 期。

18.莫莎、王耀中:《湖南省新农村建设与环境公共物品供给研究》,《湖南社会科学》,2007 年第 6 期。

19.施雪华、方盛举:《中国省级政府公共治理效能评价指标体系设计》,《政治学研究》,2010 年第 2 期。

20.史培军、刘婧、徐亚骏:《区域综合公共安全管理模式及中国综合公共安全管理对策》,《自然灾害学报》,2006 年第 6 期。

21.孙德超:《地区医疗卫生服务均等化评价指标体系的构建》,《中国行政管理》,2013 年第 9 期。

22.涂诗意、许速、贾媛、程佳、薛迪:《基于新公共行政理论的政府补偿与监管机制改革评价》,《中国医院管理》,2014 年第 2 期。

23.王丽、王晓洁:《京津冀协同背景下公共医疗卫生支出绩效差异实证分析》,《中央财经大学学报》,2015 年第 4 期。

25.王艳翚:《农村突发公共卫生事件应急管理机制探究——以政府的食品安全规制职能为视角》,《中国食品卫生杂志》,2010 年第 2 期。

26.王焱:《城市社会公共安全市场的制度安排——以社区治安与犯罪预防为例》,《上海行政学院学报》,2006 年第 4 期。

27.肖魏、钱箭星:《环境治理的两个维度》,《上海社会科学学院学术季刊》,2001 年第 4 期。

28.肖魏、钱箭星:《环境治理中的政府行为》,《复旦大学学报》(社会科学版),2003 年第 3 期。

29.熊炜、李琳、张帝、白冰:《关于建立健全城市公共安全评价体系的探讨》,《中国公共安全》(学术版),2011 年第 4 期。

30.许光建、魏义方:《政府卫生支出绩效评价研究——以北京市为例》,《经济理论与经济管理》,2012 年第 7 期。

31.杨林、盛银娟:《山东省医疗卫生事业财政投入绩效的影响因素研究》,《中国海洋大学学报》(社会科学版),2015 第 4 期。

32.张钢、牛志江、贺珊:《地方政府公共服务质量评价体系及其应用》,《浙江大学学报》(人文社会科学版),2008 年第 6 期。

33.张敏:《我国医疗卫生区域均衡问题研究》,《中国物价》,2013 年第 4 期。

34.张玉亮:《政府公共危机信息预警能力评价指标体系研究》,《图书情报工作》,2010 年第 23 期。

35.朱正威、蔡李、段栋栋:《基于"脆弱性—能力"综合视角的公共安全评价框架:形成与范式》,《中国行政管理》,2011 年第 8 期。

36.朱正威、肖群鹰:《国际公共安全评价体系:理论与应用前景》,《公共管理学报》,2006 年第 1 期。

第五章 政府基本生活意义保障服务质量评价

按照美国著名心理学家马斯洛(Abraham H.Maslow)的需求层次理论,人的基本需求可以分为生理、安全、社交、自尊、自我实现五个层次;而美国学者赫兹伯格(Frederick Herzberg)将人的基本需求分为作为动物的需求与作为人的需求,前者要求避免生理上的痛苦,后者追求心理与社会层面的成长与发展。这两种划分都表明人的需求具有层次性和异质性。政府提供基本公共服务的目的在于满足社会公众共同的基本需求,改善社会福利民生,增进社会公平正义。基本公共服务的对象是兼具自然属性与社会属性的社会个体或群体,因而具有马斯洛与赫兹伯格所划分的不同需求。其中,作为政府基本公共服务构成之一的基本生活意义保障服务,就是要满足人们最基本、最重要的精神需求与社会需求。而义务教育与公共文化服务是政府基本生活意义保障的主要内容。因此,设计指标体系,评价政府基本公共服务必须将义务教育与公共文化服务涵盖在内。

第一节 义务教育

义务教育作为教育事业的基石,其质量水平不仅牵系着社会个体的命运,更决定着我国的社会发展水平,影响国家的前途和命运。义务教育服务作为政府提供的基本公共服务之一,在各项公共事业中占有举足轻重的地位。目前我国还未出台统一的义务教育服务质量评价标准,各地方政府义务教育服务质量良莠不齐,且改革发展方向不明。学者们对政府公共服务绩效评价研究的成果较为丰硕,但聚焦于构建地方政府义务教育服务质量评价体系的研究较少,尤其是定量研究少之又少。教育部力推义务教育服务的均衡发展,取得了不少成绩,同时仍面临一些困境。若要提升义务教育的服务质量,保障公众享有充分的、平等的受教育权利,构建一套能够对地方政府义务教育服务质量进行科学评价和有力问责的指标体系是前提条件之一。

一、义务教育纳入评价体系的缘由

（一）义务教育纳入评价体系是促进义务教育均衡发展的必然选择

自改革开放以来,我国义务教育事业的发展既取得了成绩,也面临着诸多问题。城市与乡村的义务教育事业的发展由于基础设施、师资力量、隐性资源等因素的综合作用而呈现不均衡状态, 一纸户口影响人生起跑线的平等性。东部、中部与西部三大地区之间经济发展水平的差异也导致义务教育事业发展拉开差距, 东部的教育条件令许多处于贫困地区的西部孩子羡慕不已却望尘莫及;而在同一座城市里的受教育者又面临择校难题,名校效应使得以权择校、以钱择校现象愈演愈烈,"就近入学"政策的颁布又催热了一批"学区房"市场;进城务工的农民群体的子女教育问题久久未能得到根本解决,其脆弱的保障机制成为又一大新的社会矛盾。在 2013 年 12 月 23 日召开的第十二届全国人大常委会第六次会议上, 全国人大常委会执法检查组提交了关于检查《中华人民共和国义务教育法》实施情况的报告,指出在城乡、区域、校际、群体之间的义务教育发展仍存在不均衡等问题。

导致我国义务教育发展不均衡问题的一个重要原因在于, 缺乏一个统一对地方政府提供义务教育服务质量进行考评的国家标准。2008 年初,胡锦涛在中共中央政治局第四次集体学习会上提出,要"推进以公共服务为主要内容的政府绩效评估和行政问责制度,完善公共服务监管体系"以推进服务性政府建设;[①]《国家中长期教育改革和发展规划纲要（2010—2020）》提出:

---

① 参见孟华:《推进以公共服务为主要内容的政府绩效评估——从机构绩效评估向公共服务绩效评估的转变》,《中国行政管理》,2009 年第 2 期。

"到 2020 年,全面提高普及义务教育水平,全面提高教育质量,基本实现区域内均衡发展,确保适龄儿童少年接受良好义务教育。"① 2011 年,习近平谈道:"构建科学的指标体系是推进区域内义务教育均衡发展的前提,据此监测、评价均衡发展程度,落实、完善国家与地方有关政策。"②国家政策指向和战略目标都充分说明:若要改善目前各地义务教育服务质量良莠不齐的现状,保障公众享有充分的、平等的受教育权利,提升义务教育服务质量,重要的任务之一就是,构建起一套能够对政府义务教育服务质量进行科学评价和有力问责的指标体系。因此,必须将义务教育评价纳入政府公共服务质量评价体系设计与运用过程中。

(二)义务教育纳入评价体系具有重要理论与实践意义

1. 理论意义

一方面,将义务教育纳入评价体系可以丰富义务教育服务质量评价理论体系。21 世纪以来,随着知识经济时代到来,尤其是进入 2010 年后,国内外的学者们掀起了一股研究教育质量评价的热潮。然而当前国内外研究的关注点仍大多停留在政府的公共服务评价体系和教育质量评价体系两个相对独立分离的方面,对这两个领域的交叉问题,即地方政府义务教育服务质量评价体系的研究较少。虽然政府公共服务评价体系研究实际上涵盖了义务教育服务评价的内容,但这方面研究不够深入。因此,处于教育学与管理学两大学科交叉领域的这个问题,具有较为重要的研究价值。通过理论与实证、定性与定量相结合的方法进行研究,可以使评价理论更具有针对性和可行性,对区域义务教育服务的发展发挥更大的指导意义与作用。

另一方面,义务教育纳入评价体系有利于完善教育评价理论与实践。"教育评价"的概念由泰勒(Tyler, R.W)于 1933 年在《史密斯——泰勒报告》中首次提出,教育评价理论于 20 世纪 50 年代开始发展,70 年代后才进入专业

---

① 《国家中长期教育改革和发展规划纲要(2010—2020 年)》,http://www.moe.gov.cn/publicfiles/business/htmlfiles/moe/moe_838/201008/93703.html。

② 习近平:《谈谈调查研究》,《学习时报》,2011 年 11 月 21 日。

化发展阶段,80年代初期中国开始接触和学习国际教育评价的理论与实践活动,自此才逐步完善我国的教育评价理论体系。由于其发展起步较晚、基础较薄弱,致使国内外对教育评价理论的学术研究略显不成熟。目前教育评价理论的评价对象,广义上是以教育体系、教育目标、教育内容、课程设置等内容为评价对象;狭义上是以教育在学生的学习与生活等领域给予其成长和发展的价值为评价对象。按教育层次分,研究主要集中于学校评价、班级评价、教师评价、学生评价等内容。而作为义务教育服务的最主要提供者政府,其并没有被包含在教育评价的评价对象范畴中。政府的财政投入力度为义务教育服务的发展奠定基础、创造平台,政府的战略规划决定义务教育服务的发展方向和工作重点,政府的政策措施为义务教育服务的发展提供有利条件与保障。因此,对政府提供义务教育服务质量的中观评价应纳入教育评价的理论与实践中,构建政府义务教育服务质量的评价体系是统筹各项微观教育评价的关键环节和必要步骤,将拓展教育评价的内涵,引入运用新的评价理论、技术与方法,完善具有中国特色的教育评价理论与实践体系。

2. 实践意义

首先,义务教育纳入评价体系有利于将义务教育服务质量标准化,保障受教育权平等充分。义务教育作为一项培养人才的活动,是政府提供的最重要的基本公共服务之一;受教育权作为获取知识、改变命运的最直接途径,是公民享有的基本权利之一。政府有义务为受教育者提供高质量的、均衡的义务教育服务,保障受教育者享有平等、充分的受教育权。构建地方政府义务教育服务质量评价体系有助于将义务教育服务从决策到执行的过程科学化,从数量到质量的供给标准化,从地方到全国的发展整体化。

其次,义务教育纳入评价体系有利于厘清各级政府职责,修正各自为政的乱象。中央与地方财政分权制的改革,以及缺乏配套规定与措施的现状,导致从中央到地方五级政府承担的责任、管辖的事项及提供的服务等易存在职能重叠或错位的情况。事权与财权的低匹配度是地方政府发展地方经济,推动各项事业前进的一项阻碍,也时常受到学界诟病。构建地方政府义务教育服务质量评价体系有利于在源头上厘清各级政府职能责任，并为中央提供决策参考，为地方配置相应的所需资源，为义务教育服务的基层实践奠定基础、创造条件。同时，在地方政府层面，为各地义务教育事业建设设立标准和蓝本，有助于规范各地方的政府行为，缓解、修正目前各行其是、发展混乱的现状。

最后，义务教育纳入评价体系有利于提高政府教育决策的科学性，推进服务型政府建设。提升义务教育服务质量是政府的一项持续战略目标和长期任务，政府和学界也从多方面下手，力争改善服务现状。而目前已有的研究和举措多从定性角度切入，缺乏实践检验的研究多停留在理论表面，不能深入问题的本质。构建地方政府义务教育服务质量评价体系则能够通过指标的科学筛选、设定、赋值，有效量化义务教育服务质量现状，扩充与完善我国公共服务监管体系，为政府监测、反馈信息，提供决策参考，对症下药，使政策制定更有针对性，执行更具有效性，是我国建设服务型政府的重要引擎和助推器。

二、义务教育领域各项指标的基准

(一)价值性基准

1. 公共性

义务教育的第一特征就是公共性，在构建质量评价体系时遴选出的指标必须体现这一特征，并且能够保证使其得以全面的衡量和评价。衡量重点有三：第一，公益性，即微观上指标应能够体现出义务教育服务本身的公益性质，非竞争性和非排他性，全民可得接受服务的机会和享有同等服务的资源。这就意味着，除了客观的物质硬件条件，还应注重公众对此服务质量的感知水平，对其需求是否得到满足的满意程度。第二，公平性，宏观上指标包含公平含义，应能够衡量评测出城乡、区域、学校之间义务教育服务供给的公平程度，公众是否享有了平等的受教育权，若尚欠缺，明确差异所在，以引导改进方向。第三，公民参与性，对于服务提供主体，指标应能够衡量政府提供义务教育服务的公共责任意识和行为，实践和履行公共责任的水平。因此，构建地方政府义务教育服务质量评价指标体系，评价地方政府义务教育服务实践，应当坚持公共性，体现社会公益，维护社会公平正义。

2. 效率性

义务教育服务作为一项周期长、见效慢的政府行为，应找到科学合理的途径对其投入和产出的大致情况，即效率进行描述与衡量。指标设置应具备效率性，其原因在于义务教育服务对公民个体、对国家民族而言都具有重大意义，其提供必须有质量、有效果。国家对义务教育服务给予的财政投入、人力支持、物力保障等成本非常可观；在此条件基础上，国家培养出人才的数量、质量，提升国民素质的成效、公众对义务教育效率的评价等也应有基准，以便公众了解政府的目标与实际成效，通过对政府履行职责情况和完成工作情况的对比，促进政府提升义务教育服务的基本水平。

(二)工具性基准

1. 结构之逻辑性

指标体系的构建应从搭建构架着手考虑，而此构架须具备逻辑性。此处所谓逻辑性有纵向与横向两重含义：第一，在纵向上，地方政府义务教育服务质量评价体系应层次分明、归纳清晰，从宏观到微观，由概括至细致，避免层级过少或过多导致指标体系的欠缺或庞大，难以发挥作用。可通过一级指标、二级指标和三级指标等简明地将指标逻辑清楚呈现，以供测评者使用。第二，在横向上，地方政府义务教育服务质量评价体系应全面、完整，具有同级指标互斥且穷尽性，即同一级别的指标彼此之间并不互相重复交叠，相互独立且无因果关系或包含关系等，通过同一级指标的合集可以全面、准确地诠释上一级指标。力求通过逻辑科学严谨的结构设计将地方政府义务教育服务质量评价体系的框架搭建起来，为评价活动建立良好的基础。

2. 选取之基础性

义务教育服务作为政府的多项基本公共服务之一，从范围上看可以说是最广的，所有适龄儿童都有权利和义务接受义务教育，且时长达九年；从责任归属上看，基本上是由政府无偿提供的，中央政府负责主要财政投入，省级政府统筹和管理,县级政府落实监督,各级政府都有责任且不尽相同;从意义上看,是育人强国的,通过实现个体的发展为国家发展输送重要的人才资源,意义非凡;从内容范畴看,"教育"二字的内涵无限宽广,地方政府义务教育服务涉及的项目繁琐复杂。因此,义务教育服务具有受众广、时限长、责任重、意义大、内容多的特征,如对其评价没有一个准则,不仅难度过大,也无法准确、客观地对服务状况进行描述,指标会面临过多、杂、乱的境况,难以将地方政府供给义务教育服务的水平清晰地呈现在公众面前。如无的放矢,则导致无从查找问题进而解决问题。因此,对于地方政府义务教育服务质量的评价指标遴选必须坚持一项原则——基础性。避免用过高的标准追求不切实际的义务教育服务,用最基础、普遍、可靠的指标对政府行为和效果进行衡量,适应国情、社情、地方发展情况。

3. 数据之可得性

地方政府义务教育服务质量的评价指标选取还应坚持数据的可得性原则。这里包含三个方面:第一,要注意以实际出发、因地制宜,量力而定评价规模和范围,对指标的选取既不应过多地超越现状、增加负担,也不应低于现状、难以发挥实效;第二,遴选的指标应该具体、明确、可测,把义务教育服务这项抽象的政府行为具象化,通过合理的逻辑将其落实为可行为化、操作化的规定,易测量、可比较;第三,指标数量多少应适宜,不过多过繁,以利于及时实施观察、操作和记录,便于理解与运用,不过于简单、粗略、笼统,造成难于判断或误差过大。要通过筛选,将可得的数据列为指标,尽量达到科学性。

三、义务教育质量评价的指标体系

(一)义务教育质量评价的研究现状

1. 整体指标设计

对政府提供义务教育服务质量进行指标体系整体设计的文献并不多,此类研究成果虽少,但含金量较高。研究思路大体可分为两类:一类是从政府提供基本公共服务职责的角度出发，以服务质量为立足点，提出评价方案；另一类是通过勾勒义务教育事业应然的发展蓝图来明确指出政府职责，进而设定评估指标。

一些学者的研究着重于对政府提供公共服务的质量评价之整体体系构建，"义务教育服务质量之评估体系构建"仅作为一个方面存在其中。由于研究的整体性强、涉及范畴广、内容庞杂，难免设计的指标稍显欠缺具体性，细化程度较低。例如，有学者将评价指标归纳为投入类、能力类、效果类，并选择了六个基本公共服务项目建立一级指标体系。其中，在基础教育评价指标设计方面，选择了财政性教育经费支出占地区财政支出的比例、普通初中生均预算内教育经费支出、普通小学生均预算内教育经费支出作为投入类指标；生师比作为能力类指标；普通小学升学率、普通初中升学率、文盲人口占15 岁及以上人口比重作为效果类指标。[1]有学者依据新公共服务理论和顾客价值理论，建立面向公民价值的政府公共服务研究框架，并在此基础上将公民的价值层分为功能价值、情感价值、社会价值和感知代价四个维度，以此作为二级指标进行再细化。其中对义务教育服务仅设置了"人均财政性教育经费支出、每个教师负担学生数"两项考察内容。[2]显然，此类研究的相似之处在于，都是直接针对政府提供公共服务的整体行为效果给予评价意见，但义务教育服务质量的评价作为子项目并没有得到系统的指标意见。

还有一些学者匠心独运，以义务教育服务为中心，对其评价指标体系进行设计构想。其研究从教育和义务教育的应然状态出发，从侧面对政府责任和服务水平提出了要求与行为准则。例如，有课题组就对整个教育事业进行了发展构想，其参考我国教育监测与评价统计指标体系，借鉴国内外教育综合发展指数相关研究成果，构建了我国教育综合发展水平指标体系，将教育机会、教育条件、教育质量和教育公平设置为一级指标，再把每个一级指标细化为若干个二级指标和三级指标。如教育公平这个一级指标被细化为"生

---

① 参见李剑：《基本公共服务评价指标体系研究》，《商业研究》，2011 年第 5 期。

② 参见张钢、牛志江、贺珊：《地方政府公共服务质量评价体系及其应用》，《浙江大学学报》（人文社会科学版），2008 年第 11 期。

均教育经费城乡差异、教师学历合格率城乡差异、人力资源水平性别差异"
三项二级指标及十项三级指标。研究的可取之处在于,不仅设计了教育综合
发展水平的评价标准,而且运用此标准对我国和各地区教育综合发展指数
进行了统计分析。①有学者则提出,县域义务教育评价指标体系的内容应包
括基础性内容、发展性内容和灵活性内容三大方面。基础性内容包含县域教
育发展战略规划、教育经费投入与管理、办学条件、教师队伍、环境与安全、
教育质量与效益六个二级指标及若干个三级指标,②此研究对县域层次的义
务教育发展水平提出了较为明确、全面的要求,参考价值较高。此外,有学者
基于公平的价值取向对政府义务教育服务责任进行了厘清和阐述,其认为
政府要承担起公平有效供给义务教育服务的责任,主要应实现两点:第一,
为公平优质的义务教育服务提供保障——各级政府切实履行义务教育经费
保障责任;提升教师质量、均衡配置师资;提供以公平为价值取向的义务教
育政策、法律和各种制度安排。第二,加强对义务教育服务的监督与评价——
改革义务教育服务督导评估机制,实现管、评、办分离;加强义务教育服务相
关标准建设;强化对政府义务教育服务质量和水平的监督与评估,建立各级
政府义务教育公平目标的问责制度;重视家长与社区的参与。③也有学者基
于基本权利功能视角,对保障公民充分享有受教育权的国家义务进行了论
述,尝试将对外延进行归纳总结。

2. 指标实证测量

本领域的理论研究蓬勃发展,实证研究也不逊色。一部分学者采用实证
调研的方式,基于某地方义务教育事业的发展状况进行指标体系设计研究,
还有部分学者在初步形成了指标体系之后进一步对评价指标体系进行运
用,通过实地测量验证指标的可行性、科学性、有效性,对地方政府提供义务

---

① 参见中国教育科学研究院中国教育发展报告课题组:《中国教育综合发展水平研究》,《教育
研究》,2013 年第 12 期。

② 参见王景英、张春宏:《县域义务教育评价指标体系的构建与内容解析》,《教育测量与评
价》,2009 年第 8 期。

③ 参见蒲蕊:《基于公平价值取向的政府义务教育服务责任》,《华中师范大学学报》(人文社会
科学版),2013 年第 11 期。

教育服务之质量的实证研究在纯理论研究的基础上提升了研究水平，使研究有据可依，更贴近具体实际情况，更以人为本。例如，有学者基于安徽省义务教育的政策实践，初步设计了区域义务教育均衡发展指标体系的框架，并通过实地数据的采集、处理、剖析，对评价指标体系进一步修正完善，最终确定义务教育机会均等指数、教育资源配置均衡指数、教育质量与成就均衡指数作为三项一级指标，共二十个二级指标，四十个三级指标，用于检测该区域义务教育发展总体水平和均衡度水平。[1]也有学者将北京市的部分区作为实地调研样本采集地，基于大样本调查进行指标分类，探索构建了区域内义务教育均衡发展指标体系。指标体系以义务教育资源配置的均衡指标和义务教育质量均衡发展指标这两类假设指标为主，[2]每类指标又被细化分解为若干二级指标，研究的可贵之处在于对每一个指标的选取都有章可循、有据可查，依据政府工作人员、学校教师、学生家长、企事业工作人员、军人、其他人群这六类人群对某一指标重要程度的判断和排序，对所有指标进行分析归类和二次遴选，以求完善指标，提升其科学性和有效性，最终形成了测量义务教育之资源配置的均衡度和质量均衡度的两个指标体系。不难看出，学界对于地方政府义务教育服务的质量评价之实证研究尚处于起步阶段，研究成果有限，主要遵循先假定指标体系，后征集专家及相关群体意见修正指标体系，最终确定评价方案的思路。研究关注的主题多集中于某地的义务教育均衡发展程度，较少有针对政府行为的评价对某地进行实地调研测评的，可以说这是当前研究的一个缺憾，也是未来研究领域的一大发展空间。

（二）义务教育质量评价体系的指标来源

评价地方政府义务教育服务质量的指标并非指标的简单集合，而是能够准确描述义务教育这一公共服务提供情况的各项统计量数的模式；也不仅仅是各项统计数据的罗列，而应描绘和呈现在地方政府提供义务教育服

---

① 参见朱家存、阮成武、刘宝根：《区域义务教育均衡发展监测指标体系研究——基于安徽省义务教育政策实践》，《教育研究》，2010 年第 11 期。

② 参见薛二勇：《区域内义务教育均衡发展指标体系的构建——当前我国深入推进义务教育均衡发展的政策评估指标》，《北京师范大学学报》(社会科学版)，2013 年第 4 期。

务这个事项中各变量相互之间的关系;更不是纸上谈兵的纯理论,指标应兼具逻辑性和实证性、科学性与可操作性。国内外政府和学界都对这个问题进行了大量的研究,研究历程很长,由浅及深,从理论到实证,一直处于结合具体国情、社情不断进行完善和修正的过程;研究角度各有千秋,思路开阔,日益全面、客观地将政府提供教育服务之公共行为呈现、还原其本质,探讨评价标准于不同层面的构建。因此,之前学者们丰硕的研究成果为本研究提供了大量可参考查阅的素材,使指标的遴选既有理论依据,又具有实证优势,对本研究实有裨益。

构建指标体系的重要前提是要有科学、恰当的指标,而指标的来源是前提保障。地方政府义务教育服务质量评价指标的遴选,应基于理论和实践两个层面。在理论层面,通过对教育服务理论、政府绩效评估理论、教育评价理论成果的梳理总结、学习借鉴、充分剖析,明确政府应承担的提供义务教育基本公共服务的理论支持和具体责任。结合我国政府文件中对义务教育服务供给的考评标准,参照各项与教育相关的统计年鉴中采用的数据,依据科学、合理的遴选原则,设计、筛选出一部分指标,作为评价指标体系的重要组成部分。在实践层面,第一,查阅历年来中央和地方政府对义务教育服务建设和改革的会议文件精神、指导方针政策、具体标准规定等,对义务教育服务的内容和政府责任有大致的掌握;第二,参考学界对义务教育服务的实践性测评,通过借鉴一些政府未提供的数据方面,设计能够最大反映和表达公众对于地方政府提供义务教育服务行为之满意度和意见建议的指标;第三,借鉴国内外对于教育服务之评价的体系成果,古为今用、洋为中用,结合我国具体国情,通过观察和分析国外专家历经多年研发出来的指标体系,将适宜的指标本土化。

(三)义务教育质量评价的体系架构

指标体系的构建是一个"逐层剥笋"的过程,即对各级指标进行逐层确定、细化的过程。正因如此,对每一层每一个指标的选取都要十分慎重,有理有据,对每个指标的内涵及计算方法也应给予明确说明,以供后续研究使用。

1. 一级指标的择取

通过前文对教育公共服务理论、政府绩效评估理论、教育评价理论的基本理论梳理,并进一步明确政府须依据个体、社会和国家对教育服务的需求,承担起提升义务教育服务供给效率、优化义务教育服务供给质量和促进义务教育服务均等化的具体职责,本研究遵循指标遴选的价值取向和原则,认为地方政府提供义务教育服务之质量可以从义务教育服务的效率、义务教育服务的质量和义务教育的公平程度三个维度来衡量,结构如图5-1所示:

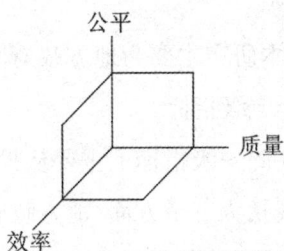

图5-1 地方政府义务教育服务质量评价指标体系结构图

这里的效率、质量和公平,均指义务教育服务的效率、质量和公平。之所以择取这三项作为评价地方政府提供义务教育服务行为的一级指标,一是因为这符合评价政府公共服务的逻辑,效率与公平是衡量政府基本公共服务水平的关键变量,义务教育的内涵和质量又是与其他公共服务最大的区别,三个维度能够较为全面、客观地呈现政府基本公共服务的绩效;二是由于此三项指标基本上可以满足个体、国家和社会对教育服务的各方面需求,评价结果可清晰地显露出政府提供义务教育服务的成效与不足,明确欠缺的方面,从而对症下药,进行改革和完善;三是考虑到此三项指标虽未曾以如此形式被用于政府义务教育服务质量的评价之中,但其内涵曾被广泛细化为多项具体指标,在官方测评和学界研究中被普遍应用,既有公认性和权威性,又不失数据可得性。

如图5-1所示,用义务教育服务的效率、质量和公平三个维度,对地方政府提供义务教育服务的行为进行立体式评价。其中,"效率"层面主要关注的是地方政府在义务教育服务中投入的人力、物力、财力水平;"质量"层面着眼于内涵,致力于打造能够满足受教育者们多方面需求、能够适应国家和社会发展需要的素质教育;"公平"层面则侧重于义务教育服务均衡化发展,用于测量城乡、区域、学校之间义务教育服务水平的差距和异同,从而发现漏洞和缺陷,给予完善。三个指标从不同角度、多个层面对地方政府提供义务教育这项基本服务的行为进行综合性考量,并且从此三个角度出发,于其下设立相应具体的二级指标,更加细化地对一级指标进行阐释和描述,使其更加具象、量化,力争达到有效评判的目标,为改革发展指明方向。

2. 一级指标的细化

经过以上分析论证,本研究主要为地方政府义务教育服务质量评价体系设置三个一级指标,若干二级指标。

(1)义务教育效率。在此一级指标下主要从投入和产出的角度来考虑:第一,投入项目基本上可概括为三个方面:地方政府提供义务教育过程中的财力投入(教育经费)、物力投入(教育设施)、人力投入(师资队伍)。首先,教育经费主要通过地方政府预算内义务教育经费及其占地方政府财政支出比例、生均义务教育经费支出来表示和计算;其次,教育设施主要需衡量教学物质条件及教学辅助设施,这几项内容大致体现为生均校舍建筑面积、生均教学及辅助用房面积、生均体育运动场(馆)面积、生均图书量、生均教学(实习、科研)仪器设备值,以及每百名学生拥有计算机数;最后,师资队伍情况可通过专任教师学历合格率体现出来。第二,义务教育的产出情况可通过对毛入学率和毕业率的统计分析得出。

(2)义务教育质量。义务教育服务的质量非常抽象,较难直接测量,须将其具象化,从不同角度考虑衡量其水平。本研究主要考虑从三个角度入手:第一,师资队伍的质量——教育的主体是教师,师生配比是否科学适当是决定教育水平的关键因素;第二,学校基本管理制度——班额大小直接影响学生受教育效果,对义务教育质量发挥作用;第三,教育成果——学生的体质健康达标率和学生学业水平测试合格率,通过这些具体的数据反映地方政府提供的义务教育服务之整体成效。

(3)义务教育公平。义务教育之公平主要体现于两个方面:第一,接受义务教育的机会均等——严格遵守就近入学政策,平等地分配入学机会,解决择校难题;第二,接受义务教育的过程均等——受教育者能够享有同等质量和数量的教育经费、教育设施、教师队伍。从这两点入手对地方政府城乡、区域、校际义务教育服务质量进行测评,可得出差距系数,明确义务教育服务均衡化发展水平,有效彰显社会公平、公正,满足个体、国家、社会的需要。

(四)义务教育质量评价体系的整体结构

综上,本研究设计出地方政府义务教育服务评价体系,并通过问卷对专家就指标的权重征询意见,获得的权重列于表5-1中:

表5-1 地方政府义务教育服务质量评价体系

一级指标	二级指标	三级指标	权重
地方政府义务教育服务质量评价体系（A）	效率（B_1）	财力投入（教育经费）（C_1）	地方政府预算内义务教育经费(万元)（D_1）	0.037
			预算内义务教育经费占地方政府财政支出比例(%)（D_2）	0.016
			生均义务教育经费支出(元)（D_3）	0.109
		物力投入（教育设施）（C_2）	生均校舍建筑面积(平方米)（D_4）	0.002
			生均教学及辅助用房面积(平方米)（D_5）	0.003
			生均体育运动场(馆)面积(平方米)（D_6）	0.001
			生均图书(册)（D_7）	0.008
			生均教学(实习、科研)仪器设备值(元)（D_8）	0.005
			每百名学生拥有计算机数(台/百人)（D_9）	0.005
		人力投入（师资队伍）（C_3）	专任教师学历合格率(%)（D_{10}）	0.069
		产出（C_4）	毛入学率(%)（D_{11}）	0.020
			毕业率(%)（D_{12}）	0.020
	质量（B_2）	师资质量（C_5）	师生配比(%)（D_{13}）	0.105
		管理制度（C_6）	平均班额(人/班)（D_{14}）	0.014
		教育成果（C_7）	学生体质健康达标率(%)（D_{15}）	0.022
			学生学业水平测试合格率(%)（D_{16}）	0.022
	公平（B_3）	机会均等（C_8）	就近入学率（D_{17}）	0.360
		过程均等（C_9）	教育经费（D_{18}）	0.097
			教育设施（D_{19}）	0.029
			教师队伍（D_{20}）	0.053

第二节　公共文化服务

加快构建现代公共文化服务体系,实现基本公共文化服务均等化、标准化,保障公民基本文化权益,促进和改善社会文化民生,是我国政府基本公共服务职能之一,也是建设人民满意的服务型政府的必然要求。近些年,我国公共文化服务财政投入逐年增长,公共文化服务硬件设施网络初步覆盖城乡,公共文化产品与服务供给状况明显改善。但目前我国公共文化服务实践仍存在问题。一方面,我国的公共文化服务实践仍然滞后于经济发展水平,与人们日益增长、日趋多元的精神文化需求相比仍有较大"缺口";另一方面,以往以体系建设促进公共文化服务供给的实践逻辑过于粗放,且存在重硬件、轻软件,重建设、轻评价的失衡问题。未来公共文化服务体系建设与有序运行需要科学系统的质量评价实践提供方向引导与过程纠偏。

一、公共文化服务纳入评价体系的缘由

(一)公共文化服务是政府基本公共服务不可剥离的一部分

受经济社会发展阶段、政府财政资源所限,目前我国政府提供的公共服务主要限定在基本公共服务范围内。因此,这里所讨论的公共文化服务是指以满足基本文化需求、保障基本文化权益为宗旨的基本公共文化服务。政府向社会提供基本公共文化设施、产品、服务及配套制度体系,实现基本公共文化服务的均等化、标准化是政府履行公共服务职能的必然要求,也是加快政府职能转变、深入推进服务型政府建设的主要路径之一。公共文化服务是政府基本公共服务的一部分,评价政府基本公共服务质量必然涉及对公共文化服务质量的评价。一方面,从内涵范围看,公共文化服务是基本公共服务疆域的构成"版图"之一。基本公共服务是指"以政府为主的公共组织基于社会公平正义原则所提供的,旨在满足某一社会的普遍成员最为根本的自然需求和社会需求,使其获得最为基本的物质生活保障、社会安全保障和生

活意义保障等方面的服务"①。其中,基本生活意义保障主要满足人们的社会需求与精神需求,而公共文化服务是基本生活意义保障的主要内容。另一方面,从体系框架看,公共文化服务体系是政府基本公共服务体系的基础组成部分。按照《国家基本公共服务体系"十二五"规划》的界定,基本公共服务体系是指"由基本公共服务范围和标准、资源配置、管理运行、供给方式,以及绩效评价等构成的系统性、整体性的制度安排",其中构建现代公共文化服务体系建设是建立健全基本公共服务体系的必由路径之一。因此,政府基本公共服务的内涵与体系决定了公共文化服务应被纳入政府公共服务质量评价体系。

(二)公共文化服务的重要性与日俱增

首先,公众日益增长的精神文化需求要求政府加强公共文化服务。改革开放四十多年来,我国经济建设成就举世瞩目,人们的物质生活水平显著提高,物质需求得到极大满足。但我国政府"抓物质文明之手强,抓精神文明之手弱"的实践举措却导致精神文明建设滞后于物质文明建设,人们精神文化需求未得到充分满足,基本文化权益缺乏有效保障。近些年来,随着经济社会的不断发展和社会转型的日渐深化,人们的精神文化需求不仅在量上迅猛增长,而且在质上向多元化、差异化发展,致使政府公共文化服务"缺口"进一步扩大。这些问题都倒逼政府提高公共文化服务能力,增加并优化公共文化服务供给。

其次,服务型政府建设进程的深化要求政府优化公共文化服务。建设服务型政府是我国政府职能转变和行政体制改革的重要目标和发展方向。"服务型政府"的概念自 2004 年由时任国务院总理温家宝正式提出。随着服务型政府建设进程的深化,政府加强和改善公共服务的实践已开始向多领域、深层次纵深扩展。公共文化服务作为公共服务的重要内容,必须紧跟服务型政府的建设进程。加强和优化公共文化服务,满足人们基本文化需求,保障人们基本文化权益是建设服务型政府的重要路径之一。

---

① 沈亚平、李晓媛:《基本公共服务的疆域及其供给成效分析》,《河北学刊》,2015 年第 1 期。

最后,构建现代公共文化服务体系频频进入政策议程,成为政府工作重点之一。2011年3月,十一届人大四次会议通过"十二五"规划,把"基本建成公共文化体系"上升为国家文化建设两大战略任务之一。2011年10月,党的十七届六中全会提出到2020年"覆盖全社会的公共文化服务体系基本建立,努力实现基本公共文化服务均等化"的奋斗目标。此后,2012年11月党的十八大、2013年11月党的十八届三中全会都对构建现代公共文化服务体系进行了进一步强调和论述。党和政府对公共文化服务的重视带动了全国范围内公共文化服务建设的热潮。2017年10月,党的十九大报告提出坚定文化自信,推动社会主义文化繁荣兴盛,繁荣发展社会主义文艺,推动文化事业和文化产业发展。

(三)将公共文化服务纳入评价体系具有重要意义

首先,将基本公共文化服务纳入评价体系,是对公共文化服务体系"重建设、轻评价"逻辑的纠偏,有利于实现"以质量评价促质量改善"的良性循环。自我国公共文化服务体系建设进程启动以来,公共文化服务实践就存在"重建设、轻评价"的失衡与错位格局,即将主要财力、物力、人力投放于公共文化服务体系建设上,过度追求建设速度和显性的建设成果,却没有适时针对不同阶段的建设成果作出科学、系统、客观的评价。这种"重建设、轻评价"的失衡布局导致了部分地区公共文化服务体系建设过于粗放,一定程度上加剧了公共文化服务供需矛盾、城乡及区域差距等问题,背离了实现基本公共文化服务均等化、标准化的目标。因此,只有通过系统科学的公共文化服务质量评价,才能发现目前建设过程中存在的问题,并通过及时的反馈实现公共文化服务体系建设过程的优化。

其次,将公共文化服务纳入评价体系是对目前公共文化服务"重定性描述、轻定量分析"的评价失衡状态的重塑,有利于提高评价的科学性与有效性。目前,在公共文化服务评价实践中,总结性定性描述往往多于基于客观数据的定量分析测评。总结性定性描述虽然可以在一定程度上反映公共文化服务建设的整体成效,但评价过程易受主观因素影响,评价的科学性难以保证。而且抽象的定性描述难以将评价结论聚焦到具体问题剖析及针对性解决的层面,不利于公共文化服务实践的改进与质量的提升。而定量分析以一套全面系统的指标体系为基础,借助科学的测算工具,通过指标赋权、数据分析,可以对公共文化服务质量作出更为具体的评价分析,评价结果更具客观性、说服力。因此,正确的评估方式应该是以科学、客观的定量分析为主,辅之以必要的定性评价。

最后,将公共文化服务纳入评价体系是对公共文化服务质量评价滞后问题的弥补与修正,有利于保障现代公共文化服务体系持续有序健康运行。目前无论是在理论研究上,还是在实践探索上,我国公共文化服务质量评价都呈现明显的滞后性。在理论研究方面,学术界对公共文化服务质量评价研究较少,对评价主体、评价理念、评价程序与方法、指标体系、评价反馈等内容的研究呈碎片化状态,尚未形成系统的公共文化服务质量评价理论体系。在实践探索方面,随着构建现代公共文化服务体系在更大范围、更深层次内的展开,公共文化服务质量评价实践也开始涌现,但至今没有相对统一且得到广泛认可的综合性评价指标体系,也缺少能够测评不同层次、不同领域、不同环节公共文化服务实践的专门性指标体系,公共文化服务质量评价的标准化、规范化、持续化水平亟须进一步提高。因此,将公共文化服务纳入政府质量评价的整个体系与过程,有利于丰富公共文化服务质量评价实践,提高公共文化服务质量评价的系统层次,从而有效发挥出质量评价在公共文化服务实践中的监督、促进与改善作用,保证现代公共文化服务体系的建设完善与良好运行。

二、公共文化领域各项指标的基准

从系统论观点看,公共文化服务系统可以视为社会大系统中的一个子系统。公共文化服务系统通过投入、运作、产出等活动为社会大系统提供公共文化产品和服务,满足社会公众的精神文化需求,进而维系两个系统的正常运转与相互间的动态平衡。而公共文化服务质量评价指标体系作为衡量、测评公共文化服务系统运行状况的标准体系,它的设计应综合考虑公共文

化服务子系统和社会大系统两个层面的各项因素，具体指标体系设计需要
一定的基准来导引。总体来看，公共文化服务质量评价指标体系设计基准可
从结构、内容、价值等层面分别论析。

(一)结构基准

公共文化服务质量评价指标体系在结构上应具备清晰严谨、逻辑顺畅、
层次鲜明等特征，因此公共文化服务质量评价指标体系的结构基准应包括
以下三点：

1. 系统性

公共文化服务质量评价指标体系在结构上应符合系统性要求。横向上，
指标选取要全面，各具体指标所构成的测评范围应涵盖公共文化服务各方
面、全过程，保证测评的完整性。纵向上，所构建的指标体系层级划分要恰
当，既不能过少，导致测评的无力；也不能过多，造成指标体系过于庞大、难
以展开，因此层级划分应有明显的层次统属性。

2. 协调性

公共文化服务质量评价指标设计结构的协调性是系统性的延伸与扩
展。各指标之间的协调有序是公共文化服务质量评价得以有效开展的基本
前提。一方面，各层级间的层次统属性要明确，次一级指标应该较为完整体
现、诠释上一级指标，避免各级指标在结构上出现错乱；另一方面，同层级的
各个指标既要保持一定的独立性，又要与同层级其他指标在分解、解释上一
级指标上保持基本属性的一致。

3. 互斥性

公共文化服务质量评价指标体系设计结构的互斥性基准是指各项指标
在内容上互不相容，相互之间没有交集、没有重叠。互斥性要求同级各指标
之间所构成的合集能恰当地反映同一上级指标内涵，层级间各指标层次鲜
明，没有层级混乱和内容重叠。各指标互斥是保证评价指标体系结构清晰、
内容合理的基础，也是评价指标体系正常运行的关键。

(二)内容基准

公共文化服务质量评价指标体系各指标内容和整体内涵应达到简洁精

练、合理可行、科学效用等目标,因此设计公共文化服务质量评价指标体系在内容层次上应遵循以下基准:

1. 具体性

公共文化服务质量评价指标体系各项指标内容关乎评价实践是否可行,必须具体明确。第一,各指标内容含义单一,语意明确无歧义,避免出现指标内容解释、操作混乱;第二,各指标内容简洁清晰,以简洁明了的测评要求解释各具体指标,避免指标内容笼统模糊;第三,突出定量化内容,以定量化内容解释、测评抽象的定性指标。

2. 适用性

公共文化服务质量评价指标体系最终要应用于实践,服务于实践,因此公共文化服务质量评价指标体系在内容上必须适应实践要求, 突出内容适用性。一方面,各指标内容要实现空间适用性,符合所测评地方的公共文化服务具体实践,紧密结合地方公共文化服务需求、供给、社会效益等实际情况;另一方面,各指标内容要实现时间适用性,各项指标的选取必须基于一定的时间维度,横向上保证各测对象相关数据的时间统一性,纵向上可以对同一对象不同年份的公共文化服务实践进行测量、评价、分析。

3. 可操作性

公共文化服务质量评价指标体系要完成对公共文化服务实践的测评,各项指标内容必须具备可操作性, 即文字性的指标内容必须可以转化为数量性的指标操作,所需数据可以直接或间接获得。因此,公共文化服务评价指标内容的可操作性必须具备两个条件:一是指标可衡量, 二是数据可获得,两个条件缺一不可。若某一指标无法用定量化的数据测量,或相应数据无法取得,那么这项指标就是无效的。这里必须明确,无效不代表无用。在公共文化服务实践及质量评价中,一些评价指标可以很好地反映、体现公共文化服务的某一方面,但受条件限制,测量这些指标所需要的数据暂时无法获得,在实证测算分析时不得不暂且搁置这些指标。

4. 效率性

公共文化服务过程是将人力、物力、财力等资源转化为公共文化产品及服务的过程。因此,公共文化服务质量评价必须对公共文化服务效率作出全面客观的测量。公共文化服务质量评价指标设计应该遵循效率基准。这里的效率包括机械效率与社会效率两个维度。在机械效率方面,评价指标的选取、建构应注重对公共文化服务产出效率、配置效率的测量。在社会效率方面,评价指标体系设计应该将反映、衡量公共文化服务社会参与度、满意度的相关指标包括在内。

(三)价值基准

我国构建现代公共文化服务体系的目的是为了满足人们日益增长的精神文化需求,保障和改善民生。因此,构建现代公共文化服务体系的价值立场,决定了地方政府公共文化服务质量评价指标必须具备正确的价值基准。基于全面建成小康社会的宏伟目标、建设服务型政府的内在要求、构建现代公共文化服务体系的具体实践,设计政府公共文化服务质量评价指标体系应坚持以下基准:

1. 坚持公共性

从性质上讲,广义的公共文化服务属于准公共产品,而基本公共文化服务则带有更多的纯公共产品性质。政府通过构建现代公共文化服务体系的途径和方式向人们提供基本公共文化产品与服务,必须首先保证公共文化服务的公共性。因此,设计政府公共文化服务质量评价指标体系,评价地方政府公共文化服务实践,必须坚持公共性,体现社会公益,维护社会公平正义。地方政府公共文化服务质量评价设计中的公共性主要体现在两个方面:一方面,从目的上讲,指标体系设计、运用的目的在于全面、客观地测评公共文化服务实践。除了测评公共文化服务财政投入、硬件设施建设等客观内容,本地区全体公民基本精神文化需求是否得到切实满足、基本文化权益是否得到有效保障,以及地方政府所提供的公共文化产品、服务的公共性水平也是考核地方政府公共文化服务实践的重要内容。另一方面,从内容上讲,评价指标设计应从全体公民基本公共文化需求出发,指标筛选、构造除了考虑科学性外,还应注重对公共文化需求与供给公益性、公平性的考量,旨在考核地方政府公共文化服务公共性、公平性、公益性程度的指标应占一定比例。

2. 坚持基本性

现阶段,政府公共文化服务限定于基本公共文化服务范围内,突出保障基本与保障底线,旨在满足人们最普遍、最直接的精神文化需求,保障人们最基本、最迫切的文化权益诉求。我国正处于社会主义初级阶段,经济社会发展水平及国力决定了我国要建立的覆盖全社会的公共文化服务体系只能是较低水平的。这种较低水平的标准线就是在现有经济物质条件下,保障全体公民基本文化需求与文化权益。因此,设计地方政府公共文化服务质量评价指标体系必须要考虑现阶段公共文化服务的基本性,所选指标既不能过高以至于超出现实发展水平,更不能过低造成评价的盲目无效,而应该选取能体现基本公共文化需求与供给水平的指标内容。所构建的指标体系能有效测评适应地方经济社会发展水平的基本公共文化服务发展情况。

3. 坚持均等化

公共文化服务的公共性、基本性特征必然要求实现基本公共文化服务的均等化。这里的均等化主要指全体公民都能公平可及地获得大致均等的基本公共文化服务。同时应当认识到,目前基本公共文化服务均等化包括机会均等、过程均等、结果均等,但核心是机会均等,而不是一味追求简单的平均化和肤浅的无差异化。因此,设计地方政府公共文化服务质量评价指标体系应体现基本公共文化服务的均等化。一方面,要突破公共文化服务上的城乡二元结构,强化对农村公共文化服务质量评价指标的设计与实践;另一方面,要考虑地区差异对基本公共文化服务均等化的影响,通过科学、客观的评价发现公共文化服务中的区域差异,补齐短板,兜住底线,实现地方区域间公共文化服务均等化。

4. 弘扬中国特色

公共文化服务不同于社会保障、医疗卫生、劳动就业等物质性公共服务,它是文化在公共领域的衍化形式。文化作为一种精神产品、观念形态、生活方式,具有影响人、塑造人、教化人的作用,而且这些作用主要以"润物细无声"的潜移默化的方式发生。政府所提供的公共文化产品与服务不可避免地具有以上特性。因此,我国要构建的现代公共文化服务体系必须能够弘扬中国特色。首先,必须坚守社会主义价值,以人民为中心、以社会主义核心价值观为引领是构建现代公共文化服务体系的基本要求。其次,继承和弘扬中华民族优秀传统文化,将优秀传统文化的保护与传承融入现代公共文化服务体系中,使之服务于人们的现代生活。此外,构建现代公共文化服务体系必须有利于发展社会主义先进文化,有利于塑造并引导积极向上的大众文化,有利于抵制、改造、消除落后文化及有害文化,用现代公共文化服务体系在全社会引领、塑造积极向上的精神追求和健康文明的生活方式。设计地方政府公共文化服务质量评价指标体系必须将以上三点考虑进去,并在指标内容上有所体现。

三、公共文化质量评价的指标体系

(一)公共文化质量评价的研究现状

公共文化服务评价研究在整个公共文化研究中所占比例较少,但这部分研究却直接关系公共文化服务质量的改善与公共文化服务体系的良好运转。因此,总结梳理这部分研究具有重要意义。目前,国内公共文化服务质量评价研究主要集中在以下四个方面:第一,公共文化服务体系绩效评价研究;第二,公共文化服务评估模型构建研究;第三,政府公共文化服务能力与效率研究;第四,公共文化服务某一领域、方面的评价研究,包括城市公共文化服务评价研究、农村公共文化服务评价研究、基本公共文化服务评价研究、博物馆绩效评价研究等方面。不论哪一方面的研究,其关键内容都是针对公共文化服务现状,建构一套评价指标体系,并运用指标体系对公共文化服务作出定量与定性相结合的综合评价,从而为公共文化服务发展提供对策建议。

在具体的评价指标体系设计方面,有学者在论述政府公共文化服务体系内涵的基础上,分析了政府公共文化服务体系绩效评价的内容和作用,提出了绩效评价方法论,并构建了包括"总体指标""有效供给指标""保障指标"等一级指标,若干个二级、三级指标在内的三级指标体系。①有学者认为政府行为是影响公共文化服务供给的最重要因素,因此其构建的评价指标体系包括"政府投入""服务保障""总体效应"三个一级指标及若干个二级指标;②此外,还构建了区域公共文化服务质量评价指标体系,共包含"目标层""准则层(B、C)""指标层 D"三个层次及若干指标,并利用这套综合评价体系对京、津、沪、渝四市的公共服务进行了综合评价。③有学者从政府公共文化服务提供能力测评出发,构建了评价政府公共文化服务能力的指标体系,并从投入、产出、绩效三个维度对省级政府公共文化提供能力进行了聚类分析与因子分析,发现了目前省级政府在公共文化服务供给上的不足。④另外,有学者从公共治理的视野出发,对我国农村公共文化服务进行了绩效评估。⑤也有学者基于 2000 年至 2010 年中国三十一个省份的面板数据,对地方公共文化服务支出效率进行了评价分析。⑥

(二)公共文化质量评价体系的指标来源

科学、恰当的指标来源是确保指标体系合理可行的重要前提。设计地方政府公共文化服务质量评价指标体系,应着重在自我设计、实践测评、前沿研究三个维度上选取、建构评价指标。

第一,在自我设计维度上,通过对公共服务理论、绩效评估理论等理论基础及现有公共文化服务质量评价研究理论成果的学习借鉴、充分剖析,结合我国构建现代公共文化服务体系的实践和各级地方政府公共文化服务及其质量评价实践,依据科学、合理的设计原则,设计、筛选出一部分指标内

① 参见蒋建梅:《政府公共文化服务体系绩效评价研究》,《上海行政学院学报》,2008 年第 4 期。
② 参见傅利平、何勇军、李军辉:《政府公共文化服务绩效评价研究》,《中国财政》,2013 年第 8 期。
③ 参见傅利平、何勇军、李小静:《城市公共文化服务的综合评价模型》,《统计与决策》,2013 年第 16 期。
④ 参见孔进:《我国政府公共文化服务提供能力研究》,《山东社会科学》,2010 年第 3 期。
⑤ 参见李少惠、余君萍:《公共治理视野下我国农村公共文化服务绩效评估研究》,《图书与情报》,2009 年第 6 期。
⑥ 参见杨林、许敬轩:《地方财政公共文化服务支出效率评价与影响因素》,《中央财经大学学报》,2013 年第 4 期。

容,作为评价指标体系的重要组成部分。为适应所要考察地区的公共文化服务实践,自我构建指标应在评价指标体系中占据较大比例。

第二,在实践测评维度上,一方面,在当下构建现代化公共文化服务体系的实践中,中央政府、部分地方政府都开展过相关公共文化服务质量评价活动,并形成了若干个可操作、可借鉴的公共文化服务评价指标体系,这些指标内容可以为我们构建地方政府公共文化服务质量评价指标体系提供重要参考。另一方面,历年的中国统计年鉴、中国文化文物统计年鉴及省级政府统计年鉴、文化统计年鉴中都会涉及公共文化服务的相关内容,并有具体的指标及数据,这也为我们选取、设计评价指标提供了依据。

第三,在前沿研究维度上,尽管目前学术界关于公共文化服务质量评价的研究仍处于探索阶段,但仍形成了一批具有一定理论意义和实践价值的研究成果,其中包括多个成形的、各具特色的公共文化服务质量评价指标体系。这些指标体系对设计地方政府公共文化服务质量评价指标体系具有重要借鉴意义。此外,在政府制定的相关规范性文件中,也有些内容涉及公共文化服务体系建设标准、指标标准、考核标准,这些标准也为设计指标体系提供了素材。

(三)公共文化质量评价体系的指标构成

1. 投入环节

公共文化服务系统投入环节主要是指政府为构建现代公共文化服务体系,满足人们精神文化需求所投入物质、人力、时间、信息等多种资源。其中物质资源在各种资源中居于首要地位,并以公共文化服务财政投入的形式表现出来。在具体评价中,对投入环节的评价以公共文化服务财政投入为重点测评对象。对此,我们从政府公共文化服务财政支出总额(万元)、政府公共文化服务财政支出占财政支出总额比重(%)、人均公共文化服务支出(元)、公共文化服务事业固定资产投资(万元)、文化文物事业费(万元)、人均文化文物事业费(元)等方面考察各地方政府公共文化服务财政投入数额与水平。受数据可得性影响,这里所提的公共文化服务支出总额主要包括文化、体育与传媒支出。

2. 产出环节

产出环节主要反映政府公共文化服务产出，即政府在投入消耗一定量的公共资源后，经过一系列生产、转化过程所产出的公共文化产品和服务。因此，产出环节是测评地方政府公共文化服务质量的关键环节。对此，我们选取以下指标测评地方政府公共文化服务系统产出环节，具体包括：公共文化服务馆、站、场所数（个），每十万人公共文化服务馆、站、场所数（个），每万人图书馆藏书量（本），每万人博物馆、艺术馆、美术馆、展览馆等公共文化机构藏品量（件），每万人文化、体育从业人员数（人）。

3. 社会效应

地方政府公共文化服务质量评价中的社会效应是指政府构建现代公共文化服务体系、提供公共文化产品和服务等实践活动，对公共文化服务系统及其所处的社会环境产生的正效应。公共文化服务所产生的社会效应是地方政府公共文化服务实践效果的外部显现，是地方政府公共文化服务质量的整体映像。对公共文化服务社会效应的考察可以从人均文化消费（元），图书馆图书借阅量（本），图书馆、博物馆、艺术馆、美术馆、展览馆等公共文化机构入馆人次，文化艺术展演观场次，文化艺术展演观看人次，政府公共文化服务公众满意度等方面切入。

4. 保障条件

系统论认为，一个系统的运行必然受到内外部环境影响，有利的内外部环境是系统正常运转的重要保证。公共文化服务系统也不例外，它的正常运行离不开物质经济等方面的切实保障。因此，对地方政府公共文化服务保障条件的评价应该从以下方面入手：地区生产总值（亿元）、人均地区生产总值（元）、地区居民年人均可支配收入或纯收入（元）、居民消费水平（元）。

（四）公共文化质量评价指标体系确立

经过以上分析论证，初步设计完成的地方政府公共文化服务质量评价指标体系共包括投入环节、产出环节、保障条件、社会效应四个一级指标二十一个二级指标，所设计的地方政府公共文化服务质量评价指标体系结构与内容如表5-2。地方政府公共文化服务质量评价指标体系为评价、研究地方政府公共文化服务质量提供了标准和依据。

关于指标权重,通过对多位公共文化服务及相关领域的专家学者、研究人员、工作人员的访谈、调查,了解他们对地方政府公共文化服务质量评价四项一级指标的相对重要性评定,并结合个人分析论证,确定各层各项指标两两比较值,再通过一系列运算得出各项指标的权重。

表5-2　地方政府公共文化服务质量评价指标体系

一级指标	权重	二级指标	权重
地方政府公共文化服务质量指数（A）			
投入环节（B_1）	0.325	政府公共文化服务财政支出总额(万元)(C_1)	0.034
		政府公共文化服务财政支出占财政支出总额比重(%)(C_2)	0.057
		人均公共文化服务支出(元)(C_3)	0.142
		公共文化服务事业固定资产投资(万元)(C_4)	0.017
		文化文物事业费(万元)(C_5)	0.034
		人均文化文物事业费(元)(C_6)	0.041
产出环节（B_2）	0.359	公共文化服务馆、站、场所数(个)(C_7)	0.076
		每十万人公共文化服务馆、站、场所数(个)(C_8)	0.090
		每万人图书馆藏书量(本)(C_9)	0.052
		每万人博物馆、艺术馆、美术馆、展览馆等公共文化机构藏品量(件)(C_{10})	0.054
		每万人文化、体育从业人员数(人)(C_{11})	0.087
社会效应（B_3）	0.193	人均文化消费(元/人)(C_{12})	0.039
		图书馆图书借阅量(本)(C_{13})	0.028
		图书馆、博物馆、艺术馆、美术馆、展览馆等公共文化机构入馆人次(人次)(C_{14})	0.026
		文化艺术展演观场次(场次)(C_{15})	0.021
		文化艺术展演观看人次(人次)(C_{16})	0.017
		政府公共文化服务公众满意度(C_{17})	0.062
保障条件（B_4）	0.123	地区生产总值(亿元)(C_{18})	0.018
		人均地区生产总值(元)(C_{19})	0.021
		地区居民年人均可支配收入或纯收入(元)(C_{20})	0.036
		居民消费水平(元)(C_{21})	0.048

（五）地方政府公共文化服务质量评价指标体系的运用

设计指标体系旨在为评价地方政府公共文化服务质量提供一套标准体系和基本依据,因此经理论构建而成的指标体系必须能够运用于实践。只有经由实践证明合理可行、切实有效的指标体系,才能在地方政府公共文化服务质量评价中发挥作用。指标体系的实际运用必须经过指标赋权、数据获取、测评结果运用三个环节。

1. 指标赋权

指标赋权是对每一指标在公共文化服务质量评价体系中的不同重要程度的反映。指标赋权方法可以分为主观赋权法、客观赋权法、组合赋权法三大类。其中，主观赋权法中专家评判法、层次分析法应用较多;客观赋权法、中熵值法、变异系数法、主成分分析法、复相关系数法等方法应用较多;组合赋权法是对由不同方法得来的权数进行组合运算，主要包括乘法合成与线性加权组合。三类赋权方法各有优劣，主观赋权基于专家的知识认知结构，可充分考虑不同指标的具体影响,但主观性较强,赋权不稳定;客观赋权法更为客观稳定,但容易受样本数据限制。较好的处理方法是综合运用两种赋权方法,将由主客观赋权法得来的指标权重进行组合运算,以此尽可能提高指标权重的科学性、合理性。具体到如何对地方政府公共文化服务质量评价各级各项指标进行赋权,应综合考虑公共文化服务供给与需求的特点、质量评价的主体与对象、质量评价的目的等因素。在方法选择上,可尝试主观赋权与客观赋权相结合,采用组合赋权法,保证各项指标权重的合理有效。

2. 数据获取

从指标的具体构成看，地方政府公共文化服务质量评价指标体系既包括客观指标,也包括公众满意度等主观指标。这就要求在搜集指标数据时必须切合实际。指标体系中的现代公共文化服务体系建设水平、公共文化服务公益性程度两个一级指标所涵盖的多项二级指标可以通过政府统计年鉴、政府统计信息网等渠道获得。但对公共文化服务公众满意度的测量没有客观数据可查,必须通过一定数量的样本调查获取,例如通过问卷调查了解公众对公共文化服务的各项感知和评价，再通过操作运算将主观评价转化为客观数值,以此完成整个指标体系的运作。

3. 测评结果运用

设计指标体系、评价具体实践、得出评价结果等环节的结束并不意味着整个地方政府公共文化服务质量评价过程的结束。通过质量评价发现的问题应该反馈到实践中去,保证评价结果得到有效利用,而不是被束之高阁。

因此,需要建立公共文化服务质量评价反馈机制。首先,政府或第三方评估机构应根据公共文化服务实践发展的需要, 适时发布公共文化服务质量评价报告,并实现评价结果公开化、透明化;其次,将公共文化服务质量评价结果纳入政府绩效评估体系,作为政府政绩的考核内容,变公共文化服务评价"软指标"为"硬约束";最后,形成"建设—评价—反馈—发展"的运行逻辑,以常态化的"评价—反馈"推动现代公共文化服务体系建设与良好运行。

参考文献

1.习近平:《谈谈调查研究》,《学习时报》,2011 年 11 月 21 日。

2.傅利平、何勇军、李军辉:《政府公共文化服务绩效评价研究》,《中国财政》,2013 年第 8 期。

3.傅利平、何勇军、李小静:《城市公共文化服务的综合评价模型》,《统计与决策》,2013 年第 16 期。

4.《国家中长期教育改革和发展规划纲要(2010—2020 年)》,http://www.moe.gov.cn/publicfiles/business/htmlfiles/moe/moe_838/201008/93703.html。

5.蒋建梅:《政府公共文化服务体系绩效评价研究》,《上海行政学院学报》,2008 年第 4 期。

6.孔进:《我国政府公共文化服务提供能力研究》,《山东社会科学》,2010 年第 3 期。

7.李剑:《基本公共服务评价指标体系研究》,《商业研究》,2011 年第 5 期。

8.李少惠、余君萍:《公共治理视野下我国农村公共文化服务绩效评估研究》,《图书与情报》,2009 年第 6 期。

9.孟华:《推进以公共服务为主要内容的政府绩效评估——从机构绩效评估向公共服务绩效评估的转变》,《中国行政管理》,2009 年第 2 期。

10.蒲蕊:《基于公平价值取向的政府义务教育服务责任》,《华中师范大学学报》(人文社会科学版),2013 年第 11 期。

11.沈亚平、李晓媛:《基本公共服务的疆域及其供给成效分析》,《河北学刊》,2015 年第 1 期。

12.王景英、张春宏:《县域义务教育评价指标体系的构建与内容解析》,《教育测量与评价》,2009 年第 8 期。

13.薛二勇:《区域内义务教育均衡发展指标体系的构建——当前我国深入推进义务教育均衡发展的政策评估指标》,《北京师范大学学报》(社会科学版),2013 年第 4 期。

14.杨林、许敬轩:《地方财政公共文化服务支出效率评价与影响因素》,《中央财经大学学报》,2013 年第 4 期。

15.张钢、牛志江、贺珊:《地方政府公共服务质量评价体系及其应用》,《浙江大学学报》(人文社会科学版),2008 年第 11 期。

16.中国教育科学研究院中国教育发展报告课题组:《中国教育综合发展水平研究》,《教育研究》,2013 年第 12 期。

17.朱家存、阮成武、刘宝根:《区域义务教育均衡发展监测指标体系研究——基于安徽省义务教育政策实践》,《教育研究》,2010 年第 11 期。

第六章　政府公共服务质量评价体系设计

随着经济与社会的高速发展，人民群众对政府履行国家行政管理职能和提供公共服务的质量和效率的关注程度逐渐提高。政府绩效评价已成为政府管理中一种不可或缺的重要政府管理工具。党的十八届三中全会通过的《中共中央关于全面深化改革若干重大问题的决定》提出："完善发展成果考核评价体系，纠正单纯以经济增长速度评定政绩的偏向，加大资源消耗、环境损害、生态效益、产能过剩、科技创新、安全生产、新增债务等指标的权重，更加重视劳动就业、居民收入、社会保障、人民健康状况。"这标志着我国政府绩效评价进入了全面发展的新阶段，即在深化改革过程中，政府绩效不再单纯地以经济增长和效率等价值论英雄，而是要谋求经济增长与公平、经济增长与公共服务质量提升之间的平衡。要提升政府基本公共服务质量以促进城乡基本公共服务均等化，就需要建立一套政府基本公共服务质量评价指标体系，并以此检验和比较政府基本公共服务供给的质量和水平。质量评价指标体系是政府绩效评估系统的核心构成要素，是政府公共管理、绩效评估的一项基础工程。

因此，构建一套结构科学合理、层次清晰分明、简洁高效的基本公共服务质量评价体系显得尤为重要。如何构建这样的指标体系？由于基本公共服务质量评价指标体系所要评价内容的广泛性决定了其自身的复杂性，而且通常的绩效评估指标体系多为结构复杂的多层级体系，这就更增加了指标体系构建的复杂性。此外，质量指标体系的构建本身又具有较强的主观性，指标体系的构建、层级的划分、观测点的遴选都体现了研究者的价值判断和经验估计，由此可见基本公共服务质量指标体系构建具有一定的主观色彩。

一方面是指标体系构建本身的复杂性,另一方面是指标体系构建的主观性,如何破解指标体系构建中的复杂性,做到化简为繁?如何最大限度地降低指标体系构建过程中的主观性可能带来的客观性不足、准确性不够问题?在指标体系构建的过程中能否有效应对这两个方面的问题,将成为是否达成构建科学合理的质量评价指标体系的关键。为此,在指标体系构建的过程中,应该将科学的理论、原则、评估方法等先进的工具作为指标体系构建、指标体系层级划分、观测点遴选和指标权重设定的重要依凭。如此才可能有效避免出现政府绩效评估中屡见不鲜的弊病,如指标体系构建原则不科学、现有指标体系层级设计过少、评价指标层次划分不合理、指标难以反映不同区域之间的个性特征等问题。

第一节 评价指标的选取原则

基本公共服务质量评价指标体系是政府绩效评估系统的核心构成要素,是绩效评估的基础工程。基本公共服务质量评价指标体系不是一些指标的简单堆积和组合,而是要根据某些原则来构建,并能综合反映政府基本公共服务质量状况的指标集合。为了构建合理的质量评价指标体系,就应该遵循一定的选取原则。评价指标的选取原则就是指在指标选取过程中所需要遵循的规范和准则。这些规范和准则可以帮助基本公共服务质量评价指标设计人员更好地选取指标,为遴选出能够较好反映基本公共服务质量客观情况的指标奠定基础,从而提高评价指标的科学性与合理性。

一、系统性

通常来讲,政府绩效评估的指标体系可以分成三个层级,或称之为“三级指标体系”。每一层级指标的功能和内容各不相同。一级指标是评估维度,关注的是评估的战略思考和理念。二级指标是基本指标,关注的是评估的策略目标。三级指标是具体指标,关注的是评估的具体内容。每一层级指标根据评估对象的繁简又被划分为不同的内容。由此可见,政府绩效评估指标体系本身就是一个由多层级指标构成的体系,不同层级指标之间、同一层级的不同指标之间有着错综复杂的相互关系,既有不同层次之间的相互包含关系,也有同一层次之间的相互制约关系。面对指标之间复杂的纵向、横向关系,如何做到指标之间层次清晰、关系明确、界限分明,需要整套指标体系的构建具有较强的系统性。

基本公共服务指标体系的系统性包含两个层面:一是整个指标体系构建的系统性,二是具体指标选取和构成的系统性。整个指标体系构建的系统性是指构建指标体系的过程本身是一个复杂的系统过程,这个过程需要确立基本公共服务所涉及的内容、公共服务质量评价的维度、质量评价的目的等内容。指标体系的构建既要做到对基本公共服务质量评价相关内容指标的覆盖程度高,也要注意在追求广覆盖的同时做到重点突出、有的放矢。这就要求在选取评价指标时注重选择能够反映不同侧面且具有一定代表性的指标,在坚持评价指标全面性、整体性的同时,也要明确基本公共服务质量评价的重点。坚持评价指标体系的全面性和整体性就是要求评价指标体系必须全面体现所要达到目标的整体,指标的内容应该能够全面、系统地反映政府基本公共服务质量,而不能在重要领域、关键环节和关键质量绩效上有所遗漏,避免因全面性不足、整体性不够可能导致的质量评价偏差。政府基本公共服务质量评价指标在设计指标体系结构和具体指标选取中会分解为为数众多的影响因素,如果将所有涉及的影响因素全都考虑在内,一味地追求大而全反而会事倍功半。所以应当在众多的影响因素中抓住那些影响基本公共服务质量的关键指标。同时,还要考虑到政府职能转变、经济社会发展水平、基本公共服务自身的发展水平、政府的发展战略与规划等诸多外部环境和条件会在不同程度上影响着整个指标体系及其构成过程。这些外部环境和条件所带来的影响是在建立指标体系过程中必须要加以考量的,以此避免指标体系构建脱离政府职能转变、基本公共服务供给实践等现实情况。因为随着经济社会的发展,政府供给基本公共服务水平的不断提高,考量公共服务质量的指标也必然随之发生改变。换言之,基本公共服务质量评价指标体系的构建需要现实依据，不能简单地从基本公共服务到基本公共服务，而是统筹公共服务自身及影响公共服务的诸多外部因素，如此遴选的指标更具现实性、动态性，因而整体指标体系才更具合理性。

具体指标选取和构成的系统性是指针对每项基本公共服务指标的遴选而言，指标的选取要坚持系统性原则，统筹兼顾，有计划、有步骤地进行。指标选取的过程中应关注相关指标之间的协调性，所有遴选的指标都应作为一个整体服务于该项基本公共服务质量评价，从而确保质量评价的总体效果。具体而言，基本公共服务作为一级指标，二级指标应从公共服务的投入、产出和社会效应三个维度进行考察。每项公共服务的投入、产出和社会效应三个维度之间存在着相互联系、相互制约的关系。在指标的遴选过程中既要做好指标之间的区分，哪些指标属于投入类指标，哪些指标属于产出类指标，而哪些指标属于社会效应类指标，尤其是注意区分产出类指标与社会效应类指标之间的差异，避免将两类指标混淆。在注重区分三个维度指标之间差异的同时，也要注意三类指标之间的协调性。基本公共服务质量评价涉及三个维度之下的指标集合，把握指标之间的协调性非常关键。既要保证各个维度指标遴选的准确性和指标功能的有效实施，又要确保不同维度指标之间相互衔接，避免矛盾交叉。每一个维度和每一个具体指标都有其特定的功能和作用，其共同构成整个指标体系和有效反映每项基本公共服务质量的情况。因此，在具体指标遴选中要考虑其所在维度及其指标自身所能揭示和反映的公共服务质量情况。简言之，在具体指标的选取过程中首先要从服务于其所在维度的视角考量，进而从服务于基本公共服务质量评价这个整体去遴选，这样从维度和指标的功能与作用，从整个指标体系的整体构建出发才能有助于实现良好的整体效果。

二、层次性

层次性强调的是指标之间的相互关系、相互联系性。尽管政府基本公共服务质量评价体系是一个包含多层级和众多指标的复杂的指标集合系统，但是这个指标集合不是庞杂的,而是有序的。整个指标体系是由相互联系、相互支持、相辅相成的指标构成的,并非各个指标之间相互独立从而形成无法逾越的指标孤岛,而是一个层次清晰、逻辑严谨、结构合理的有机完备的指标体系。政府基本公共服务质量评价体系的层次性是指构成体系的各评价指标之间相互联系、相互作用的方式。相互联系、相互作用的方式是评价指标体系内各指标在空间上的排列顺序和组合方式,即各指标之间的相互关系与层次结构。各指标之间层次结构关系的理顺对于构建科学、合理的评价体系无疑是重要的。质量评价指标体系应根据整个研究的结构分出层次,并在此基础上对指标进行分级、分类,以此使得指标体系结构清晰,便于从不同层次和不同角度对基本公共服务进行分析评价。

质量评价指标的层次性要求在指标的设计和选取过程中应该将指标设置一定的层级,如一级、二级、三级等。指标层级设置的多少与所要评价内容的繁简和评价的所依托的理论指导相关。评价指标设置要考虑各指标之间的相互关系,包括纵向上的隶属关系和横向上的协调关系。哪些指标是属于包含与被包含的上下隶属关系,哪些指标属于横向上的协调关系,这些都是在指标设计中需要注意的。同时,上下级指标之间,同一层次不同指标之间都要处理好相互协调性,避免指标之间交叉、重复甚至是指标间的冲突。指标之间的横向与纵向上的协调既可以使得各个指标构成有机统一的指标体系,同时也有助于各个指标考核的便利。一般而言,根据评估对象数量和质量要求的复杂程度,政府基本公共服务质量评价体系的结构可以分为直线式结构和树状式结构两种。直线式结构适用于政府微观绩效评价和单项绩效评价,其可以根据评估对象的数量与质量数据直接得到。具体而言,这种结构所体现的层次性较为简洁,直接在评价总目标之下设置若干平行的指标。相比较而言,树状结构适用于中观层面的绩效评价和综合性评价,其所体现的层次性较为复杂。树状结构通常会将指标设置成多层级的形式,如将政府基本公共服务作为评价的总目标,在其下设置若干一级指标。本研究将基本公共服务的投入、产出、社会效应三个维度作为一级指标。在确立一级指标之后,又将一级指标分解成二级指标,如果有必要再将二级指标细化成三级指标,由此形成了一个由评价目标或领域、各级指标、权重组成的评价指标体系。

三、准确性

基本公共服务质量评价体系的指标选取应当是准确的。之所以强调指标选取的准确性是因为指标的遴选过程具有主观性，如何确保指标选取过程中的主观性与公共服务质量评价体系所要达成的目标协调一致，使得所选取的指标能够反映评估对象的客观实际情况尤为重要。准确性是对指标遴选质量的质的约束。这种对高质量指标的寻找既需要科学理论和方法的指导,同时也需要理论与实践的紧密相连。因此,选取指标的准确性原则要求指标的遴选建立在理论和实践相结合的基础上。一方面,指标体系的构建和具体指标的选取要以科学的理论和成熟的绩效评估方法作为指导，使得指标体系的设计和指标的选取具有研究逻辑的严谨性、合理性,明确基本公共服务质量评价的实质。无论是整个指标体系的构建，还是具体指标的选取,抑或是指标含义的界定、指标权重的确定等内容都需要以科学的理论为指导或是有理论的支撑,如此才能较为系统、准确地对政府基本公共服务质量进行评价。科学理论和方法的指导是评价结果准确合理的基础,它包括特征性和统一性两个层次。首先,指标的选取要根据评估对象区别其他事物的质来设置,也就是说评价指标要能够反映评估对象的特性。其次,统一性是指标所指涉的含义、口径范围、计算方法、计算的时间和空间等方面的一致性。为此要对指标概念作出明确的界定,避免因同一指标所指涉内容存在着差异或歧义所导致的评估偏差。另一方面,除了理论的指导外,指标体系的构建和具体指标的选取要体现理论与实际的结合。

换言之，质量评价指标的遴选和指标体系的构建必须以客观事实为依据,都必须是对客观事物的抽象描述,即能够抓住基本公共服务质量评价中最重要的、最本质的和最具有代表性的内容。指标遴选和指标体系构建的客观性是必然性的存在,这种必然性的存在不因质量评价所使用的评价方法、评价模型等内容而改变。只有能够真实反映所评价对象客观情况的指标和指标体系才具有现实价值，而且越是与客观情况贴近的指标及指标体系越具有准确性。基本公共服务质量评价体系和指标是能够真实客观反映政府基本公共服务的真实质量信息的。评价指标体系构建和指标的选取要坚持客观性，尽可能地选取规范性程度高、具有获取便利性的指标，减少指标体系构建和指标选取过程中过多人为因素的影响。研究要建立在一定的理论和研究方法基础之上，但指标体系的设计和指标的选取要与客观实际相契合。无论研究的展开以什么理论和方法作为基础，研究的关键在于对研究对象客观的抽象描述，研究中要抓住基本公共服务质量评价中最重要的、最本质的和最具有代表性的内容。指标体系的构建和具体指标的选取越是对基本公共服务质量描述得清晰、简练就越具有科学性，从而使得指标的选取具有较高的准确性。为了促成指标选取的准确性，提高质量评价的客观性与科学性，在指标遴选的过程中要扩大质量评价指标设计的参与主体，使专家学者、社会公众、被评估对象等利益相关者可以通过一定的渠道参与到指标的遴选过程中。

四、经济性

对政府基本公共服务质量进行评价是一项极其复杂的工作。质量评价的复杂性一方面源于政府基本公共服务所涉及的内容和政府职责广泛，另一方面源于对基本公共服务质量的系统性评价。要做到系统性评价，较为全面地反映政府提供基本公共服务的质量，通常就要采用系统的方法设计质量评价体系和指标。如通过层次分析法（AHP）将总指标分解成下一级的子指标，再将下一级的子指标分解成下一层次的子指标，由此构成树状结构的指标体系，以此构建相互联系、相互独立、系统优化的指标体系。由此可见，试图对基本公共服务质量进行评价是一项复杂的系统工程。由于评价工作的复杂性，尽管在构建评价指标体系和指标选取的过程中坚持系统性原则，并运用科学的理论和方法，但是评价并不能覆盖到基本公共服务所涉及的所有方面。为了更为全面地反映政府基本公共服务质量的实际情况,在质量指标体系构建和指标选取的过程中, 力求评价体系和指标的系统性与完全性。评价指标体系和指标的系统性与完全性必然使得评价体系层级复杂、评价指标繁多。但无论是基于质量评价的有效运行,还是考虑评价成本约束问题,都需要在评价指标体系和指标的系统性与经济性之间进行权衡。评价指标的系统性不等于事无巨细的全覆盖, 而是对政府基本公共服务关键质量的全覆盖。

换言之,在坚持评价指标选取系统性原则的同时,要增强评价指标的针对性,注重指标体系和指标的简明性。评价指标的经济性就是要注重指标体系和指标的针对性和简明性。针对性和简明性要求评价指标体系繁简适度、评价指标的数量合理。评价指标体系层级过于复杂会增加质量评价实施的难度和评价成本,也会影响质量评价的准确性。评价指标过多同样会加大评价实施的难度和评价的成本, 也容易导致评价指标之间的相互交叉和重叠等问题。而评价指标过少则不能够真实有效地反映出政府基本公共服务质量的实际绩效。同时,越来越多的公共服务评价将公民评估作为其中的一个组成部分,那么能否将指标设计得简明易懂、便于操作且以尽量少的指标反映丰富的内容, 则是有效促进公民参与公共服务评估的重要影响因素。因此,具有针对性、代表性、数量合理的简明的指标体系和评价指标是质量评价有效实施的关键,也是评价指标能否被广为推广和采纳的关键。

五、可行性

可行性是衡量质量评价指标体系构建成功与否的一个重要方面。评价指标的可行性原则包含三个层面。

首先,基本公共服务质量评价指标是具体的。具体性是指评价指标一方面要契合各项基本公共服务质量的特点,不能笼统,且能够凸显基本公共服务质量的特色与优势。指标的选取能够结合所要评价某级政府的工作能力和特点,制定细化的衡量标准。质量评价指标的设计过程中要对所要评价的某一级政府公共服务的职能进行科学的定位及分析，使得评价指标能够紧密结合政府的实际工作情况。每一个指标的选取都不是随意的，都与基本公共服务的投入、产出和社会效应紧密相关，避免选取那些脱离政府的工作实际的评价指标，从而保证了评价指标的针对性和具体性。

其次，是评价指标的可测量性。评价指标的具体性解决了指标与政府基本公共服务质量评价相关性的问题。但单纯的相关性还不能保证评价指标的有效运行。评价指标是对政府提供基本公共服务质量实际测评的工具，是研究人员或是政府工作人员能够进行实际测评操作的前提条件。一直以来不可量化是政府绩效评价的难点，因此可量化是评价指标良好与否的关键之一。可测量性是指评价指标所规定的内容准确且可以通过现有的测量工具或统计数据获得可直观量化的结论。评价指标的可测量性要求指标选取过程中侧重定量指标的设置。绩效评估指标体系中最具灵魂性的部分就是量化指标，由此可见，一个缺少量化指标的体系其有效性是值得怀疑的。较于定性指标而言，定量指标既便于测量，也便于政府基本公共服务质量的时间和空间的比较。更为重要的是，定量指标可以较为客观、准确地反映政府基本公共服务质量的情况，为质量评价和更好地约束政府及其工作人员提供了明确的标准。因此，在本研究指标体系构建和具体指标遴选的过程中将可测量性作为指标选取的一个关键。具体而言，尽量选择具有可量化、可以直接获得数据的定量指标。当然由于基本公共服务质量评价具有多维性的特点，也就决定了评价指标既包括可以量化的定量指标，如数量、比例等"硬"指标，同时也包括难以直接具体量化的定性指标，如满意度、有效性、便利性等"软"指标。一般而言，一个完整的质量评价指标体系的构成应该是定量指标与定性指标的有机结合。尽管我们强调了定量指标的客观性和重要性，其可以有效促进质量评价的客观性和科学性，但我们并没有否认定性指标的价值。即便是在私人部门的绩效评估中也无法完全通过定量化的方式得以实现。那么对于作为公共部门的政府而言就更不可能撇开定性指标而单纯地依靠定量指标实现科学的质量评价，特别是考虑到政府部门提供公共服务所具有的特点。政府部门为社会提供公共服务，公共产品具有产品形态特殊、产品价格缺失、产品要素独特的特点,相当一部分公共服务难以简单计量,相当一部分政府的管理绩效只能用定性的方式加以确定。[①]由此可见,在对政府部门进行绩效评估,尤其是对政府提供公共服务质量进行评价时,定性指标是检验公共服务质量的一种重要的检测手段。因此,尽管我们指出了定量指标的优势所在,但基于质量评价对象的特点,大多情况下指标体系的构成是定量指标与定性指标形结合。在遴选指标的过程中,尽量选择定量的指标,在无法选择定量指标直接测量而必须使用定性指标的时候,也要坚持定性指标的可测量性,如对公共服务的公众评价,可以通过使用"非常满意、比较满意、一般、比较不满意、非常不满意"等多阶段标准,增强定性指标的操作性,从而使定性指标具有可测量性而可以进行地区间的横向比较。

最后,是评价指标的可获取性。无论是对省级政府还是对县级政府的基本公共服务质量进行评价,评价指标相关信息的获取都是至关重要的,它决定着整个评价能否良好运行。规范性和普适性是评价指标相关信息可获取性的前提。评价指标的设计要保持指标的系统规范性。规范性和普适性强调的是空间上指标在名称、口径范围、计算方法等方面与国际和国内通用的指标保持一致,这样便于进行评价结果的横向和纵向比较。评价指标的规范性通常可以参照国家和地方等各项权威统计资料,并适度考量地方实际。在时间上,要保持指标的连续稳定性,选取可以按照时间序列排序的矢量指标,以便进行绩效能力比较和演化趋势预测,常用方法就是选取普遍执行常设考评指标,避免纳入临时任务考评指标。

六、可比性

可比性原则是指所选取的评价指标既可以对同一地区政府不同时期基本公共服务质量的情况进行纵向比较,也可以对同一时期不同地区同层级

---

① 参见卓越:《政府绩效评估指标设计的类型和方法》,《中国行政管理》,2007年第2期。

政府基本公共服务质量的情况进行横向比较。概而言之,所构建的指标体系和选取的指标能够进行时间和空间上的比较。为了达成指标的可比性,应满足以下三个方面:

第一,指标体系构建过程依托科学的理论和方法。政府基本公共服务质量评价指标的设定要以科学的理论和绩效评估方法作为理论指导,科学性是确保评价结果准确合理的基础,也是进行不同地区和同一地区历时性比较的前提。如我们是对政府基本公共服务质量进行的综合性评价,在指标体系结构设计上就应选择树状结构模式设计多层级的指标体系。具体到本研究,要做到对政府基本公共服务质量进行有效评价,应采用统一的基本公共服务质量评价方法与流程,保证基本公共服务质量数据的统一来源、统一口径。

第二,评价指标本身符合规范性。尽管各级政府及其职能部门在基本公共服务提供中存在着工作方法与方式的差异,但是还存在着许多共性,正是这些共性内容的存在使得质量评价可以进行。如何对各地区基本公共服务质量评价进行有效的比较? 除去遵循指标体系构建的科学理论和方法之外,还应该注重采用标准化的评价指标。在指标的选取中要与国际和国内通用的指标保持名称、计算口径等方面的统一性。在遴选的过程中可以对国内外公共服务质量评价的文献进行综述,采用频度统计方法,选取那些使用频度高的指标。在最初遴选时做到多选、优选,从而形成一个与各项基本公共服务紧密相关的指标集合。在此基础之上广泛征求公共服务绩效评估领域的专家意见,根据专家意见对评价指标进行调整以增强指标的规范性。

第三,评价指标需要保持质的一致性,即评价指标应能够反映基本公共服务质量的共同属性。评价指标只有保持质的一致性的前提下才能比较出基本公共服务在量的方面的差异。在对政府基本公共服务质量进行横向比较时,除去上面所提到的评价指标本身符合规范性之外,还需要注意的是一般采用相对数、比例数和平均数等进行比较才具有可比性。如果是对政府基本公共服务质量进行纵向比较时, 既要考虑到所评价的政府当时的当地的客观情况,而又要对未来的发展有一定的预见性,尝试在现在与未来之间建立一种联系，从而有可能协调基本公共服务质量评价指标的稳定性与发展性。总之，为了使基本公共服务质量评价指标可以进行空间和时间上的比较，要依托科学的绩效评估理论和方法，使用规范性的、高频度的评价指标，为了增加地区之间的可比性更多的使用相对指标，减少绝对性指标的使用。

第二节　评价指标体系的层次划分与观测点的选择

政府基本公共服务质量评价体系是一个多指标、多层次的复杂结构，运用层次化结构设定评价指标可以较为深入和清晰地表达基本公共服务质量评价体系的内涵，从而能够更好地反映地方政府基本公共服务质量的情况。因为评估对象的复杂性，政府绩效评估指标体系通常是一个包含众多指标且多层级的复杂体系，基本公共服务质量评价指标体系也不例外。能否将复杂的指标体系构建成结构合理、层次清晰、富有条理化的指标体系对于质量评价的有效性至关重要。为此，需要对指标体系层次划分的理论基础、学界已有的相关探索进行考察，在此基础之上进行层次划分的实践。质量评价指标体系层次划分解决的是整个指标体系结构是否合理的问题，在明确了各层级指标之间的纵向和横向的关系之后，还需要选择具体的观测点。

本研究设计的指标体系基本上是三层，所以观测点的选择也就是对三级指标的遴选。观测点遴选的有效性首先取决于弄清观测点与指标体系之间的相互关系。观测点处于整套指标体系的末端，承载着基本公共服务质量评价的具体任务，作为数据收集、处理和总体评价的依凭，其在整个指标体系之中的重要性是不言而喻的。鉴于我们所设计的指标体系是三级指标体系，观测点的选择大体上是依据基本公共服务投入、产出和社会效应三个维度进行，因此如何避免观测点遴选的错位与交叠将是观测点遴选之中面临的较大困难，这无疑增加了观测点遴选的复杂性。破解观测点遴选的复杂性问题需要对政府绩效评估指标的基本类型有较为系统的理解，同时还应注重坚持遴选观测点的原则。在遴选观测点的实践中不仅应注重遴选的原则，也要注意遴选的方法。对于整个指标体系而言，观测点遴选工作的完成还不意味着指标体系构建工作的告一段落，指标权重的设计与确定是完善指标体系的一个重要环节。

一、层次划分

(一)层次划分的理论基础

基本公共服务质量评价指标体系作为一个涉及内容广泛的、指标之间相互联系、相互影响、相互作用的系统,决定了基本公共服务质量评价体系不是简单的一维度结构,而是由多个要素构成的且构成要素之间相互影响、相互联系、相互作用的复杂的多维度结构。既然基本公共服务质量评价体系应该是一个系统的多维度结构,那么如何去构建这样的结构? 在构建的过程中一方面要考虑绩效评估的相关知识, 另一方面要结合学界已经展开的对绩效评估的理论探索。绩效评估的相关知识包括基本公共服务质量评价指标体系的结构,包括关系结构、内容结构和评价指标体系的形成形式。基本公共服务质量评价指标体系是一个复杂的系统, 这个系统是由不同层面的多个要素构成的集合体, 构成要素之间根据隶属关系的不同形成了相互联系、相互影响和相互作用的层次结构。指标体系的关系结构实质是指各指标在空间上的排列组合,以及各指标之间的相互关系、相互作用。基本公共服务质量评价本身就应该包含着多层次的内容和维度, 因此厘清其所应包含不同层次指标之间的关系结构显得尤为重要。根据评估对象数量和质量要求的复杂程度, 地方政府绩效评估指标体系的结构可分为直线式结构和树状式结构两种。①指标体系的直线式结构可以根据评估对象的数量和质量直接得到,通常用于微观层面和单项的绩效评估中,相对而言层次较为简单。指标体系的树状式结构是由多层级指标及其指标观测点构成的指标体系。基本公共服务质量评价指标体系是一个层级体系, 根据评价内容和评价目标的需要,通常设定包括一级指标、二级指标、三级指标等多层级指标体系。

---

① 参见邱东:《多指标综合评价方法的系统分析》,中国统计出版社,1997年,第45页。

一般而言,根据一定的标准可以将上级指标分解成下级指标,诸多下级指标的综合可以反映上一级指标的情况。这样形成的由评价内容、评价维度和各级指标构成的指标体系即为树状结构指标体系,其更适用于中观层面的绩效评估和综合评价。

政府基本公共服务质量评价体系的内容结构按照不同的分类标准可以将其划分为不同的种类。

第一,投入指标与业绩指标。业绩指标又可以细分为产出类指标和社会效应类指标。政府基本公共服务质量评价的题中应有之意就应包括对基本公共服务投入和产出的考量。只重视投入而忽视产出的质量评价是不合理的。同样,只重视产出而不顾投入的质量评价也是不合理的。借此,从基本公共服务质量评价指标内容的类型划分上将其划分为投入指标和业绩指标两大类,且进一步将业绩指标进行细化。具体而言,基本公共服务投入类指标主要是指政府在基本公共服务领域的财政投入,提供基本公共服务过程中投入的人力、财力、物力资源的指标。业绩类指标是指政府在基本公共服务领域投入后所带来的效益。

第二,定性与定量指标。绩效评估通常是定性指标与定量指标的结合。定量指标主要是根据政府权威统计资料获取的数据,这些指标具有客观性。定性指标则主要是对绩效评估相关主体进行调查的基础上,如对基本公共服务质量公众满意度的调查,相比定性指标而言这样的结论通常带有主观色彩。然而定性指标的主观性可以通过调查设计、样本选择和调查实施中的科学合理性进行一定程度的控制。换言之,通过对定性指标的间接测量来提高客观性。一套指标体系的科学性程度与指标的量化程度有直接的相关性,通常来讲,量化指标越多,指标体系所反映结果的客观性越强。因此,在政府基本公共服务质量评价指标体系构建过程中要合理地处理基本公共服务质量评价体系中定性指标与定量指标的比例,尽可能选择定量指标,不断扩大定量指标在整个指标体系中的占比,以此来提高质量评价的客观性。

第三,过程指标与结果指标。政府基本公共服务质量评价体系指标设计应该坚持过程指标与结果指标相结合的原则。公共服务质量评价不仅要以结果为导向,同时也需要以过程作为评价的内容。在评估研究的文献中,最基本的分类是总结式评估和过程评估。①相对于公共服务质量评价结果而言,评价指标是实现质量评价的具体手段。一般而言,过程指标通常用于对政府供给基本公共服务过程绩效的评估,而结果指标用于政府某项任务、某个阶段绩效的评价。因此,合理的绩效评估指标应该是过程指标与结果指标的结合。

(二)层次划分的已有研究

政府绩效指标体系层次划分的设计与设计目的或评价的定位关系密切。特定的评价对象、评价目的要求特定的指标体系与层次划分,特定的指标体系和层次划分反映了特定的评价定位与目的。正是基于评价对象、评价目的或评价定位的差异性,学者们往往根据不同的评价目的、评价对象而构建了不同的绩效评估指标体系,也形成了对指标的不同层次划分。

吴建南等人根据政府绩效评估体现不同主体的特点, 如根据社会公众、政府中层管理者和政府基层管理者三个层面的特点设计的指标体系框架具有明显的层次结构。①位于顶层的、以政府战略性管理为定位的政府绩效核心指标,与之对应的是宏观层次的社会系统绩效,反映的是整体政府价值使命实现状况,政府间可比性较强;②位于部门管理层次的、介于政府战略性管理与机构日常性管理之间政府绩效关键指标,与之对应的政府职能部门绩效,反映的是职能部门战略目标实现情况,并为政府绩效核心指标提供信息基础,政府间可比性一般;③位于底层的、以机构日常性管理为定位的政府绩效普通指标,与之对应的是政府职能机构绩效,反映的政府职能机构日常活动目标的完成情况, 并为上层绩效指标提供数据信息,政府间可比性较弱。②

唐任伍为了对中国省级政府效率进行测度,构建了一套由指标因素、子

① See Michael Scriven, *The Methodology of Evaluation.Perspectives on Curriculum Evauation*, Chicago, IL: Rand-Mcnally, 1967, p.43.

② 参见吴建南、章磊、李贵宁:《地方政府绩效指标设计框架及其核心指标体系构建》,《管理评论》,2011 年第 9 期。

因素和具体评价指标构成的指标体系。这套指标体系围绕省级政府的职能进行,包括政府公共服务、公共物品、政府规模和居民经济福利四个方面。指标体系构建的层次为综合指标—分类指标—单项指标。

　　倪星根据政府运行流程,基于投入—管理—产出(结果)三个维度构建了地方政府绩效评估指标体系。人事部《中国政府绩效评估研究》在系统梳理国内外指标体系设计的基础上,构建了衡量我国地方政府的绩效评估指标体系。这套指标体系由包括经济调节、市场监管、社会管理、公共服务和国有资产管理构成的职能指标,由包括经济、社会、人口与环境构成的影响指标,由人力资源状况、廉洁状况和行政效率组成的潜力指标。

　　彭国甫等人认为,政府绩效评估指标体系是一个具有特定结构与功能的复杂系统。现有的政府绩效评估指标体系的逻辑框架,未能有效地解决指标体系设计框架的自适应问题。[1]正是基于对政府绩效评估指标体系构建的理性思考,彭国甫对目前国内外学者常用的绩效评估逻辑框架进行了考察,并深刻剖析了现有绩效评估指标体系的优点与不足。这些框架包括"经济—效率—效益"3E框架、"政治—经济—社会"三维框架、"综合指标—分类指标—单项指标"框架,以及平衡计分卡框架等。以"综合指标—分类指标—单项指标"框架为例。构建政府绩效评估指标体系时,因一些指标本身具有不可测性,必须将这些指标分解成若干个子指标,形成结构合理的递阶结构:综合指标、分类指标、单项指标。[2]这种结构合理的递阶结构实质上是各层级指标各司其职。综合指标所确立的内容是对评估范围的划分,对绩效评估对象的基本面向;分类指标是对政府绩效的基础性指标的反映,揭示的是绩效评估对象绩效基本概况;单项指标是绩效评估中的不实情况进行校正。由此可见,这样的逻辑框架所使得指标体系的设计路线清晰,指标体系层次更富有条理化。尽管如此,这样的指标体系构建逻辑框架仍然存在着不足。该框

---

　　① 参见彭国甫、盛明科:《政府绩效评估指标体系三维立体逻辑框架的结构与运用研究》,《兰州大学学报》(社会科学版),2007年第1期。

　　② 参见彭国甫:《地方政府公共事业管理绩效评价指标体系构建研究》,《湘潭大学学报》(哲学社会科学版),2005年第3期。

架没有体现出政府绩效的特性，只是从技术上提高了指标体系设置的可控性，而对把握和启发政府绩效评估指标体系具体指标的作用仍然有限。[①]鉴于此，彭国甫提出了政府绩效评估指标体系的三维立体逻辑框架，即绩效维度、层级特征和样本属性。绩效维度包括政府业绩、成本和内部管理。层级特征是注意区分评价政府的层级，不同层级的政府其所承担的职能职责和承担方式有着显著的差别。样本属性则是指评估对象自身所具有的特点，如地方政府的经济实力产业布局等方面的因素。事实上，层级特征是样本属性的一个重要方面。

（三）层次划分的实践

在研究具体层次的划分之前，我们考察了学界已有的对政府绩效评估的层次划分的探索。源于英国 20 世纪 80 年代的"经济—效率—效益"3E 框架，相较于传统的单纯对政府效率进行考察的框架具有进步性，其可以更好地反映政府公共管理目标的多元性和价值的多样性。尽管该框架的应用在一定程度上起到了缓解英国财政危机的目的，但该框架仅局限于对经济、效率和效益的考察，并侧重于对政府管理结果的审计，因此相较于政府行为的复杂性而言还显得笼统，尤其是在对政府基本公共服务进行评价时更显得针对性不足。

国内学者在对政府绩效进行评估时常用到"政治—经济—社会"三维框架，即将政府绩效划分为政治绩效、经济绩效和社会绩效。这个框架的优点在于以政府整体绩效作为考察的对象，具有覆盖广的特点，以政府职能作为绩效评估维度选择的依据。但由于框架设计过于宏观和抽象会导致后续指标的选择难于把握，因此增加了指标体系设计的难度和降低了该框架的可操作性。

彭国甫在对国内学者常用的绩效评估研究框架分析和评价之后，提出了政府绩效评估三维立体逻辑框架，即绩效维度、层级特征和样本属性。相

---

① 参见彭国甫、盛明科：《政府绩效评估指标体系三维立体逻辑框架的结构与运用研究》，《兰州大学学报》（社会科学版），2007 年第 1 期。

较于其他框架而言,该立体三维框架的优势在于,在指标体系设计的过程中不仅遵循了绩效评估的一般技术原则,同时也较为充分地考虑了政府绩效评估所应遵循和依托的特殊原则,以及考虑政府层级特征、样本属性。相对于已有的研究框架具有一定的比较优势。由于政府绩效评估三维立体逻辑框架其设计是对政府绩效的全方位考察和测量,而不是专门针对政府职能的某一个方面进行评价,因此其绩效评估的维度具有所包括的业绩、成本和内部管理的覆盖面广泛的特点,这与专门针对政府基本公共服务质量的评价存在着一定的差异性。尽管如此,不能否认的是,三维立体逻辑框架对于政府基本公共服务质量评价指标体系的构建具有一定的参考价值。对政府基本公共服务质量的评价也应该测量基本公共服务的业绩,这个业绩既包括基本公共服务的产出,同时也应该包括基本公共服务投入后所产生的社会效应。这种对基本公共服务业绩的评价突破了过去对只重视投入和产出忽视社会效应的局面。

此外,绩效评估三维立体框架所提及的层级特征和样本属性也为我们构建基本公共服务质量评价指标体系提供了借鉴。不同层级政府在公共服务职能中所承担的职责是有差别的。这种情况不仅适用于中国,同样也是世界上各个国家通常的情况。因为在现代各国,公共服务职能并不是由某一层级的政府单独实现的,往往是通过各个层级政府间的分工合作来共同完成公共服务职能的履行。世界各国都致力于公共服务体系建设,明确不同层级政府公共服务职责范围。当然各个国家因为地方政府体制的差别在公共服务职责和内容的划分上有着显著的差异。仅就我国而言,宪法、政府组织法等法律法规及一些规范性文件对不同层级政府的公共服务职责有初步的规定,而且随着我国现代公共服务体系建设的发展和中央与地方财权、事权与支出责任划分的日益合理,各级政府履行公共服务职责内容会更加精准。这既为基本公共服务质量评价提供了良好的基础,同时也要求我们的评价必须与当前我国对公共服务职责在各级政府划分的实际情况相吻合,才能确保基本公共服务质量评价的有效性。正如沈荣华所说:"在现代各国,公共服务职能都不是由某一级政府独自实现的,而需要通过不同层级政府的分工合作来共同完成,因此明确划分各级政府公共服务的职责范围,是建立公共服务体系的首要前提和基础。"①

三维立体框架更多的是一种对政府绩效全面评价的宏观和抽象的框架,其所提供的是一种指标体系设计的路径,尽管其提供了可供参考的评价维度,但是对于评估维度之后的指标如何设置与选择则缺少进一步的指导。如此一来就可能会导致绩效评估中关键绩效指标的丢失和指标之间相互交叉可能性的存在。上面提到的"综合指标—分类指标—单项指标"框架尽管被学者批评,认为其存在未能体现政府绩效评估特性的不足,但总体而言,相较于其他政府绩效评估框架而言其优势是不言而喻的,尤其是针对专项政府绩效评估。这个框架明确了各层级指标体系之间的纵向层级关系,使得评估指标体系之间的关系更富有条理化,为政府基本公共服务质量评价体系设计提供了可操作性的技术路线。而前面提到的"政治—经济—社会"框架和"经济—效率—效益"3E框架则是对绩效评估维度的横向关系的描述,即对政府绩效评估应该如何从哪些维度进行。尽管对基本公共服务质量评价体系的构建具有一定的启发借鉴价值,但是鉴于只是对政府基本公共服务质量的专项内容评价,而不是对政府整体绩效的评价。因此"综合指标—分类指标—单项指标"所展示的指标之间的纵向层级关系更具参考的价值。同时,在层级划分时还需要参考彭国甫提出的政府绩效评估的三维立体逻辑框架。在质量评价体系设计的时候注意所要评价的政府层级特征及评价政府的样本属性,只有如此才能贯彻前文所提到指标体系和指标设计的各项原则,从而提高质量评价体系的合理性。

基于学界对政府绩效评估框架的分析,根据政府基本公共服务质量评价所具有的特点,按照"综合指标—分类指标—单项指标"框架的逻辑,并吸收政府绩效评估的三维立体逻辑框架的部分理念,我们将基本公共服务质量评价体系划分为三个层面:第一个层面按照基本公共服务所包含的内容进

---

① 沈荣华:《各级政府公共服务职责划分的指导原则和改革方向》,《中国行政管理》,2007年第7期。

行划分,具体包括公共文化服务、义务教育、公共安全服务、社会保障服务、劳动就业服务、环境保护服务、医疗卫生服务、基础设施服务;第二层次包括三个维度, 从每项基本公共服务的投入、产出和社会效应对其质量进行考察,当然这个层次的划分是对基本公共服务质量评价的维度,其属于分类指标,用于反映基本公共服务质量的概括;第三层次则是具体的单向指标,是根据每项基本公共服务的投入、产出和社会效应分别进行遴选具体的观测点, 具体在观测点的遴选中要根据每项基本公共服务的特点和所考察政府层级在公共服务供给中的职责来统筹考虑。

二、观测点的选择及其合理性

(一)观测点与指标体系的关系

根据上面对政府基本公共服务质量评价体系层级的划分, 我们将质量评价指标体系划分为三个层级架构,也可以称之为"三级指标体系"。按照"综合指标—分类指标—单项指标"框架的逻辑,综合指标实质对应的是一级指标,其所关注的是评估的对象;分类指标对应的是二级指标,也可以称其为"基本指标",侧重评估的策略目标;单向指标对应的是三级指标,我们通常把这一级指标称为"具体指标",也称之为"观测点"。三级指标处在整个指标体系的最末端,承载着质量评价的具体任务。尽管相较于一级指标和二级指标而言,其所处的层级较低,但这并没有影响其对于整个质量评价体系的重要性。事实上,三个层级的指标体系在整个指标体系中的重要性都是不言而喻的,指标所处的位置并不影响其在整个体系中的存在价值和重要性。一级指标是确定质量评价的对象,说明了指标体系设计的用意。二级指标是在明确指标体系考察对象的前提下, 从哪些维度去考察和分析评价对象的特点和质量,因而其内容的确定具有策略价值,为三级指标的遴选明确了路径。三级指标是在二级指标确定的考察维度的基础上,对每一个维度进行拆解,寻求那些可以表征二级指标维度的信息。由此可见,整个质量评价指标体系是一个相互联系、相互作用的有机整体,三个层级指标之间的纵向层级关系非常明确,三个层级的指标对于质量评价体系而言分工明确、各司其职,都发挥着无法替代的重要作用。

尽管强调三个层级指标对于指标体系构建具有等同的重要性,但是就指标体系构建的复杂性而言,相较于一级指标和二级指标,三级指标遴选的复杂性更大。之所以讲三级指标遴选的复杂性更大,一方面在于,从构成的数量上来看,三级指标体系的数量是最多的,数量的增加自然会导致遴选复杂性的提高;另一方面在于,三级指标结构复杂、角度多变。三级指标的结构是复杂的,这从根本上源于基本公共服务质量评价的综合性,既要考察基本公共服务的投入,又要关注基本公共服务的产出,同时还要分析基本公共服务所产生的社会效应。因此,基本公共服务质量评价本身的综合性,不是对基本公共服务某一个方面如效率的单向度考察。换言之,质量评价本身就是结构复杂的绩效评估。基本公共服务质量评价要做到系统全面、客观可靠和连续稳定,质量评价指标的设计就需要采取多元的方法并运用不同类型的指标。在评价组织绩效的过程中必须采用各种不同的方法。"绩效是多方层面的,所以应该采用多种评价方法,以综合反映组织绩效的全貌。只有这样,组织的成员才有可能衡量哪些工作的质量比较高,哪些工作完成得不够好。"[1]由此可见,基本公共服务质量评价指标体系构建的关键在于对于质量的理解,三级指标的遴选也应该围绕着体现质量的三个维度,即投入、产出和社会效应。概言之,三级指标的遴选需要遵循系统性的原则,既要考量三级指标在整个指标体系中所处的层级和作用,同时也要考虑质量评价本身结构的复杂性,由此决定了三级指标遴选的复杂性。

(二)破解三级指标遴选的复杂性

1. 政府绩效评估指标设计的基本类型

上述内容是对三级指标遴选复杂性的认识,那么问题的关键在于如何在具体的设计中来破解这种复杂性。破解三级指标遴选的复杂性仅靠对质

---

① [美]理查德·威廉姆斯:《组织绩效管理》,蓝天星翻译公司译,清华大学出版社,2002年,第80页。

量评价体系和三个层级指标体系相互关系的认知还是不够的，还需要对指标的相关类型知识有充足的准备与理解。只有建立在对三级指标遴选复杂性和指标相关类型知识的理解与运用基础上，才能使得其具备较高的合理性。根据指标的性质和特点，可以将指标划分为要素指标、证据指标和量化指标。

要素指标实质上是以定性指标为主的，之所以称之为"要素指标"，所要表明的是它通常是绩效评估的一个组成部分。一个完整的绩效评估应该是定性指标与定量指标的结合，尽管定量指标的使用可以提高绩效评估的客观性和科学性，但这并不意味着要素指标的不重要，而且更为重要的是，并不是所有的绩效评估内容都可以通过量化指标可以测量。要素指标的价值在于为评估者提供评估背景和评估视角，进一步讲，不同的评估主体在面对相对的评估对象、评估内容时所掌握的尺度和标准可能是有差别的。由此可见，要素指标会因评估主体的差异而有着较高的弹性，从另一个侧面反映出要素指标的刚性不足。

所谓证据指标，就是反映具有导向性、发展性特征，同时又具有不确定性特征的工作业绩内容。[①]因为证据指标是针对具有发展性和不确定性特征工作业绩的评价，因此其通常适用于以自我评估为主的绩效评估，由评估对象根据评估指标体系的设计自行提供。在基本公共服务质量评价三级指标的具体遴选过程中，根据是否需要对那些不确定性公共服务业绩的考核来决定是否遴选证据类指标。

量化指标是质量评价体系中的核心部分，在一定程度上，量化指标的多少决定了整个评价体系的有效性。换言之，缺少量化指标的质量评价体系的不可能是真正有效的评价体系。量化指标包括不同的类型，算术式的量化和数学式的量化。算术式的量化是从数量统计的角度反映政府绩效的，数据反映的是政府工作的过程，如基本公共服务的投入。算术式的量化是比较基础

---

① 参见卓越：《政府绩效评估指标设计的类型和方法》，《中国行政管理》，2007年第2期。

和低端的量化指标。相比较而言,数学式的量化是通过一定的计算之后形成的量化指标。"比率数据型是运用一定的百分比率和约定数据作为指标要素的方式。比率数据不是一种简单的算术符号,它反映了特定的部门在约定职责和履行状况之间一定的数量关系,具有特定的客观性。"[①]当然,数学式量化指标并不限于比率数据型,还包括上下限值型、复合加权型等形式。

2. 三级指标遴选的原则与实践

(1)三级指标遴选的原则

三级指标遴选的复杂性决定了不仅要了解政府绩效评估指标的类型,同时还要注意遴选过程中的原则。政府基本公共服务质量评价指标的遴选既具有客观性,又具有很强的主观性。这里的客观性是指所遴选指标本身是客观存在的,更为重要的是遴选的指标应该能够客观地反映基本公共服务质量的情况。指标遴选的主观性强调的是指标的选择体现了研究者的价值判断和经验评估,哪些指标被纳入评价指标体系,哪些指标被排除在指标体系之外,这些离不开研究者的价值判断。合理有效的指标遴选应该是客观性与主观性的有机统一。特别是当评价指标体系较为复杂的情况下,要做到遴选指标的客观性与主观性的有效结合,就应该坚持一定的原则作为指标遴选的依据。指标遴选中所坚持的原则可以提高指标体系的可行性。具体而言,在三级指标的遴选过程中应坚持以下原则:

第一,资料的可获得性。目前学界对政府绩效评估,尤其是公共服务的绩效评估已经积累了一定的成果,公共服务评估所包含的内容和指标较为丰富,但是无论是学界还是实务界对公共服务绩效评估的构成要素尚未达成共识。在这样的背景之下,对公共服务质量评价三级指标的遴选就需要秉持质量评价的可行性。为了使公共服务质量评价可以顺利进行,首要的就是质量评价所遴选的指标的相关数据的可获得性,这个可获得性主要是指可以通过国家相关的统计数据获取。

第二,遴选指标的独立性。由于我们对基本公共服务质量评价设计的是

---

① 卓越:《政府绩效评估的模式建构》,《政治学研究》,2005 年第 2 期。

三级指标体系,从投入、产出和社会效应三个维度对基本公共服务的质量情况进行系统测评。三个维度的划分对指标所指征的内容进行较为精准的区分,既要避免指标的错位,也要避免指标之间的重叠。解决指标错位的问题关键在于对指标所指征内容的审慎分析。避免指标之间的重叠要增强所选择指标的独立性。换言之,所遴选的指标不能够被指标体系中的其他指标替代,而是可以独立地反映政府基本公共服务的某一方面内容或信息。

第三,遴选指标的全面性。本研究是对政府基本公共服务质量进行的评价,凡是涉及公共服务质量的相关指标都应作为遴选的备选对象。这就要求公基本公共服务质量所涉及的投入、产出和社会效应每一个方面都要有相应的指标,评价内容不能遗漏和有所偏颇。当然,指标的全面性并不意味着要包含所有的指标,强调的是对于关键指标和考察内容的广覆盖性。因此,在注重指标遴选的全面性的同时,还要注意遴选指标的代表性,进而寻求指标全面性与代表性之间的平衡。

第四,遴选指标的代表性。事实上,能够衡量基本公共服务投入、产出和社会效应的指标数量较多。在指标遴选的过程中不可能一味地追求指标数量的大而全,大而全的指标未必能更好地反映出基本公共服务的质量,反而会增加质量评价实施的难度。因此,遴选那些具有典型性和富有代表性的指标反映基本公共服务质量成为解决该问题的必由之路。

那么如何在数量众多的指标中遴选出那些具有代表性的指标?为了使得遴选的指标能够较多地反映基本公共服务质量的信息,我们采取频度统计方法和专家咨询方法。频度分析法是指在构建三级指标时根据学界和实务界已有的评价指标使用频次来作为指标遴选的重要参考,坚持选取那些使用频度较高的指标。根据频度统计分析法所遴选的指标应该具有较好的代表性,同时要注意对指标所隶属的维度进行分析,并实现指标隶属上的归口。在做好指标遴选的初步工作之后,为了增加指标选取的科学性,应该采用专家咨询法,进一步征求专家对指标的建议,作为对指标调整的重要依据。为了更好地分析专家对我们初步构建的指标内容的意见和看法,研究中我们设计了基本公共服务质量评价指标体系专家意见咨询函询。专家意见咨询函询中设计了专家对初步遴选指标的评价,包括选择次数、对指标的打分和增加新的指标三块内容。根据专家对我们初步构建指标的选择频次,对评价指标进行隶属度分析。隶属度源于模糊数学的一个概念,其作用在于判断某个元素与集合之间的相互关系。当事物的外延较为模糊时,我们无法通过数学中的经典集合论来描述。只能通过隶属度分析来判定其在多大程度上属于某个集合。对于已初步遴选的指标而言,它是在多大程度上属于其所在的维度,可以通过隶属度分析得到解决。在实际操作的过程中,统计专家意见咨询函中专家对指标选择次数进行统计,如果某一个指标专家所选的频次占专家总人数的比例较高,则说明该指标的隶属度较高,应该纳入质量评价指标体系之中来。相反,如果专家对某指标的选择频次占专家总人数的比例较低,则说明该指标的重要性在专家中没有达成共识,该指标的隶属度较低,这样的指标应该排除在质量评价指标体系之外。为了使指标隶属度分析可以有效发挥作用,需要设置一个临界值。临界值的作用在于判定指标隶属度高低的标准。具体临界值的设定应该根据研究的实际情况来设定。

第五,遴选指标的简明性。指标的简明性是相对于复杂性而言的。指标的繁简与评价对象的复杂性紧密相关。政府基本公共服务质量评价的复杂性和多层级性决定了评价指标的总体数量和构成的复杂性。正是在这样的情形之下,更需要指标体系的简明。简明的指标有助于质量评价运行的便利化,也可以促进评价准确度的提高。如何促进遴选指标的简明性?实际上,指标的简明性是坚持上述指标独立性和代表性的结果,也就是说,如果能够在指标遴选过程中坚持之前提出的其他原则,指标的简明性是水到渠成的事情。

第六,遴选指标的敏感性。遴选出的指标要具有敏感性,可以反映出评估对象的变化,或是可以较为准确地反映评估对象之间的差异。每一项基本公共服务所涉及的指标数量众多,尽管我们在遴选指标的过程中强调指标的广覆盖性,但是无论是考虑避免指标体系构建过于复杂化,还是基于指标体系运行成本过高的问题,通常都会选取关键绩效指标以满足指标遴选的覆盖性和简明性的问题。在这个过程中也需要注意指标的敏感性。随着政府基本公共服务供给的发展和水平的提高,衡量基本公共服务质量的指标也一定会随之而发生改变。这种变化带来的是指标重要性程度的改变,由此在遴选指标时应注意到基本公共服务的这种变化而选择那些能够反映当下公共服务特性的指标,提升指标的敏感性。

(2)三级指标遴选的实践

三级指标的遴选既需要坚持一定的原则作为遴选的依据,同时除去这些基本的原则之外,更需要对指标类型及其内容有清晰的认识。

第一,区分效率指标和效益指标。按照指标体系的层次划分,二级指标中包括投入、产出和社会效应三个维度。效率指标通常指的是基本公共服务的水准与成本的变的比值。效率指标所反映的是基本公共服务产出的情况。如基本公共文化服务中的文化团体数,每万人图书馆藏书量,每万人博物馆藏品量,每万人艺术馆、美术馆、展览馆藏品量,每万人文化、体育从业人员数,每十万人公共文化服务馆、站、场、所数等;义务教育中的生均校舍建筑面积,生均教学及辅助用房面积,生均体育运动场(馆)面积,生均图书量、生均教学(实习、科研)仪器设备值,每百名学生拥有计算机数等;公共安全服务中的人均公共安全机构数(公安局、派出所等),人均公共安全人员数(民警、协警等治安人员),人均消防机构数,人均消防人员数,人均交通安全机构数,人均交通安全人员数,人均生产安全监察机构数,人均生产安全监察人员数,人均食品安全监察机构数,人均食品安全监察人员数等;社会保障服务中的每万人参加工伤保险人数、每万人参加生育保险人数、每万人参加养老保险人数、每万人参加失业保险人数、每万人参加失业保险人数、每万人福利机构床位数、每万人福利机构收养人数、每万人社会福利企业数、残疾职工人数比例、每万人城镇居民最低生活保障人数、每万人农村最低生活保障人数、每万人集中农村五保人数、每万人医疗救助人数、每万人抚恤补助优抚人数等;劳动就业服务中的人均职业介绍机构的数量、职业介绍机构服务效率、年职业培训参加人次、年公益性岗位补贴人次、年就业见习补贴人次、年高技能人才培养补助人次、年求职创业补贴人次、年就业创业服务补贴人次、新增加就业岗位等;环境保护服务中的环境保护机构数、每万人环保教育人员数、环境保护人员数、环境保护设施数等;医疗卫生服务中的每千人医疗卫生服务机构数,每千人医疗卫生管理机构数,每千人医疗卫生服务人员数,每千人医疗卫生设备设施数(床位、仪器等),每千人疾病预防机构数,每千人疾病预防人员数等;基础设施服务中的每万人水电暖供给机构数、每万人水电暖供给服务人员数、每万人道路交通设施数、每万人道路交通供给服务人员数、每万人通信设备数、每万人通信服务人员数、每万人市容市貌基础设施机构数、每万人市容市貌基础设施机构人员数等。

效益则为基本公共服务的效果与目标的比值,其结果分析往往需要讲定量与定性结合起来。效益指标所反映的是基本公共服务的社会效应。如基本公共文化服务中的图书馆、博物馆、艺术馆、美术馆入馆人次,政府公共文化服务公众满意度;义务教育中的学生学业水平测试合格率、政府义务教育公众满意度;公共安全服务中的治安案件查处率、生产事故降低率、政府公共安全服务满意度;社会保障服务中城镇医疗保险覆盖率、工伤保险参保率、生育保险参保率、医疗保险参保率、养老保险参保率、政府社会保障服务公众满意度;劳动就业服务中的城镇登记失业率、城镇登记就业率、政府劳动就业服务公众满意度;环境保护服务中的城市空气质量达标率、城市噪声达标率、饮用水达标率、固体废弃物综合利用率、工业废水排放达标率、政府环境保护服务公众满意度;医疗卫生服务中的新生儿死亡率、孕产妇死亡率、平均病人治愈率、政府医疗卫生服务公众满意度等;基础设施服务中的安全饮用水覆盖率、生活用电覆盖率、天然气供给覆盖率、通信设备覆盖率、公共厕所分布密度、政府基础设施服务公众满意度等。

第二,坚持过程指标与结果指标相结合。政府基本公共服务质量评价不仅需要以结果为导向,也需要对基本公共服务的过程为内容。"业绩测评基于这样的总体理念,即每个生产或政策过程能够被细分为四个基本元素:投入、通过量、产出和后果。如果可能的话,这些元素应当用客观的措施和指标来测评。对投入、过程、产出和效果的测评应当区分开来。"[①]由于政府工作所

---

① [美]阿里·哈拉契米:《政府业绩质量测评——问题与经验》,张梦中、丁煌等译校,中山大学出版社,2003年,第7~8页。

具有的外部性特征,使得政府基本公共服务的产出难以衡量,因此对于政府基本公共服务质量的评估而言,过程评估与结果评估是不可或缺的。前面所提到的坚持效率与效益类指标相结合,无论是效率类指标,还是效益类指标,实质上反映的都是基本公共服务的结果。对于基本公共服务的结果考察无疑是重要的,但是不应该忽视对政府对公共服务投入的考核,因为这些过程指标是考核政府基本公共服务投入绩效的重要手段。具体而言,基本公共服务中的过程指标包括:公共文化服务中的政府公共文化服务财政支出总额、政府公共文化服务财政支出占财政支出总额比重、人均公共文化服务支出、公共文化服务事业固定资产投资、文化文物事业费等;义务教育中的地方政府预算内义务教育经费、预算内义务教育经费占地方政府财政支出比、生均义务教育经费支出等;公共安全服务中的地方政府预算内公共安全经费、预算内公共安全经费占地方政府财政支出比、人均公共安全经费;社会保障服务中的地方政府预算内社会保障经费,预算内社会保障经费占地方政府财政支出比,人均社会保障经费、社会保险支出、社会福利支出、社会救助与优抚支出、社会保险支出占地方政府财政支出,社会福利支出占地方政府财政支出,社会救助与优抚支出占地方政府财政支出等;劳动就业服务中的职业培训补贴、公益性岗位补贴、就业见习补贴、高技能人才培养补助、求职创业补贴、就业创业服务补贴等;环境保护服务中的环保事务管理经费、环境监测与监察费用、污染防治费用、自然生态保护费、天然林保护费用、退耕还林还草费用、能源节约利用投入、污染减排费用等;医疗卫生服务中的医疗卫生与计划生育管理事务经费、公立医院投入、基层医疗卫生机构投入、公共卫生费用、中医药发展投入、计划生育管理费用、药品监管费用等;基础设施服务中的水电暖供给经费投入、道路交通建设经费投入、通信设备经费投入、市容市貌基础设施经费投入等。

第三,坚持客观指标与主观指标相结合。之所以将客观指标与主观指标相结合作为三级指标遴选的一条原则,实际上是对指标体系构建中坚持定量与定性相结合原则的贯彻。客观指标指的是那些可以定量化的指标,是反映政府基本公共服务过程质量和服务质量的指标。过程质量指标可以对基本公共服务供给过程的绩效进行考核，而服务质量指标可以对基本公共服务的供给是否达到预定的质量标准进行测评。无论是基本公共服务过程质量指标，还是其服务供给质量指标，都可以通过客观性较强的定量化指标来测度。前面所列举的过程指标、效率指标和效益指标中除去满意度的所有指标都属于客观指标的层次。而主观指标则是考察基本公共服务的受众对服务质量的感受。前面所列举的效益类指标中的基本公共服务公众满意度属于此类指标。

三、评价指标的权重

政府基本公共服务涉及内容广泛，对政府基本公共服务质量评价的工作也是纷繁复杂。基本公共服务内容的广泛性和质量评价工作的复杂性会增加政府工作和质量评价工作的难度。因此，研究中在指标体系构建和三级指标遴选的过程中坚持指标覆盖的广泛性，同时也要注意指标遴选的简明性，突出指标的代表性，尽量做到以少见多，以精见繁。如此，构建的指标体系和遴选的指标才能够发挥对政府基本公共服务实践工作的参考作用。但是指标遴选结束之后还需要对指标的重要性进行判定。政府在提供基本公共服务的过程中受公共服务质量的情况、社会公众等多方面因素的影响，决定了政府在基本公共服务中工作的重点问题和关键所在。为了更好地突出政府基本公共服务质量的重点和关键内容，就需要对遴选的各项指标的重要程度作进一步的区分。根据指标重要性及代表性的不同，对各指标赋予不同的权重，从而使得政府基本公共服务质量评价指标体系更加完善，进而更好地发挥质量评价工作对政府基本公共服务供给的参考价值。

权重是对指标体系中各指标重要程度的反映。根据每项指标在指标体系中所占的重要程度赋予其相应的数值。指标权重设置的不同会带来评价结果的很大差异，甚至是完全相反。因此，如何合理设置指标的权重对评价的结果具有极其重要的意义。我国目前对政府绩效评估指标的权重设计还存着一些不足，一方面，忽略指标权重的设计。政府绩效评估指标体系通常为一个包含多个层次、多个指标的复合体系,其中各个层次和各个指标的重要性不尽相同。因此, 政府绩效评估指标体系的构建不仅包括对指标的设计,还应该包括对各个指标权重的设定,不然就会影响整套指标体系的信度和效度。另一方面,指标权重设计科学性有待提升。有的政府在绩效评估指标体系设计的过程中虽然已经注意到对指标权重进行设定, 但设定的方法还停留在个人主观色彩浓厚的较为简单的阶段,并没有采用较为科学合理的赋值法方法,如层次分析法、主成分分析法、专家咨询法等,因此赋值的主观性和随意性问题凸显,其合理性值得商榷。

考虑指标权重设计在整套指标体系中发挥的重要作用,因此在指标体系构建后要采取科学的方法对指标权重进行设定。为了减少指标权重设定中的个人主观色彩导致的随意性问题,权重的设定可采取专家咨询的方法。专家咨询法通常用在一些专业性较强的领域,或是研究问题的数据测量性较差的情况,通过咨询相关领域专家获得专家建议的方法。专家咨询法一般通过问卷调查的方式来实施,在专家填写问卷后对专家的意见进行收集、整理和分析,借助一些定量定性分析的手段对汇总后的专家建议进行处理,经过对专家建议量化处理之后得到指标的权重。具体而言,在指标体系构建和指标遴选的阶段, 本研究开发了基本公共服务质量评价指标体系专家意见咨询函,咨询专家对指标体系、指标遴选和指标权重的意见。在专家意见咨询函中将三级指标的重要程度分为十个层次,用 10 分制来表示。10 分为最重要,从 10 分到 1 分重要性程度依次递减(每个三级指标的分值最高 10 分,最低 1 分),让专家对各个指标的重要程度进行判断。在专家咨询法具体的实施过程中,要遴选政府绩效评估领域,尤其是公共服务绩效评估领域的理论研究者和政府实务部门的业务骨干。理论研究者主要来自高校长期从事公共管理相关的研究工作,具备深厚的理论功底,具有较高的权威性和代表性。政府实务部门的专家应该是长期致力于政府公共服务相关工作,他们不仅有着丰富的行政管理经验, 同时对政府基本公共服务质量有着一定的认识。之所以专家的遴选既有来自高等院校的理论研究人员,又有来自政府实务部门的业务骨干, 主要在于从不同的角度对政府基本公共服务质量评价指标体系和指标作出评价,从而有助于指标权重的设定更为合理。尽管专家在对政府基本公共服务质量评价指标体系和指标权重作出评价时体现了专家个人的认识和理解,具有个人的主观色彩,但是可以通过增加咨询专家的数量来保证专家意见的客观性。这意味着对指标权重的设定并不是某一个或某几个专家的意见,而是集合众多专家意见,是采纳专家集体达成共识的意见。根据专家的意见和建议,对那些具有认可度的指标进行调整,根据专家对各层级指标赋值加总处理后得到指标的最终赋值,从而增强评估指标权重设定的科学性与合理性。

参考文献

1.陈文博:《公共服务质量评价与改进:研究综述》,《中国行政管理》,2012年第 3 期。

2.韩万渠:《公共服务质量评价机制及其路径创新》,《中国特色社会主义研究》,2015 年第 5 期。

3.刘朋朋、负杰:《中国政府绩效评估领域研究述评》,《甘肃行政学院学报》,2017 年第 3 期。

4.尚虎平:《我国政府绩效评估的总体性问题与应对策略》,《政治学研究》,2017 年第 4 期。

5.沈亚平、陈建:《虚化与重塑:公共服务质量评价的价值理性研究》,《长白学刊》,2017 年第 2 期。

6.王鲁捷、陆伟丽:《三城市政府绩效评估指标权重差异比较》,《中国行政管理》,2010 年第 3 期。

7.原珂、沈亚平、陈丽君:《城市社区基本公共服务质量评价指标体系建构》,《学习论坛》,2017 年第 6 期。

8.卓越、杨道田:《政府绩效评估:行政发展的新视角》,《行政论坛》,2008年第 1 期。

第七章 基本公共服务质量评价模型及赋权方法研究

本章对基本公共服务质量评价模型及赋权方法予以研究。服务质量评价模型对于任何服务质量管理系统都是重要组成元素，建构服务质量评价模型是服务质量评价的核心内容。而质量评价指标遴选之后尚需对各指标赋予不同的权重，"权重分配是对于各项指标的重要性的权衡与评价，权重大小反映政府各项工作的重点、难点和资源投入上的差别。没有权重分配，也就不可能有该理论模型在政府绩效评估实务领域的应用"[①]。

第一节 基本公共服务质量的评价模型

我们在此使用的模型，意指基于特定服务质量的内涵对相关元素的组织框架，又称为"评估框架或模式"。尽管所有的模型在表征服务质量的各个方面进行测量和管理的优先顺序不同，但大部分模型都由明确陈述的服务质量维度、目标和指标组成。它们的差异在于服务质量维度的优先序、价值，以及目标和指标组织为维度的方式不同。

基本公共服务的质量是地方政府绩效的组成部分。目前学术界对服务质量的界定尚未达成共识，服务质量的影响因素多种多样，它会因服务的领域和环境的不同而有差异。但总结起来主要有以下两种观点，一是从服务接受者的角度出发，将服务质量定义为接受者对服务绩效的期望和对实际提

---

① 苏曦凌、魏佳妮：《确定西部地区地方政府绩效评估指标权重探讨——以贵州省为例》，《科技管理研究》，2008 年第 12 期。

供服务的绩效的感知之间的差异;二是同时从服务的提供者和接受者的角度出发,认为服务质量是服务的投入、过程和产出的绩效。因此,本章的模型依据对服务质量的界定也分为两类。对于顾客满意度指数模型和 SERVQUAL[①]评价框架,服务接受者是唯一的评价主体,而平衡计分卡和欧盟公共部门通用评估框架等则是适用多主体的评价。根据建立服务质量评价模型的原则与标准,有效的服务质量评价模型必须具备下列特征:

首先,结构简单。一个好的模型在将一系列表征质量内涵的维度或指标组织起来的时候应该尽量结构简单。评价模型是一个多层次结构,每一个维度都由许多直接描述服务质量的指标组成。

其次,描述内部关系。模型要能够给出不同的评价之间的内部关系,通过这些内部关系可以发现一个维度的绩效的欠佳在多大程度上会导致另外相关维度的绩效会有同样的表现,反之亦然。这些内部关系在制定评价计划和总结阶段都很有帮助,尤其是对于服务质量不佳的原因的诊断分析。从这个角度上讲,模型可以帮助我们学习和理解服务质量。模型应该能帮助地方政府通过评价持续地满足民众和社会的需求,换句话说,一个好的模型不仅仅能告诉人们是否完成了公共服务战略,还应该能显示战略和政策是否产生了预期的影响。

最后,公众参与。公共服务的提供者必须建立相应的机制以确保社会公众的参与,进一步了解公民的需求和提供的服务是否符合公民的需要,进一步调整施政策略,使稀缺的人力、物力资源配置在最重要的方面。公民的参与包括:确定优先序、建立恰当的评价指标、目标的设置和关于服务质量评价的年度总结报告。这种参与可以作为政府与公民或社会之间的责任基础。

设计评价模型的目的是为组织收集相关的绩效数据(信息),为分析、使用和报告这些信息提供系统的方法。由于公共服务的目标多元化和产出的非市场化及业务与结构的差异,没有一个模型能够适用于所有的机构和所有领域的服务。尽管如此,西方发达国家的评估实践表明:所有量身定做的

---

① SERVQUAL 为英文"Service Quality"(服务质量)的缩写。

评价模型都是在一些基本模型的基础上改造而成的。下面分别对一些通用模型进行系统的介绍和评述。

一、SERVQUAL 量表

(一)背景介绍

学术界对"服务质量"至今没有一个通用的明确定义,这源于服务质量的三个特性,即无形性、异质性和不可分离性,尤其是它的异质性,使服务质量会因提供者、接受者和时间地点的差异而有所差异,服务绩效很难制定统一的质量标准。20世纪80年代,随着全面质量管理运动的兴起,服务质量成为学术界最热门的研究主题,其中最有影响的当属(帕拉休拉曼(Parasur-anman)等人的研究。1985年,帕拉休拉曼(Parasuraman)、白瑞(Berry)和来特汉毛尔(Zeithaml)(简称"PZB")在他们的研究中指出,服务质量的评价较产品质量的评价困难, 应该从服务接受者对服务的期望和对实际服务绩效的感知出发,而且服务质量的评价不仅仅包括服务的产出,同样包括服务的提供过程。在前人研究的基础上, 他们提出了著名的服务质量差异分析模型(Gaps Model of Service Quality),并随后带领他们的研究小组进行了大量的关于该模型的实证研究,建立了 SERVQUAL 模型用以测量服务质量。该模型最初提出时包括十个维度(又称"潜变量"),后来在实证的基础上修改为五个维度。SERVQUAL 评价模型一经提出,在学术界引起了广泛关注,是目前对服务质量评价影响最大的模型。

(二)模型的理论基础与结构

1.SERVQUAL 评价模型的理论框架

该评价模型的理论核心是质量差异分析模型(图 7-1),PZB 认为下面的差异(图 7-1)是服务质量改进的障碍因素:

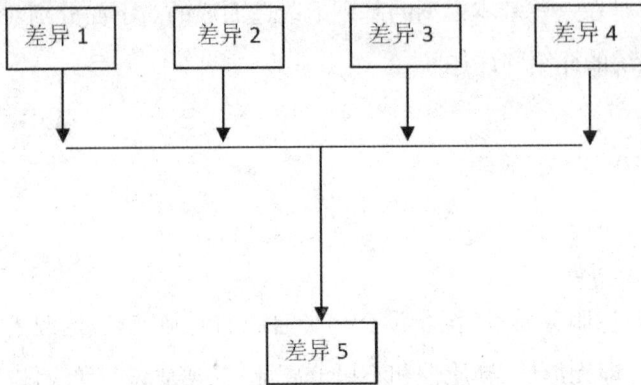

图 7-1　SERVQUAL 的理论框架

差异 1　服务接受者的期望与服务提供的管理者对这一期望认识之间的差异；

差异 2　管理者对服务接受者对服务期望的认识与承诺的服务标准之间的差异；

差异 3　承诺的服务标准与实际提供的服务之间的差异；

差异 4　提供的服务与外部环境（如服务的接受者）沟通的差异；

差异 5　服务接受者对服务的期望与对实际提供服务的感知之间的差异；

假定差异 5 是前四个差异的函数。

2. SERVQUAL 模型的结构和组成

从服务接受者的角度看，组织提供服务的质量绩效主要受到图 7-1 中前四个因素的影响，这是 SERVQUAL 的理论基础。PZB 在前人的基础上进行了一系列相关的实证研究，以小组的形式对十二个服务领域的服务接受者进行访谈,确定了评价服务质量的十个维度,十个维度的测量是通过九十七个题项获得的。在后期的实证研究中发现,这十个维度之间有交叉或者重叠,通过因子分析最终将维度降为五个(图 7-2),题项删减为二十二个。

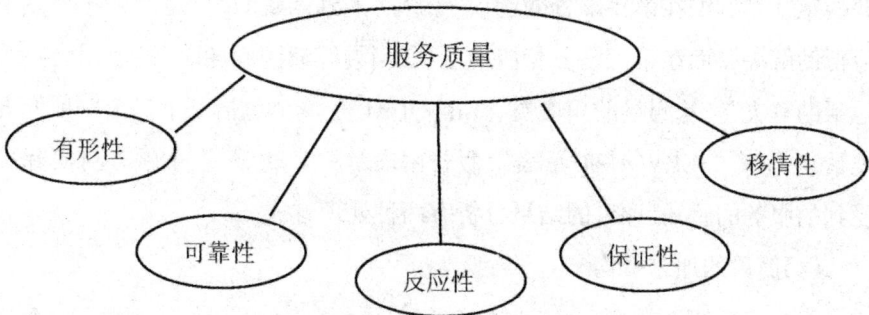

图 7-2 SERVQUAL 的结构

五个评价维度的解释如下：

有形性(Tangibles)，指组织提供服务的有形设施、装备和服务人员的外观表象。

可靠性(Reliabi-lities)，按照服务承诺或服务标准准确可靠地提供服务的能力。

反应性(Responsiveness)，帮助服务接受者和快速回应其服务需求的意愿。

保证性(Assurance)，服务提供者所具备的相关知识和礼节，以及将这些转化为服务接受者信任的能力。

移情性(Empathy)，服务提供者给予服务接受者的关心和个性化关注。

模型包括三个部分：第一部分是由二十二个题项描述的卓越公司在五个维度的特征，受访者按照二十二个题项中描述的每一个特征的实际情况赋予 1~7 或者 1~5 的数字，7(或 5)表示非常同意，1 表示非常反对，这一部分测量的是服务接受者对服务的期望。

第二部分是要求受访者对表征服务质量的五个维度的重要性予以确定，例如，五个维度的重要性为 100 分，受访者给出每个维度的重要性分值，同时要求受访者在五个维度中选择最重要和最不重要的。

第三部分包含跟第一部分相对应的二十二个题项，但与第一部分不同的是受访者给出的是被评价的提供服务组织的相应服务在每个题项所陈述的特征的分值，与第一部分采用同样的分级，如第一部分采用的是七个等级，第三部分也是七个等级，这一部分测量的是服务接受者对接受的实际服务的感知。例如在第一部分的题项"当顾客遇到问题时,卓越的公司会热情地帮助解决",而在第三部分相应的题项"当顾客遇到问题时,某公司会热情地帮助解决"。从测量的角度看,SERVQUAL 是一个包括二十二个题项的五维量表,又称"SERVQUAL 量表",假若用表示顾客期望,表示顾客对实际接受到的服务的感知,评价的结果分析有两种处理方式。

(1)简单的加总平均

$$SQ=\sum_{i=1}^{5} SQ_i$$

其中 SQ_i 是第 i 个维度的服务质量绩效,且

$$SQ_i=\sum_{j=1}^{m_i} (P_j-E_j) \text{ 或者 } SQ_i=\sum_{j=1}^{m_i}\sum_{k=1}^{n} (P_{jk}-E_{jk})$$

P_j 和 E_j 分别是第 i 个维度的第 j 个题项的感知得分加总和预期得分加总,m_i 是第 i 个维度的题项数,$P_j=\sum_{k=1}^{n} P_{kj}$ $E_j=\sum_{k=1}^{n} E_{kj}$ n 是样本容量,这种分析方法没有考虑题项之间和维度之间的权重。

(2)加权平均

$$SQ=\sum_{i=1}^{5} W_i \times SQ_i$$

$$SQ_i=\sum_{j=1}^{m_i} W_j \times (P_j-E_j) \text{ 或者 } SQ_i=\sum_{j=1}^{m_i} W_j \times \sum_{k=1}^{n} (P_{jk}-E_{jk})$$

W_i 和 W_j 分别是第 i 个维度和第 j 个题项的权重。如果 SQ>0,说明服务接受者对实际服务的感知大于预期,服务质量令人满意,组织提供的是优质服务;如果 SQ=0,组织提供的服务满足接受者的预期,服务质量可以接受;如果 SQ<0,服务接受者对质量的感知低于预期,表现为对服务质量的抱怨。无论是哪一种分析方法,既可以对单一的维度进行分析,也可以对五个维度综合进行分析。对五个维度的综合分析通常是对提供同一类型服务的不同组织之间服务质量绩效进行比较,以改善绩效。

　　SERVQUAL 模型在使用的时候,需要对量表的效度和信度进行验证,同其他量表效度的验证一样,通常用因子分析来分析量表的建构效度,但当模型应用于新的服务领域时,需要对它的内容效度进行实证分析;在三种信度(重测信度、复本信度和内部一致性信度)中,SERVQUAL 量表作为服务质量评价模型只需要进行内部一致性信度的分析。但在具体应用时,由于应用领域或组织的差异,需要对量表中的题项进行调整,同一个维度的题项测量的是表征服务质量的同一个特征,应该具有高度一致性。需要指出的是,作为一个服务质量的评价模型, 它的五个维度所表征的服务质量未必具有一致性。例如某个组织提供的特定服务的有形性方面的绩效高, 但回应性却不高。因此分析量表的 Cronbach α 系数时,每个维度的各个题项具有高度一致性,但整个量表的五个维度不必高度相关。

　　(三)模型评述

　　SERVQUAL 服务质量评价模型得到了广泛的应用。相关文献研究表明,其设计的五个测量维度具有效度和信度,也适用于大部分的服务领域,用五个维度从服务接受者的角度来表征服务的质量, 使服务质量的复杂性得以简化。模型是简单易用的多维测量结构,模型的使用经验说明,量表中题项的回答不会占用响应者太多时间,而且问卷的回收率比较高。它从服务接受者的角度对服务质量给出可靠有效的评价, 对于服务的管理者或提供者而言,其是一款很好的诊断工具。它对服务期望和感知的测量使用户在每个层次和特征上进行比较,可以帮助提供服务的管理者确认每个题项、维度和总体水平上期望与感知之间的差异,从而找出改进的目标。同时该评价模型允许对不同的服务接受者群体和不同的服务提供者之间的服务质量进行比较,也可以对同一服务提供者在不同时间提供的服务质量进行比较。对于服务质量而言, 服务的接受者虽不是唯一的评价主体, 但却是重要的评价主体,服务接受者的满意是最重要的评价标准。

　　当然对服务质量的评价仅限于单一的服务接受者这一主体, 在学术界和实践上是存在争议的。因为有些服务是基于服务提供者和接受者之间合同的基础上提供的,对于特定的服务领域,模型的适用性需要重新分析,尤其对于公共服务。其服务目标的多元性和服务的非营利性及资源的稀缺性，模型的维度和题项需要依据实际情况进行调整。由于评价的结果是依据量表测量获得，服务接受者对于服务质量的期望和感知受到个人特征、组织环境的影响，因此关于服务质量的基准是缺失的。

实际上，该模型虽不是一个完美的评估框架，但它本身并不是刚性的五维结构，通过对其维度和题项进行量身定做，可以适用于大部分服务领域和提供服务的组织。

二、平衡计分卡（BSC）

（一）背景介绍

20世纪90年代见证了绩效评估的革命，学术界和实践家们对重造组织的绩效评估系统投入了极大的努力。人们越来越认识到会计管理系统存在许多缺陷，传统的财会绩效评估的失败反映了现代组织竞争环境和战略的变化。财务绩效在本质上是历史记录，它没有提供未来绩效的任何信息，鼓励组织的短视行为，关注内部而非外部（竞争者和顾客），缺乏战略意识，抑制创新，在快速变化和高度竞争的环境下，它提供的信息对于有效的管理组织而言是远远不够的。

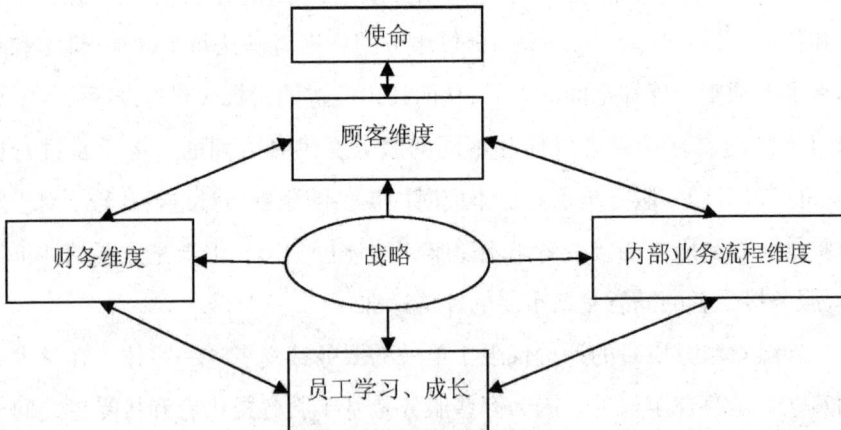

图7-3a　公共部门平衡计分卡

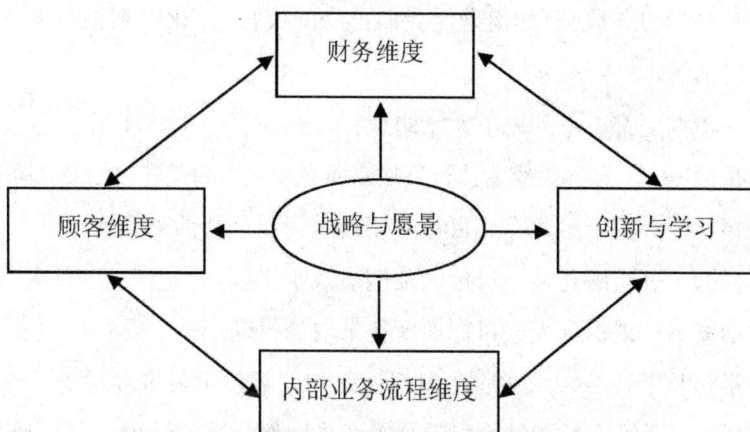

图 7-3b　私营部门平衡计分卡

哈佛大学的罗伯特·卡普兰(Robert Kaplan)教授和波士顿复兴顾问公司的大卫·诺顿(David Norton)带领一个研究小组对十多家公司进行研究以寻求一种新的组织绩效评估方法。他们相信依靠财务指标的绩效评估会影响组织创造价值的能力。在考虑了多种替代方法以后,决定用一种囊括整个组织活动如顾客问题、内部业务流程、员工的活动和股东关心的问题等方面指标的记分卡概念,并为这种新的工具起名为"平衡计分卡"。

平衡计分卡自问世以来被大量的组织采用,并取得了立竿见影的效果。在风靡营利组织之后,平衡计分卡随之在公共部门得到有效运用。这些组织发现,只要稍稍改动一下它的框架,就可以为各个部门说明价值的创造,以及需要采取的各种步骤。鉴于它的有效运用,《哈佛商业评论》将其列为 20 世纪最为有影响力的 75 个理念之一。

(二)结构与测量维度

图 7-3a、图 7-3b 给出了公共部门和私营部门平衡计分卡的基本框架,它们都包括下面四个维度:

顾客维度:谁是我们的顾客? 我们将如何为他们创造价值?

财务维度:如何在控制成本的同时为顾客增加价值?

内部业务流程维度:为了在预算约束下满足顾客的要求,需要擅长哪些业务流程?

员工的学习与成长：如何确保我们自身的成长、变化以满足目前立法机构和市民的需求？

每一个维度都由下列以下元素组成：

- 目标——对描述组织为执行其战略而必须关注的优先序的简单陈述。
- 指标——用于检测完成目标的绩效过程而进行的测量。
- 目的——组织对某一目标的预期绩效水平。
- 动案——组织为完成目标而即将采取的行动。

在诺顿和卡普兰看来，顾客、内部过程和创新与学习维度覆盖了所有的运作测量。财务维度的测量给出的是曾经采取的行动的结果，它反应的是组织"昨天"的运作绩效；顾客与内部过程反应的是组织"今天"的运作绩效；创新与学习则作为组织透视组织"明天"绩效的窗口。

与企业组织相比，公共部门的平衡计分卡有如下区别，即增加了关于使命的陈述，它位于平衡计分卡的最顶端，说明组织存在的必要性和最终要取得的成果。将市民或社会当作顾客，其概念结构中包括四个由组织使命激发的维度：社会维度、内部过程维度、学习与成长维度、财政资源维度。这是新公共管理所倡导的理念。有些组织已经在使用这样的评估框架，他们将财政资源作为一种输入，管理财政资源作为组织内部运作过程的一部分。当考虑到市民是高水平服务的消费者时，这一理念没有任何问题。但是用顾客这一比喻来描述市民与公共部门之间的复杂关系并不十分贴切，因为顾客有自由选择是否购买服务和购买谁的服务的权利，而市民在购买垄断的公共行政机构提供的服务的时候就带有强迫性。

在某些情况下，将财务和顾客维度置于同一水平。这样做可以提升顾客维度的作用，降低财务指标的影响。对于公共部门，许多组织的财务维度的重要性降低到不能单独作为一个维度，比如在公安机关的平衡计分卡中财务多数不作为一个单独的维度列出。权力机构或利益相关者有时候作为一个单独的维度列出，这样做的目的是为了使市民单独作为一个维度，当然这里的权力机构是上级权力机关，并不是所有的公共部门都适合这样做，只有类似于地方政府中只提供服务的公共部门才对此适宜。在有些应用中用四个维度代替市民/社会维度，不同的维度代表了市民与组织间的不同作用关系，分别为：响应（顾客）、责任（所有者）、保护（法律的遵守者，subject to laws）和参与（合伙人）。①市民与组织间的复杂关系是公共部门在建构其绩效评估模型时需要考虑的关键因素。有的学者曾将市民的作用区分为下面六种：顾客、所有人、问题的制造者（Issue Framer）、共同生产者（Co-producer）、服务质量的评估者、独立的结果标定者（Independent outcome trackers）。②将市民作用的区分越精细，模型的结构越复杂。

（三）平衡

卡普兰和诺顿强调这一框架中平衡的重要性，组织绩效的测量必须反应财务和非财务指标、组织内外部群体，以及效率和效果之间的平衡。对未来绩效动因指标的测量可以弥补财务绩效指标的局限。

最初的平衡记分卡鼓励用户对于四个维度确定数量相同的测量，这说明平衡记分卡要求绩效的测量要平衡财务和非财务测量、内部和外部测量、前置和滞后测量、短期和长期测量。然而诺顿和卡普兰在后来的三本关于平衡记分卡的专著（1996③，2000④，2004⑤）中却几乎不强调各个维度测量的精确平衡，却转而强调预期的绩效结果与这些绩效结果的动因之间的联系。实际上，四个维度的测量数量之间的平衡并不应作严格要求，施奈德曼（Schneiderman）认为，平衡实际上是有害无益的，好的记分卡应该是非平衡的，包含

---

① See City of Charlotte:Strategic Planning Handbook-2002. Retrieved February 2004 from http://www.charmeck.org/NR/rdonlyres/e6mgght3nmd7wv4rzkgjy7bp4iam7ujlgwzvhm4wormfvnmeyc2mudvhgy7vlugjdnzmappvfkcsulvsacuz4ovlxod/Strategic+Planning+Handbook.pdf.

② See Marshall,Marsha,Wray,Lyle,Epstein,Paul,Grifel,Stuart-21st Century Community Focus:Better Results by Linking Citizens,Government,and Performance Measurement Retrieved October 2004 from http://www.iog.ca/policity/CP/Public%20Library/library_reference_21st.html.

③ Kaplan,R.S.and Nordon,D.P.,*The Balanced Scorecard-Translating Strategy into Action*,Harvard Business School Press,Cambridge,MA,1996.

④ Kaplan,R.S.and Nordon,D.P.,*The Strategy-Focused Organization:How Balanced Scorecard Companies Thrive in the New Business Environment*,Harvard Business School Press,Cambridge,MA,2000.

⑤ Kaplan,R.S.and Nordon,D.P.,*Strategy Map:Converting Intangible Asset into Tangible Outcomes*,Harvard Business School Press,Cambridge,MA,2004.

更多的非财务测量、内部测量、前置测量和短期测量。①

(四)模型评述

BSC 是基于优先序的简单且易于理解的绩效评估模型，对于每一个维度，它都有关注的优先领域。有所争议的是，当用于公共部门的绩效评估时，顾客维度变得颇为复杂。尽管它与公共部门的理念的融合并不十分容易，但它在世界范围内公共部门绩效评估领域的广泛应用说明，通过一定程度的修改（比如维度和各个维度的优先序等方面），仍非常适合于公共部门的绩效评估。模型依赖于对目标的明确陈述和测量，这些陈述都是客观可靠的。BSC 中保留了能够反应组织昨天绩效的财务维度，同时又有反应组织今天绩效的顾客和内部流程维度，以及反应组织明天绩效的创新与学习维度。各个维度之间的明确关系对于诊断组织绩效优劣是十分有用的。对于公共部门的绩效评估，BSC 不是一个刚性的框架，它的维度和维度的数量都不是刚性的，它提供的与其说是框架，不如说是个评估的理念。在公共部门评估的实践中，单独用平衡计分卡作为评估模型很少见，大部分的评估是将平衡计分卡的多主体、多维度、平衡的理念溶于了评估体系中。图 7-4 是香港效率促进组对市政服务的一个评估框架。

———————————

① See Schneiderman, A.M., Time to Unblance Your Scorcard, *Business+Stragey*, Issue 24, pp.3–4.

目标维度	顾客维度
测量动案对整个政府陈述的目标的贡献,该维度同样提供财务绩效方面的信息。例如: * 完成政策目标和关键结果领域方面的成就 * 预算绩效 * 每个输出的单位成本 * 税收的完成情况 * 增加社会满意度	测量将使命陈述中关于顾客服务部分转化为具体的符合各方利益团体要求动案的方式。例如: * 顾客满意度 * 顾客服务目标的完成情况 * 关键问题和服务的公众意识水平
过程维度	组织和员工维度
测量业务过程是如何支持目标和顾客要求。例如: * 核心过程的效率(提供的服务或输出的数量) * 核心功能的质量和精确性 * 新过程的引进和开发	测量持续改进的程度;员工的培训与开发,新过程对改善组织绩效及提高员工对组织忠诚的贡献。例如: * 引进新的过程或动案 * 与去年绩效的比较 * 员工培训数量 * 员工的满意度和忠诚度 * 管理信息的质量

图 7-4　香港市政服务评估框架

三、卓越绩效评估模型

与 BSC 一样,卓越绩效评估准则最初源于企业界,它是公共部门自身进行绩效评估最为流行的模型之一,目前有许多版本,但最著名的当属美国的马尔科姆·波多里奇(Baldrige)卓越绩效评估准则和 EFQM 卓越化模型。

(一)波多里奇卓越绩效评估准则(Baldrige Criteria for Performance Excellence)

1. 背景介绍

美国前总统里根于 1987 年签发的美国《公众法 100—107》,确立了美国马尔科姆·波多里奇国家质量奖。马尔科姆·波多里奇1981年至1987年任美国商业部部长。由于他长期致力于美国质量管理工作,在促进美国国家质量管理改进和水平提高上做出了突出贡献。为此,在他去世后,美国通过了国家质量改进法案,建立了以他的名字命名的国家质量管理奖。

2004年10月,时任总统布什签署了一项法律,授权美国国家标准与技术研究院(NIST)将国家质量奖的范围扩展到非营利和政府组织。从2007年开始,非营利性组织(包括慈善机构、贸易与职业联盟、政府机构)将有资格参加申请马尔科姆·波多里奇国家质量奖这个由总统颁发的奖励质量与绩效卓越的最高荣誉。为了准备这项新的工作,NIST将在2006年实施一个试验性的申请项目,以帮助培训评审员并确认非营利性组织是否作好了充分的准备。尽管在试验阶段不会给非营利性组织颁发任何奖项,但是这些组织将会收到对申请的书面反馈。2006年波多里奇企业绩效卓越标准已经作出修改,以更好地适应非营利性组织的申请。

2. 框架、核心价值观和概念[1]

波多里奇绩效卓越标准以一组相互关联的核心价值观和概念为基础,这些核心价值观和概念是组织为实现卓越的绩效所必须具备的观念和意识,它渗透于卓越绩效准则的标准和子标准中,同时也应体现在组织的全体员工,尤其是高层管理人员的行为之中。核心价值观和概念共有十一条:①远见卓识的领导(visionary leadership),②顾客驱动的卓越(customer-driven excellence),③组织和个人的学习(organizational and personal learning),④重视员工和合作伙伴(valuing employees and partners),⑤敏捷性(agility),⑥关注未来(focus on the future),⑦促进创新的管理(managing for innovation),⑧基于事实的管理(management by fact),⑨社会责任(social responsibility),⑩注重结果和创造价值(focus on result and creating value),⑪系统的视野(systems perspective)。

这十一个核心价值观和概念体现在评估的七个类别中:①领导,②战略

---

① See Baldrige:Criteria for Performance Excellence,2007.12.

规划,③顾客和市场,④测量、分析、知识管理,⑤人力资源,⑥过程管理,⑦经营结果。

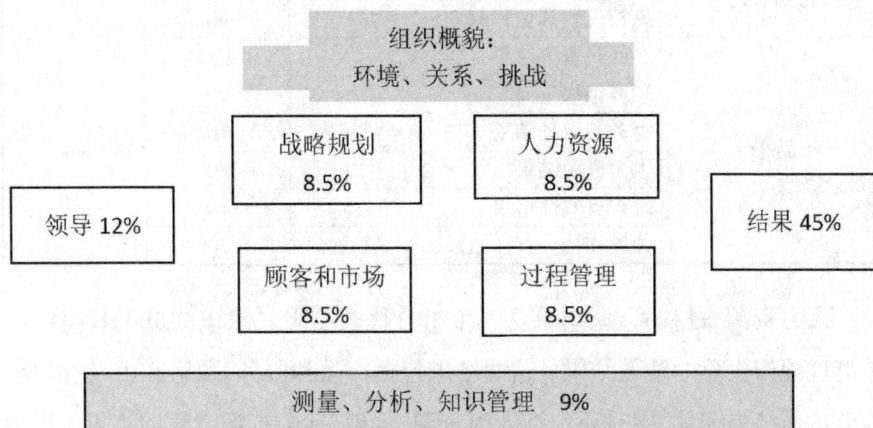

图 7-5　波多里奇卓越绩效准则框架：系统视野

图 7-5 给出了这七个类别之间的连接与整合框架。领导、战略规划、顾客和市场、人力资源、过程管理、结果这六个类别组成了组织的运作系统,它表征了组织的运作及结果;领导、战略规划、顾客和市场这三个类别组合在一起用来强调领导关注战略和顾客的重要性。高层领导要为组织的发展指明方向,并寻求组织未来的发展机会。

表 7-1　波多里奇卓越绩效准则评分项及分值

准则	评分项	分值	
领导	组织的高层领导	70	120
	治理和社会责任	50	
战略规划	战略制定	40	85
	战略部署	45	
顾客与市场	顾客和市场了解	40	85
	顾客关系与顾客满意	45	
测量、分析、知识管理	组织绩效的测量与分析	45	90
	信息和知识的管理	45	
人力资源	工作体系	35	85
	员工的学习与激励	25	
	员工的权益与满意度	25	

续表

准则	评分项	分值	
过程管理	价值创造过程	45	85
	支持过程和运作规划	40	
结果	产品与服务结果	100	450
	顾客结果	70	
	财务与市场结果	70	
	人力资源结果	70	
	组织有效性结果	70	
	领导和社会责任结果	70	

　　人力资源、过程管理、结果这三个组合代表结果。组织的员工和组织的关键过程产生总的绩效结果。这些结果包括产品和服务、顾客和市场、财政、内部运作结果绩效,同时还包括人力资源、治理、社会责任方面的结果。作为卓越绩效评估系统的基础,测量、分析、知识管理对于组织的有效管理和基于事实的、知识驱动的绩效改进系统是至关重要的。七个类别几乎涵盖了组织的每个方面,它们之间相互支持、相互制约,充分体现了系统和全面管理的思想。表 7-1 给出的是评分项目及分值。

　　(二)EFQM 卓越化模型

　　1. 背景介绍

　　欧洲质量基金会(The European Foundation for Quality Management)成立于 1988 年。旨在突出质量管理在经营中的重要性,促进企业的改革,增强欧洲企业的效率和效果。目前有九百个会员单位,分布于二十三个欧洲国家。

　　组织发起人的初衷是要创建一个质量管理模式,供全欧洲的组织参考。该模式首创于 1991 年,最初是一个用于企业自我评价的模式。这个模式后来被用于企业申请欧洲质量奖的评价基础,被称为"EFQM 质量奖模型",2002年在一些条款上作了修改后被称为"EFQM 卓越化模型"。

　　2. 框架及概念

　　EFQM 卓越化模型的框架结构由九个标准组成(图 7-6),这些标准又分为促进因素(Enabler)和结果(Result)两大类,用于评估组织通往卓越的历程。图中的箭头强调模型的动态特性,创新和学习帮助促进组织改进,从而获得卓越的结果。促进因素标准涉及的是组织如何进行关键活动,而结果则考虑的是什么是组织运行的结果。EFQM 模型非常灵活,它对组织的规模和类型不做要求,广泛地应用于公共部门的绩效评估。

EFQM 框架非常简洁,其中领导是第一要素,组织的人员管理、方针与战略,以及资源都由他驱动。进而又驱动着所有的过程,员工的满意、顾客的满意和对社会的影响通过这些过程决定,这三个方面又驱动着绩效结果。

框架中心的九个标准体现出"RADAR"这样一个逻辑组成,RADAR 是结果(Results)、方法(Approach)、部署(Deployment)、评价(Assessment)、回顾总结(Review)。在评价"促进因素"标准时使用"方法、部署、评价、回顾总结"这些元素,评价"结果"标准时使用"结果"这一元素。模型涉及一系列的基本概念,建立在这些概念基础上的行为、活动或动案经常被称为全面质量管理(TQM)。这些基本概念包括:结果取向、关注客户、领导和坚定的目标、基于过程和事实的管理、员工的开发与参与、持续的学习创新和改进、合作关系的开发、组织的社会责任(详见图 7–7)。

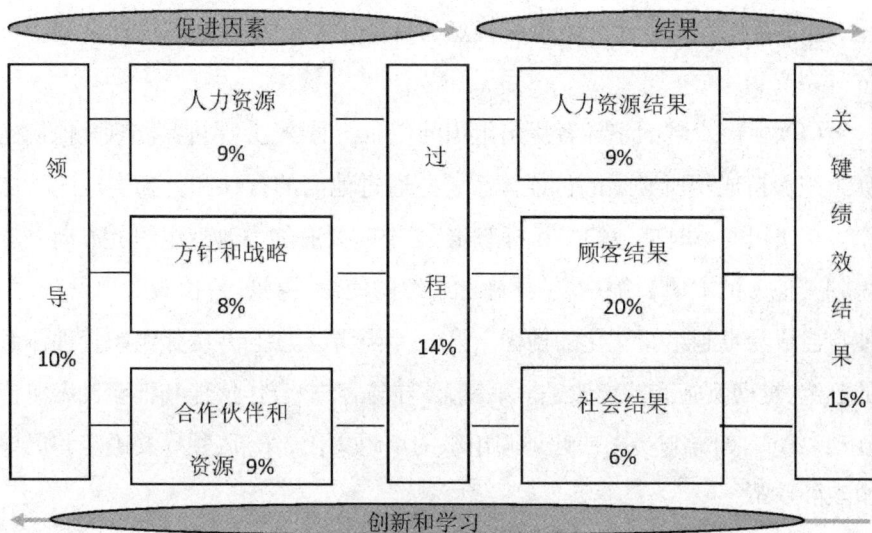

图 7–6　EFQM 卓越化模型框架(1999—2003)

图表来源:The Fundamental Concepts of Excellence,http://www.efqm.org。

图 7-7　八个基本概念

图表来源：The Fundamental Concepts of Excellence，http://www.efqm.org。

3. 标准与子标准

EFQM 有三个层次：最高层是九个标准；第二层是最高层下一层标准，它具有固定的要素，这对要争取卓越的组织来说是必须要考虑的；第三层提到一些方面，但这些是全部开放的（open），其内容由组织自己来认定。图7-6 中每个标准下的百分比是标准的权重，组织在自评时可以使用这些权重，也可以选择更适合自己组织特点的百分比。下面给出的是标准和子标准的定义：①

（1）领导：卓越的领导者提出组织的使命与愿景，并促进其实现。他们建立组织保持成功所必须的价值体系，并通过他们的行动和行为实现这一体系。在组织变革时期他们要目标坚定，必要时要有能力改变组织的方向并能得到其他人的响应。第一，领导确定组织的使命、愿景、价值观和道德观，并使自己成为卓越组织文化的榜样。第二，领导本人参与并确保组织管理体系的制定、贯彻实施和持续改进。第三，领导与客户、合作伙伴和社会代表保持互动。第四，领导与员工一起加强组织的卓越文化。第五，领导要确定和倡导组织的变革。

（2）方针和战略：卓越的组织通过建立关注利益相关者的战略实现它

---

① See The Fundamental Concepts of Excellence，http://www.efqm.org。

们的使命与愿景,这些战略充分考虑市场和运作的部门。确定和部署方针、规划、目标和过程以实施战略。第一,方针和战略是建立在当前和未来的需求及利益相关者期望的基础上。第二,方针和战略的建立要依据绩效测量、研究、学习及组织外部相关活动的信息。第三,方针和战略要建立、总结回顾和更新。第四,方针和战略要通过一系列的结构化的关键过程进行交流与部署。

(3)员工:卓越组织要在个人、团队和组织水平上管理、开发和释放员工的全部潜能。它们倡导公平、公正及参与和提高员工的能力,关心、奖励和肯定组织的员工并与之保持沟通, 建立承诺机制以利用员工的技能和知识为组织服务。第一,规划管理和改进人力资源。第二,确认、开发和保持员工的知识和能力。第三,员工参与和提高能力。第四,组织与员工沟通。第五,奖励、肯定、关心组织的员工。

(4)合作关系与资源:卓越组织应对外部的合作伙伴、供应商和内部资源进行规划和管理,以支持组织的方针与战略,确保过程的有效运作。在规划和管理合作关系和资源时,平衡组织、社会、环境的当前和未来的需求。第一,管理外部合作关系。第二,财政管理。第三,建筑物、设备和材料的管理。第四,技术管理。第五,信息和知识管理。

(5)过程:卓越组织为满足客户和其他利益相关者的需求并为他们创造更大的价值对过程进行设计、管理和改进。第一,过程的系统设计和管理。第二, 按照需要改进过程以满足客户和其他利益相关者的需求并为他们创造更大的价值。第三,基于客户的需求和期望设计、开发产品和服务。第四,生产和提供产品和服务。第五,管理和加强与客户的关系。

(6)客户方面的结果:卓越组织应测量和取得不凡的有关客户的结果。第一,概念(Perception)测量。第二,绩效指标。

(7)员工方面的结果:卓越组织应测量和取得不凡的有关员工的结果。第一,概念(Perception)测量。第二,绩效指标。

(8)社会方面的结果:卓越组织应测量和取得不凡的有关社会的结果。第一,概念(Perception)测量。第二,绩效指标。

(9)关键绩效方面的结果:卓越组织应测量和取得不凡的有关方针和战略的关键元素方面的结果。第一,关键绩效结果。第二,关键绩效指标。

卓越绩效评价标准为组织改进提供了基础,鼓励组织实施创新和灵活的方法,与组织的整体经营需求协调一致。标准注重一般性要求,而非具体的程序、管理工具和技术。其他改进方法(如 ISO 质量管理体系,六西格玛或合格鉴定)可以整合到组织的绩效管理体系中去,成为满足标准要求的一个部分。标准适用于大企业、小企业、服务业,以及政府和非营利组织等。

表 7-2　EFQM 卓越评价准则评分项分值表

准则	评分项	分值	
领导	组织的领导	60	100
	社会责任	40	
战略	战略制定	40	80
	战略部署	40	
顾客与市场	顾客和市场的了解	40	90
	顾客关系与顾客满意	50	
资源	人力资源	40	120
	财务资源	10	
	基础设施	20	
	信息	20	
	技术	20	
	相关方关系	10	
过程管理	价值创造过程	70	110
	支持过程	40	
测量、分析与改进	组织绩效的测量与分析	40	100
	信息和知识的管理	30	
	改进	30	
经营结果	顾客与市场的结果	120	400
	财务结果	80	
	资源结果	80	
	过程有效性结果	70	
	组织的治理和社会责任结果	50	

(三)模型评述

对于评估而言,卓越模型较为复杂,模型里有太多需要优先关注的事项,如领导、策略等方面,在牵扯到实际指标和准则方面变得颇为复杂。卓越模型源于企业的质量大奖,波多里奇和以它为蓝本的国家卓越评价模型中评分项及其分值的设定,对于公共部门的绩效评估并不十分适合。①但 EFQM 卓越化模型却适用于公共部门的绩效评估,因为它不是一个刚性的框架,九个标准的权重可以依据组织自身的特点设定。实践证明,对于公共部门的绩效评估而言,EFQM 卓越化模型是非常适用的。

虽然在某些方面诸如领导、方针战略等很难进行客观可靠的测量,但卓越模型是国际上认可的绩效评估模型。目前有很多改进的测量技术可以尽量消除测量时的主观随意性。尤其是 EFQM 卓越化模型的评分体系的设计是建立在科学方法之上的。

卓越模型是作为一个诊断评估工具而推出的,它使组织能通过一系列的国际上认可的标准,客观地评估自身绩效,认识到组织的卓越点,找出组织有所进步的领域。对大多数组织而言,最初要收集与评估原则相关的材料,包括基于报告的关于外部有效性的快捷指南,通过自我评估对组织的优势和不足,以及需要改进的地方进行概括。运用卓越模型评估的目的并非绩效得分,其主要目的是对一段时间的改进经验进行总结或作为奖励申请的材料。多数组织使用模型关注的是什么领域需要改进,而不是日常的绩效得分。

卓越模型是通用模型,可以运用到私人组织和非商业性的组织,适用不同组织的版本不同,二者在术语等一些方面存在显著不同。例如,对政治决策内容如何评估和改进方面。EFQM 卓越化模型不是追求评估政治政策的质量和卓越,而是关注组织在提供这些政策方面的卓越。

自我评估的资源需求和成本差异很大,基本评估的简单资料是免费得到的,较精确的评估需要适度的投资,如物质的、培训费用和持续的支持投入等。运用卓越模型进行自我评估的优势在于:认识自身的优势和需要改进的地方;能够认识到组织需要改进的方面的优先序;模型强调对绩效的持续评估,拓宽了对绩效的认识;提供了一个框架使得所有的质量和改进行动都有意义。

---

① 美国波多里奇有专门用于教育和医疗保健评估的标准。

四、欧盟公共部门通用评估框架(CAF)

(一)背景介绍

自 20 世纪 90 年代以来，西方国家以各种各样的形式开展了公共行政改革，改革的主题之一就是将私营部门中推行的全面质量管理引入公共部门，许多国家的公共部门开始参加各种各样的质量奖评选。大部分质量管理系统是在 EFQM 的基础上开发的。但由于公共部门的复杂性，欧盟各国公共部门对"质量"的理解和认识无法统一，相互竞争和比较就没有了基础，因此无法建立统一的针对公共部门的质量奖。但是作为替代建立一个适用所有公共部门的通用评估框架(Common Assessment Framework,简称"CAF")作为组织自我评估的工具，该框架由欧盟公共管理局下属的一个非正式的工作小组——公共服务创新小组(IPSG)的专家们共同开发完成的。它的框架结构与欧洲质量管理基金会的 EFQM 完全相同，其目的之一是推动欧盟各成员之间进行政府的改革创新方式上的交流与合作，帮助那些有兴趣使用全面质量管理工具的公共组织寻求标杆和"卓越途径"。框架经过一些公共机构的试用之后，在 2000 年发布了 CAF 正式版本，即 CAF 2000 版。随后专家们依据应用经验对模型进行了修改与完善，并于 2002 年发布了通用评估框架修订版，即 CAF 2002 版。为了更好地改进 CAF 和指导用户，在欧洲行政学院成立了通用评估框架资源中心。中心对所有的用户提供相关资料和技术指导，并收集用户反馈和最佳实践。CAF2006 版就是在分析用户的反馈和经验的基础上对 2002 版的改进。

(二)结构、指标与测量

1. CAF 的结构与指标

同 EFQM 一样,CAF 的指标分三级:一级指标和二级指标与 EFQM 是相同的(见图 7-8 和表 7-3),三级指标与 EFQM 不同。这些称为示例(example)的三级指标评估时不单独考虑,也就是说,三级指标不单独依据绩效表现计分,而是在其二级指标之下综合考量。为了适合于公共部门的特点,CAF 在

EFQM 的基础上也作了相应的调整。与 EFQM 相比,CAF 更加强调过程和变革管理,强调公平和机会的平等,强调组织对社会的责任,注重财务与非财务结果之间的区别。EFQM 是质量大奖的评奖框架,框架中每个一级标准和次级标准都是有权重的;CAF 是公共组织的自评框架,每个一级标准和二级标准都没有设权重。

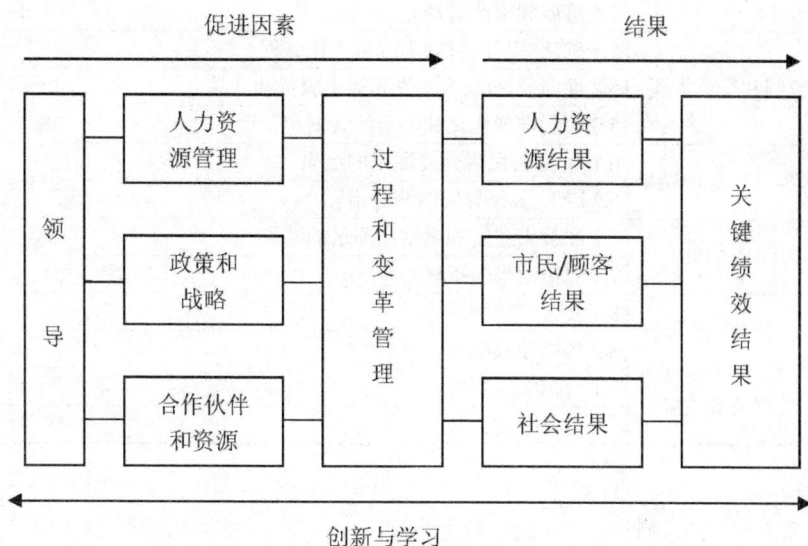

图 7-8　2006 版 CAF 框架

图片来源:CAF2006 版。

表 7-3　CAF 的一级指标与二级指标

一级指标	二级指标
1. 领导力	1.1 指明组织的发展方向,提出并传达组织的愿景、使命和价值观
	1.2 建立组织管理系统并推进系统的运行
	1.3 激励和支持本组织的员工,并以身作则
	1.4 协调与政治家和相关利益人之间的关系
2. 战略和规划	2.1 收集与利益相关人当前和未来需求有关的信息
	2.2 制定、评估和修正组织的战略和规划
	2.3 在整个组织内实施战略和规划
3. 人力资源管理	3.1 规划、管理和改进与战略和规划密切相关的人力资源
	3.2 围绕个人、团队和组织的目标,确认、开发和运用雇员能力
	3.3 面向雇员开展对话和授权

一级指标	二级指标
4. 合作伙伴和资源	4.1 开展和实施关键的合作伙伴关系
	4.2 与公民/顾客开展和实施合作伙伴关系
	4.3 知识管理
	4.4 财务管理
	4.5 技术管理
	4.6 房屋和资产管理
5. 流程和变革管理	5.1 确认、设计、管理和改善工作流程
	5.2 面向公民/顾客开发和提供服务和产品
	5.3 对管理现代化和创新的规划和管理
6. 顾客/公民导向结果	6.1 顾客/公民满意度测量的结果
	6.2 顾客/公民导向的测量指标
7. 员工结果	7.1 雇员满意度和激励度测量的结果
	7.2 雇员结果的指标
8. 社会结果	8.1 社会绩效结果
	8.2 环境绩效结果
9. 关键绩效结果	9.1 目标实现程度
	9.2 财务绩效

2. CAF 中的测量

新版的 CAF 对于指标的测量提供了两套计分体系：一套是经典的计分体系（见表 7-4、表 7-5），该体系是 2002 版计分体系的升级版；另一套是调整版的计分体系，它在吸收用户反馈的基础上，对经典的计分体系进行了相应的改进。调整版的计分体系与经典的体系不同主要体现在两个方面：一是它允许同时对每一个子标准的计划、执行、检查、调整（PDCA）的状态进行计分；二是它将 5 分制改为 100 分制。这些调整，都使它的计分更为精准和方便。

表 7-4　经典计分体系促进因素类指标计分规则

phase	Enabler panel（促进因素）	分值	2002
	在该领域我们没有任何主动的行动，没有任何信息或少量轶闻性信息	0—10	0
PLAN	在相关方面我们已经有了行动计划	11—30	1
DO	对相关方面我们正在实施或进行	31—50	2

续表

phase	Enabler panel（促进因素）	分值	2002
CHECK	我们进行评估/总结是否以正确的方式做正确的事情	51—70	3
ACT	在评估/总结的基础上按照需要予以调整	71—90	4
PDCA	计划、实施和定期调整、向其他组织学习，这些事情我们都做了，我们在该方面处于持续的改进循环。	91—100	5

表 7-5　经典计分体系结果类指标计分规则

Result Panel（结果组）	分值	2002
没有任何测量结果或没有获得任何信息	0—10	0
测量了结果且显示不良趋势或结果并不满足相关目标	11—30	1
结果显示平稳（flat）趋势或者满足部分相关目标	31—50	2
结果显示改进趋势或者满足大部分的相关目标	51—70	3
结果显示了实质性的进步或者满足了所有相关目标	71—90	4
获得了持续卓越的结果，且满足所有的相关目标；在所有的关键结果领域与其他相关组织的相比显示良好。	91—100	5

在该计分体系中，促进因素类的指标按照戴明环（又称"PDCA 之轮"）中的状态进行计分，如果一个指标指示的绩效方面，组织仅仅是在计划阶段，那么该指标的分值计分者依据证据的强弱在 0 到 10 之间指派，而且只对二级指标计分，三级指标（示例）不单独进行计分，而是综合考量。结果类的指标计分是按照趋势和目标的实现情况来考虑的。

分值	0—10	11—30	31—50	51—70	71—90	91—100
趋势	没有任何测量	负趋势	平缓趋势或稍有进步	持续进步或稍有进步	绝对进步	全部结果与其他相关组织进行积极的比较
目标	没有信息或逸闻性的信息	结果不满足目标	实现了极少数的目标	实现了一些相关目标	实现了绝大部分的相关目标	全部目标都实现了

图 7-9　调整板后计分体系结果类指标计分规则

图 7-9 和图 7-10 分别是调整版的结果类指标和促进因素指标的计分规则，与经典的计分体系相比操作性更强。结果类指标分别对趋势和目标的完成度进行计分；而促进因素类指标计分时，虽然仍不单独对三级指标（示例）进行计分，但每个三级指标都进行计分，二级指标的最终分是依据下面的三级指标的分值综合获得的。因为每个二级指标下有若干个三级指标（示例），它们并不一定同时处于某个特定的状态，也可能有的示例处于 PLAN，有的示例处于 DO，因此在经典的计分体系中计分比较困难。

状态	计划（PLAN）	做(DO)	检查(check)	行动(act)	分值
证据	正依据利益相关者的需求和期望制定计划，且在组织的相关领域有规律的部署	通过清晰的过程和责任界定管理计划实施并有序地在相关领域展开	通过相关指标监控这些过程，并定期在相关领域进行回顾检查	定期依据回顾检查的结果在相关领域进行改进	
没有任何证据显示，只有一点想法					0—10
在相关的少数领域显示一些较弱的证据					11—30
在相关的部分领域显示一些好的证据					31—50
在相关的绝大多数领域显示强证据					51—70
在相关的所有领域显示非常强的证据					71—90
在全部相关领域与其他组织比显示优越的证据					91—100

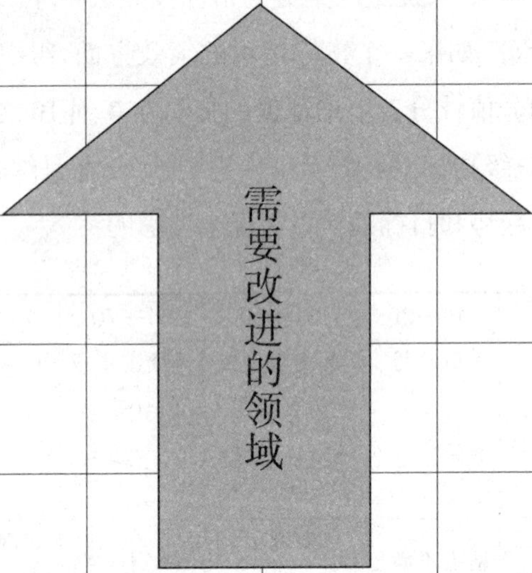

图 7-10 调整后计分体系促进因素类指标的计分规则

3. 模型评述

CAF 的框架虽然源于欧洲质量基金会的评奖框架，但它是针对公共部门而设计，用于组织的自评，因此与 EFQM 不同，CAF 不设权重，组织采用 CAF 是为了改善绩效，寻找与标杆的差距。CAF 最显著的优势有两点：一是它的计分体系，计分体系中的测量都是依据证据的强弱，最大限度地降低了主观随意性，与人力资源考核中的行为等级锚定有异曲同工之处；二是它的三级指标设置具有弹性，因为公共组织之间的差异比较大，三级指标给出的是示例，在评估时组织依据自己的具体情况去选用这些示例作为三级指标。同时三级指标不单独计分，降低了评估的成本和复杂性。

"领导"是 CAF 的一个一级指标，无疑组织的领导对于组织的运行绩效起着至关重要的作用。但任何组织的评估都需要高层领导的配合，将领导作为一个重要的评估维度，在操作时会使评估过程变得复杂和艰难，CAF 在中国的实践也证明了这一点，领导的作用体现在组织其他绩效维度中。

五、标杆超越（Benchmarking）

（一）模型简介

标杆超越又称为"标杆管理"，是全面质量管理（TQM）的一个重要管理工具，也是组织绩效评估的一个基本模型，最早由施乐公司在 1979 年提出。当时在佳能复印机的超低价格压力下，该公司面临严重的质量和成本问题。将标杆超越的思想应用于绩效评估体系的设计已有许多成功的案例。

标杆起初是土地勘察员用来测量高度的一个术语。然而自从标杆成为业内最佳实践以来，标杆超越已经成为管理中的热门词汇。坎普（Camp）将标杆超越法定义为"将业务流程等与强有力的竞争对手或处于领先地位的企业进行比较的一个持续性的评估产品、服务的过程"。也就是说，业内最佳实践的研究可以使企业绩效获得提升。标杆超越评估的目的是为了找出竞争目标，发现组织存在的弱点，并提出改进措施。标杆超越背后的基本理念不是为了找出其他组织做得有多好，而是为了找出他们做得更好的原因。由于较高的交易成本,一定的产品、服务和流程或许无法找到业内最佳实践。鉴于这个事实,多数情况下只有相对的或者局部的最佳对象被选为标杆。在实际应用中,理想的标杆需要随时修正,因此标杆超越是一个系统的、持续的参照优秀组织对产品、服务和过程进行评估以弥补绩效差距的过程。

标杆超越有三种主要的类型:结果标杆(使用效果和效率等绩效指标在组织内或组织间进行绩效比较),过程标杆(分析将资源输入和输出转化为结果的活动和任务),最佳实践标准(建立组织追求的目标和标准)。

标杆超越实施的时候通常有三种形式:内部标杆(组织内部),外部标杆(业务、产品、服务相似或不同的组织间),普通标杆(生产不同产品或提供不同服务的组织间)。

相对于只关注竞争者的局部和产品功能而言,标杆超越具有更为广泛的意义。然而在企业中改变产品管理常常是一个公司实施标杆超越的起点。就如施乐公司的例子一样,企业经常关注成本的比较。可以将标杆超越从简单的产品比较延伸到过程和方法的分析。关注方法和过程的比较可以引出新的比较元素,诸如时间、质量和顾客满意度。以非竞争对手作为比较标杆的优势在于可以更容易获得信息,因为竞争性的组织间通常不愿意共享敏感的商业信息。而以竞争者为标杆可以发现那些不值得效仿的经验。虽然竞争性的标杆超越也许可以帮助一个公司阐明竞争者的绩效,但不太可能找出超越竞争者绩效所需要的措施。许多企业都建立了自己的标杆超越分析,这表明了这一竞争战略或者说是计划分析工具的复杂性。对于标杆超越法的引进最为重要的原因是,这一手段必须在有标杆的情况下才能得到运用。标杆超越的一个主要的问题是在整个过程中需要确定合适的指标。在公共机构很少有财务指标,而且寻找最佳水平的组织也是标杆超越中的一个很难的问题。系统的寻找需要很高的成本,并且在多数情况下只能获得二手信息资料。因此,很难得到可比的结果。

另一个问题是需要取得标杆超越中所需要的分析数据。组织内部及通常并非竞争性组织间的相关数据比较容易获得,因为组织通常不愿意将信息提供给那些直接的竞争者。标杆超越的成功取决于组织内员工对标杆超越结果的理解和必要的组织变革的参与。有可能的话,可以建立新的绩效目标并实施行动计划。在瞬息万变的市场条件下,今天卓越未必明天仍然卓越。因此,实施标杆超越是一个长期的工作,甚至要了解机构的不足之处,以便能够建立需要超越的目标、指标等。不用说,这样的指标和作为标杆的组织需要经常检验。寻找最佳者,定义合适的指标和搜集数据是标杆超越过程中的关键环节。显然只有大企业才能开展它们自身的标杆超越,其他企业只能依赖先前的发展计划(比如参与质量奖的评选)或者参与外部咨询(比如参加标杆超越培训班)。

通常标杆超越分为以下七个步骤:

(1)确定标杆超越的目的、时间和内容。

(2)分析当前的计划和绩效(回顾目标、确定绩效指标和自身的绩效)。

(3)建立标杆伙伴。

(4)获得数据并分析差距。

(5)确认最佳实践和最有用的改进。

(6)将这些改进付诸实践。

(7)评估这些改进并进行新一轮的标杆超越。

(二)模型评述

公共部门的标杆超越与私人部门类似,但其推动力和阻力却不尽相同。标杆超越在私人部门中引入合作以获得更大的市场份额。而依据新公共管理范式,在公共部门,标杆超越应该将竞争引入政府机构中并合作生产公共物品。只有同一产品的生产者和相同服务的提供者之间的竞争才有意义。如果标杆超越将竞争引入公共部门中,与拥有相似目标的公共机构还是与其他组织的特点进行比较仍有所争议,因此操作者实际上是要发现不同之处,或者是为客户提供类似服务过程中的质量改进。一个医疗机构很难与一个地方市政机关进行比较,因此公共部门中的跨行业标杆超越并不像从竞争观点中得出的教训那么有用,对于实施者的绩效改进也没有原先假定的那么有效。

从方法论上考虑,跨行业标杆超越也不适用于公共部门。一个医疗机构也许可以从地方市政机关那里学到革新经验，但很难在其自身的权限范围内拥有实施结构上或者是程序上改进的自由。功能主义的标杆超越遭受失败，是因为从不相关的公共组织所获取的信息无法得到运用。澳大利亚的公共部门所做的一项经验调查结果显示，公共组织更倾向于同相关的政府部门进行对比。就信息的可得性而言，也不需要有跨行业的标杆超越，因为公共机构不用担心信息会传递给同类组织。

对于公共组织来讲，其自身很难确认最佳基准。因为简单的财务指标如雇员人均收入和利润清单等都是缺失的，确定哪个组织可以标识为"成功"并且可以作为标杆是一件很困难的事情。关于这个问题，质量奖在为公共组织提供基准方面发挥了重要作用。标杆超越法有助于确认优秀绩效和学习获取优秀绩效的经验。质量标准如 ISO 9000 系列可以说是标杆超越的一个前提，因为它能帮助类似的私人或公共部门确认其自身的质量保证体系。ISO 9000 系列、源于质量奖的卓越评估是在不同的绩效水平中设置基准的评估模型。图 7-11 可以让我们有更直观的了解。

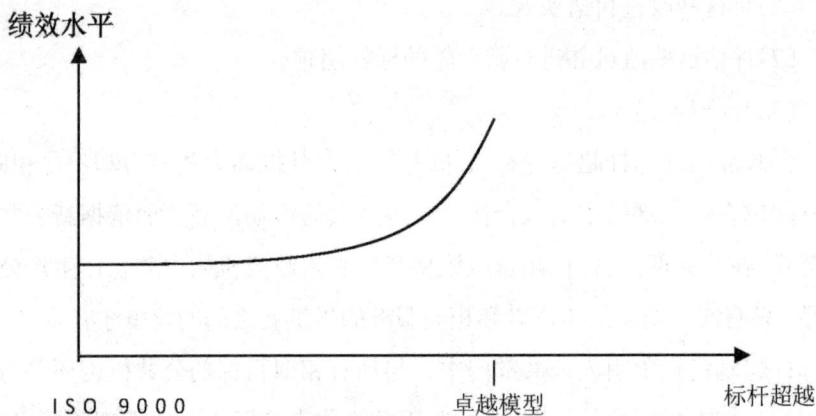

图 7-11　不同模型的绩效水平比较

六、模型之间的联系

模型之间的联系是复杂的,绝对的优劣纯粹是个人观点,即所谓的仁者见仁,智者见智,而且模型产生于不同的背景,每一种模型都有其应用目的和应用环境,就像青菜与萝卜无法比较优劣一样。但无论哪一种模型都以追求组织的卓越为终极目标,因此模型之间的联系也是显而易见的。

图 7-12 给出的是平衡计分卡(BSC)和 EFQM(CAF)之间的联系图。平衡计分卡的四个维度包括了 EFQM(CAF)的九个标准。关于 EFQM(CAF)的标准在平衡计分卡维度中的归属,也有学者[①]给出了不同的划分(见表 7-6)。在表 7-6 中,"结果"被拆分为"业务结果"和"非业务结果","业务结果"被置于"财务"维度,而"非业务结果"则被置于"内部质量"维度。

EFQM(CAF)是建立在全面质量管理的概念基础上的,而 BSC 则试图将组织的战略和组织的绩效评估联系起来;当然二者都是一个非刚性的框架,但 BSC 比 EFQM(CAF)更为灵活;它们在信息反馈方面机理也不同。

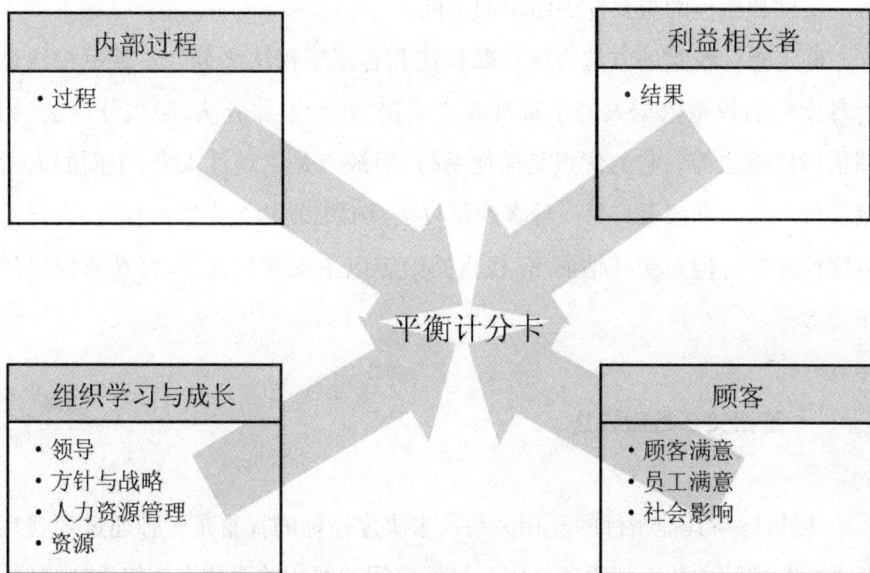

图 7-12 BSC 与 EFQM(CAF)之间的联系

表7-6　BSC维度中的EFQM(CAF)标准

财务维度	顾客维度	内部质量	组织学习与成长
·业务结果	·顾客满意	·资源	·领导
	·社会影响	·过程	·方针与战略
		·非业务结果	·人力资源管理
			·员工满意

第二节　基本公共服务质量评价的赋权方法

绩效模型给出的是绩效评估的基本框架，绩效指标应该包含在这个框架之中。公共组织可以参照相同的评估维度，但不同的组织之间的评估指标却差异很大。设计一个有效的绩效评估系统关键也是最困难的一步便是，架构现实的、可操作的绩效指标体系以进行组织绩效的时空比较。绩效评估指标确定的是对评价对象的哪些方面进行测量。由于公共部门承担的职能的复杂性，其评估指标必然要依各部门业务的性质和评估的内容、目的而定。没有一套指标能够适用于所有的评估，最重要的考虑是为评估提供一个基础。维度和指标的重要性因组织而不同。

确定指标权重的方法有主观赋权法和客观赋权法之分。主观赋权法是指各指标的权重依据人的主观判断来确定，如专家评分法、层次分析法、相邻指标比较法等。它的优点是简便易行，但缺点是主观性太大，不同的人所赋权重可能差别很大。另一种客观赋权法，例如，复相关系数赋权法、变异系数赋权法等。但对于评估而言，权重的给定以主观赋权为主，客观赋权只是作为参考。

一、复相关系数赋权法

用指标与其他指标的复相关系数来决定指标的权重是一种通过客观判断进行赋权的方法。其原理是用各指标之间的复相关系数作为权重的依据，该方法最大的优点是无须征求专家意见和进行主观判断，因为从统计的观点来看,彼此相关性大的指标反映的实质上是同一个内容,彼此不相关的指标反映了不同内容。因此,在赋权的时候考虑到这个差别,对于被选的指标,其余的指标对它的相关程度——复相关系数,反映了非的那些指标能替代的能力。非指标不能替代的能力,则由不相关系数来反映。当=1 时,说明指标可去掉,因为用非的那些指标完全可以代替,只有当≠1 时,非并不能完全代替,所以这时的可以保留下来继续作为评价指标使用。指标的权重由两种方法给出:

$$(1)w_i=\frac{\alpha}{\sum\limits_{i=1}^{n}\alpha_i}$$

其中 α_i 由下式给出:$\alpha_i=\frac{max\{R_i^2\}}{R_i^2}$

$$(2)w_i=\frac{1/R_i}{\sum\limits_{i=1}^{n}1/R_i}$$

这里为什么采用 $1/R_i$ 而不是采用 $1-1/R_i$ 呢? 从概率统计学的知识可以知道,当事件 A 与事件 B 是相互独立的事件时,A 与 B 共同作用产生的结果用公式表示为 A+B=C,则在这个结果中,A 所单独起的作用表示为 A=C−B。但当事件 A 与事件 B 不是相互独立的事件时,即 A 与 B 所产生的影响是相互联系时,A 与 B 共同作用产生的结果用公式表示为 A×B=C,则在这个结果中,A 所单独起的作用表示为 A=C/B。一般来说,A×B=C 的结果会少于 A+B=C,因为当 A 与 B 是非独立时,它们所产生的影响中有一部分是相同的,即存在着交集。绩效指标之间往往是互相联系的,所以这里采用 $1/R_i$ 而不是采用 $1-R_i$。

二、变异系数赋权法

用变异系数法确定权重的基本思想是:如果某个指标能明确区分开各个被评价对象,说明该指标在这项评价上的分辨信息丰富,因而应给以较大的权数;反之则相反。指标的变异是用方差来衡量的,但是由于各指标的量纲和数量级的影响,各指标的方差不具有可比性,因此采用可比的各指标变异系数。设有 n 个被评价对象,每个评价对象由 p 个指标 $C_1,C_2,\cdots,C_i,\cdots C_p$ 来描述。先求出各指标的均值 $\overline{C_i}$ 和方差 S_i^2 ($\overline{C_i}=\dfrac{\sum\limits_{j=1}^{n}C_{ij}}{n}$, $S_i^2=\dfrac{1}{n-1}\sum\limits_{j=1}^{n}(C_{ij}-\overline{C_i})^2$) 式中 C_{ij} 表示第 i 个指标 C_i 的第 j 个取值,即第 j 个评价对象在第 i 个指标 C_i 上的取值。则变异系数由下式给出:

$$V_i=\frac{S_i}{C_i}$$

通过归一化处理便可得到该指标的权重, $w_i=\dfrac{V_i}{\sum\limits_{i=1}^{p}V_i}$

三、熵值赋权法

熵值赋权法是根据各指标的信息载量的大小来确定指标权数的方法。按照信息论的观点,考察各指标在指标体系中的作用,必须研究指标的变异度。指标的变异度越大,该指标的信息量就越大,指标的鉴别作用也越大。信息量的大小可用熵值来测度,熵的减少意味着信息量的增加。设 x_{ij} 表示样本 i 的第 j 个指标的数值,($i=1,2\cdots,n$),熵值法确定指标权数的步骤如下:

第一步:对指标归一化变换;

$$C_{ij}=\frac{x_{ij}}{\sum\limits_{i=1}^{n}x_{ij}} \qquad i=1,2,\cdots,n; \ j=1,2,\cdots,p$$

第二步:计算第 j 个指标的熵值

$$Sj=-\sum_{i=1}^{n}C_{ij}\ ln\ C_{ij} \qquad S_j\in(0,ln\ n)$$

第三步:对熵值作逆向化处理

$$\alpha_j = \frac{maxS_k}{S_j} \qquad k=1,2,\cdots,p$$

第 j 个指标的权重由下式给出：

$$w_j = \frac{\alpha_j}{\sum\limits_{k=1}^{p} \alpha_k} \qquad k=1,2,\cdots,p$$

四、直接赋权法

具体步骤如下：

（1）编制权重征询表（见表 7-7）。

表 7-7 指标权重专家征询表

指标	重要性排序	重要性得分
C_1		
C_2		
$\vdots$		
C_p		

（2）让专家先对所有的指标的重要性进行排序，而后为排序最低的指标指派一个数值，这一数值的指派是任意的，比如我们可以指派"10"给排序最低的指标，然后其他指标依次与它进行比较。如果一个指标的重要性是排序最低指标的 2 倍，则其权重值为"20"；如为 3 倍，则权重值为"30"；如果介于二者之间，则权重值为"25"。最后将这些重要性得分进行统计处理并归一化，便获得指标的权重。

五、简单编码排序赋权法

同直接赋权法方法相似，首先为需要指派权重的指标进行排序，但仅仅止于排序，指标的权重由下面两种方法给出：

$$w_i = \frac{1}{p}\sum_{k=1}^{p} \frac{1}{k} \qquad (i=1,2,\cdots,p)$$

$$w_i = \frac{(p-i)+1}{\sum\limits_{i=1}^{p} i} \qquad (i=1,2,\cdots,p)$$

其中 w_i 是序数是的指标的权重，是指标排序的序数。比如有 6 个指标（$p=6$），重要性排序为 3（$i=3$）的指标的权重

$$w_3 = \frac{1}{p} \sum_{k=1}^{p} \frac{1}{k} = \frac{1}{6}\left(\frac{1}{3}+\frac{1}{4}+\frac{1}{5}+\frac{1}{6}\right)$$

$$w_3 = \frac{(p-i)+1}{\sum\limits_{i=1}^{p} i} = \frac{(6-3)+1}{1+2+3+4+5+6}$$

需要指出的是，简单编码排序比较粗糙，在实际赋权中很少使用。

六、倍数环比与优序对比赋权法

（一）倍数环比法

该方法首先将需赋权的指标随机排列，从前到后对其重要性进行两两比较，如果前者的重要性是后者的两倍，则前一个指标下的环比比率为 2，如果是一半，则环比比率为 0.5，以此类推，最后一个指标的重要性作为基准为 1，由此计算各个指标的重要性。

假若有四个需要排序的指标（见表 7-8），我们将它们随机排列为：C_1、C_2、C_3、C_4，C_1 和 C_2 的重要性相比是其 2 倍，则 C_1 的环比比率为 2，C_2 的重要性和 C_3 相同，则 C_2 的环比比率为 1，C_3 的重要性是 C_4 的一半，则 C_3 的环比比率为 0.5，C_4 后面没有指标可比较，它作为基准，环比比率标记为 1，但需要注意的是，这个 1 表示它是基准，而不是真正的环比比率，那么 C_4 如果重要性值为 1，则往后推，C_3 的重要性是 C_4 的一半，基准值应该等于 0.5，而 C_2 和 C_3 同样重要，C_2 的基准值也等于 0.5，C_1 的重要性是 C_2 的 2 倍，则 C_1 的基准值等于 1，基准值是重要性的基准值，因此归一化后的基准值表示指标的权重。

表 7-8　倍数环比法示例

	C_1	C_2	C_3	C_4	合并
环比比率	2	1	0.5	1	
基准值	1	0.5	0.5	1	3
权重	0.333	0.167	0.167	0.333	

(二)优序对比法

优序对比法的第一步要建立判断的尺度,一般用 5 级或 10 级,以 5 级尺度为例说明方法的应用,仍以表 7-8 中的四个指标为例,指标两两组合,无论哪种组合,二者的重要性的加和等于 5,依据二者之间的相对重要程度,对它们的重要性数值予以判断,将每个指标在与其他指标比较时获得重要性数值之和占所有指标重要性数值加和的比值看作它的权重(见表 7-9)。

表 7-9　优序对比赋权示例

	C_1	C_2	C_3	C_4	合计	权重
C_1		0	2	1	3	0.1
C_2	5		4	3	12	0.4
C_3	3	1		1	5	0.17
C_4	4	2	4		10	0.33
合计					30	1

如果指标依据二者相对重要性的判断,C_1=0、C_2=5,在表 7-9 中,C_1 对应的行与 C_2 对应的列的单元格内的数值是 0,同时 C_2 这一行与 C_1 这一列对应的单元格内的数值是 5,这是它们二者在相互比较时获得的重要性数值;同理,C_1+C_3=5,如果依据二者之间重要性的比较,判断 C_1 的重要性数值为 2,则 C_3 的重要性数值就是 3,C_1 对应的行与 C_3 对应的列的单元格内的数值是 2,也就是说 C_1 与 C_3 对比时获得的重要性的数值是 2,C_3 对应的行与 C_1 对应的列的单元格内的数值是 3,其他以此类推。用公式表示如下:

$R_{ij}+R_{ji}=5$　$(i \neq j)$

$$R_i = \sum_{j \neq 1}^{p} \qquad W_i = \frac{R_i}{\sum_{j \neq 1}^{p} R_i}$$

其中 R_{ij} 是指标 C_i 和指标 C_j 对比时所获得的重要性数值,p 是指标的数量。

倍数环比和优序对比法都相对简单实用,与简单编码排序相比精确性比较高。倍数环比法在比较重要性时只跟相邻的指标比较,而不是所有指标之间的两两比较,因此优序环比要比倍数环比利用了更多的指标之间的比较信息,无论哪种方法,在使用时都需要借助专家的经验和判断。

七、层次分析方法(AHP)

层次分析法由美国匹兹堡大学萨蒂(T.L.Saaty)教授于 20 世纪 70 年代末创立,简称为"AHP"(Analytic Hierarchy Process),主要用于多目标的复杂决策问题。这一过程需要决策者对每一决策准则的相对重要性给出判断,在这一基础上给出每一备择方案的总的优先序(权重)。层次分析方法从本质上讲是一种思维方式。

(一)AHP 赋权的基本步骤

层次分析方法把复杂的问题分解为各组成因素, 将这些因素按支配关系分组以形成有序的递阶层次结构,通过两两比较判断的方式确定每一层次中因素的相对重要性,然后在递阶层次结构内进行合成以得到决策因素对于目标的重要性的总顺序。用层次分析法赋权一般分为以下三个步骤。

1. 建立层次结构

层次的数目与指标体系的复杂程度有关。但每一层的指标一般不超过九个。如果同一层中相互比较的指标过多,会给比较带来困难。最高层为解决问题的总目标,称为"目标层";若干中间层为实现总目标所设计的中间措施、准则,称为"准则层",在赋权时称为"指标";最底层可以为最低一级的指标,也可以为被评估的对象。如果只赋权,则最后一层即为最低一级的指标。相邻上下层指标之间存在着特定的逻辑关系, 将上层次的每一个指标与同它有着逻辑关系的下层指标用直线连接起来, 就构成了评价指标赋权的递阶层次结构模型(图 7–13)。

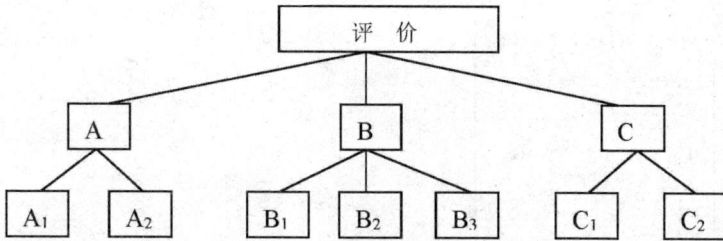

图7-13　公共服务质量评价的递阶层次结构

2. 建立判断矩阵

层次模型确定以后，需要对同一层指标对于有隶属关系的某一上层指标的相对重要性给出主观判断，这一判断是通过对这些指标进行两两比较构造判断矩阵而实现的。判断矩阵的构造使得判断由定性过渡到定量，对判断矩阵进行数学处理可以获得这些指标相对于某一上层指标的优先序（权重），最后，计算最后一级指标的优先序。

假设有 n 个物体 $A_1, A_2, \cdots\cdots, A_n$，它们的质量分别记为 $W_1, W_2, \cdots\cdots, W_n$。现将每个物体的重量两两进行比较如表7-10：

表7-10　物体质量两两比较矩阵

	A_1	A_2	⋯	A_n
A_1	W_1/W_1	W_1/W_2	⋯	W_1/W_n
A_2	W_2/W_1	W_2/W_2	⋯	W_2/W_n
⋮	⋮	⋮	⋯	⋮
A_n	W_n/W_1	W_n/W_2	⋯	W_n/W_n

若以矩阵来表示各物体的这种相互质量关系则：

$$A = \begin{bmatrix} W_1/W_1 & W_1/W_2 & \cdots & W_1/W_n \\ W_2/W_1 & W_2/W_2 & \cdots & W_1/W_n \\ \vdots & \vdots & & \vdots \\ W_n/W_1 & W_n/W_2 & \cdots & W_n/W_n \end{bmatrix}$$

$$
=\begin{vmatrix}
a_{11} & \cdots & a_{1j} & \cdots & a_{1n} \\
a_{21} & \cdots & a_{2j} & \cdots & a_{2n} \\
\vdots & \ddots & \vdots & \ddots & \vdots \\
a_{i1} & \cdots & a_{ij} & \cdots & a_{in} \\
\vdots & \ddots & \vdots & \ddots & \vdots \\
a_{n1} & \cdots & a_{nj} & \cdots & a_{nn}
\end{vmatrix}
$$

其中 $a_{ii}=1$，$a_{ij}>0$，$a_{ij}=1/a_{ji}$，a_{ij}，是判断者对指标 C^i 和指标 C_j 相对重要性的判断。

称为判断矩阵，若取质量向量 $W=[W_1,W_2,\cdots W_n]^T$，则有

AW=n·W

W 是判断矩阵 A 的特征向量，n 是 A 的一个特征值。依据线性代数知识可以证明，n 是矩阵 A 的唯一非零的，也是最大的特征值。

在实际应用时，判断者不可能给出精确的比较判断，这种判断的不一致性可以由判断矩阵的特征根的变化反映出来。若成对比较矩阵不是一致阵，萨蒂等人建议用其最大特征根对应的归一化特征向量作为权向量 W，则

$A W=\lambda_{max}W$ $W=\{w_1,w_2,\cdots,w_n\}$

这种确定权向量的方法称为"特征根法"。

配对比较是 AHP 的关键，最终权重的准确性上取决于配对比较时判断的一致性。实际上完美的一致性是很难做到的，判断时或多或少地存在不一致。基于 AHP 理论，萨蒂认为对判断矩阵的一致性的测量可以通过计算一致性比 CR(Consistency Ratio)实现，我们又称 CR 为"检验系数"，它由下面的公式获得：

$$CR=\frac{CI}{RI}$$

$$CI=\frac{\lambda max-n}{n-1}$$

其中 CI 是一致性指标(Consistency Index)；是判断矩阵的最大特征根；RI 是随机性指标(Random Index)，即随机产生的判断矩阵的一致性指标，它

的大小取决于配对比较时比较的元素数目 n。通常认为 CR 小于等于 0.1 是可以接受的一致性水平。当然这也不是绝对的，如果该值虽然大于 0.1，如 $CR=0.14$，而判断者对自己的判断非常自信，这一结果也是可以接受的。

　　AHP 的基础是进行配对比较。在比较时，使用如下的赋值规则（表 7-11），判断者需要反复回答如下问题：下一层的隶属于第 k 个指标的次级指标 A_i 和 A_j 哪一个更重要，重要多少？该方法中将定性思维转化为定量的判断是在这一步进行的，即利用表 7-11 中的标度方法量化指标 C_i 和指标 C_j 相对重要性的判断，对事物之间的差别通常用相同、较强、强、很强、极端强来描述。心理学的相关试验显示，普通人对事物之间差别的分辨能力在 5~9 级之间，超过 9 级容易出现逻辑混乱，也就是说大部分人的判断能力在 5~9 级之间。如果相互比较的指标处于不同的数量级时，可以将较高数量级的指标进一步分解，以保证被比较的指标适用于 1~9 的标度。

表 7-11　配对比较的规则

重要程度	定义	解释
1	同样重要	对于某一上层元素二者有相同的贡献
3	稍微重要一点	二者相比，经验和判断稍微倾向于前者
5	比较明显的重要	二者相比，经验和判断明显倾向于前者
7	明显的重要	二者相比，经验与判断强烈倾向于前者
9	绝对重要	二者相比，有足够的证据肯定绝对喜好前者
2,4,6,8	中间取值	经验和判断介于两个相邻判断之间。

　　基于 AHP 理论，萨蒂认为对判断矩阵的一致性的测量可以通过计算一致性比 CR（Consistency Ratio）实现，我们又称 CR 为"检验系数"，它由下面的公式获得：

$$CR=\frac{CI}{RI}$$

$$CI=\frac{\lambda_{max}-n}{n-1}$$

$$\lambda_{max}=\frac{1}{n}\sum_{i=1}^{n}\frac{(AW)_i}{w_i}$$

　　其中 CI 是一致性指标（Consistency Index）；λ_{max} 是判断矩阵的最大特征

根;$(AW)_i$是判断矩阵与相应的优先序矩阵乘积的第 i 个元素;RI 是随机性指标(Random Index),即随机产生的判断矩阵的一致性指标,它的大小取决于配对比较时比较的元素数目 n。

3. 合成权重

两两比较是在同层元素之间进行的,每个判断矩阵的数学处理给出的是同层比较的指标相对于与其有逻辑关系的上层指标的权重,而评价的最后一级指标相对于评价的重要性需要合成。假定评价时某个指标 C_k 是第 m 级指标(最后一级),与它有逻辑关系的第"i"级指标相对于第 i–1 级指标的权重记为 W_{ki},则指标 C_k 合成后的权重 W_k 由下式给出:

$$W_k = \prod_{i=1}^{m} W_{ki}$$

(二)方法评述

AHP 方法的优点有以下三点:①系统性:层次分析法把研究对象作为一个系统,按照分解、比较判断、综合的思维方式进行决策,成为重要的分析工具。②实用性:层次分析法把定性和定量方法结合起来,能处理许多用传统的最优化技术无法着手的实际问题,应用范围很广;同时,这种方法使得决策者与决策分析者能够相互沟通,决策者甚至可以直接应用它,这就增加了决策的有效性。③简洁性:AHP 的计算过程虽然复杂,但其基本原理则相对简单,通过层次结构的建立,具有中等文化程度的人即可以了解和掌握层次分析法的基本原理,可以借助相关的软件进行计算,并且所得结果简单明确,容易被决策者了解和掌握。

该方法的局限性是:只能从原有的方案中优选一个出来,没有办法得出更好的新方案。该法中的比较、判断及结果的计算过程都是粗糙的,不适用于精度较高的问题。从建立层次结构模型到给出成对比较矩阵,人主观因素对整个过程的影响很大,这就使得结果难以让所有的决策者接受。当然采取专家群体判断的办法是克服这个缺点的一种途径。

参考文献

1.Baldrige Criteria for Performance Excellence,2006.

2.City of Charlotte:Strategic Planning Handbook-2002. Retrieved February 2004 from http://www.charmeck.org/NR/rdonlyres/e6mgght3nmd7wv4rzkgjy7bp4 iam7ujlgwzvhm4wormfvnmeyc2mudvhgy7vlugjdnzmappvfkcsulvsacuz4ovlxod/Stra tegic+Planning+Handbook.pdf.

3.Kaplan,R.S.and Nordon,D.P.,*Strategy Map:Converting Intangible Asset into Tangible Outcomes*,Harvard Business School Press,Cambridge,MA,2004.

4.Kaplan,R.S.and Nordon,D.P.,*The Balanced Scorecard-Translating Strategy into Action*,Harvard Business School Press,Cambridge,MA,1996.

5.Kaplan,R.S.and Nordon,D.P.,*The Strategy-Focused Organization:How Balanced Scorecard Companies Thrive in the New Business Environment*,Harvard Business School Press,Cambridge,MA,2000.

6.Marshall,Marsha,Wray,Lyle,Epstein,Paul,Grifel,Stuart-21st Century Community Focus:Better Results by Linking Citizens,Government,and Performance Measurement Retrieved October 2004 from http://www.iog.ca/policity/CP/Public%20Library/library_reference_21st.html.

7.Schneiderman,A.M.,Time to Unblance Your Scorcard Business+Stragey, Issue 24.

第八章　政府公共服务质量评价的主体与对象

随着服务型政府行政理念的提出，政府逐渐将其职能重心转移到公共服务方面。2006 年 10 月，党的十六届六中全会通过的《中共中央关于构建社会主义和谐社会若干重大问题的决定》明确要求，"建设服务型政府，强化社会管理和公共服务职能"，从而把公共服务作为建设服务型政府的重要内容。党的十八大报告中继续强调政府的公共服务职能，提出"改进政府提供公共服务方式，加强基层社会管理和服务体系建设，增强城乡社区服务功能"。党的十九大报告则进一步提出："转变政府职能……建设人民满意的服务型政府。"提高公共服务的质量无疑成为服务型政府建设的基础内容。评估作为提升公共服务质量的重要工具之一，对于提高公共服务的质量，建设服务型政府具有重要的作用。任何一项活动在结束后都需要对其运行的效果进行评估。评估不仅能够及时发现在运行过程中存在的问题，而且能够为以后的行为提供借鉴。评估是一个系统的工程，包括评估主体的选择、评估对象的确定、评估方法的选定、评估指标的设计和评估权重的配比等。其中，评估主体的选择和评估的对象的确定是评估的重要环节。其选择是否科学直接关系绩效评估的结果是否准确、客观和公正。因此，政府公共服务质量评价应关注评估主体和评估对象这两个方面。公共服务质量评估的主体选择应考虑到公共服务的每一个利益相关者。"任何一个组织要想获得长期的发展和成功就必须考虑到每一个利益相关者的利益和需求。"公共服务的有效供给应该对各方利益相关者的效果都是正向的。公共服务质量评估的对象体现了不同的利益相关者对公共服务的基本要求。评估对象的确定是否合理，直接影响公共服务质量评价的质量。因此，政府公共服务质量评价应重视评估对象,应遴选出能够全面而准确地评价公共服务质量的考评对象。

第一节　评价主体

公共服务质量评价主体即公共服务质量的评估者，是指对政府公共服务质量进行价值判断的个体或组织。大多数组织理论家坚持认为,组织必须面对多个而不是一个评价者,或者说有多个利益相关者。利益相关者包括那些能够影响组织生存与发展的社会行动者(个人或组织)和受到组织行动影响的个人与组织。[1]政府作为公共权力的行使者,其行为的影响范围具有广泛性，因此政府公共服务质量的评价主体自然也应该考虑到不同的利益相关者的利益诉求。究竟哪些主体可以作为公共服务质量的评价者? 评估是由建立在评估主体对公共服务供给的一般过程认识的基础之上的。他们将自己的评判标准与对公共服务质量的分析结果进行对比，从而得出评估的结论。为了保证评估结果的客观公正,评估主体应避免受到主观意识和外界环境的干扰。因此,为了保证评估的客观性,应避免让那些对评估的结果持有无所谓态度的人或组织成为公共服务质量的评价者。不同的学者从自己的研究视角对公共服务质量评估的主体进行了划分。比如卓越认为,公共服务质量的评估主体应包括综合评估组织、直观领导、行政相对人、评估对象自身及其他一些相关评估组织等。[2]徐家良等则从评估的运行方式将评估的主体分为内部评估主体和外部评估主体。外部评估主体包括权力机关的评估、政党组织的评估、司法机关的评估、公民评议、大众传播媒介的评估、企业组织和专门评估组织。[3]在不同的国家,政府公共服务质量评价的主体不同。美国作为政府绩效评估的发源地之一,它的政府绩效评估更为成熟。

具体来看,美国政府绩效评估的主体包括:①管理和预算办公室。管理

① 参见[美]爱德华·弗里曼、杰弗里·哈里森等:《利益相关者理论现状与展望》,盛亚、李靖华等译,知识产权出版社,2013 年,第 26~27 页。
② 参见卓越:《公共部门绩效评估的主体建构》,《中国行政管理》,2004 年第 5 期。
③ 参见徐家良、何凤秋:《政府绩效外部评估发展空间巨大》,《瞭望新闻周刊》,2004 年第 26 期。

和预算办公室是政府绩效评估的内部评估主体。它的主要职能是准备联邦政府预算,监督各部门和各机构的预算执行情况;开展对机构的计划、政策和程序的评价和监察;评估机构间竞争性的资金需求,并就此提供政策选择。联邦政府的每一个部门都需要向管理和预算办公室提交年度绩效计划及年度预算。[1] ②立法机关。美国是典型的三权分立国家,立法权、行政权与司法权之间相互制约。国会作为立法机关拥有对政府的监督和制约权。③公民。公民是美国政府公共服务质量评价的重要主体。公民对政府公共服务质量的评价主要通过公民满意度调查或者直接向公共服务的供给部门提供绩效反馈。④社会组织。美国的社会组织发展比较成熟,因此可以作为独立的评价主体对政府公共服务质量进行评价。

澳大利亚的政府绩效评估主体包括内部评估主体和外部评估主体。内部评估主体主要有:①内阁支出委员会。该委员会的主要职责是监督政府的所有财政预算执行情况,主要由总理、财政部部长、国库部长和其他五名内阁部长组成。②公共服务委员会。该委员的主要职责是通过对公共服务的绩效评估来提升公共服务的质量。③提升评审委员会。该委员会主要负责对公共部门的雇员进行绩效评估,并据此决定他们职务的晋升。④管理咨询理事会和管理改进顾问委员会。其组成基本上都是政府的高级官员,主要负责对政府的绩效进行分析、讨论,据此提出改善政府绩效的政策建议。⑤财政部和国库部。作为国家法定的财政管理部门主要负责评估和监控政府内部各个单位的财务业绩。外部评估主体包括:①国会参众两院及参议会的财政委员会。参众两院主要负责审批政府的财政预算并对其执行情况进行监督。参议会的财政委员会主要负责参议院对政府的预算进行审查,并对各自分管范围内的上一年度的财政预算的绩效进行评估。②公共账目和审计联合委员会。该机构是由参议院和众议院共同设立的,主要负责督促联邦各机构有效地使用公共预算资金。联邦各机构的年度绩效报告必须经过其批准才能

---

[1] See Office of Management and Budget's Mission, http://www.whitehouse.gov/omb/organization/role.html.

够生效。③联邦审计署。作为国会的直属机构,联邦审计署主要负责审计联邦政府的各个部及两个直辖区的预算资金。④公民。随着新公共管理的"顾客导向"的政府替代了以往的官僚制的政府,澳大利亚开始注重公民对政府公共服务质量的评价,并把公民满意度作为评估政府公共服务质量的一个重要指标。

应当指出,科学合理地界定公共服务质量的评价主体需要一定的方法和理论依据。利益相关者理论为我们提供了适当的理论参考。随着利益相关者理论的发展,人们逐渐意识到利益相关者与组织绩效的关系。"企业追求纯经济效益的观点是存在问题的……公司所有的利益相关者群体都向公司投入了威胁和机会。"[1]因此,绩效评估应考虑到每一个利益相关者对组织的诉求。罗伯特·卡普兰(Robert S.Kaplan)与戴维·诺顿(David P.Norton)就将利益相关者理论应用到组织的绩效评估中,提出了绩效评估的"平衡计分卡法"。平衡计分卡是以"平衡"为主要诉求点,追求的是财务指标与非财务指标之间的平衡,外部利益相关者和内部利益相关者的平衡。平衡计分卡的设计包括四个视角:财务视角、顾客视角、内部流程视角及学习和成长视角。这四个视角分别代表了企业三个主要的利益相关者:股东、顾客和员工。还有些学者根据利益相关者理论的规范性基础,认为企业绩效不仅包括企业经营绩效,还包括企业社会责任,即企业不仅要考虑股东的利益,还要考虑那些可以影响到企业或者被企业影响的人的利益。[2]实际上,不管是绩效评估主体的选择、评估维度的确定、评估方法的甄选还是绩效评估结果的应用,都是利益相关者理论的核心内容。

利益相关者(stakeholder)一词最早出现在1963年斯坦福研究院的内部备忘录中。利益相关者的概念原本是想将"股东是管理需要应对的唯一群体"的思想一般化,因此概念起初被定义为"组织没有这些群体的支持将无法存

---

① Slatter,S.S.,Strategic Planning for Public Relations,*Long Range Planning*,1980,13(3),pp.57–69.
② 参见贾生华、陈宏辉、田传浩:《基于利益相关者理论的企业绩效评价—— 一个分析框架和应用研究》,《科研管理》,2003年第4期。

在",包括股东、员工、客户、供应商、债权人和社团。①斯坦福研究院的早期研究后,利益相关者理论的发展分化为多个方向:①战略管理学派,②系统理论学派,③企业社会责任学派,④组织理论学派。战略管理学派认为,对广大利益相关者群体深思熟虑的分析能够提升组织的决策制定。其中迪尔(Dill)的研究对于战略管理中利益相关者概念的发展十分重要。他结合"影响"和"责任"来定义利益相关者。他双向描述了这些因素:公司面向它的利益相关者,利益相关者也面向公司。② 20 世纪 70 年代以罗素、艾科夫和 C.维斯特·切奇曼为代表的系统理论研究者重新关注利益相关者分析。"系统中的利益相关者"这一观点与战略管理文献中对利益相关者概念的使用是不同的。在系统观看来,关于组织层面的分析就是一个错误。问题不应该被聚焦和分解化定义,而是应该放大和综合。艾科夫认为,系统设计只有利益相关者参与才能完成,从而在解决整个系统性问题时需要涵盖利益相关者群体。③

另一个对斯坦福研究院最初利益相关者概念研究予以关注的是很多商业组织社会责任的研究者们。企业社会责任学派的研究者将利益相关者运用于非传统利益相关者群体, 而后者通常被认为与公司是敌对关系。具体讲,他们并不强调满足所有者的利益,而是强调满足大众、社区和雇员的利益。组织理论学派的典型代表人物是瑞安曼(Rhenman)。瑞安曼在其工业化民主的研究中明确使用了利益相关者概念。他认为利益相关者是这样的一些群体或个人:他们的目标依赖于公司,公司目标的实现也依赖于他们,而不是任何为支持公司持续生存所必要的群体。④可见他所定义的利益相关者的范围比斯坦福研究院的要窄。组织理论学派与战略管理学派,以及系统理论学派和企业社会责任学派之间很少有明确的"吻合",但是他们的研究为

---

① 参见[美]爱德华·弗里曼、杰弗里·哈里森等:《利益相关者理论现状与展望》,盛亚、李靖华等译,知识产权出版社,2013 年,第 26~27 页。

② See Dill,W.R.Public Participation in Corporate-planning:Strategic Management in a Kibitzer's World, *Long Range Planning*,1975,8(1),pp.57-63.

③ See Ackoff,R.L.,*A Concept of Corporate Planning*,New York:John Wiley&Sons,1970.

④ See Freeman,R.E.and Evan.W.,Corporate Governance:a Stakeholder Interpretation,*Journal of Behavioral Economics*,1990,19(4),pp.337-359.

利益相关者方法——用于解决价值创造和交易、伦理和思维模式问题——的构建提供了肥沃的土壤。

自 20 世纪 80 年代以来,很多的学者都关注利益相关者的分类。查克汉姆(Charkham)根据利益相关者与组织是否存在交易性合同关系,将利益相关者分为契约型利益相关者和公众型利益相关者。[①]威勒(Wheeler)等人则根据社会维度的紧密型差别,将利益相关者分为一级社会性利益相关者、二级社会性利益相关者、一级非社会性利益相关者和二级非社会性利益相关者。[②]米切尔评分法是利益相关者分类的最主要的方法。米切尔评分法是由米切尔和伍德提出的。他们依据合法性、权力性和紧迫性三个属性,将利益相关者分为潜在型的利益相关者、预期型的利益相关者和权威型的利益相关者。合法性是指某一群体是否拥有法律上或者道义上的对企业的索取权;权力性则是指某一群体是否拥有影响企业决策的能力或地位,紧迫性则主要关注群体的要求是否能引起企业的重视。如果某一群体拥有以上三种属性中的一种属性,那么它就是企业的潜在型利益相关者。预期型的利益相关者具有以上三种属性中的两种,而确定型的利益相关者则完全具备这三个属性。[③]借鉴米切尔评分法,政府公共服务质量评价主体可以分为三大类:潜在利益相关者型评价主体、预期利益相关者型评价主体和权威利益相关者型评价主体。

一、潜在利益相关者型评价主体

潜在利益相关者作为公共服务质量评价的主要主体,根据其所具备的权力性、紧迫性和合法性不同,又可以分为蛰伏利益相关者型评价主体、自

① See Charkham,J.,Corporate Governance Lessons from Aboard,*European Business Journal*,1992,4(2),pp.8–16.

② See Wheeler D.and Maria S.,Including the Stakeholders:the Business Case,*Long Range Planning*,1998,31(2),p.201.

③ See Mitchell,A.and Wood,D.,Toward a Theory of Stakeholder Identification and Salience:Defining the Principle of Who and What really Counts,*Academy of Management Review*,1997,22(4),p.853.

主利益相关者型评价主体和要求利益相关者型评价主体。

（一）蛰伏利益相关者型评价主体

蛰伏利益相关者具有权力属性，他们能通过掌握的权力将自己的意愿施加于政府，但却缺少合法性和紧迫性。第三方评估组织就属于这种类型的评价主体。虽然它们与政府之间几乎没有相互作用，但政府仍应对它们的评价予以关注。因为它们一旦获得合法性或者它们的利益要求比较迫切时，就会对政府的行为产生较大的影响。

第三方是相对于第一方和第二方而言的。第一方是公共服务的提供者即政府，第二方则是公共服务的接受者即公众。第三方独立于第一方和第二方，因此他们对公共服务质量的评价相对比较公正和客观。我国的第三方评估主体出现得比较晚，由于受传统计划经济体制的影响，独立于政府之外的第三方评估机构难以存在，所有的政府评估都是在政府内部进行的，直到1992年我国才出现了严格意义上的第三方评估主体并开始迅速发展。第三方评估一出现就得到了学者们的关注，并对第三方评估组织进行了界定。包国宪将第三方评估组织定义为独立于政府及其部门之外的对政府进行绩效评价的组织。①还有的学者将第三方评估组织定义为不同于政府内部评估和公众外部评估的独立的专业评估机构。②笔者认为，第三方评估组织是指那些对政府公共服务质量进行评价的独立于政府的社会机构，主要包括专家和中介评估组织。

1. 专家

专业的知识是公共服务质量评价科学性和理性的前提和保障。专家具有丰富的专业知识，其在对政府公共服务质量进行评价的时候应发挥独特的作用。专家评估是指有多名专家组成的政府公共服务质量评价小组，通过设计一定的评价指标并依据相应的评价标准，对政府的公共服务质量进行评价。目前，越来越多的地方政府在绩效评估的时候都开始注重专家的专业

---

① 参见包国宪等：《绩效评价：推动地方政府职能转变的科学工具》，《中国行政管理》，2005年第7期。

② 参见倪星、余凯：《试论中国政府绩效评估制度的创新》，《政治学研究》，2004年第3期。

优势。专家评估具有科学性强和权威性高等优点。他们对政府公共服务质量的评价更多的是建立在科学理论和研究的基础上，因此他们的评价更为理性，评估的结果更为合理。而且作为评价主体的专家通常是来自各个领域的知名学者，他们掌握着相关领域先进的理念和知识，所以他们的评估结果具有一定的权威性。但专家作为评价主体也存在着一定的局限性，专家作为评价主体不具备广泛性。一次评估邀请的专家的数量是有限的，而且他们所精通的只是某个领域的知识，这就使得专家对政府公共服务质量的评估可能带有一定的个人偏见和专业偏见。

2. 中介评估组织

将中介评估组织作为评价主体，是政府实现公共治理的一种有效形式。一些独立的调查机构、高校研究机构和公共性的社会评价中介组织就属于这类评价主体。中介评估组织作为评估主体在我国出现得比较晚。中介评估主体第一次作为政府绩效的评估主体，是在2004年兰州大学的地方政府绩效评估中心接受甘肃省政府的委托，对甘肃省各级政府的非公企业进行绩效评价。此后中介评估组织参与我国政府公共服务质量评价的现象越来越普遍。比如杭州市政府邀请浙江大学亚太休闲教育研究中心，对首届世界休闲博览会的工作进行整体评估。

中介评估组织具有其他评估主体无可比拟的优点。首先，中介评估组织一般是由一些精通政府绩效评估的专业人员组成。他们对于评价指标的设计、评价流程的运作和评估结果的管理等更为专业。其次，中介评价组织作为独立的机构，无论是在人事方面还是在资金方面都独立于政府，因此他们的立场更为公正，评估的结果更为真实和可靠。最后，中介评价组织作为评价主体评价的结果更能得到各方的认同。然而它也存在一定的缺陷。中介评价组织作为评估主体突出的问题就是，对评价主体的经验和职业素养有着较高的要求，而且评价成本较高。

(二)自主利益相关者型评价主体

自主型利益相关者具有合法性，但却缺少权力性和紧迫性。政协就属于这类的评价主体。依据民主监督和政治协商的原则，其有权对政府公共服务质量进行评价,因此具有合法性。但其缺少影响政府行为的权力,并且对政府的诉求并不是十分迫切,所以属于自主利益型评价主体。

政治协商制度是我国推进民主政治建设的一大制度创新。政协作为公共服务质量评价的主体具有独特的优势和不可替代的作用。首先,政协是由各党派人士、各人民团体和各界代表组成的。因此,政协对政府公共服务质量的评价更具有代表性。它能够从不同的角度、不同的层次来对政府的公共服务质量进行评价。其次,政协委员要么是政治上有影响的、要么就是经济上有成就的或者是学术上有造诣的人士,他们对政府公共服务的质量看得更准、认得更清。因此,他们对政府公共服务质量的评价更有力度和权威性。最后,政协地位独立,与政府之间不存在利害关系。他们的评价可以排除政府的干扰,因此能够更全面、更实际地对政府的公共服务质量作出评价。但政协在对政府公共服务质量的评价中也面临着一定的困境。首先,政协对政府公共服务质量的评价难以产生有效的制约作用。由于政协在我国处于参政议政的地位,它对政府的监督、评价和质疑能否发挥作用取决于政府部门的态度。其次政协的主要领导大多是退居"二线"的领导干部,受年龄及地位的影响,其对政府公共服务质量评价的过程中可能墨守成规,或者抱有"多一事不如少一事"的心理。

(三)要求利益相关者型评价主体

要求型利益相关者对政府的诉求具有紧迫性,但却不具备影响政府的权力和合法性。大众传播媒体就属于这类的评价主体。它们通常对政府有着各种各样的诉求,而且这些诉求都非常的迫切。但其诉求只停留在媒体讨论层面,没有权力给政府施加压力以解决这些诉求,不会或者很少到政府的相关部门提出合法性的要求。

大众传播媒体包括传统媒体和新媒体。传统媒体主要有报纸、期刊和广播电视等,新媒体主要指的是网络媒体。大众传播媒体作为评估主体具有一定的优势。首先,大众传播媒体作为传递信息和新闻的载体,收集信息比较方便而且成本较低,因此大众传播媒体对政府公共服务质量的评价能够相对全面,而且成本也相对较低,能够获得与政府的公共服务质量相关的大量的信息。其次,大众传播媒体中的网络媒体具有的匿名性,使得它在对政府的公共服务质量进行评价的时候没有后顾之忧, 有可能真实客观地进行评价并公开评价的结果。

二、预期利益相关者型评价主体

正如前文所说,预期型利益相关者具备权力性、合法性和紧迫性中的任意两种属性。预期利益相关者型评价主体根据他们所具备的属性不同,又可以分为关键利益相关者型评价主体、依附利益相关者型评价主体和危害利益相关者型的评价主体。

（一）关键利益相关者型评价主体

关键利益相关者所具有的合法性和权力性使得他们能够对组织施加一定的影响,因此这种类型的利益相关者利益诉求通常会得到组织的额外关注并加以回应,以至于有些学者认为,关键利益相关者是组织的唯一利益相关者。这类评估主体主要有立法机关、司法机关、政党组织及专门的监督机关。

1. 立法机关

立法机关在我国指的是人民代表大会。我国宪法规定,全国人民代表大会作为最高权力机关有权监督政府。全国人民代表大会作为政府公共服务质量评价的主体具有一定逻辑必然性。政府作为公共利益的代表,它的权力来自公民的授予,其接受公众的委托对社会公共事务进行管理,因此形成了公众与政府之间的委托—代理关系。但正如公共选择理论所主张的,政府是理性的经济人,政府部门也会追求部门利益的最大化。这导致政府在执行公务的过程中可能会漠视公众的利益而追求私利的最大化。而且由于政府垄断了大部分的信息,公众很少能够觉察政府的自利行为并对其进行约束。人民代表大会是政府与公众之间的桥梁:一方面,人民代表大会是由公众选举产生的,对公众负责;另一方面,人民代表大会产生了政府,政府对人大负责并受人大的监督,向人大报告工作,因此人大对政府的监督具有天然的合理性。在人大对政府的监督控制中,对政府的公共服务质量进行评价是重要的一环。人大通过对政府公共服务的质量进行评价,能够引导或控制政府的行为导向公共利益。

立法机关的评估具有成本低和专业强的特点。依据我国宪法和相关法律的规定,立法机关即人民代表大会具有对政府的监督权,而且对政府的监督是人大主要的一项职责。通过监督时掌握的有关政府的信息,对政府的公共服务质量进行评价不需要再花费额外的时间和成本。因此,与其他主体相比,立法机关的评估相对来说成本较低。此外,立法机关为了更好地行使对政府的监督权,在其内部通常会设立一些专门委员会来协助立法机关的工作。根据《中华人民共和国地方各级人民代表大会和地方各级人民政府组织法》的规定,省、自治区、直辖市、自治州、设区的市的人民代表大会根据需要,可以设立法制委员会、财政经济委员会、教育科学文化卫生委员会等专门委员会。人大对政府的监督通常是由对口的各个专门委员会来分别监督政府有关方面的工作。专门委员会的工作人员通常都是相关方面的专业人士,他们都对自己的专业有着深刻的认识。因此,在对政府的监督和评价过程中,他们更能从专业的视角来分析和评价政府的工作,从而提高评价的专业性和准确性。但立法机关的监督在实际运行过程中也存在一定的问题。例如,如果人大和政府间的体制配置未能真正法治化,人大的监督评价就难以充分发挥作用。再如,人大作用的发挥需要依赖于人大代表,而人大代表的专业性不强,且通常均为兼职,这直接影响人大对政府的评价。此外,人大中专职的具有监督素质和能力的专家比重较小,也会影响评价的成效。党的十九大报告提出,"完善人大专门委员会设置,优化人大常委会和专门委员会组成人员结构",为新时代完善人大的监督评价指明了方向。

2. 司法机关

司法机关在我国主要指各级人民法院和检察院。司法机关主要通过监督、检查政府公共服务的行为是否违宪或违法,进而评估政府公共服务质量。司法监督是一种具有普适性和强制性的监督形式,司法机关的行为对相关人员均具有约束力和强制力,任何个人、任何组织,只要违犯了法律,都会受到法律的制裁。司法机关对政府公共服务质量的评估与其他评估主体不同,它主要侧重于评估政府行为的合法性。其具体方式主要有两种:①行使违宪审查权。不少国家实行宪法保障制度,其最高法院往往根据宪法而拥有违宪审查权。有的国家还有专门的宪法法院,专门审理违宪案件。当发生特定的行政行为是否违宪的问题时,司法机关即可行使司法审查权,并宣告特定的行政行为是否违宪或是否有效,司法判决一经生效随即产生法律效力。为了确保司法审查的有效实施,美国、加拿大、日本等国的普通法院,英国的最高法院都有发布调令、执行令、禁止令、宣告性判决等方面的具体审查权和判决权。②审理和判决行政诉讼案件。法院依法对特定行政机关或行政官员的特定行政行为是否违法、越权、侵权、失职、不当进行审理和判决。[①]

3. 政党

政党虽然并非政权机构,但国家机构是供人和组织进行政权实践的设施和平台,其中真正的主角是政党。在现代民主社会,世界上绝大多数的国家都是由政党所领导的。政党是一种非常普遍的政治组织和政治现象,政党对政府的评估也是一种十分普遍的行为。在西方资本主义国家,大多数实行两党制或多党制,各个政党除了自我标榜和护己之短之外,大都竭尽全力揭露对方之短。尤其是在野党和反对党对执政党的监督和评价,成为执政党的一大压力和挑战。对执政党的监督和评价,以及政党之间的竞争、监督和互相掣肘关系构成了西方权力制衡机制中的重要组成部分。我国实行中国共产党领导下的多党合作制度。中国共产党是我国各项事业建设的领导核心,负责全面领导人大、政府和政协等组织的工作。共产党对政府绩效的评估可以激励政府更好地贯彻共产党所制定的政策方针,避免政府"上有政策,下有对策",而且共产党对政府绩效的评估有利于贯彻党管干部的原则。通过对政府的绩效评估,可以了解领导干部的工作实绩和工作能力,从而为领导干部的任用、晋升等奠定基础。我国的民主党派作为参政党,是各自联系一部分爱国者和社会主义建设者的政治联盟,其成员以知识分子为主,基本都是来自各行各业的专家。因此,民主党派对政府公共服务质量的评价具有合

---

① 参见张国庆:《公共行政学》(第三版),北京大学出版社,2008年,第430~431页。

理性和科学性。当然,政党对政府公共服务质量的评价只是整个评价体系的组成部分,其需要与其他评价主体相互作用才能发挥更好的评价作用。

4. 专门的监督机关

专门监督在此是指对行政活动的某一特定方面所进行的监督。专门监督涉及监督对象活动的某一方面,并由专门的监督机关或专业人员实施的监督。如审计机关对政府的经济财务活动所进行的审计监督等。审计监督主要是指国家审计机关对特定机关的财政预决算活动、会计资料及其财务状况等所进行的审计活动。大部分国家都把绩效审计看作审计部门的主要职能之一。不同的国家对绩效审计的称呼不同。绩效审计在加拿大被称为"综合审计",在英国被称为"资金价值审计"。虽然各国的名称不同,但都指的是对公共部门的经济性、效率性和效果性的审计。通过绩效审计,一方面监督国家财政预算资金的合理有效利用,对财政决算情况作出客观鉴定和公证;另一方面可以发现和揭露违法行为。绩效审计作为政府绩效评估的重要组成部分,有利于实现政府绩效评估的目标,有助于促进建立和落实政府绩效评估制度和行政问责制度。[①]

(二)依附利益相关者型评价主体

依附型利益相关者具有合法性和利益的紧迫性,但却缺少权力,因此使得他们只能依附于其他人来实现他们的利益。下级政府和公民就属于这种类型的评价主体。无论是下级政府还是公民,对政府都有着合法的迫切的利益要求,但是由于缺乏足够的权力,他们的利益要求可能不会得到政府的重视并加以满足。虽然这类主体对于政府来说是处于一种从属的地位,但他们对于政府的公共服务质量最有发言权,尤其是公民,因而在对政府公共服务质量进行评价时应给予这类评价主体较高的权重。

1. 下级政府

由于我国实行的是单中心的垂直管理模式,上级政府的决策需要靠下

---

① 参见温美华、徐卫华:《政府绩效审计助推政府绩效评估和行政问责制》,《南京社会科学》,2009 年第 5 期。

级政府来执行。作为上级政府政策的执行者,下级政府对上级政府的绩效有着较为直接的感受,因此下级政府应该作为政府公共服务质量评价的主体。从理论上说,下级政府对政府公共服务质量的评价更为客观和公正,而且通过对上级政府的评价能够调动下级政府的积极性, 使他们以主人翁的姿态投入到工作中。

但是在我国现行的行政体制中, 下级政府对上级政府的监督往往流于形式。我国现行的行政体制决定了与上级政府相比,下级政府处于被动的地位,其官员的晋升取决于上级政府的意愿。因此,下级政府在对政府的公共服务质量进行评价的过程中,由于种种考量而不能做到客观公正。这就使得下级政府对上级政府的评估最终都变成了对上级的单向度肯定。

2. 公民

随着新公共管理运动的兴起, 公民开始作为评估主体参与到政府公共服务质量的评估中。新公共管理认为,公共企业家应把关注的焦点放在顾客也就是公民身上,否则公民就不会有获得感。鉴于政府的大部分公共资源都是由立法机关提供的,所以这些政府机构的工作就可能无视其顾客基础。它们的工作是按照它们自己的优先顺序进行的, 而且这些优先顺序符合的是资助来源的要求,而不是其顾客的真正需要。公共企业家应该将这个体制颠倒过来,进而首先为顾客服务。

公民作为公共服务的直接接受者,对政府公共服务的质量最有发言权。美国国家公共生产力中心主任马克·霍哲教授非常重视公民作为公共服务质量评估主体的作用。他认为:"只有政策制定者和市民积极主动地参与业绩评估,即参与让政府机构对他们的开支负责,对他们的行动负责,对他们的承诺负责这样的评估过程,上述的多重目标才能实现。"[①]随着服务型政府的提出及公民参政议政的意识不断增强, 我国许多的地方政府在对公共服务的质量进行评价的过程中, 都引入了公民这一评价主体。比如南京市的"万人评议机关活动",让群众给市直属机关打分;河南省新乡市邀请群众对

① 〔美〕马克·霍哲、张梦中:《公共部门业绩评估与改善》,《中国行政管理》,2000年第3期。

政府的公共交通服务质量进行评价等。

公民作为公共服务质量评价的主体有利于政府与公民之间的互动。公民在对政府的公共服务质量进行评价的过程中，能够感受到自身存在的价值并加深对政府工作的了解，从而有利于形成政府与公民之间的良性互动关系。公民作为公共服务质量评价的主体还能够提高政府公共服务的水平。通过对政府的公共服务质量进行评估，公众可以更好地向政府表达自己的利益诉求，从而减少了政府与公众之间信息的不对称，使得政府提供的公共服务符合公民的需求，从而改善了政府公共服务的质量并提高了公民的满意度。

但由于自身的限制及政治体制的制约，公民作为公共服务质量评价的主体也存在一定的局限性。首先，政府绩效评估是一项专业性比较强的活动，需要公民具备绩效评估方面的专业知识。但是实际上，具备绩效评估专业知识的公民很少。这就使得公民对政府的公共服务质量的评价可能会存在较大的偏差。其次，公民对政府公共服务质量的评价，需要公民获得与政府的公共服务质量相关的大量的信息。但在实际中政府与公民之间存在着信息不对称，公民较少能够获得与政府的工作内容和运作过程等相关的信息。即使能够获得一定的信息，也不系统和完善。这势必会影响公民对政府公共服务质量进行评价的结果。

(三)危害利益相关者型评价主体

危害型利益相关者通常具有影响力和利益的紧迫性，但却缺少合法性。同级政府部门就属于这种类型的评价主体。它们对于被评价的政府缺少合法的干预途径，其影响力的发挥和利益的紧迫性需要通过获得干预的合法性来实现。这种合法性的获得通常是通过共同的上级的沟通取得。

同级政府对被考绩的职务最熟悉、最内行，对被考评同事的情况往往也很了解。但他们在公平性上也不太可靠，因为同级间存在竞争关系，可能有互相倾轧的现象出现。因此，要求相互之间必须关系融洽、相互信任、团结一致;相互间有一定交往与协作，而不是各自为战的独立作业。

三、权威利益相关者型评价主体

权威型利益相关者既具有权力和合法性,又具有利益的紧迫性。政府的上级部门就属于这种类型的评价主体。

上级政府作为政府公共服务质量的重要评价主体,与其他评价主体相比具有不可替代的优势。上级政府作为考评对象的直接上级,了解考评对象的职务性质、工作内容、工作要求、考绩标准,熟悉被考评者的工作表现。此外,授权它们来考评也是组织的期望。上级政府握有奖惩手段,无奖惩手段的考评便没有权威。自上而下的上级政府作为评估主体的评估模式能够加强上级政府对下级的监督,引导和激励下级政府的行为。但它也存在着一定的缺陷。首先,上级政府对考评对象的评估更多的是看考评对象是否遵守了相关的法律法规和法定程序、是否迎合了上级的意图,而不关注考评对象实际的工作业绩及对组织目标的贡献。因此上级政府的评估很容易流于形式,使得考评的结果缺少客观性,并且容易导致被考评对象在实际的工作过程中"只唯上,不唯下"。其次,上级政府的评估方法缺乏科学性。上级政府在对政府的公共服务质量进行评价的时候,更多地采取的是定性的评估方法。定性的方法虽然能够考评一些定量的指标难以考评的内容,但也潜藏着领导者评价的主观随意性和走过场的可能。领导者在评估的时候可能根据个人的好恶和主观印象作出评价,评价结果缺少客观性;也可能出于自身利益的考虑,上级政府对下级政府的评价更多地表现为"官官相护",导致评估结果失真,评估成为一种走过场。

政府公共服务质量评价既是一项科学、规范、有效的管理工具,同时也是民主时代行政民主化进程寻找到的一种重要的程序。要回应行政民主化,就必然要求政府公共服务质量的评价主体多元化。但正如前面所分析的,不同的评估主体既有其优点,但也存在着一定的不足,有效的评估应根据评估目标的不同来选择不同的评估主体。

评估主体的选择应遵循以下七个原则:①代表性。代表性要求所选择的评估主体能够充分地代表自己所属的群体的利益。②广泛性。广泛性具有两个方面的含义：一是指评估主体的来源应该具有充分的广泛性，即评估主体的来源应该是多元的；二是指评估主体的规模应该具有广泛性，只有这样才能保证所有的利益相关者都有代表参与到政府的公共服务质量评价中。③独立性。为了保证绩效评估的有效性，评价主体和客体不能合二为一，不能让评价的主体依附于或受制于评价的客体。政府公共服务质量评价是建立在民主和法治的基础之上的。民主和法治的本质要求是绩效评估的主体必须具有一定的独立性、权威性。在评价的过程中，评价的主体不受其他任何机关、团体和个人干预，相对独立地进行评价。④专业性。专业性要求所选择的评价主体应该具备一定的专业知识，能够从专业的视角、以专业的方式方法对政府的公共服务质量进行评价。⑤成熟的政治理性。成熟的政治理性主要指的是评价主体的政治态度，即评价主体是否对政治事件关心，是否存在政治信任，是否相信自己的评估能够起到一定的作用，以及是否把对政府的公共服务质量评价看作自己责无旁贷的义务。⑥绩效评估的成本。任何一项活动都要考虑到其成本问题。政府公共服务质量评价主体的选择也要考虑所选择的评价主体参与评价所要付出的成本，包括直接成本和间接成本。⑦合理的权重配比。在评估主体确定的情况下，还要考虑不同的评估主体间的权重配比问题。评估主体科学配比是综合评估有效性的一个关键点。①如果评估主体的选择搭配不当、比例失调，那么评估结果的有效性就会大打折扣。因此，评估主体的选择不仅要引入多元的评估主体，而且各个评估主体间还应形成合理的结构。只有它们之间配比恰当，结构合理，才能产生有益的互补的整体效应，即整体的功能大于各组成部分的功能之和，也就是"1+1>2"的效应。

　　政府公共服务质量评价是一项复杂的系统工程，为了保证多元评价主体的评估能够真正发挥作用，除了要求选择合适的评估主体并优化不同主体的权重外，多元主体的评估还需要一系列的配套体系。

---

①　参见卓越：《公共部门绩效评估的主体建构》，《中国行政管理》，2004 年第 5 期。

首先,政府需要转变其管理理念。评估主体的多元化要求政府转变传统的"官本位"的管理理念,树立"以民为本"的管理理念。在我国实行社会主义市场经济之前,政府集中并通过经济计划配置整个社会资源,并监督企业对计划的执行情况,以保证政府意志的实现。政府对经济领域的集中统一管理是整个社会管理的缩影,经济计划化、社会行政化下的政府必然是以自身为本并使社会服从自身意志为价值取向的。政府绩效评估以行政系统内部评估为主,排斥外部主体的参与。随着市场经济的建立和政府职能的转变,在对经济社会事务进行管理方面,开始限制政府之手发挥作用的频率、程度和空间。更为根本的是,随着市场作用的增强和契约机制的广泛运用,以及社会成员自由自主意识的萌发和民主制度建设的发展,牵引着我国政府向服务的价值导向的真正回归。因此,在这种情况下,政府与社会之间的关系发生了根本性的调整,即从政府为本转变为以人为本和以社会为本。政府职能主要在于弥补市场失灵和社会不能,也就是主要发挥对于社会的公共服务作用。以人为本理念的提出,要求政府在社会管理中应以人民的利益为出发点,将人民群众作为"服务"的对象而不单纯是"管理"的对象,改变过去的"只唯上不唯下"的制度设计,力求培养"向人民学习,为人民服务,请人民评判,让人民满意"的工作态度。因此,多元评估主体的参与需要政府转变其管理理念。

其次,完善政务公开制度。公共部门最显著的特征也许是其产出的非市场性质,即垄断性。这种垄断性主要是由规模经济、公共服务的非营利性、管制等原因造成的。垄断性对公共服务质量评估带来的严重的后果主要表现为,服务垄断性往往伴随着对信息的垄断,使得公众难以掌握充分的信息对政府公共服务的质量进行合理的评判。因此,发展多元主体共同参与的公共服务质量评估需要完善现行的政务公开制度,大力推行行政公开。除了涉及国家机密的信息,政府应通过各种方式方法向社会公开其职能、职责、运行机制和执行情况等。

最后,健全相关的法律法规。任何一项工作的开展都依赖于一套完善的法律制度的保障并监督。多元主体参与评估公共服务质量的地位需要法律加以确保,通过颁布相应的法律法规,使得多元主体的评估工作有法可依、有章可循,并以法律法规的形式使多元主体参与政府公共服务质量的评估固定下来。此外,还需要以法律的形式明确评估主体的选择方式及运作程序,从而保证多元主体选择的严肃性和规范性、多元主体评价程序的规范性和公正性。

第二节 评价对象

一、理论阐析与概念界定

公共服务质量评价的对象就是考察和评价政府提供公共服务所产生的各方面的结果。由政府的特点所决定,政府公共服务质量考评的对象是十分丰富和复杂的。考评对象是否科学、合理,直接影响绩效考评的质量。因此,对政府公共服务质量的评价应对评价对象的问题加以重视,制定符合实际情况需要的、能够全面而准确地评价政府公共服务质量的考评对象。因为绩效的多因性,即公共服务质量的优劣并不取决于单一的因素,而要受制于主观和客观的多种因素影响,因此公共服务质量考评的对象应从多种维度或方面去分析。

早期的理性系统论者关注产出的数量和质量,以及从输入到产出的转换过程的经济性。自然系统论者坚持贡献于组织生存和活力的因素的重要性,比如为获得参与者持续贡献和士气所需的充足的激励;而开放系统论者则强调组织在获取稀缺和有价值资源时利用环境的能力,以及适应性和灵活性的重要性。除了对准则有不同的看法,开放系统论对度量有效性的指标也有不同的意见。总体上有三种类型的指标,分别代表度量内容的三个不同的侧重点:①结果。侧重组织所实现的物质或客观结果的特征,例如产品的可靠性、销售量、患者健康状况的改善等。虽然通常被认为是有效性的典型指标,但是这类指标的解释往往会掩盖严重的问题。结果并不能表明工作活动的认真和精确,而且还受组织的投入与产出环境的影响。②过程。侧重组织所开展的活动的数量和质量。过程指标强调对投入的数量和力度的考评,而不是产出的考评。关心的是做了什么和做得怎样。一般来说,行动者欢迎对绩效的过程考量,因为他们通常更容易控制工作的过程而不是结果。关于过程的数据也更容易收集和解释。过程指标的确定在于他们往往与结果关联性不强。③结构。评测组织有效运行的能力。如果说过程指标远离结果,那么结构指标与结果的距离就更远了,因为这些指标度量的并不是人或系统所做的工作,而是人或系统从事工作的能力。新公共管理通过把政府服务的接受者(这种服务或者是由承包机构提供的)视为消费者或"顾客",而把这种顾客至上论的理念带进了关于公共行政官员与公民之间适当关系的讨论之中。巴泽莱主张,根据顾客服务来思考有助于新公共管理者明确地表达他们对绩效的关注,并且对所出现的问题提出一些创新性的解决方案。①顾客服务的语言对于新公共管理已经变得极为重要。例如,国家绩效评审报告就有这样一个目标:"为顾客提供与企业的最佳服务相同的服务。"②由于注意到政府的顾客常常面临的是很长的等待,繁忙的信号器,不充足的信息,以及一般的雇员,所以这个报告力劝具有企业家精神的联邦政府评估顾客的需求,制定服务供给的标准并且采取满足那些标准所必需的手段。随着政府及其机构试图按照顾客驱动的运作方式对它们自己"进行重塑",州政府和地方政府也都采用了类似的语言和方法。

　　还有一些其他国家实际上在美国进行这种改革之前,就在许多情况下进行了一些类似的努力。英国的"公民宪章"运动就制定了最低的服务标准,这些服务标准不仅得到了行政当局的支持,而且在某些情况下,当这些服务标准达不到时,行政当局甚至会提供补偿。采取类似改革措施的还有一些别的国家,其中包括澳大利亚、新西兰、法国和比利时。但在政府中,公民不只是顾客;他们是"所有者或主人"。正如乔治·弗雷德里克森对此所解释的那

---

① See Barzelay, Michael, *Breaking through Bureaucracy*, Berkeley: University of California Press, 1992, pp.6–7.

② Gore, Al., *From Red Tape to Results*, Washington, DC: The Review, 1993, p.44.

样:"顾客是在市场上在所提供的产品之间进行选择的;而公民决定的事情太重要了以至于政府会向公众收费来做这种事情。"①新公共服务理论认为,提高政府公共服务的质量应从承认顾客与公民之间的差异开始。公民是在一个更广大的社区环境中的权利享有者和责任承担者。顾客则不同,因为顾客并没有共同的目标,相反,他们试图使其自己的个人利益尽可能地充分实现。因此,政府公共服务质量的评价对象不仅仅包括顾客满意度,还应包括以下八个方面的内容:①便利(convenience)。评价的是公民容易接近和获得政府服务的程度。②保障(security)。评价的是以一种使公民在接受服务时感到安全和有信心的方式提供服务的程度。③可靠性(reliability)。评价的是政府服务的正确性和按时提供的程度。④个人关注(personal attention)。评价的是政府服务与公民个人需求的匹配程度。⑤解决问题的途径(problem-solving approach)。评价的是雇员为公民提供信息并且利用这些信息来帮助满足他们需要的程度。⑥公正(fairness)。评价的是公民相信政府服务是以一种对大家都公平的方式提供的程度。⑦财政责任(fiscal responsibility)。评价的是公民相信政府正在以一种负责的方式使用资金提供服务的程度。⑧公民影响(citizen influence)。评价的是公民认为他们能够影响他们从政府那里得到的服务质量的程度。②

公共质量评价的对象作为"评什么"的问题,直接关系评价的质量。不同学者对公共服务质量应该"评什么"有不同的观点。普雷姆·詹德认为,公共服务质量的评价对象应该包括效率、产品与服务质量和数量、机构所做的贡献与质量,包含了节约、效应和效率。③约翰·鲍恩认为,公共服务质量评价的对象应该包括公共服务的效益、效率、效果、投入和产出。威廉·N.邓恩将政府公共服务质量评价的对象概括为"4E",即经济(Economy)、效率(Efficiency)、效益(Effectiveness)和公平(Equity)。张钢等认为,政府公共服务质量评价的

---

① Frederickson, H. George, Painting Bulls-Eyes around Bullet Holes, *Governing*, 1992, 6(1), p.13.

② 参见[美]珍妮特·V.登哈特、罗伯特·B.登哈特:《新公共服务:服务,而不是掌舵》,丁煌译,方兴、丁煌校,中国人民大学出版社,2010年,第44~45页。

③ 参见[美]普雷姆·詹德:《公共支出管理》,王卫星译,中国金融出版社,1995年,第1页。

内容应包括这四个维度,即功能、情感、社会和感知。①赵汝周认为,政府公共服务质量应从政府管理理念、政府管理行为、政府决策、政府形象、政府管理效率、政府信息公开、政府目标考评体系、公务员队伍素质、政府监督等方面加以考评。高质量的政府公共服务要求政府具有人性化的管理理念、依法的政府行为、民主化和科学化政府决策程序、良好的政府形象、高效的管理效率、公开化的信息制度、科学化的考评体系、高素质的公务员队伍和制度化政府监督。②帕特南认为,代议制政府的绩效包括回应选民要求的状况(回应力),以及管理公共事务和解决实际问题的水平(效率和效果)。因此,应该从政策的制定、颁布与实施三个方面来衡量绩效。首先,政府的内部运行应该是平稳而迅速的,它是政府对外管理的前提条件,具体包括内阁的稳定性、预算的及时性、统计和信息服务。其次,政府应制定公共政策并发展有关项目,体现在政府的立法改革力度和立法的创新性。最后,还要考虑政府解决问题和提供服务的能力,包括政府提供直接服务的效果,政府运用各项产业政策工具的程度,以及政府花钱办事的能力。虽然人们对于绩效考评的对象难以达成一致的观点,但都认可考评的对象应该具有全面性和系统性的特征。全面性要求公共服务质量评价的对象能够体现公共服务质量的全部特征,能够代表管理的全部活动。系统性要求政府公共服务质量评价对象之间不是罗列堆砌的关系,而是相互联系。

笔者认为,公共部门不像私营部门那样存在明晰的"企业—顾客"二元线性关系,并具有明确的商业目的——利润最大化,而是不仅有着非常复杂的目标体系、组织关系,还有着最广泛的"多元化且彼此利益不同甚至可能相互矛盾的"服务对象——公众个体或公众群体甚至全体公众。因此,公共服务质量评价对象的选择需要经过深入的分析和探讨。

首先,公共服务质量评价对象的选择需要明确公共服务质量的含义。"质

---

① 参见张钢、牛志江、贺姗:《地方政府公共服务质量评价体系及其应用》,《浙江大学学报》(人文社会科学版),2008年第6期。

② 参见赵汝周:《政府公共服务的质量标准分析》,《"建设服务型政府的理论与实践"研讨会暨中国行政管理学会2008年年会论文集》。

量"一词在公共行政领域的运用可以追寻到西方国家兴起的公共部门质量管理运动。后来,公共部门质量的含义不断演变。概括起来,可以将公共服务质量含义的演变划分为三个阶段:第一阶段的质量与私营企业中的质量相似,都强调工作的准确性和规范性,也就说这个阶段的质量指的是公共部门内部的工作人员的行为是否符合相关的法律法规和程序。随着人们对公共服务的需求不断增加,有限的公共资源已经难以满足人们日益增长的需求,因此公共服务的质量不再强调公共服务的行为是否合乎规范,而是与公共服务的目标相联系。这即为质量含义发展的第二个阶段:有效性意义上的质量。再后来,在新公共管理"顾客导向"的驱动下,公共服务质量的含义得到进一步的提升,质量指的是顾客满意度上的质量。这种以顾客满意度作为质量标准对于公共部门调整自身的行政理念和价值取向具有重要的借鉴意义。

但与私营企业不同,与政府互动的并不是顾客。"我并不仅仅是政府的顾客,谢谢。我所期待的不只是伸手可及的交易而且我也不指望鼓励人们去消费。"①因此,公共部门的质量不能等同于私人部门的质量,它具有更宽泛的含义。①遵守预先制定的程序和规范。高质量的公共服务应该符合国家的相关法律法规的要求,提供的过程应该遵循预先设定的严格的程序。②符合预先设定的结果或效果要求。公共服务质量强调公共服务产出结果或最终效果符合其预先设定的质量要求。③满足预先规定的投入要求。高质量的公共服务结果取决于公共服务的投入,虽然投入是高质量公共服务结果或效果的必然要求,但人们都认可如果没有好的投入高质量的公共服务结果就只能是空谈,所以公共服务的质量评价应包括是否满足预先规定的投入要求。④实现服务功能最大化。高质量的公共服务要求政府在提供公共服务的过程中,能以较低的成本最大限度地提供满足公民需求和期望的公共服务。⑤以正确的方式做正确的事,即政府能够以更加经济、有效的方式来提供公

---

① Mintzberg,Henry,Managing Government,Governing Management,*Harvard Business Review*, 1996(74),pp.75–83.

共服务，它强调的是公共服务产出的效率和效能依赖于政府满足公民需求的能力。⑥满足一系列质量标准的程度。高质量的公共服务应该遵循一系列的质量标准，包括国际标准、专业组织设定的标准，以及服务对象与其利益相关者的服务期望和要求等。⑦具有公共精神。公共服务质量的高低很大程度上取决于政府是否具有以及在多大程度上具有公共精神。公共精神对确保公共服务的质量具有重要的意义。

其次，公共服务的供给涉及三个要素——供给者、消费者和媒介。公共服务最终的质量是这三个要素之间相互作用的结果。因此，公共服务质量的评价对象不能仅限于公共服务产品本身，还要将供给者及媒介考虑在内，比如公共服务供给者的服务行为、社会影响等。

最后，公共服务质量包括三个方面的内容：内部流程的质量、顾客导向的质量和社会影响的质量。传统公共行政认为，政治有别于行政，与此相连的思想就是行政官员要对民选政治家负责并且具有中立的能力。然后，人们关注于创造一些将会使公共组织及其管理人员，能够以最有效率的方式行动的行政管理结构和行政管理策略。因此，判断政府公共服务质量高低的标准就是政府是否中立地执行由立法权威通过的法律，是否符合公共服务系统内部的质量规范和规定。但是这种规范性的质量是以牺牲公民的个性化需求为代价的。新公共管理理论认为，政府应该超越内部的规范性质量，把满足公民的需求和期望作为自己的核心任务和责任，即政府应将其质量的核心从规范性质量转移到以顾客为导向的质量。然而这种以顾客为导向的质量观有可能会使政府在提供公共服务的过程中忽视了长期的利益。政府应该认识到，公共服务不是一个经济思维的产物，而是一个政治思维的产物。那意味着改进服务问题需要关注的不仅仅是"顾客"的需要，而且还要关注权力在社会中的分配情况。因此，政府公共服务质量评价对象的选择不能仅仅考虑内部流程质量或者顾客导向的质量，而应该包括内部流程、顾客导向和社会质量三个方面的内容。

综合以上的分析可以认为，政府公共服务质量评价对象应包括政府及其相关部门公共服务的结果和公共服务的行为两个方面。

二、政府及其相关部门的公共服务的结果

公共服务的结果可以借鉴"3E"原则：即经济、效率和效益。"3E"实质上是三种关系，涉及服务活动的四个方面：成本、投入、产出、效果。经济涉及成本与投入之间的关系。经济性表现为获得特定水平的投入时，使成本降低到最低水平，或者说充分使用已有的资金获得最大量和最佳比例的投入。效率涉及投入与产出之间的关系，指管理活动的产出同所消耗的人力、物力、财力等要素之间的比率。高效率意味着用最小的投入达到既定的目标，或者投入既定而产出最大。效益涉及产出与效果之间的关系，具体包括产出的质量、产出是否达到了所期望的社会效果、公民或顾客的满意程度等。以环境保护为例，成本指环保主管部门获得的财政拨款，它是管理成本的最初形态；部门从事管理活动所耗费的人力、物力、办公设施和设备等是其投入；产出既包括决策活动的产出，如出台的法规政策、实施细则、环保计划、环境标准等，又包括执行活动的产出，如建设项目的审批、违规企业处罚数目或处罚金额、清洁生产技术的推广数目等；效果则主要体现为环境质量的改善。借鉴"3E"原则，笔者将公共服务的结果划分为以下内容，即公共服务供给的效率、公共服务的公平化、公共服务的多样化及公共服务的持续化。

（一）公共服务供给的效率

管理学对效率的研究虽然已有近百年的历史，但在这一领域的研究依然充满了矛盾和困境。迄今为止，人们对效率的含义还没有形成一致的看法。有的学者从广义的角度对效率进行界定，认为效率不仅体现在时效、速度、理想的产出投入比率上，"更重要的是体现在社会效益上"，是"数量和质量的统一，价值和功效的统一"。有的学者则从狭义的视角来理解效率，认为效率是用最少的资源达到既定的目标，与效益不同。效益指的是目标的实现程度。笔者认为，效率概念的界定需要兼顾理论上的科学性和实践需要，从而将效率定义为成本产出之间的关系。评判效率高低的标准是在成本一定的情况下产出的多少或在产出既定的情况下投入成本的多少。公共服务供

给的成本包括信息搜寻成本、监督控制成本和生产成本。我们可以把前两种成本称为"交易成本"。交易成本与生产成本不同，它主要指在交易的过程中所引起的成本。然而公共服务与私人物品不同，由于公共服务所具有的非竞争性和非排他性，使得衡量公共服务对于每一个公民的效益变得不可能，而且很多时候公共服务的实际效益难以用货币来衡量，所以当评价政府公共服务供给效率时，我们往往使用的是广义上的产出和成本的概念。比如，虽然我们不能测量一项公共医疗计划对所有接受服务的人群所产生的总收益，但是我们可以知道该计划投入了多少医生、护士和设备（成本），也可以知道一共提供了多少服务（如多少次检测、多少次门诊、多少次手术等），而且这些服务将直接影响接受服务人群的健康状况。将所有的这些服务进行加总就是该项服务的总产出。[①]

（二）公共服务的公平化

公平正义的概念由来已久。在古希腊时期，亚里士多德就把正义分为个人正义和城邦正义，认为城邦正义是一种社会原则，它关系财产分配和人际关系交往，以公共利益为依归。随着资本主义商品经济的发展，近代西方哲学史上逐渐形成了两种主流公平观：一是认为自由即公正的正义观，二是认为公平就是条件平等的平等主义正义观。社会主义的正义观是建立在马克思主义的正义观基础之上的，认为公平只有在生产力得到充分发展的情况下才能实现。

我国目前正处于社会主义初期阶段，生产力还不是很发达，所以在政府的公共服务方面不能企求超越社会发展阶段的绝对公平。但是经过改革开放四十多年的发展，我国的生产力水平毕竟得到了较大的发展，具备了实现更高层次社会公平的条件。因此，作为执政党和政府，就应当密切关注和设法解决业已存在的较为严重的贫富差距和社会不公问题。当前我国正处于市场经济发展和社会转型时期，伴随着社会利益结构的分化，社会发展出现

---

① 参见陈昌盛、蔡跃洲：《中国政府公共服务：基本价值取向与综合绩效评估》，《财政研究》，2007 年第 6 期。

了一些不和谐现象,比如城乡发展、区域发展不平衡,收入差距和分配不公等。近几年来由于这些问题没有得到很好的解决,引发了社会上的不满情绪,降低了公众对政府的满意度。因此,高质量的政府公共服务,就要着眼于"以人为本"服务取向,在统筹城乡发展、区域发展和收入分配改革的基础上,将我国社会发展和改革开放的成果惠及所有的公众,加强公共服务供给的公平性,保证对所有社会成员实现基本公共服务的均等化。

(三)公共服务的多样化

随着社会经济的发展和人民生活水平的不断提高,人们的需求逐渐呈现多样化的特征。在公民的个性化意识和差异化需求不断增强的条件下,人们已不再满足于单一化的公共服务的供给。因此,高质量的政府公共服务应能及时回应民众的这种多样化需要,针对不同的群体、不同的个人、同一个体的不同发展阶段提供个性化、差异化的公共服务。按照马斯洛的需求层次理论,当人们的低层次需求基本满足后,就会寻求更高层次的需求。目前,公共服务需求总体上呈现持续增加的趋势,公共服务需求的内容也会随着经济社会的发展而发生变化。随着基本公共服务的逐渐享有,人们开始追求满足其多样化需要的公共服务。比如在经济发展初期,人们可能更多地要求政府提供基础设施服务,当经济社会进一步发展时,人们可能会要求政府更多地提供诸如公共教育、公共文化、公共卫生和社会福利等方面的服务;再如随着九年义务教育的普及,人们可能会要求职业教育、技能培训和专业辅导等有针对性的公共服务。由于人们的身份差异、工作差异、收入差异等,以一种标准化的服务来满足所有人需要的做法已经过时。"随着科学技术的快速发展,买方市场的形成和公众需求偏好的改变,传统上以精细分工为手段并生产和提供大批量、规模化的公共产品和服务的工业型社会,正转向以无缝隙服务的方式生产和提供多品种、小批量的柔性化的公共产品和服务的现代社会。"[①]

---

① [美]托马斯·戴伊:《谁掌管美国——里根时代》,梅士、王殿宸译,世界知识出版社,1985年,第358页。

（四）公共服务的持续化

社会成员的公共需求具有连贯性，因此政府的公共服务供给也应具有持续性。对于一个追求人民满意的服务型政府来说，服务的规划设计是必不可少的。也就是说，根据一定时期经济社会发展状况和公众公共需求状况，积极并审慎地筹划公共服务的发展规划，既要考虑国家现有财政状况对于公共服务供给的支撑程度来适当安排公共服务，又要根据未来经济增长形势，推进公共服务供给的发展进程，从而使公共服务的供给既体现出有所限度的阶段性，又体现有所发展的连续性。在此，经济发展和科技进步对政府所提供的财政支撑起着重要的作用。"政府所做的许多事情是不能用金钱来衡量的。尽管如此，政府的开支仍是衡量政府活动范围最好的尺子。"[1]以此类推，政府公共服务的开支也是衡量政府提供公共服务供给范围的最好的尺子。在经济社会发展的特定时期，政府的公共服务应当有所限制，超出支出能力范围发展公共服务，无论对政府和对社会来说，都会造成沉重的负担，而且公共服务范围的扩大和种类的增多，往往是一个难以逆转的过程。后期的服务供给如果与前期变化过大，会影响社会的和谐与秩序的稳定。这样就决定了公共服务供给只能是一个渐进的发展过程，这其中取决于政府的积极推动和促进作用。

三、政府及其相关部门的公共服务的行为

"只关注最终产品和影响比如服务的数量、单位成本、顾客行为的改变或服务的完成等是粗鲁的、不可靠的、具有欺骗性的和无意义的。"[2]因此，政府公共服务质量的评价对象不能仅仅是公共服务的结果，还要考虑政府公共服务的行为。政府行为是指，"在一定的社会时期内国家行政机关根据经济建设和社会发展的需要，在行使行政权力过程中所承担的职责和功能"。

---

① 麻宝斌、季英伟：《政府流程再造的基本策略》，《经济纵横》，2009 年第 12 期。

② Flynn, R., Pickard, S. and Williams, G., Contracts in the Quasi-market in Community Health Services, *Journal of Social Policy*, 1995, 24(4), pp.529-550.

从普遍意义上理解,政府行为指的是"国家行政机关及其行政人员实施行政管理活动的总称"。因此,"政府行为是指政府及其工作人员在特定时期内特定执政理念的指导下,依照有关的制度所进行的社会管理和公共服务的活动。政府理念与政府行为是内与外的关系,政府行为是政府理念的一种外在化的表现形式,在很大程度上体现着政府的执政理念,而政府的理念则深刻地影响和决定着行为"①。笔者认为,作为政府公共服务质量评价对象的政府行为主要包括:行为理念、民主参与、依法行政。

(一)行为理念

理念属于社会意识范畴。根据哲学理论,社会存在决定社会意识,有什么样的社会存在便有什么样的社会意识,但是社会意识可以对社会存在发生积极的反作用。把这一原理引入行政管理研究领域则可以说明,既有的经济社会状况派生出哪些行政管理理念,行政管理理念的更新发展会如何引导政府的管理实践来稳定并促进社会发展。

在我国改革经济体制和重新选择经济发展模式,发挥市场对社会资源配置的基础性作用的情况下,随着我国三十多年来的政府职能转变,原有的职能体系和职能重点发生了重大变化,反映到行政理念上就是服务型政府理念的提出,强调现阶段加强政府的公共服务职能。为了维护和巩固新生的社会主义国家政权,在经济相对落后的条件下实现国家的工业化和社会主义现代化,在新中国成立初期实行高度集权的计划经济体制。经济基础决定上层建筑。高度集权的计划经济体制决定了中国的政治体制也是中央政府高度集权的,政府的权力触及社会生活的方方面面。在实行管制型政府时期,政府是社会管理唯一的主体,其他社会组织未能分享社会管理的权力,管理主要采用指令、指示、命令等强制性方式,管理方式单一,管理主体与管理对象之间呈现单一的管理与被管理关系,政府社会管理的价值目标是保障政府的权威与实施社会控制。服务型政府建设以为公众提供满意的公共服务作为其核心目标,所以作为服务型政府,需要改变传统的统治理念和管

① 曹惠民:《第三方政府绩效评价情境下政府行为重塑》,《社会科学家》,2011年第6期。

制理念,实现向服务理念的转变。胡锦涛强调,"社会管理,说到底是对人的管理和服务,涉及广大人民群众的切身利益,必须始终如一坚持以人为本、执政为民,切实贯彻党的全心全意为人民服务的根本宗旨,不断实现好、维护好最广大人民根本利益"。因此,作为服务型政府,在其履行社会管理职能时也必须体现以人为本的理念。

以人为本,全心全意为人民服务是执政党的一贯宗旨。毛泽东指出:"我们共产党人区别于其他任何政党的又一个显著标志,就是和最广大的人民群众取得最密切的联系。全心全意为人民服务,一刻也不脱离群众;一切从人民的利益出发,而不是从个人或小集团的利益出发;向人民负责和向党的领导机关负责的一致性;这些就是我们的出发点。"①邓小平认为:"全心全意为人民服务,一切以人民利益作为每一个党员的最高准绳。"②江泽民所提出的"三个代表"重要思想,其中之一就是要代表最广大人民的根本利益。胡锦涛的科学发展观把"以人为本"作为其核心,要求政府必须坚持权为民所用,情为民所系,利为民所谋,把最广大人民的根本利益作为一切工作的出发点和落脚点。习近平总书记指出:"为人民服务是党的根本宗旨,以人为本、执政为民是检验党一切执政活动的最高标准。"以人为本理念的提出,要求政府在社会管理中应以人民的利益为出发点,将人民群众作为"服务"的对象而不单纯是"管理"的对象,改变过去的"只唯上不唯下"的制度设计,力求培养"向人民学习,为人民服务,请人民评判,让人民满意"的工作态度。通过提供公共服务等方式,最大限度地满足人民日益增长的美好生活的需要,而不是用"管""罚"等方式来维护政府官员的利益。总之,服务是一种基本理念和价值追求。政府工作人员应强化服务意识,使行政权力的行使从属于服务的目的,实现从管理者到服务者的转变,利用其掌握的社会资源来为社会服务。

---

① 《毛泽东选集》(第四卷),人民出版社,1991 年,第 1094 页。

② 《邓小平文选》(第一卷),人民出版社,1994 年,第 257 页。

(二)民主参与

在传统的管制型政府的社会管理中，政府往往根据自己的意志事先设计出一定的政策规则，然后通过规则的强制性执行来实现对社会的管理。在这种管理体系中，政府和社会组织之间的关系是一种严格的权威管理关系，后者只能被动地接受政府的规制。而服务型政府则要求政府作出的决策必须符合公众的利益，政府所提供的服务应得到公众的认可。公民有权参与作出并且扩大一些他们所能够得到的利益诉求的选择。他们还可以要求就目标和目的、服务的标准、获得服务的权利、所讨论的备选方案、作出决策的原因，以及那些决策的内容获得充分的信息。公民还可以要求获得某种表达其不满和抱怨的途径，并且要求在适当的条件下得到补偿。政府所提供的公共服务的质量在某种程度上取决于工作过程中的合作程度，而不是仅取决于政府员工单方面的行为。对绝大部分服务业来讲是这样，对公共部门来说更是如此。举例而言，假如社会服务计划有效，受益者最终会愿意改变他们的经济行为或社会行为；如果没有这种价值转变，所提供的社会服务就是失败的。这种关于质量的观点类似于公有社会的人所强调的共同生产服务。根据这种观点，一个真正具有效率、效能的服务计划需要服务对象的主动参与，而不是服务对象的被动接受。①

就社会成员与政府的关系来说，其不仅是政府社会管理和公共服务的对象，更应该是实际的参与者、合作者和监督者。政府要在社会管理和公共服务过程中与社会全方位互动，改变以往政府的单边行动，"即服务型政府建设或社会管理创新似乎只是政府一方的事。这主要表现为三种情况：政府对社会的单边行动；政府内部上级对下级的单边行动；民间组织、居民、企业等方面的依赖心理"，从而达成政府与社会双向互动的治理。面对着复杂化的社会环境和多元化的社会需求，单凭政府自身已经难以应对和解决目前所有的公共服务的供给问题。政府应当与市场、社会共同合作，形成一套相

---

① 参见[美]B.盖伊·彼得斯：《政府未来的治理模式》，关爱明、夏宏图译，张成福校，中国人民大学出版社，2002年，第64页。

互配合的服务供给机制。这不仅可以解决或者缓解政府公共服务能力不足与不断增长的公共服务需求之间的矛盾，而且可以在政府和其他供给主体之间形成良性竞争。这样，一来可以降低公共服务供给的成本，二来可以形成对顾客需求的快速回应机制，解决政府公共服务和公众需求之间的缺位、错位等问题。公共服务体系所提供的服务是否获得人民的满意，不仅在于服务供给的数量、质量和种类，而且也在于是否允许或者在多大程度上允许人民对于公共服务进行选择，公民应当有权从不同的服务供给主体那里获得自己所需要的服务。此外，在当前公共需求趋于多样化的形势下，除了政府通过征收手段获取财源并加大公共服务供给，增加和提高公共服务的数量和质量之外，还应引进竞争机制，通过合约的方式，将部分公共服务外包给企业组织，以此降低服务成本，提高服务效率。此外，民间组织在改革开放后也得到了较大的发展，政府应当进一步鼓励和培育民间组织，提供有利于民间组织健康发展的制度安排，使之更好更多地承载公共服务的功能。

这种双向协调的治理方式有利于政府与社会之间的信息交流和沟通，通过相互之间的联动来进行社会管理。在这种方式的社会管理中不存在某种绝对性的支配力量，政府和社会处于同一水平线上。这样，社会管理过程不是为了政府先前确定目标的执行，而是政府和社会在社会问题和偏好上交换信息，通过经常的互动、共享的价值和信任，形成一种解决问题的合力。

（三）依法行政

依法行政作为一种重要的政治思想和法律原则，起源于新兴资产阶级反对封建君主专制的斗争之初，形成于资产阶级全面控制国家权力之后，发展于资本主义由自由资本主义过渡到垄断资本主义之时并延续至今，前后经历了三百余年。与上述历史进程相一致，依法行政的内涵和外延也经历了一个发展变化的过程。

依法行政的一般性解释是：在三权分立的国家政治体制格局中，公共行政权力主体即狭义的政府，应当依法设定和实施行政行为。对于法的解释则在不同的时期、不同的国家有不同的理论和实践。但法的规范性或约束性作用始终是依法行政的核心概念。换言之，"为政遵循法律，不以私意兴作"一直是依法行政的精髓所在。

从历史上公共服务的实际来看，人治状况下由于缺乏限权思想和治官之法，官员主观任意的执法行为易于诱发社会冲突和社会矛盾。法治政府要求政府改变过去的"运动式"的管理方式，向"规范式"的管理方式转变。传统的政府社会管理往往依靠运动式、短期式的方式，解决突出问题，而忽视管理的规范性和连贯性。运动式的社会管理弊病明显：其一，违背社会管理的客观规律，造成与常规化的社会管理相冲突；其二，妨碍社会管理的连贯性，致使管理宽严尺度的不一；其三，破坏了社会管理的规范性，有可能导致不规范的短期行为。运动式的社会管理是依据政策实施的管理在当代的表现。政策具有变异性和不稳定性，单纯地依据政策实施管理难以保证社会的稳定性。相对于政策而言，法具有稳定性，若要对社会实施规范化、连续性的管理，必须使这种管理依法进行。因此，在对社会实施管理时，要特别重视社会管理方面的立法工作，把社会管理纳入法治化、规范化的轨道，自觉运用法律手段调节、管理经济社会事务，采取规范式的社会管理方式，使社会管理有章可循。一方面，要依据权利本位的原则打造约束公权的法律体系，确保政府及其公务人员在法律面前的地位平等，从而将政府社会管理的权力置于法律的约束之下，保证行政权力的行使实现公共利益；另一方面，在社会管理中严格依法办事，特别是涉及社会成员权利义务的事项，必须有法律依据并在权限范围内按照法定程序进行管理。

总之，政府公共服务质量的评价对象既要包括公共服务的结果，也要包括公共服务的行为，既要"效率"也要"公平"。党的十六大报告重新调整了改革开放初期确立的"效率优先，兼顾公平"的发展策略，重新调整了效率与公平的关系，指出"初次分配注重效率，发挥市场的作用，鼓励一部分人通过诚实劳动、合法经营先富起来。再分配注重公平，加强政府对收入分配的调节职能，调节差距过大的收入"。因此，政府的公共服务不能只追求效率，因为单纯的以效率为目标会忽视了长远的利益。尤其是当考虑公共服务的成本时，这种忽视长远利益的效应就更加凸显出来。正如卡蓝默所说："如果公共服务机构是按短期取得的一目了然的物质成就进行衡量的，这个机构怎么会愿意出资进行长期的公共讨论或建设人际网络？如果预算只给出一年的承诺,这家公共服务机构如何会同意进行长期的合作关系？如果冗长繁复的行政程序设置障碍,它又怎么会进入合作程序？如果一个银行家的成绩是以年内'贷出'的贷款来衡量的,他会愿意对小额贷款进行大量的谈判吗？如果对公务员的评价是按照其短期作为做出的，他们可能对长期行动的影响感兴趣吗？如果评价一个国际官员主要根据他的外交灵活性,他怎么会对一个大国的政策做出中肯的判断呢？"①

　　其实,效率与公平之间并不是相互排斥的关系。公平能够生成和促进效率。政府公共服务的公平导向不仅在行政体系自身中呼唤出有效率的行为,而且能够在行政体系的管理对象那里，即在整个社会中激发出存在于社会成员之中的整合社会秩序、推动社会发展的潜能。也就是说,由于公共服务的公平导向为社会成员提供了平等地参与社会治理和其他社会生活的机会,使他们在发挥自己的主动性和能动性方面起到激励作用,他们不需要把一切问题都交由政府去处理，而是积极地处理一切他们自己能够处理的问题;即使对于那些自己不能独立处理的问题,也会在组织起来的自治体中先进行解决问题的尝试。这样一来,公共服务的公平导向不仅在整个社会中呼唤出很高的效率,而且也在很大程度上把政府从日常社会事务中解放出来,使政府的运行成本下降,行政效率大幅度提高。②

参考文献

一、著作类

1.Ackoff,R.L.,*A Concept of Corporate Planning*,New York:John Wiley & Sons,1970.

2.Barzelay,Michael,*Breaking through Bureaucracy*,Berkeley:University of

---

①　[法]皮埃尔·卡蓝默:《破碎的民主——试论治理的革命》,高凌瀚译,庄晨燕、戴捷校,生活·读书·新知三联书店,2005年,第185页。

②　参见张康之:《行政伦理的观念与视野》,中国人民大学出版社,2008年,第183页。

California Press,1992.

3.Gore,Al,*From Red Tape to Results*,Washington,DC:The Review,1993.

4.《毛泽东选集》(第四卷),人民出版社,1991 年。

5.《邓小平文选》,人民出版社,1994 年。

6.[法]皮埃尔·卡蓝默:《破碎的民主——试论治理的革命》,高凌瀚译,庄晨燕、戴捷校,生活·读书·新知三联书店,2005 年。

7.[美]B.盖伊·彼得斯:《政府未来的治理模式》,吴爱明、夏宏图译,张成福校,中国人民大学出版社,2002 年。

8.[美]爱德华·弗里曼、杰弗里·哈里森等:《利益相关者理论现状与展望》,盛亚、李靖华等译,知识产权出版社,2013 年。

9.[美]普雷姆·詹德:《公共支出管理》,王卫星译,中国金融出版社,1995 年。

10.[美]托马斯·戴伊:《谁掌管美国——里根时代》,梅士、王殿宸译,世界知识出版社,1985 年。

11.[美]珍妮特·V.登哈特、罗伯特·B.登哈特:《新公共服务:服务,而不是掌舵》,丁煌译,方兴、丁煌校,中国人民大学出版社,2010 年。

12.张国庆:《公共行政学》(第三版),北京大学出版社,2008 年。

13.张康之:《行政伦理的观念与视野》,中国人民大学出版社,2008 年。

14.赵汝周:《政府公共服务的质量标准分析》,《"建设服务型政府的理论与实践"研讨会暨中国行政管理学会 2008 年年会论文集》。

二、文章类

1.Charkham,J.,Corporate Governance Lessons from Aboard,*European Business Journal*,1992,4(2).

2.Dill,W.R.,Public Participation in Corporate-planning:Strategic Management in a Kibitzer's World,*Long Range Planning*,1975,8(1).

3.Flynn,R.,Pickard,S.and Williams,G.Contracts in the Quasi-market in Community Health Services,*Journal of Social Policy*,1995,24(4).

4.Frederickson,H.George,Painting Bulls-Eyes around Bullet Holes,*Governing*,1992,6(1).

5.Freeman,R.E.and Evan.W.,Corporate Governance:a Stakeholder Inter-pretation,*Journal of Behavioral Economics*,1990,19(4).

6.Mintzberg,Henry,Managing Government,Governing Management,*Har-vard Business Review*,1996(74).

7.Mitchell,A.and Wood,D.,Toward a Theory of Stakeholder Identification and Salience:Defining the Principle of Who and What really Counts,*Academy of Management Review*,1997,22(4).

8.Office of Management and Budget's Mission.Available at http://www.whitehouse.gov/omb/organization/role.html.

9.Slatter,S.S.,Strategic Planning for Public Relations.,*Long Range Plan-ning*,1980,13(3).

10.Wheeler D.and Maria S.,Including the Stakeholders:the Business Case,*Long Range Planning*,1998,31(2).

11.包国宪等:《绩效评价:推动地方政府职能转变的科学工具》,《中国行政管理》,2005 年第 7 期。

12.曹惠民:《第三方政府绩效评价情境下政府行为重塑》,《社会科学家》,2011 年第 6 期。

13.陈昌盛、蔡跃洲:《中国政府公共服务:基本价值取向与综合绩效评估》,《财政研究》,2007 年第 6 期。

14.贾生华、陈宏辉、田传浩:《基于利益相关者理论的企业绩效评价——一个分析框架和应用研究》,《科研管理》,2003 年第 4 期。

15.麻宝斌、季英伟:《政府流程再造的基本策略》,《经济纵横》,2009 年第 12 期。

16.[美]马克·霍哲、张梦中:《公共部门业绩评估与改善》,《中国行政管理》,2000 年第 3 期。

17.倪星、余凯:《试论中国政府绩效评估制度的创新》,《政治学研究》,2004 年第 3 期。

18.温美华、徐卫华:《政府绩效审计助推政府绩效评估和行政问责制》,

《南京社会科学》,2009 年第 5 期。

19.徐家良、何凤秋:《政府绩效外部评估发展空间巨大》,《瞭望新闻周刊》,2004 年第 26 期。

20.张钢、牛志江、贺姗:《地方政府公共服务质量评价体系及其应用》,《浙江大学学报》(人文社会科学版),2008 年第 6 期。

21.卓越:《公共部门绩效评估的主体建构》,《中国行政管理》,2004 年第 5 期。

第九章　政府公共服务质量评价程序

改善公共服务是 21 世纪公共行政和政府改革的核心理念,也是我国建设服务型政府的主要内容。服务型政府要求以公共服务作为其职能的出发点和归宿,其对我国政府的公共服务供给质量提出了更高的要求。因此,对我国各级政府公共服务质量进行有效的评价,成为促进政府效能提升与提高人民群众获得感的重要途径,也是服务型政府建设的重要基础性环节。传统的政府绩效评估是以机构为重心的机构绩效评估,它是以机构为基点加以设计的,关注机构这一评估对象的内部运作与过程。与传统的政府绩效评估相比,对于政府公共服务质量的评价,要求在程序设置事项上将评价的重心放在公共服务方面,更加重视公共服务提供的质量与效果。因此,要完善政府公共服务的质量评价程序,首先需要通过对评价主体、评价对象与评价程序的调整,推动从当前政府绩效评估向公共服务质量评价的整体转变。

传统政府绩效评估与我国政府的行政架构和绩效评估体系的形成机制相关。由于我国政府机构之间有着严格的行政隶属关系,而政府绩效评估又在很大程度上依附于政府架构,因此其典型的形成机制是由上级部门或系统内上级主管机构负责开发绩效评估的指标体系,并为管辖范围内的下级机构或单位确立工作绩效目标。同时,这种架构与人事管理中"下管一级"原则相结合。导致这种由上级单位开发的评估体系通常在控制需求主导下强调对机构职能运作过程与工作重心完成情况的考核。当前我国政府机构所实施的绩效评估重在测量政府机关职能具体运作过程、机关作风和工作人员的工作态度等。

从评估的设计主体及评估体系适用范围来看,机构绩效评估有两种类型：一是在属地化管理体制下，由一级政府设计用以评估政府组成部门的评估体系，它的评估重心在于机关作风及与职能相关的年度重大工作的完成情况；二是在垂直管理体制下，上级部门设计用以评估下级部门职能运作情况的评估体系。虽然政府绩效评估在提高机关工作效率、改进机关工作作风方面起到了一定作用，但是在当前这种以机构为主要内容的政府绩效评估中，无论是垂直管理下以职能运作为中心的评估体系，还是在属地管理下以上级安排的重点工作完成情况和行风为中心的评估体系，都表现出了一定的局限。首先，在一级政府对其组成部门进行考评的情况下，容易导致评估体系过于空泛。其次，当前我国政府绩效评估体系关注机构内部的运作过程，而相对忽视机构外部的公众需求及机构职能运作对公众所产生的影响，使政府绩效评估不能很好地将机构运作与公众对公共服务的需求结合起来。此外，上级政府对下级机构的绩效评估往往陷入体系庞杂的境地。因此，从政府绩效评估转向公共服务的质量评价，不但能够克服当前我国政府绩效评估中存在的一些明显弊端，而且对于政府的管理实践而言意义重大。它不但有助于提高公共服务质量，提高公民满意度，推进我国政府的职能转型与服务型政府的建设，而且有助于实现我国政府绩效评估实践与西方发达国家政府绩效评估实践的沟通与对话，对于促进我国公共服务质量评价的良性发展有着重大意义。

第一节　政府公共服务质量评价的准备阶段

一、明确评价主体与评价活动的性质

政府公共服务质量评价是根据效率、能力、服务质量、公共责任和公众满意程度等方面的分析与判断，对政府所提供的公共服务进行评定和划分等级。公共服务的质量评价程序从传统的政府绩效评估程序发展而来，以服务质量和公众需求的满足为第一位的评价标准，蕴含了公共责任和顾客至

上的管理理念,并以加强与完善公共责任机制,使政府在管理公共事务、传递公共服务和改善生活质量等方面具有竞争力为评估目的。政府公共服务的质量评价并不是一个单一的行为过程,而是由阐明评估的要求与任务、确定评估目的和可量化的目标、建立各种评估标准、根据评估标准进行质量评价、比较评价结果与目标、分析与报告质量评价结果、运用评价结果改善政府管理等组成的行为系统,是一个由许多环节所组成的综合过程。

(一)传统评价主体:政府

在改革开放后的行政体制改革进程中,我国一些地方政府和部门结合实际开展了绩效评估实践,不同程度地探索了政府绩效评估工作,形成了各具特色的绩效评估模式。目前各地政府绩效评估情况可以分为以下类型:以岗位责任制和目标管理责任制为主要内容的绩效评估。例如1982年劳动人事部下发《关于建立国家行政机关工作人员岗位责任制的通知》,自此全国范围内均不同程度地建立了岗位责任制,并进一步发展为机关工作目标管理责任制。经过多年的实践探索,目标管理已经成为我国开展最广泛的绩效管理方式。依据评估主体、评估内容和评估方式的不同来划分,不同的评估主体,由于其政治目标和职能范围不同,导致评估内容和评估方式存在一定的差异。

我国政府绩效评估的主体主要包括:政府决策部门、上级主管部门、监督部门、领导部门、项目审批部门、公众和专家机构等,不同的评估主体采取不同的绩效评估方法。如监督部门主要履行纪检、监察职能,因此从问题出发,开展了以效能监察和效能建设为主要内容的绩效评估;领导部门主要履行干部选拔、任用、培养和考核职能,因此从考核干部业绩出发;地方人大对其选举和任命的领导干部进行考核评估为主要内容的绩效评估,组织部门以地方政府领导班子实绩考核为主要内容的绩效评估;财政审计部门主要履行财务预算、财务审计等职能,主要采取以公共支出绩效考评为主要内容的绩效评估。各级政府部门主要履行当地的公共服务和管理职能,因此不同的地方根据各自的不同发展阶段和当地特点,分别采取不同的适合自己的政府绩效评估模式。其包括以岗位责任制和目标管理责任制为主要内容的绩效评估、以社会服务承诺制为主要内容的绩效评估、以提高公民满意度为主要内容的绩效评估、以督察验收重点工作为主要内容的绩效评估、以经济社会协调发展为主要内容的绩效评估等。

综合以上类型的政府绩效评估方式可以发现，各地政府探索实践的绩效评估方式，从一定程度上反映了当地经济社会发展状况和不同的发展阶段，具有一定开创性和先导性。如福建的效能建设，湖南的督察验收重点工作，南京、珠海等地公众评议。其中不同的政府部门站在各自部门职能的角度，为完成相应的政治目标，而选择不同的评估内容，采取不同的评估形式。如，监察部门开展的绩效评估从问题出发，组织部门开展的绩效评估从干部考核角度出发；财政部门开展的绩效评估则更多从预算角度出发；监察部门、组织部门开展的绩效评估，更强调评估结果的运用，并与个人发展直接挂钩，因而力度更大。

传统的政府绩效评估主要由政府主导，通常采取比较传统、粗放的方法采取自上而下的内部评估方式进行，通用指标较多，个性化指标过少，忽视公众的动态个性化需求。然而政府公共服务的本质是通过为公民服务来实现公共利益的最大化，普通公民作为接受服务的一方，有权通过自身的直接感受对公共服务的供给进行评价。近年来，顾客价值理论和公民价值理念在公共服务领域逐步确立，各地政府相继以公众满意度作为标准，对政府的公共服务质量展开评价。

(二)普通民众的满意度评价

民众对政府公共服务满意度评价理念来源于公共服务供给过程中的"顾客价值理论"。"顾客价值理论"最初源于 20 世纪 60 年代后的政府全面质量管理运动。它的指导思想是强调组织必须站在顾客的角度来看待其所提供的产品或服务的价值。在推行政府全面质量管理的过程中，顾客价值导向成为改变政府职能型管理文化的重要措施，也是衡量公共服务质量的基本尺度。虽然关于顾客价值的具体内涵目前并没有达成共识，但多数学者认同这样一个基本前提，即顾客价值的核心是顾客感知价值，也就是顾客所获得的感知利益与付出的感知代价之间的权衡。作为一种特殊的顾客，公民既是政府所提供的公共服务的消费者，同时又是政府合法性的基础和公共服务赖以生产的公共资源的最终拥有者。作为顾客的公民，不仅接受政府的公共服务，而且有权要求并参与到公共服务的供给过程中。

公共服务的概念源于政府职能理论。在政府、市场、社会三分的理论视野下，公共服务的范畴扩展至政府为公民、企业等服务对象提供的有形公共产品及公共产品供给过程中的无形服务。新公共管理理念强调以顾客为中心，通过民营化、工商管理技术和社会化手段提升政府的公共服务水平。在此情境下，工商企业推行的全面质量管理理念和方法自然延伸至政府行政管理领域。20 世纪 90 年代初，英国的"公民宪章"运动和"竞争求质量"运动是这一时期的典型代表。这些行政改革力图通过服务承诺的方式和引入市场竞争机制来提高公共部门的服务质量。其中，公共服务质量评价是检验服务承诺是否兑现和竞争机制良性运转的基础。

在 20 世纪 60 年代末，伴随西方福利国家的进一步发展，人们对于在政府公共服务供给体系中引入竞争机制以提升服务质量的问题开始了系统探索。其中一些学者根据冗余理论（redundancy theory）指出，政府内部竞争不一定会造成浪费，在一定程度上可能会增强政府组织及其服务的可靠性。①也有研究者提出，应当在保持政府内部竞争的同时，借助相应的战略控制来提供质量更优的公共服务，拓展政府内部竞争的观点，认为将部分生产公共服务的责任交给第三部门和私营部门，比仅仅依靠政府内部竞争能更好地改善公共服务质量，而且还有利于缩减政府规模。与这些理论研究相适应，一些经验研究也表明，促进公共部门与私人部门的竞争能有效提升公共部门的公共服务供给效率，从而使公民得到成本更低、质量更高的公共服务。在全球化背景下，面向信息化时代"新公共服务"的要求，西方公共管理研究者和实践者开始重新思考政府公共服务的职能、手段、载体及其制度安排，以便更有效地降低公共服务成本、提高公共服务质量。奥斯本和普拉斯特里克

---

① See Landau, Redundancy, Rationality, and the Problem of Duplication and Overlap, *Public Administration Review*, 1969, 29(4), pp.346–358.

对西方各国在改善公共服务质量等方面所采用的步骤、措施进行了归类,总结出可用于提升公共服务质量的"管理工具",即绩效预算、灵活的绩效框架、竞标、公司化运作、企业基金、内部的企业化管理、竞争性公共选择制度、凭单和补偿计划、全面质量管理、组织流程再造、特许制度及社区治理结构。萨瓦斯基于服务提供和生产之间的区别,确定了公共服务的不同制度安排,并归纳出有利于公共服务供给的公私部门伙伴关系的十种形式,即政府服务、政府出售、政府间协议、合同外包、特许经营、政府补助、凭单制、自由市场、志愿服务和自我服务。不难看出,无论是奥斯本和普拉斯特里克提出的管理工具,还是萨瓦斯的十种伙伴形式,都强调在公共服务供给过程中引入市场竞争机制,以便促进公共部门内部,以及公共部门、第三部门和私营部门之间的竞争与合作。根据新公共管理的看法,只要让政府采用企业绩效导向的灵活的服务管理方法,就会获得较高程度的公民满意度。公民满意是一个很复杂的维度,它包含了文化、社会、经济等方面的复杂因素。公民在评价一项服务时,除了要求服务要具备基本的条件,如服务过程的便利性、响应和移情及服务结果的满意之外,还要求公共服务公平、透明、廉价等。

新公共管理运动认为,要将顾客关系引入公共部门中,倡导在组织内部和外部实行绩效管理,以此改进和提高服务质量,提高公民的满意度,提高政府的合法性和公信力。克莱顿·托马斯指出,将公民作为现代公共管理不可分割的有机组成部分,是一个比较新的思想或观念,是 20 世纪末叶的管理创新。[①]随着新公共管理运动的开展,以公民满意度为导向,基于公民公平性和便利性等要求去评价政府的服务质量和改进服务质量,便成为世界各国政府的普遍做法。在地方政府绩效评估问责上,"顾客至上"是建立政府与公众直接责任关系的前提。这个观点在西方文献中同样得到支持,电子政务的飞速发展使得政府绩效评估不得不考虑公民的需求。基于 1104 名美国民众对公共部门信任及满意度的测评发现,政府代表制度的组织和机构大多面临信任危机,与公民联系越是紧密的行政管理部门,行政问责越频繁。然

---

① 参见夏晓丽:《当代西方公民参与理论的发展进路与现实困境》,《行政论坛》,2014 年第 4 期。

而相较于西方，我国政府绩效评估则更多着眼于内部控制和监督。我国实践中的政府主导非常明显，评估具有自上而下的单向性特征，重视政府主管部门对下级和所属企事业单位的评估与控制，忽视社会对政府部门的评估与监督。现有的政府绩效评估注重的是政府做了什么评估，有没有完成上级下达的各项指标，忽视了做的怎样、公众的感受与社会效果的评估。其基本上还是作为政府内控辅助工具而局限于内部行政效率的监督，较少涉及对政府公共权力的社会监督、"公众本位"的价值导向、发展方式和行政方式转变等方面。这与运用绩效评估促进服务政府、责任政府建设和深化行政管理体制改革的目的是不相适应的。

（三）第三方评价

评估是政府公共服务质量提升的关键环节之一，随着政府公共服务质量评估在我国的普及，各种操作性问题逐渐浮出水面，其中社会反响最大的是评估过程中主体的单一。在一些地方实践中，对政府公共服务的评价活动由政府机构主导、确定评价指标权重，无法保证政府公共服务真正回应社会的需求。面对这一问题，党的十八届三中全会出台的《中共中央关于全面深化改革若干重大问题的决定》提出，要"完善发展成果考核评价体系"，"改革政绩考核机制，着力解决形象工程，政绩工程以及不作为、乱作为等问题"。随着国家顶层设计对突破体制内"自己评自己"式绩效评估的不断谋划，我国开始探索走出这种困境的具体方法，其中第三方评估就是政府创新管理方式的重要措施。2016年3月，习近平在参加第十二届全国人大四次会议青海代表团审议时也强调了"第三方评估"的作用，提出要"建立精准扶贫台账和扶贫成效第三方评估机制"。

近年来，我国地方政府以公民为导向掀起了政府绩效管理创新，具有代表性的有，杭州市政府的"满意不满意评议"活动、沈阳市政府的"市民评议政府"活动、南京市的"万人评议机关"等。民主评议作为在全国地方政府绩效评估最具影响力的公民参与模式，虽然没有高校专家评估模式、专业公司评估模式专业权威，但是随着民主评议政风行风工作广泛持续地开展，十余年创立了中国式"第三方评估"的雏形。

"第三方评估"的形式不同于传统的政府机关的自我考评,在现实中能够有效克服政府部门既当"运动员"又当"裁判员"引发的考评不公,对促进政府部门的作风转变,促进地方经济社会发展发挥了不可替代的重要作用。"第三方评估"的概念是与政府绩效管理、政府绩效评估的概念联系在一起的。在第三方评估中,"第三方"(The Third Party)的独立性被认为是保证评估结果公正的起点,而"第三方"的专业性和权威性则被认为是保证评估结果的公正的基础。从西方国家实行"第三方评估"的经验看,"第三方"是指处于被评对象和顾客(服务对象)之外的一方。由于"第三方"与"第一方""第二方"都既不具有任何行政隶属关系,也不具有任何利益关系,所以一般也会被称为"独立第三方"。在西方,第三方评价主体多数情况下是非政府组织(NGO),即一些专业的评估机构或研究机构。这些非政府组织可以保证作为"第三方"的独立性、专业性、权威性的要求。

在我国的政府改革实践中,参与政府绩效管理的"第三方"被赋予了不同于西方的多种理解。例如包国宪等将"第三方评估"的概念解释为:第一方评价是指政府部门组织的自我评价;第二方评价是指政府系统内,上级对下级作出的评价,这都属于内部评价。而第三方评价是指由独立于政府及其部门之外的第三方组织实施的评价,也称"外部评价",通常包括独立第三方评价和委托第三方评价。[①]倪星等认为,在第三方评估中,第一方评估是指政府内部评估,第二方评估是指来自普通公众的外部评估,不同于这两方的是独立的专业性机构的评估。[②]程样国、李志则认为,第三方评估是区别于由政策制定者和执行者进行的评估。第三方的主体可以是多样的,包括受行政机构委托的研究机构、专业评估组织(包括大专院校和研究机构)、中介组织、舆论界、社会组织和公众,特别是利益相关者参与等多种。[③]

---

① 参见包国宪等:《绩效评价:推动地方政府职能转变的科学工具》,《中国行政管理》,2005 年第 7 期。

② 参见倪星、余凯:《试论中国政府绩效评估制度的创新》,《政治学研究》,2004 年第 3 期。

③ 参见程样国、李志:《独立的第三方进行政策评估的特征、动因及其对策》,《行政论坛》,2006 年第 2 期。

在各地政府工作中,"第三方评估"主要是指市民评议政府的活动。2006年以来,在各级政府制度化开展的"民主评议政风行风工作"中,专门组织的"测评团",或专门聘请的"行风监督员",实际也是"第三方评估"的有效形式。从珠海、沈阳等地开展的万人评政府活动开始,"第三方评估"至今已经有十多年时间了。现在我国的"第三方评估"已经表现出以下特征:"第三方"构成趋于多元化、科学绩效管理化,"第三方"评议的对象和内容更加广泛,"第三方"评议的形式更为多样等。我国的第三方评估实践表明,第三方评估作为一种必要而有效的外部制衡机制,弥补了传统的政府自我评估的缺陷,不仅完善了政府绩效评估体系, 显著提高了政府绩效评估结果的客观性和公正性,还在改善政府形象、增强政府能力、促进服务型政府建设等方面发挥了不可替代的作用。

二、确定评价目标

作为公共管理过程中的重要环节, 政府公共服务质量评价的目标既在于提高政府公共服务质量, 也是公众表达利益和参与政府管理的重要途径和方法。它是通过确立"顾客至上""促进竞争""激发市场动力""利用市场机制解决问题"等价值目标,体现出政府管理对民主、法治和社会公平等价值的追求。

政府公共服务质量评价的目标首先在于体现"顾客至上"的公共服务理念。政府公共服务评价作为改善政府公共部门与公众的关系、加强公众对政府信任的措施,体现了服务和顾客至上的管理理念。随着政府角色和职能的重新界定,促使政府管理所隐含的政府部门的基本运行方式、政府与市场和公众之间关系基本定位的变化。政府公共部门与公众之间的关系由治理者与被治理者之间的关系,变为了公共服务的提供者与消费者、顾客之间的关系。政府公共部门行使公共权力主要是为了实现公共利益、有效提供公共服务和主动为公众谋福利。公众成了政府服务的对象,是公共服务的消费者和顾客。在这种关系基本定位的前提下,政府绩效评估蕴含的服务和顾客至上的管理理念强调,政府管理活动必须以顾客为中心、以顾客的需要为导向;强调政府是公共服务的供给者,应增强对公众需求的回应力,更加重视管理活动的产出、效率与质量。民主社会、信息社会和经济全球化的发展趋势,要求政府在公共服务的质量评价方面将满足公众的需要和实现公共利益放在首位,在提高政府效率和管理能力的同时,提高公共服务的质量、建立和发展公共责任机制,提高公众的满意程度,增进公众对政府公共部门的信任。因此可以看出,政府公共服务质量评价首先需要坚持以"顾客至上"的目标和理念,更加强调顾客导向、社会导向、任务导向、结果导向和市场导向,并将顾客的需求作为政府存在、发展的前提及其改革、组织设计应遵循的目标,通过实现公共利益来加强与维护现有的基本社会秩序、增强政府公共部门的动员能力和公众的凝聚力。

公共服务质量评价程序的另一重要目标在于,激发政府管理公共事务和提供公共服务的效率与活力。对政府公共服务质量的评价与各部门支配财政的能力、政府部门职员的个人利益直接联系,从而创造了政府管理公共事务、提供公共服务的效率与活力,为公共管理开拓了新的视野。公共服务质量评价在政府管理实践中的广泛运用,推动了公共管理方法与技能的改进和发展,使社会公平和民主成为政府管理的核心价值而要求政府更有回应性、更有责任心和更富有效率,公共项目及其所产生的结果成为政府管理活动关注的焦点。

三、确定评价方案

政府公共服务质量评价首先是作为改革与完善政府公共部门内部管理的措施,体现了放松规制和市场化的改革取向,是一种以结果为取向的控制。就其所体现的放松规制而言,詹姆斯·威尔逊(James Wilson)认为,政府绩效评估意味着这样一种制度设计:在该制度框架下以取得的结果而不是以投入要素作为判断政府公共部门的标准。奥斯本(Osborn)与盖布勒(Gaebler)认为,政府绩效评估就是改变照章办事的政府组织,谋求有使命感的政府;

就是改变以过程为导向的控制机制，谋求以结果为导向的控制机制。1993 年美国《国家绩效评论》把政府绩效评估界定为政府官员对结果负责，而不仅仅是对过程负责；其目的在于把公务员从繁文缛节和过度规制中解脱出来，发挥他们的积极性和主动性，以便他们对结果负责，而不再仅仅是对规则负责。因此，对政府公共部门内部管理的改革与完善来说，绩效评估所体现的放松规制（deregulation）是要寻求一种新的公共责任机制：既要放松具体的规制，又谋求结果的实现；既要提高公务员的自主性，又要保证公务员对公众负责、对结果负责；既要提高政府行政的效率与管理能力，又要切实保证政府管理的质量。

就其所体现的市场化而言，政府公共服务质量评价直接指向政府应具有的职能，决定了政府绩效评估的内涵中必然包括重塑政府角色和界定其职能的内容。在市场化条件下，根据社会的发展要求和公众的需要提供公共服务成为政府最重要、最广泛的职能和最根本的任务，政府公共部门的角色成为公共服务的供给者。对政府职能范围内管理活动的绩效进行评定，也就是要对政府在确定公共服务供给的质量和价格标准、抓好绩效管理、把好市场准入关，以保证供给者无法利用提供公共服务的机会谋取不正当的利益、保障社会公平、提高公共服务质量、增加顾客选择的机会、更好地满足顾客需要等活动的绩效进行评定。这就需要打破原有政府对公共事务管理与公共服务供给的垄断，采用合同出租和非国有化等多种形式，把原先由政府垄断的部分职能市场化，由市场企业主体通过竞争来提供；或者通过合同与政府采购等形式，以竞争招标方式交由社会承担。

政府公共服务质量评价最常见的思路是，将评价标准分为主观评价和客观评价。它主要是评价公共服务的客观质量和主观质量。客观质量由不同服务的绩效考察指标构成，而主观质量则主要通过公民的满意度和感知质量来评价。公共服务质量客观质量是指各种公共服务本身的产出质量和结果质量，如医院给病人成功的治疗数量、学校学生技能方面的长进、火车的正点率、警察赶往事发地点的时间等；主观质量则侧重于公众感知到的服务传递过程质量，如对服务的及时性、可接近性、准确性、愉悦性、安全性的感知状况。前者可以通过数量的统计获得,而后者则需要通过调查公众的主观感受来获得。

有关政府公共服务评价的另一种思路是,根据层次划分来评价公共服务质量,即按照微观层次、中观层次和宏观层次去作出评价。微观层次就是对于服务的结果、服务过程的及时性、响应性等具体维度的评价;中观层次是从公共政策角度来进行评价,衡量服务是否符合公共政策的要求,或者是否实现了公共政策目标;宏观层次则是指评价公共服务在实现公平、公正等公共价值方面的表现,也包括对公共服务本身的目标实现的评价。例如义务教育是否实现了公平化发展和均衡化发展?是否真正达到了其目标?在微观层次的服务质量评价中,所关注的是不同的公共服务机构的具体产出,要看它是不是针对其使用者设计的,其评价指标、产品质量等是否具有可操作性。但是在中观水平的评价中,尤其是对服务产品的质量,往往难以在短期内作出精确评估,这是公共部门服务质量评价中的困难所在。对一项政策的评估,需要长期跟踪其服务过程和结果,需要多方面数据的结合使用才能完成。如国家对于科研院所给予的重点资助政策及拨款,是否达到了预期的目标,往往是很难作出评价的。同样,在宏观层次上,对于公共部门是否采取了合法程序、是否尽到了民主责任、是否给予公众公平机会,以及服务是否有应有的效率和效果,都是比较难以测评的,因为这些评价会遇到标准边界难以确定的问题。

第二节　政府公共服务质量评价的实施阶段

一、识别各类政府公共服务的业务流程

政府作为现代社会中重要的组织之一,其根本任务是高效优质地提供公共服务,改善社会生活质量,提高经济发展水平,使社会有序地运行和发展。政府公共服务有其特定的流程,其是一组相关的、结构化的集合,或者说

是一系列活动的链条。公共服务的流程大致可以分成三类：面向公众的流程、支持流程和管理流程。面向公众的流程为公众提供产品或服务；支持流程是为内部提供产品、服务和信息的流程；管理流程则是促使面向公众的流程和支持流程有效配合，以符合公众和用户的期望和需要。随着社会变革的不断加剧，现代政府组织在其运行的内外环境中也同企业一样都面临着越来越复杂的问题与困境，也呈现越来越多的机遇和变革支撑，与此同时，公民权利意识越来越强，"消费"的个性化特征已经显露，追求公共服务产品的多性能、多档次、个性强的"差别化"的消费特点，不仅要求政府部门提供高效、便捷的服务，而且要求提供公平、公正、公开的服务，从而促使政府通过行政改革摒弃传统积弊，突破发展瓶颈。

传统的政府流程设计的基本理论依据的是职能分工与层级节制思想。最早对组织分工原理进行论述的是亚当·斯密，他在《国民财富的性质和原因的研究》中指出："劳动生产率上最大的增进以及运用劳动时所表现的更大的熟练、技巧和判断力，都是分工的结果。"韦伯的官僚制理论对政府体制模式的构建产生了更为直接的影响。官僚制是建立在法理性权威基础上的一种高度理性化的组织机构的"理想类型"。在这种体制下，行政机关的权限范围是由法律来规定的，机关中的层级机构及按等级赋予权威的原则，使行政组织形成了牢固而有秩序的上下级金字塔结构，体现层次结构分明、规章制度严格、职权职责明确、各级官员称职的特征。人们也普遍认为，官僚制意味着组织方式的理性和效率，是集权主义统治滥用权力的取代物，是指挥和控制现代社会最有效、最标准的方式。它给政府带来的逻辑规范就像装配流水线给生产企业带来的逻辑规范一样。韦伯倡导的官僚制政府组织模型为现实中以职能分工与层级节制为核心的政府组织流程的完善提供了系统化的理论基础。

基于上述理论依据的阐释，传统官僚制行政体制工作流程设计的基本思路便清晰可见：以任务和职能为核心，将政府组织的任务和职能进行横向部门分解与纵向层级分解，形成一个金字塔式的机构体系和职能业务体系；在分解任务和职能的同时，进行职责权限的部门分解和层级分解，形成一个层级节制的指挥链条；根据任务与职责权限的分解进行工作设计，并根据工作岗位要求进行人员甄选与使用；每个部门、层级及其相应工作岗位人员的活动都严格限制在各自权责分工范围内，并依据事先制定的规则、程序和文书档案进行工作处理，以计划和监督控制整个工作流程，命令与服从是主要的工作关系。这种部门化、等级化、形式化而又分散、机械、封闭的工作流程，比较适合工业社会时代政府管理标准化、稳定化的社会环境。

但随着社会环境的变化加快和公共管理问题的日趋复杂，这种以职能分工与层级节制为基础的政府流程模式的局限性日益凸显。其弊端主要体现在以下五个方面：①政府机构条块分割、分工过细，机构由许多专业部门组成，随着政府管理服务范围的拓展，导致管理存在层次重叠；而且因为层级繁多，造成某些环节脱离公众，决策者往往听不到直接的来自公众的声音，造成决策过程中的信息不对称。②机构整体机能趋于退化，效率低下，因为机构庞大，一个流程涉及若干职能部门，但各部门只对自己的工作负责，只对自己的上级负责，而不对流程负责。③传统体制下的政府职能包罗万象，政府工作人员既要完成事务性工作，又要作出好的决策。大量的事务性工作占据了政府工作人员的精力和时间，使他们虽然十分繁忙，却成效不大，很难令公众满意。④传统的政务流程复杂且分散，政府机构的业务一般被分解为由基层工作中采集业务资料、进行汇总、逐级分析决策、制定相应的政策法规，最后再反馈到基层采取行动措施等几个流程阶段。由于以前的技术手段不能实现整个业务条块的信息共享，整个业务数据流不得不按地理位置和人力分配被分割在多个部门，从一个部门转到另一个部门，增加了交换环节和复杂程度。⑤各职能部门关注自身的利益，而忽视整个组织的使命。职能部门的划分使各部门将工作重心放在个别作业的效益提升上。当职能部门的利益与整个组织的利益发生冲突时，职能部门的利益和个体的短期利益可能凌驾于组织发展目标之上，本位主义严重，管理存在真空地带，整个组织的效能弱化。

从 20 世纪七八十年代以来，西方各国纷纷兴起了以"政府再造"为主题的行政改革浪潮，采用商业管理的理论、方法和技术，引入市场竞争机制，提高公共管理水平和服务质量为特征,往往被人们描述为一场追求"3E",即经济、效率和效益目标的管理改革运动。政府部门治理理念、运营方式、组织形态和运行机制的变革趋势,激励了政府改善服务品质、回应公众需求、提升政府竞争力的决心与信心,并为其提供了强有力的理念支撑和战略保障。

二、确定拟要评价的关键性活动或环节

与产品相比,服务的生产和消费是同时进行的,是密不可分的,这也使得对服务质量的评价十分困难。考虑到公共服务具有异质性、生产和消费的同时进行等特征,评价公共服务的关键环节体现在以下两个方面。

实施政府公共服务评价首先需要适当选择评价指标。对于公共服务,学者们基本上是从顾客的主观感知角度来定义和测评其质量。公共服务质量目前也主要是采用主观评价方法来测评服务质量的。公共服务的异质性使服务的测评难度加大。公共服务的种类是多种多样的,不同服务的评价标准应该是有差异的。例如公共医疗服务的标准和公共教育服务的标准有较大差异。同样,由于服务人员与顾客的关系不同,服务时间亦不同,使得公众评价结果有较大的差异性。同样的服务,由于不同的服务人员的表现或公众所具有的不同的人口统计特点,使得评价的结果有较大的差异。这样就使政府公共机构较难判断哪些因素是由于服务本身有问题而导致质量问题的,哪些是由于公众自身的人口统计特点导致的。在具体实践中,政府对公共服务的投入、公共服务的管理模式和方法,以及政府工作人员的服务意识都是公共服务质量评价的重要内容。

政府公共服务评价另一关键环节在于,如何确保公众对于信息获取的权利。从理论上看,政治家并不能为所欲为,而是必须服从公民代表的政治监督,这保证了政府部门运行的效率。然而在现实中,这种监督将会由于信息的不完备而失去效力。监督主体为了执行监督职能,必须对被监督部门的运行了如指掌,但是向其提供运行信息的正是被监督部门。由于公共部门的垄断性,监督者可能被被监督者操纵,从而使被监督者能够实现自身利益最

大化的政策得以实施。由于官僚制天然地具有保密性,即官僚体制的行政管理意味着根据知识进行统治,这是它所固有的基本性质。除了受专业知识制约的巨大的实力地位外,官僚体制(或者利用它的统治者)还倾向于通过公务知识,进一步提高其权力。詹姆斯·费斯特指出,在国家秘密的幌子下,行政人员有可能把他们选择的任何文件都分类为绝密、秘密和机密,一旦文件进行了分类就很难撤销,而不断分类的理由是多么的繁琐和不恰当。由于上述原因使公众很难获得公共服务的全面信息。

三、设定绩效标杆

质量不是一个能够提前生成的客观现象, 虽然可以通过在服务前进行正确的准备行为来达到好的质量,但是顾客是用主观的方法感觉质量的;对相同的质量,由于期望水平和感觉差异,就会感觉到不同的服务质量。对一个人来说是好的质量,对另一个人来说可能会是不好的服务质量。

第一,不同类型服务的公众感知质量是有差异的。不同类型公共服务覆盖的公民范围不同,有的服务是覆盖全社会的,而有的服务只涉及特定的人群。不同的服务的公众满意度是有差异的,越是具体到每一个个体,控制性越强,人们的满意度越低。人们普遍对于教育、医疗这样涉及每一个个体的公共服务都是非常关注的,普遍的满意度比较低;而对于远离人们生活的,只涉及较少人群的公共服务,关注度相对较低,满意度也较高。

第二,不同部门中的公众对于政府服务的感知是有差异的。在我国,供职于企业和事业单位的公众对政府服务质量的感知就会有着很大差异。在我们所进行的访谈中发现,企业办事人员对政府的质量有较多的埋怨,尤其是在服务的态度和实效性上。这是由于企业目前与政府的关系比起事业单位与政府的关系来有一定的差异。事业单位和它们隶属单位往往被理解成上下级的关系,长期以来存在着各种各样的依存关系。一般说来,政府对企业的服务要好于政府对于事业单位的服务, 因为企业是各级政府的主要税收来源,对于企业的服务设计和规范性操作要好一些。但是企业与事业单位对政府服务质量的感知却存在着差异,表现为企业不满意程度较高。

第三,不同体验的公民评价是有差异的。对于政府的公共服务,有经验的公民对于服务的评价要比没有或有较少经验的公民的评价高一些。如同一个社区里,经常搬家的社区公民要比常年居住的公民在对服务的感知和评价方面要低一些。公众越是了解政府,就能获得更多他们想要的服务,他们对于政府的满意度和信任感就越强。笔者在前期的访谈中发现,经常到政府机关办事的公民要比第一次或很少到机关办事的公民的感知服务质量要好一些,原因是经常到政府部门办理事件的公众对于服务的程序和相关规定比较了解,另外也和公务人员有了比较熟悉的关系,他们对于服务的便利性、响应性等方面有较高的评价。这就说明公民参与公共服务的程度影响他们的感知质量。

第四,不同收入、不同民族、不同教育程度的群体对同样的服务有不同的评价。大卫·斯温德尔(David Swindell)和詹妮特·凯利(Jenet Kelly)通过实证研究发现,在同一个城市中,对于像消防服务、道路维修、公园服务和垃圾清理等公共服务的评价,低收入社区或街道的公民(作为整体)与其他社区的公民相比,整体评价要低一些;少数民族社区的公民与其他社区的公民相比,对公共服务的感知有差异,即少数民族社区或街道的公民与其他社区的公民相比整体评价要低一些。[1]此外,不同教育程度的群体对同样的服务的评价也是有差异的,学历越高的公众对于政府的满意和信任越强,原因是他们更加了解政府的管理系统,以及公共服务的组织和管理过程。

四、明确指标体系和评价方法

公共部门作为公共服务的传递者,有时并不能清楚地知晓公众在消费公共服务的过程当中是如何对公共服务的质量作出判断的,所以公共服务

---

① See David Swindell, Janet Kelly, Linking Citizen Satisfaction Data to Performance Measure: A Preliminary Evaluation, *Public Productivity and Management Review*, 01.

质量的测评比一般商品质量的测评要困难得多。而公众对公共服务的特殊
要求则更增加了公共服务的难度。李威斯和布恩斯（Robert Levi's & Bernard
Boorns）认为，服务质量包含了实际绩效与先前预期的比较，即"服务质量是
对服务传递实际水平与顾客的预期水平的匹配程度的测量，高质量的传递
服务意味着顺从顾客的预期"[1]。格努鲁斯（Christian Gronoos）建构了一个关
于服务质量的概念模型，他主张消费者通过比较服务的感知实际绩效与先
前的预期而形成对服务质量的评价。[2]史密斯和郝斯顿（Ruth Smith & Michael
Hauston）宣称，对服务的满意度与预期的一致性或不一致性是相联系着的。
他们基于对不一致方式的研究，认为满意度是与不一致经历的范围和方向
有关的，而这种不一致又与公众的先前期望有关。[3]沙塞、奥尔森和威克奥佛
（Eart Sasser Jr.，Paul Olsen & Wyckoll）讨论了三种服务绩效的维度：物质水
平、设施和服务人员。在他们的三分法中，发现服务质量不仅仅与结果有关，而
且也与服务是怎样被传递的关系密切，即服务质量与服务的传递过程相关。[4]

　　服务质量可以作为评价服务好坏的基础，它是指所提供的服务水平符
合或超越顾客期望水平的程度，并强调服务质量是顾客对所提供服务的期
望与实际所接受的服务在顾客心中相互比较所产生的认知。顾客的预期主
要受到三个方面因素，即消费者的个人需求、过往的消费经历及与其他消费
者的口头交流的影响。顾客在评价服务时关注频率最高的十个方面分别为
可靠性、反应力、胜任力、接近性、礼貌性、沟通性、信赖性、安全性、理解性、
有形性。当顾客感知到的服务不如先前的预期，顾客在整体上就会认为服务
质量是不可接受的；当顾客感知到的服务和先前的预期相当，顾客就对服务

　　[1]　Robert Lewis，Bernard Booms，*The Marketing Aspects of Service Quality：Emerging Perspecivs o Services Marketing*，Chicago：American Marketing，1983，pp.99-107.

　　[2]　See Christian Gronoos，A Service-Oriented Approach to Marketing of Services，*European Journal of Maketing*，1978（8），pp.588-601.

　　[3]　See Ruth Smith，Michael Houston，*Script-Based Evaluations of Satisfaction with Services*，*Emerging Perspectives on Services Marketing*，Chicago：American Marketing.1982，pp.59-62.

　　[4]　See Earl Jr.Sasser，Paul Olsen，Daryl Wyckoff，*Management of Service Operations：Text and Cases*，Boston：Allyn & Bacon，1978.

质量感到满意;而当感知的服务比预期的要好时,顾客就会感受到理想的服务质量。

从新公共管理运动的做法来看, 其主要是倡导把企业中成熟的管理方法搬到政府中来,即依据企业的成熟测评模型来测评政府服务质量。在新公共管理运动常用的方法中, 政府服务质量测评和顾客满意测评是两种主要的公共服务质量测评方法。公众感知政府服务质量测量是重要的质量测评方式之一,是基于服务过程的无形性、易逝性、生产与消费的同时性等特点而进行测评的方法。其潜含的前提为,设定政府公共服务评价的准确性是能够在服务对象的主观感知中获得的。也就是说,服务水平是由顾客界定的,顾客在服务接受的过程中可以通过自身的体验和感觉准确地感知到政府公共服务的实际绩效水平。因此,公共服务的感知质量也就是公众对服务绩效的直接评价。

公民满意度测评是质量测评的另一种重要方式。服务对象的主观感知常常以满意度指标来表示。所谓满意度,简要地说就是,服务对象的服务体验与期望值之间的匹配。通过多维度的顾客满意度指数模型来研究政府的公众满意度,或对具体服务进行满意度的评估是最重要的测评方式。在经济领域中, 美国密歇根大学商学院质量研究中心总结出的 "顾客满意度指数(CSI)"是世界各国迄今在各领域广泛应用的测评模型。该模型主要由六种变量组成,即顾客期望、顾客对质量的感知、顾客对价值的感知、顾客满意度、顾客抱怨、顾客忠诚。该模型也在政府质量测评研究中得到了广泛的应用。刘武(2004 年)通过测评公众对政府满意度来对政府服务质量水平作出了说明。有的学者通过对整个社区或一级政府的公民满意度的评价来检测政府的服务质量,大卫·斯温德尔和詹妮特·凯利(2005 年)建议政府应该在社区进行关于满意度的调查,以便于更加理性地制定资源分配政策;并针对不同人口统计特征的人群对同样的城市具体服务进行测评, 发现服务中存在的问题,不同人口统计特征的公众对同样服务的满意度评价是有差异的。施吉(Sirgy)和拉兹(Rahtz)(2000 年)等认为,可以通过对整体生活的满意度来测评社区服务质量, 他们开发了一套客观的和主观的指标来反映公民对社区整体服务质量的满意度。有的公共部门通过对具体的公共服务的公民满意度评价，来测量具体服务质量现状。这样的具体测评对于公共服务质量问题的发现及有针对性地改进是非常有价值的。

我国在进行行政改革过程中同样强调对政府绩效的考核与评估，目前国内通用的评估方法有经济审计、目标责任制考核和公民评议法等。但是这些方法在评估理念、指标体系设计、评估程序法律机制保障等方面都存在不足之处，评估带有自发性、形式化、滞后化的倾向，无法真正发挥出全面促进政府服务意识和竞争意识觉醒及引导政府行为，从而提升政府效能的作用。因此，如何通过科学合理的绩效评估方法，促进我国政府绩效评估理念的改革，评估方法和评估机制的完善就成为一个亟须探讨的课题。目前在政府绩效评估发展方面最具代表性的评估方法主要包括"3E"评价法、标杆管理法和平衡计分卡法，它们分别代表了政府绩效评估的三个不同发展阶段。"3E"评价法是政府绩效评估在方法探索上的开端，标杆管理法代表着对政府绩效全面评估的开始，平衡计分卡法明确提出政府要以长远的眼光对社会的发展作出规划，思考其在社会发展中应承担的使命，指导政府绩效评估。因此，对这三种方法的分析与比较有助于对国外政府绩效评估精髓的完整理解，以指导我国的政府绩效评估实践。上述方法在前文已作介绍和分析，在此不赘述。

第三节 政府公共服务质量评价的地方实践

地方政府在公共服务质量评价方面开展的探索主要集中于政府绩效管理方面，比如青岛市推出的"整体推进型"政府绩效管理模式、南通市实施的"三位一体"政府绩效管理模式和南京市组织的"万人评议机关"活动等。近年来，学术界、媒体机构作为第三方评价机构，推出诸如"连氏城市公共服务调查"①等公共服务质量评价指标体系，以城市政府为主体进行公共服务质

---

① 吴伟等：《提升城市公共服务质量打造服务型政府——2010连氏中国城市公共服务质量调查》，《城市观察》，2011年第1期。

量评价排名，针对提升政府公共服务供给能力进行绩效管理模式的有益探索。然而公共服务质量评价在实践中也存在着诸多问题，有必要在分析公共服务与公共服务质量评价内涵的基础上，厘清公共服务质量评价机制的分析框架，从运行机制中存在的问题入手，①改善政府公共服务的质量评价程序。

在国内公共服务质量评价实践方面，较为典型的是 2010 年厦门大学和新加坡南洋理工学院合作开展的"连氏城市公共服务调查"。这一调查实质上是将上述三个维度的公共服务质量概念整合在一套指标体系中，重点是公共服务满意度，并细分为公众满意度和企业满意度。另外两个一级指标包括企业经营环境和一般公共服务，具体的指标设计既包括公共服务相关的标准、程序，也包括公共服务供给的投入、产出指标。各层级指标的权重，采取德尔菲专家评价法进行设定。这一方法的研究对象主要是城市政府，相对于之前以省级政府为研究单元的评价更为贴近公共服务的供给现场。不足之处是，连氏城市公共服务质量调查本质上属于城市政府的整体性公共服务质量评价，将分布于城市政府不同职能部门的公共服务项目混合起来，并不易于识别和评价城市公共服务供给中特定公共服务项目的质量水平。回归到公共服务质量评价的目标上——持续改进公共服务质量，这份调查的意义，尤其是在政府官员的认知和实践层面，在于评价排名对城市政府提升公共服务供给水平的激励作用，并为排名靠后的城市提供学习的典范。

一、江苏省南通市的地方实践：三位一体考评方法

南通市绩效考评工作起步于 2001 年。自 2005 年以来，着重推进层级考评，强化全员绩效管理，注重上下联动，突出以绩效为特征的考评，从体制、机制上形成一种考评体系，进一步加以推进，充分调动全体机关公务员的创造活力。

---

① 参见韩万渠：《公共服务质量评价机制及其路径创新》，《中国特色社会主义研究》，2015 年第 5 期。

南通市绩效考评包括目标责任制考核、机关作风建设考评、万人评议（社会评议和领导评议）在内的"三位一体"综合绩效考评办法。在整个考评体系中，采取 100 分制考核，其中万人评议 30 分（社会评议 20 分和领导评议 10 分）、日常考核 30 分、目标绩效考核 40 分。在考评实施中，从体制机制入手，形成了一整套比较科学、规范、长效的目标管理导向机制、日常工作推进机制、综合考评奖惩机制、全程监督制约机制。同时，从地方实际出发，系统地回答了绩效考评"评什么、怎么评、评完后怎么用"这三个核心问题。

一是把握绩效考评前提，努力在"评什么"上下功夫。指标设定是考量绩效的核心依据，是实施考评的首要环节。指标设定的科学合理，就能起到引领科学发展的"风向标"作用；反之，则会影响工作的绩效和发展的成效。采取自下而上、自上而下、反复认定的方法，对部门和单位考评目标进行科学的编制、分解和审定。

第一，坚持统分结合，确立考评主要指向。每年年初，市委、市政府都要对全市重大战略问题、重要工作部署和重大项目建设等深入开展调查研究，进行科学论证。在此基础上，确定全市的工作思路及重点，并统一形成市级层面主体工作目标。以此为主要依据，由市目标办牵头，要求各部门对全市工作目标进行分解、细化和落实，分别形成本部门、本单位的年度工作目标内容。

第二，坚持异同兼顾，形成考评合理构架。机关部门的工作既有相同之处，又有各自的特点。为缩小考评的差异性，对市级机关部门和单位的目标绩效考评由重点工作目标、动态工作目标（服务重大项目建设和招商引资等）和共性工作目标考评三部分构成。重点工作目标主要考核市委、市政府全年重点工作目标分解及部门、单位服务全市中心工作的目标任务等工作完成情况（占 60%）。动态工作目标主要考核部门完成市委、市政府重点工作任务特别是服务重大项目建设和招商引资工作的情况（占 30%）。共性工作目标主要考核部门按照全面从严治党要求，以组织建设为抓手推进机关党建工作情况（占 10%）。

第三，坚持上下联动，建立考评指标体系。要求各部门按照体现全局性、先进性和创造性的要求,从定性和定量两个方面,对各项工作提出具体的目标、措施、标准和完成时限,初步形成指标体系。然后组织相关牵头部门,在综合进行横向比较、纵向比较、基准比较的基础上,对各部门上报的目标逐项进行审核。经过反复审核后,报经市分管领导同意,经目标领导小组审定后,以正式文件形式制定下发,对外公布,作为工作推进、落实和考评的实施依据。

第四,坚持首尾呼应,强化考评目标约束。年初对各部门如何设定目标提出明确要求,在目标确定上力求"三个体现":真正体现先进性,也就是说目标上要高点定位,争先创优;真正体现全局性,依据全市发展大局的具体要求分解目标;真正体现创造性,重点看在解决实际工作中和群众普遍反映的难点、重点、焦点问题上,部门的创造性如何。年终考评首先考评各部门年初目标制订的态度、水平,包括部门制定的目标定位高不高、难度系数大不大、有没有创新精神等。考评既有纵向的考评,也有横向的考评。纵向的考评就是各个部门,今年和去年相比,年底和年初相比,完成情况如何。横向的考评就是把一个组内所有部门放在一个水平线上横向比较,同时把各部门放在全省各市中对比考核。对虽完成了任务,但目标制定避高就低、避实就虚、避重就轻、避大就小的,在考评定档打分时适当降低等次。通过首尾呼应的考评约束措施,切实把绩效考评前移到目标制定这个首要环节上,确保指标设置更具先进性、客观性、激励性。

二是探求绩效考评途径,努力在"怎么评"上求突破。对具有不同职能的部门进行考评,而且要做到科学合理、客观公正,是一个共性的难题。在考评的方法上做到"四个结合",即坚持注重考评工作实绩和考量作风相结合、量化考核与定性评价相结合、领导评议与社会评议相结合、日常监督与年度考评相结合,对部门和单位工作的"绩""效"、职能作用发挥与服务全局水平、领导认可度与群众满意度进行全面的考核评定。

第一,对考评对象进行科学分类管理。将市级党委部门、政府部门、人民团体、垂管部门等全部列为市级层面的考评对象,并按职能相近的原则,分为党政综合服务、政府经济管理、行政执法、垂直管理四大类进行考评,对应的考评结果也分别从各类别中按比例产生。

第二，注重对考评工作的全程管理。"三位一体"综合绩效考评的具体实施，采取日常考评、年终集中考评和综合评议相结合的办法进行，把对机关部门、单位的年度考核与日常争创过程的跟踪评价有机结合，切实做到年初有目标、过程有督导、评定有依据、结果有奖惩，切实将注意力由偏重"评时"引导到注重"平时"。

第三，把握好考评结果的导向。注重把握好指标完成的难易程度、争先创优的层次高低和工作实绩对全市经济和全局工作的贡献大小，统筹兼顾，异中求同，尽量用同一把尺子实事求是地衡量部门和单位的工作绩效。从而力求考评结果做到"三个一致"，与部门实际工作对地方经济社会发展的贡献率趋向一致、与领导对部门工作的评鉴趋向一致、与社会评议趋向一致。

第四，强化考评力量的科学整合。实施综合绩效考评是一项复杂的、牵动全局的系统工程，需要整合形成强有力的综合考评力量和组织推进体系。其探索建立党委统一领导、党政齐抓共管、考评对象各司其职、人民群众广泛参与的绩效考评管理体制。成立市机关作风建设、目标责任制管理工作领导小组，下设综合办、目标办、作风办、督查办，密切配合，分工合作，推进绩效考评工作。所有的工作人员都是兼职的，不增加一个人员、不增加一个编制，在市委、市政府统一领导下，在市机关作风建设和目标责任制管理领导小组直接组织指挥下，整合原有资源，统筹协调，明确分工，形成合力。

三是转化绩效考评结果，努力在"怎么用"上见成效。绩效考评结果的充分运用，是保证考评工作健康发展和鲜活生命力的关键因素。运用得好，则上下服气、活力迸发；反之，则怨气四起、应付了事。坚持把绩效考评结果作为奖优、治庸、罚劣的重要依据，作为改进工作、促进发展的极好机会，努力把考评结果转化为新的绩效。

第一，坚持把绩效考评结果与年终奖勤罚懒有机结合。每年，根据考评得分多少，评出优秀、良好、达标和诫勉四个等次。按照"拉开奖惩档次，激励争先创优"的原则，根据不同考评等次分别对部门和个人给予物质和精神奖励。同时，建立健全了监督、查处、问责、追究等配套制度，把绩效考评结果运用到对单位和个人效能的监督、制约上。对考评结果倒数的部门和单位,要对领导班子进行提醒谈话;对连续两年考评结果位于倒数的部门和单位,要调整领导班子。

第二,坚持把绩效考评结果与干部选拔任用有机结合。建立领导班子和干部绩效考评档案,实行数据库管理。凡是考评为优秀的单位,公务员考核优秀比例由15%提高到20%,考评结果靠后的部门,部门领导当年不得考核为优秀。

第三,坚持把绩效考评结果与改进机关工作有机结合。每年考评结束后,着重对通过社会评议机关工作收集的意见和建议、通过民主测评反映的问题和平时了解掌握的情况,认真进行梳理归类,对所涉及部门及个人原汁原味地反馈,并提出具体整改要求和整改期限,促进机关和全员抓整改、抓落实。

第四,坚持把绩效考评结果与完善考评工作有机结合。建立绩效考评结果综合分析机制,每年广泛征求被考评对象、专家学者和群众的意见,认真分析绩效考评结果中反映的有关体制性、机制性问题,及时查漏补缺、完善升华,不断赋予绩效管理与时俱进的时代特征,确保每年都有提升。

二、南京市"万人评议机关"的绩效评估实践

地方政府绩效管理在自身评估与外部评价的博弈中,逐步达成了意见的协调,比较理想的格局应该是自身评估与外部评价共同内含于政府绩效管理中。2001年开始,南京市率先在全国启动"请人民评判"的"万人评议机关",全市九十个部门(单位)纳入了万人评议活动。2002年南京市委、市政府召开的全市"转变作风年"动员大会,对排序靠前的市委办公厅等十个部门予以表扬,对末位的主要领导作出处理,并免去了两位局级领导的行政职务。虽然当时评议指标还显粗糙,但"动真格"不仅使机关干部深受震动,在全国也反响强烈。南京市"万人评议机关"迅速在群众心中树立了权威。2014年开始至今,"万人评议机关"全面升级,创新性改革有四点:一是首次组织

开展"四位一体"的作风建设综合评议活动,包括印象评议、要素评议、事项评议和作风建设工作考核四个部分。二是首次委托第三方机构进行第三方事项评议。三是对评议对象进行了扩容,增加园区管委会、建设指挥部及对经济和社会发展影响较大的企事业单位。四是取消重点处室评议。

南京市"万人评议机关"经过起步、发展、转型、升级四个阶段的磨砺,逐步整合为核心成果、评议内容、民主参与、评议对象、成果运用的五维运作架构。这五个维度以民主、责任、公正、公开、科学为价值导向,既相互关联又相互制约,为南京市"万人评议机关"的成功运作提供了平衡的动态支撑架构,其最终目标是为了通过政府绩效评估公民参与提升民众对政府的满意度和信任度(见图9-1)。

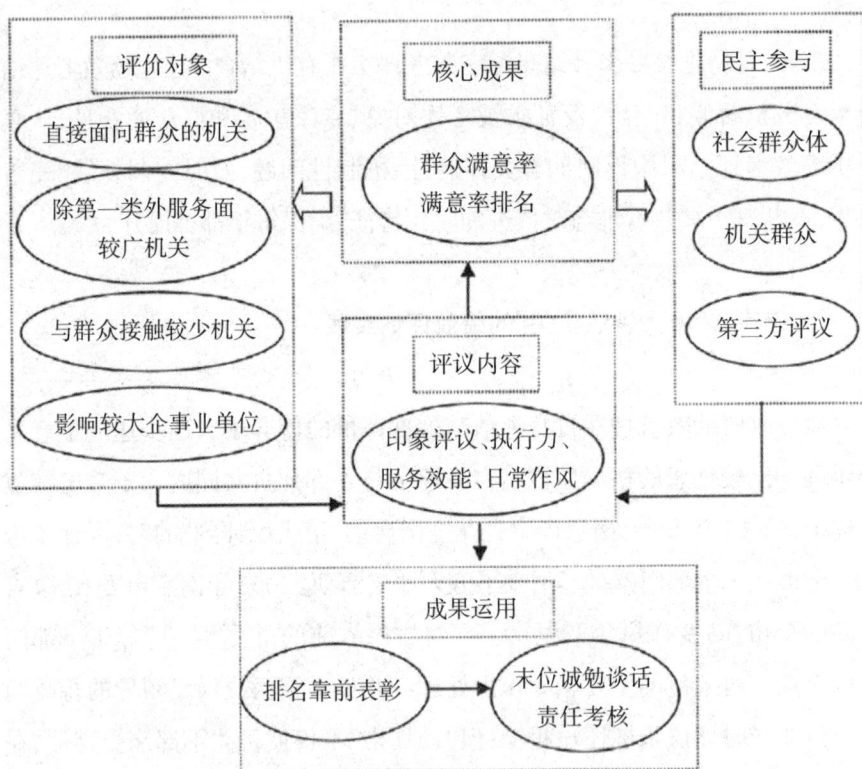

图9-1 南京市"万人评议机关"五维结构框架

（一）核心成果

在核心成果方面,群众满意率是南京市"万人评议机关"工作输出的量化成果,被评议机关单位的得分排序是进行奖惩与问责的依据,是对各评议机关传导压力的源头,其核心价值主张在于科学公正,南京市"万人评议机关"开展以来群众满意率不断提升(见图9-2)。

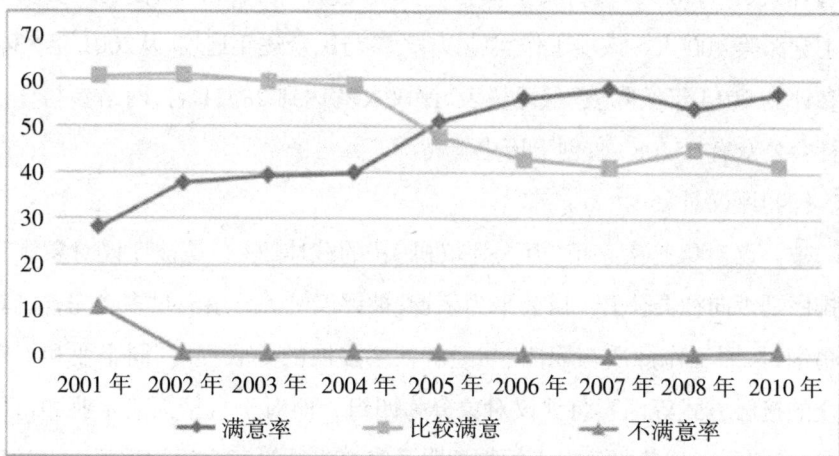

图9-2　南京市"万人评议机关"群众满意率趋势图
数据来源:南京市机关作风建设办公室

（二）评议内容

南京市"万人评议机关"的监督内容,即测评维度由起步阶段的单纯印象评议发展到升级阶段的印象评议与执行力要素评议、窗口单位服务效能的事项评议、日常工作作风的工作考核相结合。测评维度发展越来越精细化、针对性强,弥补印象评议对政府评议太过笼统的弊端。印象评议与要素评议、事项评议、工作考核对于最后满意率的权重比是10:5:4:1。测评维度由单一化向综合化发展,由粗放型向精细型发展。

（三）民主参与

2001年南京市"万人评议机关"起步,其强烈的民主价值口号"让人民评判"成为这项活动最大亮点。为了让评议主体更具有代表性,南京市委对评议民众群体进行了多次创新与变革,如网上评议、用工资单随机抽样民众等方式。评议人的十个类型中,基层公职人员、群众占比最多,充分体现了此项活动对于民主性价值的追求。南京市"万人评议机关"的核心竞争力在于民众的参与度及代表性。南京市万人评议发展为包括机关、基层群众、知识分子、第三方评议机构等十个群体360°的多元化评议主体,各个群体数量有严格的规定,比如群众满意度中的社会评议人包括社区群众代表4000人,企业管理人员3000人,教科文卫体专业人员1100人,省市"两代表一委员"、民主党派等400人。该项工作实施以来,参与民众逐年递增,从2001年8348人参评到2014年实际填写《评议表》评议人就达到28921名,网络参与评议的社会公众有55208人,创下历史新高。

(四)评议对象

被评议对象是南京市"万人评议机关"的载体,核心是被评议对象满意率排序是否向社会公开。以公平为宗旨,被评议机关分组经过多年完善已较为精细,按照工作性质与职能、与经济社会发展的关联程度、同企业和人民群众的接触方式等因素将评议对象分为四组,而对于直接面向企业和市民群众、未归到市政务服务中心的物理服务窗口进行第三方机构评议。自2012年开始,评议单位排序通过媒体对社会公开,对被评议单位评出压力。

(五)成果运用

成果运用的核心在于行政问责。2001年对排名末位干部的免职给机关领导带来巨大压力,迅速使活动获得民众支持。但免去排名末位干部职位却缺乏长期实行的制度支撑,或者会因此失去被评议机关的合作与支持让这项活动无法持续。林德布洛姆的渐进决策认为,通常(虽非总是如此)在政治上切实可行的政策,只是与现行政策逐渐地或稍有不同的政策。与现行政策大不相同的政策难免失败。南京市委对南京市万人评议的定位是,为了更好地提高公共服务质量和群众满意度,处理干部不是最终目的,通过适当惩戒以监督排名末位单位绩效改进,让机关单位提高服务质量与效能才是目的。或者说,这种方法的行政问责是评议活动囿于现状能持续发展的满意选择。2001年起步阶段的行政问责让南京市"万人评议机关"全国闻名。2002年以后南京市万人评议结果的应用趋于温和,2012年评议结果向社会公布,两次评为先进的称为人民满意单位。对排名末位单位通报批评,由分管领导与主要负责人进行约谈;连续两次处于末位的单位由市委组织的工作组对其进行专门责任考核,评议结果作为领导班子提拔任用的重要依据。每年收集的民意是珍贵信息,2015年评议意见就达六千多条。这些意见会原封不动地呈报给南京市委市政府领导班子并反馈至被评议的各部门(单位),特别是梳理归并群众反映强烈、迫切希望解决的热点难点问题,作为第二年民主评议的重点考察内容。

南京市"万人评议机关"能不断发展完善的主要因素在于,它顺应了我国行政管理体制改革向民主化发展的历史潮流,对于我国地方政府绩效管理改革带来了新思路。其发展路径的曲折引发我们对地方政府绩效管理民主化改革的思考。责任政府构建是对政府公共行政进行民主控制的安排,公民通过制度安排实行有效的民主参与是保证政府机关及工作人员的所作所为合乎人民的利益、权利和福利的基本要件。我国目前的政府绩效管理的民主参与还处于起步阶段,离宪法的规定和民众的期望尚有较大差距。随着我国治理体系现代化建设的推进,政治精英集团越来越关注民众包括社会底层民众的意见,公民参与到政府绩效评估中,其不只是作为信息提供者,还应是政府绩效测评的建议者、顾问及合作者。不同利益群体代表(包括社会底层和弱势群体)影响着政府绩效测评的结果,评议代表可以进入决策系统内部分享决策权,不仅对政府绩效测评结果具有建议权,更可以监督各机关单位对于民意的回应与对策,形成这些机关单位治理问题难点、政策漏洞、作风问题的共同意识,左右政府对被评议单位的绩效测评结果,跟踪绩效改进情况。评议代表进入政策决策系统内部分享决策权似乎会拖延政府绩效决策的效率,但公民参与政府绩效测评的纵深发展却能大大提高政府的公信力、政治责任和民众支持度。

三、小结

党的十八大报告指出:要深化行政体制改革,建设职能科学、结构优化、廉洁高效、人民满意的服务型政府。服务型政府就要通过建立科学有效的社会治理体系,围绕人民日益增长的美好生活需要,不断提高治理水平,保障社会和谐公平、提高公众生活质量。加强服务型政府建设,目的就是为全社会供应高质量的公共服务,从而适应公众不断变化发展的实际需要。因此,要完善政府公共服务质量评价程序,涉及评价主体、评价指标设置、评价方法选择等多方面问题。

首先,政府公共服务的质量评价由谁参与,关系评价的客观性、准确性、权威性。评估主体是否多元对政府绩效评估结果的科学性与有效性具有关键性影响。由于我国特有的社会经济结构,公共服务的质量评价工作通常由政府主导,采取上级对下级的评估方式,具有一定的封闭性,难以在第一时间处理评估工作中出现的问题,对广大群众的实际需求缺乏足够的信息。因此,应当在传统评价主体,即政府主导的基础上,引入公众参与和由专业人士与社会团体构成的第三方评估组织参与,促使政府加强对外部环境的重视,提升民众对政府的认可度。

其次,一个科学有效的公共服务质量评价,需要以科学客观的评价指标作为基础,从整体性来看,政府的质量评价需要科学客观的评价指标和标准,使得主体能够在健全、健康的条件下运行,并对其功能与完成的任务进行科学评价。对政府公共服务的质量评价要求政府要深入了解群众需要,切实解决民众的现实难题,改善群众生活水平。为提高评价指标的可操作性,在设置指标过程中,各地区政府应在遵循统一标准的基础上,按照部门、机构的职能、实际情况来分类制定,将特殊性与普遍性相结合,同时还要对政府绩效评估方式进行进一步的调整,做到定量与定性分析、主客观相结合,注重长远发展。这样,将有效改善当前各个部门权责分配不科学、责任边界不清晰、实践能力较低等现状,才能够实现构建服务型政府的绩效评估体系的目的。

在地方实践中,一些地方政府将公共服务质量评价当作政绩或形象工程,法治化、规范化程度不高。评估的最主要目的就是要发现工作中存在的问题,而形式主义弊病在部分地方服务型政府绩效评估中存在,有些形式主义评估不但没有发现问题和推进工作,还直接影响了政府公信力提升,使公众对政府工作产生怀疑。如果要提高服务型政府的绩效评估实效性,就必须要全面分析问题, 具体措施与方式方法不但要合乎政府有关部门出台的政策,也要合乎解决现实问题的需要,对现实问题采取更灵活的应对方式。

参考文献

一、著作类

1.Lewis,Robert,Bernard Booms,*The Marketing Aspects of Service Quality: Emerging Perspecives on Services Marketing*,Chicago:American Marketing,1983.

2.Sasser,Earl Jr.Paul Olsen,Daryl Wyckoff,*Management of Service Operations:Text and Cases*,Boston:Allyn & Bacon,1978.

3.Smith,Ruth,Michael Houston,*Script-Based Evaluations of Satisfaction with Services,Emerging Perspectives on Services Marketing*,Chicago:American Marketing.1982.

二、文章类

1.Gronoos,Christian,A Service-Oriented Approach to Marketing of Services,*European Journal of Maketing*,1978(8).

2.Landau,Redundancy,Rationality,and the Problem of Duplication and Overlap,*Public Administration Review*,1969,29(4).

3.Swindell,David,Janet Kelly,Linking Citizen Satisfaction Data to Performance Measure:A Preliminary Evaluation,*Public Productivity and Management Review*(1).

4.包国宪等:《绩效评价:推动地方政府职能转变的科学工具》,《中国行政管理》,2005 年第 7 期。

5.程样国、李志:《独立的第三方进行政策评估的特征、动因及其对策》,《行政论坛》,2006 年第 2 期。

6.韩万渠:《公共服务质量评价机制及其路径创新》,《中国特色社会主义研究》,2015 年第 5 期。

7.倪星、余凯:《试论中国政府绩效评估制度的创新》,《政治学研究》,2004年第 3 期。

8.吴伟等:《提升城市公共服务质量打造服务型政府——2010 连氏中国城市公共服务质量调查》,《城市观察》,2011 年第 1 期。

9.夏晓丽:《当代西方公民参与理论的发展进路与现实困境》,《行政论坛》,2014 年第 4 期。

附录 I　地方政府基本公共服务的研究报告
——基于六市的调研

　　基本公共服务涵盖诸如医疗卫生、就业、教育、环境保护、基础设施、社会保障等众多领域，既是一项不可或缺的公共服务供给，同时又是政府必须履行的职能，其对民生改善和社会稳定具有不可忽视的作用。作为基本公共服务的主要载体和提供者，地方政府在基本公共服务的实践过程中扮演着重要角色。一方面，地方政府承接上级政府关于基本公共服务的决策；另一方面，又将相关决策付诸实施，因而必然构成基本公共服务实践的重要一环。其中，地方政府在基本公共服务职能履行上效率的高低，直接关系其公共服务供给效用的大小，甚至影响服务型政府建设进程的速度。"这些由政府提供的基本公共服务，既是公民享有的基本社会福利权的本质规定，又是政府作为公共主体必然承担的公共责任与义务。同时，结合我国现阶段发展条件来看，其更具回应社会需要和民众诉求的时代价值，体现了政府追求公平正义和保障民生权益的价值导向。"[①]与此同时，在国家治理体系与治理能力现代化的主题下，地方政府的基本公共服务职能的完善，在某种程度上也是对现代国家治理体系与治理能力提升的诠释，因此加强对地方政府基本公共服务的研究价值凸显。

　　从当前的研究状况来看，尽管不同的学者皆从不同的视角来研究政府基本公共服务，但总体看来，关于地方政府基本公共服务的实证研究仍较为

---

　　①　姜晓萍、陈朝兵：《我国基本公共服务体系的共同趋势与地区差异——基于国家和地方基本公共服务十二五规划的比较》，《上海行政学院学报》，2013 年第 6 期。

缺乏,且相对分散,还有较大的研究空间以提升该领域资料的完整性。本报告试图以江西萍乡、甘肃兰州等六个地区的地方政府基本公共服务职能履行为例,总结相关地区在基本公共服务职能履行上的成效与限度,并在此基础上反思地方政府在基本公共服务的完善路径,尝试为地方政府基本公共服务能力的提升提供思考方向。

一、地方政府基本公共服务的成效

本课题组成员于 2013 年 11 月至 2015 年 8 月分别对江西萍乡、甘肃兰州、广西北海、河南新乡、河北秦皇岛和内蒙古阿拉善地区进行了系统调研。受访成员主要来自地方政府相关部门,涉及当地的发改委、财政、教育、文化、扶贫、统计、药监、政策研究、交通运输、人力资源与社会保障等部门。调研方式主要是半结构式访谈,访谈提纲大都于正式访谈前发放。受访者围绕访谈的主要问题,对自己分管的工作予以回应。通过调研,较为深入地了解了地方政府基本公共服务的情况。

在服务型政府理念指导下的行政改革实践中,地方政府在基本公共服务职能的履行上取得了可观的成就,也体现出具有地方性的服务特色。

第一,政务服务实践创新。在政府服务中心的建设上,秦皇岛市不仅走在全省的前列,取得了较好的成绩,在全国也产生了较好的示范效应。"秦皇岛市在全省率先组建了政务服务中心,然后在全省乃至全国推开,全国其他的省市先后到本市来学习、考察。由过去的行政审批中心转变为现在的政务服务中心,方便了企业与老百姓办事";"过去老百姓办事需要跑好几家,现今在一个地方半天或者一天就可完事";"政府服务中心将政府非行政审批的项目放在一块,内涵便拓展了"。政务服务中心的设立促进了原有行政审批职能的转型,推动了行政管理工作的便利与效率。

第二,拓展公共服务的对象。秦皇岛市在公共服务的对象上呈现"扩大化"的状态,即政府公共服务的对象不仅仅涵盖本地区居民,还包括外地的游客,甚至外国游客等,积极拓展公共服务的对象,实现政府公共服务的全方位。相关受访人员谈道:"我们各级政府公共服务的对象不仅只是当地的居民与企业,还包括中外的游客,每年大约 2800 万人次,这是一个大头。我们公共服务的对象陡然增加,方方面面都涉及,包括公共交通、道路、水电、暖气等。在这一点上,秦皇岛市和其他城市相比有所区别,尤其在 3 个月中面临如此多的服务对象。因此,政府在公共服务的投入与管理上,不仅仅是考虑本地区 306 万人,而是 306 万加上 2800 万人,来考虑如此大的容量。"由此看来,积极拓展公共服务对象虽然使秦皇岛市面临较大压力,但同时也锻炼了其服务供给的能力。

第三,强化政府公共文化服务职能。阿拉善地区政府公共文化服务职能履行的亮点,主要体现在文化建设工程及基层群众文化活动上。在文化建设工程上,"完成 155 家草原书屋建设,建成 24 个标准化、多功能的苏木镇综合文化站。积极落实'十个全覆盖'工程,2014 年一次性完成 178 个嘎查文化室三年建设任务,完成 99 个嘎查 1994 户'户户通'建设任务、2 个嘎查村村响广播工程和地面数字电视覆盖工程 2 座基站"。在群众文化活动上,"依靠图书馆、文化馆、文化站、嘎查活动室等已建成的文化基础设施积极开展各类文化服务活动;全地区广场文艺活动年均 80 多场次,一团三队每年下基层演出 300 余场、受益群众达 10 万余人次,农牧区电影放映每年在 2000 场以上,观看人数 30 万多人次"。政府的文化服务职能与当地百姓的生活密切相关,牵涉着当地群众生活水平与生活质量,当地群众对政府文化服务职能的评价,必然构成衡量政府基本公共服务能力的组成部分。该地区政府强化公共文化服务职能,也是提高政府基本公共服务能力的重要途径。

第四,养老服务发展模式的创新。阿拉善受访人员认为,当地养老服务发展模式的创新,是政府基本公共服务实践探索的特色之一。"我们按照老年养护院建设的标准,对阿右旗蒙医院部分病床实施改造,通过'医养结合'模式发展养老服务在额旗'胡杨人家'探索建立了进城农牧互助养老模式,以适应农牧区搬迁老年人养老需要。实施'高龄津贴'制度和免费发放老年人专用手机等,落实养老惠民政策"。其中,医养结合、胡杨人家和高龄津贴等有益探索,不仅适应了国家提出的社会治理创新的理念,还在某种程度上推动了地方政府创新社会治理模式的进程。

第五，义务教育均衡发展的积极推进。萍乡市芦溪县在义务教育方面已经成为义务教育均衡发展示范县，而且从 2014 年起到 2020 年，义务教育的均衡发展将在全国范围内重点推动，芦溪县在这方面走在了前列。通过前期推动均衡发展的努力，芦溪县已经从最初主要解决"入学难"的问题转变为解决"上好学"的问题。近些年通过对校舍、硬件等基础设施的大力建设及办学质量的提升，芦溪县基本上实现了均衡发展，城乡差别不大。因而老百姓通常所关注的择校问题在芦溪县已经解决。关于师资的调配问题，为了实现均衡发展，芦溪县采取了一系列机制措施予以保障，如县城小学严格按照"退一补一""考试录用"的原则进行招聘，新毕业教师群体需要先到偏远乡村就业，实行领导班子和教师的交流机制（到民办"贵族"学校中去学习先进的管理与教学的理念和方法），鼓励县城优秀教师到偏僻乡村支教（一般为期两年），并配以补贴和职称及未来优先提干或晋升方面的激励性政策。

第六，高度重视环境保护。对环境保护的高度重视是我国经济、社会协调发展的重要表现，同时也是政府职能转变的方向之一，与社会发展的现代性与文明性高度契合。其中，秦皇岛地区的生态保护受到当地市委市政府的高度重视，并采取积极有效的措施，促进秦皇岛市环境保护的力度。相关受访者指出，要"保护秦皇岛市独有的蓝天大海"；"秦皇岛市到 2014 年底全市的森林覆盖率达到 44.5%，在河北省名列前茅"；"在海水治理方面，省市近些年投入大约几十个亿，治理北戴河沿海海域的污染情况。前些年北戴河海水质量下降，有关方面很不满意，省市近几年加大了投入力度"。"秦皇岛地区的口号便是绿色崛起，难得有一片大海与蓝天，保护好生态也是政府公共服务的一部分。"在环境治理方面，中央采取财政拨款的方式，地方政府配合进行一定比例的财政投入，强化秦皇岛市对生态环境的保护意识。甘肃作为国家首个生态屏障区，生态保护体现出国家战略意义。"甘南直接就将 GDP 考核取消了，转向考核生态环境方面的内容，作为由简单政绩考核到绿色 GDP 的转变"。广西北海在环境保护方面的做法就是，"凡污染大、高耗能的项目就不给批，已经存在的这类企业或项目直接关闭。总体上讲，环境整治的力度还是比较大的，显著的成效就是北海市的银滩一带（沿海一侧原来脏乱差，且有很多私搭乱建，现已得到完全整治清理）"，从而实现对环境的积极治理。

第七，公共交通服务质量显著提升。新乡市的交通服务被授予"国家公交都市示范城市"的荣誉称号。"十二五"期间，新乡市交通基础设施建设投资每年高达 30 亿，主要用于高速路、干线公路、农村公路、场站（公交站点）建设等。通过近三年的努力，目前新乡公共交通服务已经实现了"村村通公交、村村都有路"。在城乡公交一体化方面，目前有三个县已经率先实现了统一车型、统一服务的公共交通标准化、规范化管理。"从总体上讲，新乡市的公共交通服务起步早，基本上能够满足社会需求。每年我市都会对城市公共服务交通服务（满意度）进行测评，结果都能达到98%。另外，我市特别重视城际交通的管理工作，对公共交通管理中的不足导致的一些乱象，市交通管理局及交通总公司已经着手进行治理，通过提出统一标准、整合资源的方式，起到了良好的效果。"

二、地方政府基本公共服务的限度

尽管各调研地区在基本公共服务的履行中取得了明显成绩，但仍面临诸多制约性因素，从而构成地方政府基本公共服务的限度，并导致地方政府公共服务职能履行遇到障碍。

第一，基本公共服务供给上财权与事责不相适应。在多地的访谈中，这几乎是每一位受访人员都会提及的问题，概括起来就是该地区政府财权有限，但事责过多，财权与事责严重失衡。由于缺乏必要的财政支持，政府的公共服务的能力受限，政府基本公共服务的评价自然受到一定程度的影响，这也是导致人民群众对地方政府不满意的原因之一。财权与事责的不适应，使得这些地区政府在提供基本公共服务上面临两难问题，即有提高公共服务质量的筹划，却没有相应的实力。"财政资金不景气，农民日子更难过"，政府难以提供有效服务。"扶贫面临财力不足问题"，扶贫工作心有余而力不足。

"本地区面临严重的财力紧张,市里想干点事都面临困难"。由此,从宏观上看来,地方政府在基本公共服务的供给上财权与事责不相适应,使本级政府相关部门和下级政府相关部门面临现实困难,优质高效的基本公共服务受到较大的财力限制,二者的不适应在某种程度上也会影响公众对政府基本公共服务的评价。

在某市发改委看来,财力与事责不对等的问题较为严重,(地方)资金缺口非常大。"本市曾做过有关公共服务的摸底情况调查,财政资金中能够拿出来做公共服务的钱不多,能够用于(公共)建设的钱远远不够(城镇化建设可是处处都需要钱)。以前,政府想要(募集)做事的钱主要有以下几个来源:长期贷款、地方债券及向中央要钱,然后搞个 BT①,就可以把事情做成。但是(这种模式运行到)后期给政府带来的(债务)压力越来越大,而且上级政府也开始出面禁止,目前地方也不敢再用了。"某市政府相关人员认为,"政府层级不同,财力不同,呈现出一种财力与事责相反的局面。从中央到地方的财力充裕度(受访者特别强调了'充裕度'这个概念,而不是'总量')层层递减,而管理的事务却是层层递增的。与此同时,国家对地方的转移支付力度又不够,又以专项的方式干预过多,加剧了地方财力不足的现状"。同时,西部某地政府也面临财政资金"入不敷出"的状况。一方面,该地区在财政上面临收入困难,税源紧张的状况不断出现。"受到支撑全区经济税源的煤炭开采以及运销业、化工等工业行业价格下跌、利润下滑、环保和安全整治的综合因素影响,企业停产半停产面不断扩大。""截至 6 月末,全区 115 家具有一定规模的工业企业中有一半以上停产半停产,税收受到严重制约。""新建项目短期没有贡献,经济税源面临巨大考验。"财政收入上面临严重挑战,致使该地区在财政支出环节产生重重压力,政府在职能的履行上由于财力而

---

① BT 是 Build 和 Transfer 的缩写,意即"建设—移交",是政府利用非政府资金来进行基础非经营性设施建设项目的一种融资模式。BT 的基本含义指一个项目的运作,通过项目公司总承包、融资、建设、验收合格后移交给政府,再由政府出资分期付款和利用补偿措施等方式完成对基础设施的收购。对于大部分基础设施建设项目,尤其是公益性基础设施项目,在建设环节可按照 BT(建设—移交)方式吸引社会资金进行建设,政府通过补偿机制和回购方式,回报投资者。

受到约束。另一方面,由于财政收入受到影响,财政支出必然采取"截流"措施,致使政府的服务行为和能力遭遇短板。"我区现有财力吃饭尚有困难,支持经济发展和财源培育方面更是心有余而力不足。往年安排的中小企业贴息资金、中小企业发展资金、就业创业发展基金等,都因财力有限而无法安排。"该地区政府财政资金的"入不敷出",是政府基本公共服务职能履行的主要障碍。

第二,教育资源分布不均衡。某区教育除了存在经费紧张的问题外,还受到教育资源分布不均衡的影响。尤其是在城镇与农牧区之间,教育资源的优劣之分更加明显,在某种程度上会衍生教育不公平问题。"不论是从学校所处地理环境,还是教育的人文环境,城镇的大环境明显优于农牧区";"从教师的实际教学能力和水平分析,城镇学校远优于牧区学校。师资水平的差距,是形成同一学段不同学校之间教学质量不均衡的主要原因"。教育资源分布不均衡是教育不公平的重要表现,合理的教育资源的分布,既是处理当地教育资源失衡的重要措施,也是对学生学习权利的保障。因此,教育资源的合理配置与否,是当地政府履行教育公共服务必须关注的重要问题之一。此外,某地区新老城区基础教育资源和服务的不均等较为严重。在新城区的建设过程中,(配套建设与服务方面的)门槛不断降低,造成了公共服务(基础教育)的不到位。"就新城区的规划而言,或者缺少公共服务的专项规划,或者是有专项规划,但与整体规划不协调。总之结果都是该建设公共服务设施时根本没有办法建设(没有预留场所或资金等一系列问题)。归根到底,这不是开发商的责任,而是政府的责任。这样的局面对于基础教育而言,就导致了目前的现象,即老城区都是超大规模、大班额的班级。"

另外一个地区当前适龄学生入学问题较为严重,市里尽管倡导就近入学,但学校与学校之间的差异性不能保证学生总能接受优质的教育资源,易于引发家长对政府决策的不满情绪,从而产生矛盾。"小孩到了年龄要上学,想上好的学校,这也是全国普遍的问题,产生了公共教育资源的不均衡。大家都想上名校,国家也提出教育资源均等化,倡导就近入学。但就近入学也存在问题,学校与学校之间有差别,谁也不愿意让自己的孩子成为试验品。"

"当前本市在就学上不允许择校,以往通过人情关系、花钱能解决的,当前也不行,前一段时间通过划分学区来缓解就近入学的压力。"与其他地区一样,该地区的教育资源分配问题也显得较为突出,亟待解决。

第三,农村基础设施建设滞后。由于地区特征,某地区基础设施落后主要体现在其农牧业上。"本地区土地面积大,交通不便,所辖三旗三区草场资源、人口分布极不均衡。农牧区住房、舍饲棚圈、人工饲草地、温棚、饮水设施等基础设施相对薄弱,加上连年干旱,抗风险能力弱。"农牧区基础设施建设的滞后不仅直接影响农牧区居民的生产生活状况,同时也不利于政府对当地基本公共服务的供给,这同时也间接影响地区经济的发展。该农牧区基础设施建设滞后,对政府在其他领域的公共服务的提供起阻碍作用。另一地区也面临类似情况,农村公共基础设施建设的滞后性,对农村确实有很大亏欠,就目前的完成情况看,也只是有"自来水",而没有"供暖"。"但是这也与国家对各级政府的公共服务职能的模糊规定有关,只对县及县以上做出了权责要求,乡镇出现了空白,所以没有人管。"

第四,政府就业服务能力有待提升。某地区大学生就业问题近些年也较为突出,毕业的大学生并未较为理想地在本地找到合适的工作,进一步增加了就业形势的严峻性。在此方面,政府似乎也显得无力。"无论是本科生、硕士生,还是博士生最终要找工作,而现实情况是找不到工作,家长也着急,这也会影响本地区居民的幸福感。"根据受访者的回答,大学生就业不仅关涉政府的公共服务问题,还牵涉该地区居民的生活质量,低下的就业率无疑会成为当地政府基本公共服务的牵制因素。在某市,政府就业引导的服务能力本身值得商榷。有一些看似有利于提高就业的政策本身也应当反思,比如说"三支一扶"。"这一政策本身是由省政府财政花钱埋单,暂时为(一万名)应届生安排就业,担任村干部,但这种工作本身是临时性的、没有编制,三年后可能会有希望就业,但实际这种政策引导性的结果不好。"无论是政府就业政策的低效还是就业问题解决的低效,都直指政府就业服务能力,这本身也对政府基本公共服务能力的削弱。

三、地方政府基本公共服务的反思

随着地方政府治理创新力度的增强,其基本公共服务的成效显著,公共服务的能力也逐渐提升,为地方政府基本公共服务实践积累了经验。然而地方政府的基本公共服务也并非完善,在实践过程中面临诸多制约因素,影响了地方政府基本公共服务的供给效率。通过对地方政府基本公共服务的成效与限度的剖析,可以认为,事权与支出责任相适应、资源配置的均等化、政府治理能力的提升, 以及公众需求的满足是地方政府基本公共服务未来发展的方向。

第一, 事权与支出责任相适应是地方政府履行基本公共服务的基本前提。从调研实际状况和当前学界的探讨来看,财权与事责不适应几乎是大多数地方政府面临的困境,基层政府尤甚。纵使有积极行政的意愿与决心,但事权与支出责任不适应无疑对基层政府的事责构成牵制。在事权与支出责任不适应的前提下,优质高效的基本公共服务几乎不可能实现。首先,各级政府间须明确划分各自的事权,在此基础上匹配相应的支出责任。当前地方政府间在事权划分上的模糊性,是上级政府事责下移的重要原因之一,并导致基层政府事责负担无限扩大。因此,地方各级政府间须进行明确的事权划分,并以"事"定"支",实现地方政府上下级之间财权、财力与事责之间的平衡。其次,通过相关法律进一步规范政府的财权与事责关系。正如有学者提及:"我国现行法律对政府间支出责任只作了原则性划分,不够清晰、合理。《预算法》虽然规定了地方预算自主权,但仅泛泛地划分了中央和地方政府间的支出,中央政府对省级以下各级政府之间的支出划分没有明确。"[①]地方各级政府间的事权与支出责任需要通过制定相应的法律, 对各级政府进行刚性约束,并提高各级政府在权责行使过程中的规范性。最后,强化上级政府对下级政府的转移支付,特别是一般转移支付。上级政府的转移支付,有

---

① 周琬、杜正艾:《建立健全财权、财力与事权相匹配的机制》,《行政论坛》,2011 年第 5 期。

利于弥补下级政府尤其是基层政府财力的不足，改善地方政府被动财政的状况，在一定程度上有利于理顺地方政府间财权事责关系。

第二，资源配置的均等化是地方政府基本公共服务的重要支撑。从调研过程中可以看出，无论是东西部之间，还是城乡之间，皆存在或多或少的资源配置不均等现象，涵盖教育资源、医疗资源和基础设施等。资源配置的均等化不仅仅彰显政府行政实践的公平与公正，还是衡量政府资源配置能力的重要指标之一。一方面，资源配置的均等化要求政府在资源的配置上要向薄弱地区倾斜，尤其是西部地区、农村地区，通过有重点有计划的资源倾斜，逐渐缩小区域间基本公共服务的差距；另一方面，资源配置的均等化要求政府在资源的配置上要向薄弱环节倾斜，其中以义务教育、公共医疗和基础设施等为重点。政府在该环节上通过重点投入与监管，从而逐步缩小基本公共服务领域间的差距。与此同时，以制度化推动均等化，也是资源配置的方式之一。正如有学者指出，应"以《公共服务法》为统领，制定统一的《基本公共服务法》或《基本公共服务均等化法》，结束我国公共服务立法分散零乱的状况，并以促进、实现和保护公共利益与公民权利，实现地区间横向公平"[1]，从而通过法律制度的完善来进一步规范政府资源配置的均等化。

第三，政府治理能力的提升是地方政府基本公共服务的重要保障。政府治理能力是"政府在国家治理体系中运用法律赋予的公权力、采取科学有效的方法将管理社会事务的机制、体制转化为实现对经济社会有效治理的能力，运用国家制度管理社会公共事务、增进人民福祉，实现社会繁荣稳定、和谐发展的能力"[2]。政府治理能力是一种综合性的能力集合。政府基本公共服务数量的充足与否及质量的优劣状况，与政府治理能力的高低密切相关，即政府基本公共服务水平的高低是政府治理能力强弱的表现之一。政府治理能力越强，政府基本公共服务水平越高，反之则政府基本公共服务水平较

---

① 郭小聪、刘述良：《中国基本公共服务均等化：困境与出路》，《中山大学学报》（社会科学版），2010 年第 5 期。

② 米广恩、权迎：《政府治理能力现代化：政府"共谋行为"的运行机理及其治理》，《理论与改革》，2014 年第 3 期。

低。因此，地方政府须将治理能力的提升作为提高基本公共服务质量的途径。首先,服务能力的提高是地方政府治理能力提升的关键所在,也是地方政府基本公共服务供给水平的直接体现，这是地方政府在基本公共服务中硬实力的表现。其次,政府治理能力的提升还意味着政府协同社会力量共同参与基本公共服务的供给，引入社会力量的参与不但不会削弱政府的权威，反而还在一定程度上弥补了政府作为单一供给主体的有限性，扩大并提高了基本公共服务的供给数量与质量，为地方政府基本公共服务的优质高效提供保障。

第四,公众需求的满足是地方政府基本公共服务的目标导向。"服务型政府的一个本质特征就在于以公众需求作为动力的来源，也正是由于服务型政府有着这样的动力来源，其才对公众需求产生了充分的尊重与足够的关注。"[①]地方政府作为基本公共服务的载体,直接面向公众,公众需求的满足程度自然成为地方政府基本公共服务的评价指标，为地方政府基本公共服务提供目标导向。然而在实践过程中,如受访者说道:"尽管地方政府知道公众需求对于政府基本公共服务的意义，但政府的基本公共服务实际上很少顾及公众需求"，即地方政府基本公共服务与公众需求间缺乏紧密联系。因此,政府基本公共服务的供给应该与公众需求形成均衡。一方面,在地方政府基本公共服务的决策过程中,必须将公众的需求和偏好纳入其中,了解公众对政府基本公共服务的实际需求，从而推动地方政府基本公共服务决策过程的科学化与民主化;另一方面,在地方政府基本公共服务的执行过程中,需将代表公众意志的决策付诸实施,而不能只为政府"量体裁衣",实现公众需求导向下地方政府基本公共服务执行与决策环节的一致性。同时,地方政府还须对其提供的基本公共服务进行积极的评估反馈，检查基本公共服务的供给过程是否达到预期目标,是否体现了与公众需求的契合，并在此基础上进一步改进地方政府基本公共服务的策略与方法。

---

① 柏必成:《公众需求:服务型政府的动力来源——兼论服务型政府的本质特征》,《学习论坛》,2014年第9期。

附录Ⅱ 地方政府基本公共服务质量评价的研究报告

——基于六市的调研

　　基本公共服务既是地方政府应当履行的重要职能，又是公众生产生活的重要需求。基本公共服务质量的高低直接关系政府职能履行效率的高低，并影响着民众对政府职能履行的满意程度。其对经济的发展、社会秩序的维护和公众生活水平的提高具有不可忽视的价值。然而基本公共服务的供给只是政府职能履行过程的环节之一，政府基本公共服务质量的高低才是衡量其职能履行状况的重要依据。地方政府基本公共服务质量评价是对地方政府在基本公共服务职能履行上的测评与考核。通过评价环节，一方面，可以对地方政府的供给行为进行监督，有利于防止地方政府在基本公共服务供给中的"扭曲行为"；另一方面，地方政府基本公共服务质量评价还发挥着导向作用，通过对地方政府基本公共服务的供给进行评价，以及时发现并纠正服务实践中的失误与偏差，将其与服务型政府的价值导向紧密结合，以促使地方政府在既定的运行轨迹上朝向行政目标行动。因此，地方政府基本公共服务的履行状况固然重要，但为了保证其服务的有效性，离不开质量评价环节。通过评价环节，可以增强地方政府基本公共服务活动的合理性与可持续性，并由此凸显出基本公共服务质量评价对地方政府的行政实践活动的现实意义。

　　从当前的文献来看，关于地方政府基本公共服务评价的相关文献集中在评价体系的建构上，相关主题如"基本公共服务评价体系""基本公共服务均等化评价体系"等，而关于地方政府基本公共服务评价的实证性研究却较为缺乏。有学者通过对东中西部各省(市、区)的县乡村干部进行问卷调查和实地调研,来研究地方政府对我国农村基本公共服务的供给状况,以及农民对政府基本公共服务的满意度;[①]也有学者通过调查发现,"农村居民对各级政府提供农村基本公共服务的满意度由中央到地方逐级递减,并且,农村基本公共服务供给存在供给主体单一、投入不足、结构失衡和总体满意度不高的问题"[②];还有学者"以吉林省基本公共服务绩效为研究对象,运用因子分析法对吉林省内各市(州)以及吉林省与其他省(市、自治区)的基本公共服务绩效进行了比较分析"[③]。总体看来,关于地方政府基本公共服务质量评价的实证分析仍不够系统、充分。本报告试图通过对当前地方政府基本公共服务质量评价面临的困境进行分析,并结合六市的调研资料,为地方政府基本公共服务质量评价的合理化发展提供思考方向。

本研究组成员于 2013 年 11 月至 2015 年 8 月分别对江西萍乡、甘肃兰州、广西北海、河南新乡、河北秦皇岛和内蒙古阿拉善地区进行了系统调研。受访成员主要来自地方政府相关部门,涉及当地的发改委、财政、教育、文化、扶贫、统计、药监、政策研究、交通运输、人力资源与社会保障等部门。调研方式主要是半结构式访谈,访谈提纲大都于正式访谈前发放,受访者围绕访谈的主要问题,对自己分管的工作予以回应。通过调研,较为深入地了解了地方政府基本公共服务及其质量评价状况。

一、对基本公共服务及其质量评价的认知

(一)对政府基本公共服务的认知

从与受访人员的访谈来看,大多数受访人员基本能够对政府基本公共服务的内涵与覆盖范围作出相对准确的回答。在谈及政府基本公共服务的内涵时,大多数受访人员都将焦点聚集在"为老百姓做实事、做好事";"过去

---

① 参见夏锋:《农村基本公共服务:现状与评价》,《重庆社会科学》,2008 年第 2 期。
② 张开云:《农村基本公共服务:现状评价与路径选择》,《学术研究》,2009 年第 11 期。
③ 徐卓顺、丁晓燕:《吉林省基本公共服务绩效评价》,《城市问题》,2013 年第 8 期。

强调政府的管理,现在说政府的服务,这是一个转变过程";"切实满足老百姓的衣食住行";"政府基本公共服务就是要为基层服务、为人民服务";"我们的身份犹如酒店的服务员";"政府基本公共服务的大前提就是为了咱们的人民、老百姓,以人为本,政府的工作需要围绕人民的需要,人民生活水平的提高以及对生活的满意"等。通过与受访人员的交谈发现,尽管这些回答尚欠缺一定的系统性,也没有一套专业的术语,但从本质上揭示了政府基本公共服务的内涵。政府的基本公共服务是政府满足社会公众基本生活需求的一个过程,同时从历史的发展视角看,也是一个由管理向服务的转变过程。政府基本公共服务实质上就是为老百姓服务,受访者的回答较为准确地抓住了政府公共服务的主体与对象。在谈及政府基本公共服务的涵盖范围时,受访人员从自身的工作性质和工作经验出发,较为系统地涉及了政府基本公共服务的领域,诸如医疗、教育、社保、就业、基础设施等。总体看来,受访人员对政府基本公共服务的内涵与范围有比较准确的认知。

(二)对政府基本公共服务质量评价的认知

通过与受访人员对政府基本公共服务评价体系的内容进行沟通,发现大多数受访人员主要从政府基本公共服务质量评价的主体或指标出发,来探讨对政府基本公共服务质量评价的理解。总的看来,受访人员皆从自己的工作经验和直观认识出发,并能够认识到"人民"是否满意,是评价政府基本公共服务的一项重要指标,但较少能够比较全面且深入地提供政府基本公共服务质量评价的内容。

秦皇岛市多数受访人员在涉及政府基本公共服务质量评价上,都认为个人没有进行过较为系统的研究,但能够认识到,政府基本公共服务评价的主体除了政府自身,还应有人民群众。"人民满意不满意",就是评价政府基本公共服务的一项重要指标。有的提到"人民的生活水平",有的提到"持续不断地提高人民的收入,增加人民群众的幸福感"等。将人民群众纳入政府基本公共服务评价体系中无疑是必要的,说明受访人员对于人民群众作为评价主体的肯定。

阿拉善地区受访人员在谈及对政府基本公共服务评价体系时,尽管能够认识到政府基本公共服务评价的重要主体之一是人民群众，但在现实的行政实践中仍然面临诸多难题。多数受访人员都肯定人民群众这一重要评价主体，能够认识到可以将人民满意或不满意作为评价政府的一项指标，但在现实中，由于各种原因，人民群众难以参与到政府的评价过程中，同时也缺乏一套人民群众参与评价政府基本公共服务的具体程序和方法。此外，从多数受访人员的交谈中也可以看出，由于工作的性质、差异等原因，政府基本公共服务的评价多数情况下由上级领导实施，领导评价所占比重更大，也更容易受到重视。

萍乡市受访人员在认可人民群众是政府基本公共服务质量评价重要主体的前提下，从微观、系统的视角出发，提出应当"从食品是否安全、就医难不难、义务教育阶段学生上学方不方便、社会治安好不好、公共基础设施是否完善、社会保障制度是否健全等方面去衡量公共服务的质量"；"政府基本公共服务质量评价不仅在于结果，还应重视过程，是过程与结果的统一"。

综上所述，鉴于业务性质及其工作实务的限制，受访人员虽难以提供一套系统化、完整性的评价指标，但也能够直观地表达出涉及政府基本公共服务及其评价的一些重要因素，因此上述访谈结果为这一问题的研究提供了直接、具体的一手资料。

二、地方政府基本公共服务质量评价的问题分析

尽管受访人员大都认可政府基本公共服务质量评价的必要性，但是从访谈的情况来看，地方政府基本公共服务质量评价却面临诸多难题，不仅影响着地方政府履行基本公共服务的合理性，还牵涉基本公共服务质量评价的民主化，使地方政府基本公共服务质量评价陷入困境。

（一）评价体系设计缺乏权变性

在访谈过程中，受访人员反映较多的就是当前地方政府基本公共服务质量评价体系的设计缺乏灵活性，不能做到具体问题具体分析，或太过笼统而忽视了特殊情境。萍乡市目前在推行的项目非常多，每个项目都配有一套

评价体系,不仅数量多而且复杂,会耗费大量人力、物力应付评价工作本身。"作为基层政府也希望能够将这些评价体系进行规整,根据其共通之处设置统一规范的指标,并将这部分作为评价指标体系的主要内容(占据评价体系的较大权重),与此同时给地方留出一定的自由空间,根据其具体情况自主设置一些指标(占20%左右)。"兰州市的访谈中也提及,指标体系的过细反而影响了政府基本公共服务的效率,忽视了重点。"指标不能弄得太细、太具体。按照国家总体布局,选择一些就可以,要抓重点。评价体系要针对不同层级、不同部门进行差异化设计。部门不同,职责不同,而且公共服务实现的具体情境不同。比如,主管住建部门的服务对象直接面对的就是自然人,而且涉及的审批事项多,这势必造成的矛盾就比其他部门多,如果都是用同一个指标体系进行评价,那我们部门肯定永远都是最差的。"

(二)评价主体的单一性

当前地方政府基本公共服务评价主体具有单一性的特征,这不仅不利于地方政府基本公共服务质量评价的有效性,还对地方治理创新造成阻碍,直接影响地方政府治理能力的提升。萍乡市受访人员认为:"目前评价工作并非由专门独立的机构承担,也没有为此培育中介机构,评价工作的裁判员和运动员都是政府主管部门,会丧失客观公正的评价立场。在中国,中介机构的处境也很尴尬,本身的可信度很低,一些本应由中介机构来完成的工作由政府取而代之。"兰州市受访人员认为,应当将群众的知晓率、满意度纳入评价体系中,然而这是实践中的薄弱环节之一。秦皇岛市的访谈显示,政府内部评价几乎占据主导地位,尤其是相关领导的意见更是起到决定作用,尽管人民群众是重要的评价主体,但在实践中很少考虑公众的满意度。

(三)评价结果的虚化倾向

评价结果既是对地方政府基本公共服务履行的整体状况的总结和考察,同时又是新一轮基本公共服务履行的导向与前奏,对地方政府基本公共服务能力的提升具有重要意义。然而当前评估结果在一些地方政府犹如"空中楼阁",处于悬置状态,并与领导者的个人意志密切联系。评价结果谁来运用、如何运用非常关键,在中国如果领导不重视、不使用评价结果,评价工作基本上就等同于无用功。"从前期经验看,评价结果的好坏并没有发挥应有的奖惩功能,评价较差的项目或行为在转年并没有改变。"受访者认为,改变这一现状的出路在于公开,通过公开的评审、评价结果的公示,在科学引导的基础上将社会力量、媒体监督纳入评价体系中,推动评价机制的良性运转。

(四)评价手段的滞后性

评价手段的先进与否牵涉评价活动是否具有科学性。从访谈情况来看,评价手段滞后制约了对政府基本公共服务质量评价的效果。"目前,政府工作中的一些过程和结果是不科学的,如果我们有更加完善的信息基础设施,使用先进的管理系统并建立运行良好的政务内网,就可以做到心中有数。"不仅如此,"我们在手段上也有问题,比较落后,可以说过程和结果的问题关键就出在手段上。比如政府在新农合上头花了很多钱,各级政府也承诺做了相应配套,如果信息化建设更加完善,这些资金就能够及时给到政策对象,然而现实是我们的工作手段还很落后。另外,过程的信息目前也是不公开、不透明的,比如'5·12大地震'的捐款,就没有做到公开透明,老百姓就不满意"。可见,评价手段的先进化程度也是制约地方政府基本公共服务质量评价的重要因素。

三、地方政府基本公共服务质量评价问题的原因分析

导致地方政府基本公共服务质量评价陷入困境的原因是多方面的,既有主观原因,又有客观原因。归结起来,主要体现在:"一刀切"的公共服务发展思路的阻碍,地方政府职能转型的迟滞性,地方政府基本公共服务质量评价监督乏力,以及行政信息技术落后的牵制。

(一)"一刀切"的公共服务发展思路的阻碍

"一刀切"的公共服务发展思路更倾向于从整体上、宏观上进行布局,往往容易忽视地方政府的具体情境,致使地方政府在基本公共服务中缺乏变通性与灵活性。由于各地发展情况差异很大,像萍乡这种经济水平相对

落后的地区,政府预算内财政仅够供应政府自身的基本运行,用于公共事业发展方面的资金很少,相对于那些要求更高的公共服务事项,诸如医疗等方面的保障还没有完全做到、做好。但是国家对于这些最基本的公共服务事项并没有给予足够的重视,就"一刀切"地提出更高、更有效率的目标是不现实的。"我们还没有做到基本性都有,就再要求效率了。在公共服务均等化这一问题上同样也应该先谈基本,先将基本公共服务在基本层面上做到每个人都享有,解除个人的后顾之忧(衣食住行),保障个人的基本生存权利,在这个基础上,如果还有能力再加上国家的一部分支持,再想办法发展更高水平、更广泛的公共服务才是更切实可行、更符合地方需求的公共服务发展思路。"

(二)地方政府职能转型的迟滞性

地方政府职能转变的迟滞,是导致地方政府基本公共服务质量评价主体多元性缺失的主要原因。正因为地方政府在行政实践中仍带有管控风格,才在很大程度上压缩了社会主体参与评价的空间。"政府管得过多,管了很多不该管的东西,对企业仍在进行广泛的干预而没有充分发挥市场机制(的作用)。政府干预的多,供养的人员也多,这方面的财政支出压力就大,甚至超过了政府的负担能力。而且在推行一个项目时,政府在选择支持哪一个企业时也不是凭借其市场优势,还是由关系决定,这期间也存在着财政资源的浪费。进一步讲,政府管的太多也造成了更严重的后果。"由此可见,地方政府并未真正处理好与社会的关系,在行政实践中仍带有"全能主义"的遗风。这一方面导致地方政府在基本公共服务质量评价上"一家独大",占据核心话语权;另一方面,不利于社会性主体参与基本公共服务质量的评价过程,既阻碍了社会性主体的自主成长过程,同时还在一定程度上影响了基本公共服务质量评估的民主性。

(三)地方政府基本公共服务质量评价监督网络的缺失

由于监督网络的缺失,地方政府基本公共服务质量评价的过程与结果往往处于一种虚化状态,或形式化的状态。其一,内部监督乏力。如前所述,根据受访者的回答,对地方政府基本公共服务质量评价结果的使用与否,主要取决于领导者的意志。这直接导致两种后果,若领导者重视,地方政府基本公共服务质量评价的结果可能会被使用;若领导者不重视,其将无多大效用。其二,外部监督弱化。作为对政府基本公共服务质量评价的主体,公众本应在质量评价中具有重要发言权,但事实上,公众在对政府基本公共服务质量的评价上处于边缘地位,有的地方政府并未将公众评价作为基本公共服务质量评价的必经环节或者组成部分。与此同时,相比政府内部监督,公众监督所产生的效果更有限,无法在基本公共服务质量评价上对地方政府构成有效制约。因此,内部监督乏力与外部监督弱化,致使地方基本公共服务质量评价监督网络处于缺失状态。

(四)信息化水平落后的牵制

地方基本公共服务质量评价既是一种价值导向活动,同时又是一项技术活动,需要通过必要的行政技术来进一步完善对地方政府基本公共服务的测评。从访谈结果来看,地方政府在信息化水平上还有较大的提升空间,尤其是在信息基础设施与政务内网的建设上还显得比较落后。在大数据背景下,地方政府信息化水平落后必然影响其决策的科学化,不利于地方政府行政效率的提高。同时,地方政府信息化水平落后在一定程度上阻碍了政府信息公开的推进进程。在信息基础设施建设滞后的条件下,不仅仅地方政府自身在信息公开上面临困难,社会公众在有效信息的获取上也面临不便,并可能导致一系列的"非良性循环"。"政府信息资源的封闭导致公众缺乏知情权。知情是公民参与的前提,无知情权就不可能行使参与权和监督权"[①],并进而对地方政府整个行政流程造成一定的影响。

四、解决地方政府基本公共服务质量评价问题的出路

尽管地方政府在基本公共服务质量评价上面临诸多难题,但通过对其产生的原因进行剖析,本报告提出,权变思维的重塑、政府职能的转型、监督

---

① 关云芝:《地方政府绩效评估中的公民参与研究》,《社会科学战线》,2011年第6期。

体系的构建和信息技术的完善是解决地方政府基本公共服务质量评价问题的出路。

（一）权变思维的重塑

在地方政府基本公共服务质量评价的设计上，"一刀切"的质量评价色彩仍然较重，忽视了地方基本公共服务的具体情况，也不利于地方政府对符合自身特点的质量评价的重点领域的把握。权变思维的重塑，并不意味着与统一性的质量评价设计理念的二元对立，而是在参照统一性的质量评价设计下，兼顾不同地区地方政府基本公共服务的特殊性。一方面，地方政府基本公共服务质量评价在设计上需要与当地基本公共服务的特殊需求相一致，不同的地区具有不同的基本公共服务需求，只有将地方政府基本公共服务质量评价与当地公众的需求衔接起来，才能提高评价结果的有效性。另一方面，地方政府基本公共服务质量评价上应有所侧重，由于经济发展水平的差异性，地方政府在基本公共服务供给中也必然呈现差异化。在质量评估的设计上，应适当考虑本地区的重点评价领域，实现基本公共服务质量评价的区别对待。如前所述，有的地区在基础性供给上还未达到标准，就不宜直接按效率指标进行评价。权变思维的重塑，重在对"一刀切"理念的转变，通过地方政府具体情境的考量，推动地方政府基本公共服务质量评价的科学化。

（二）政府职能的转型

尽管政府职能转型一直被学术界所倡导，但从访谈的情况来看，地方政府职能转型并未完全到位。地方政府职能转型的缓慢，不仅不利于构建良好的政社关系，还对地方政府基本公共服务质量评价造成影响。为此，首先针对基本公共服务质量评价，地方政府须界定自身的职能范围，即政府应承担哪些基本公共服务质量评价的职能。通过限定政府在基本公共服务质量评价中的权限，集中精力提升职责范围内的绩效水平。其次，将本应由社会公众分享的基本公共服务质量评价权力让渡出去，承认社会公众对地方政府基本公共服务质量进行评价的主体地位，让社会公众参与到地方政府基本公共服务质量评价活动中。地方政府职能转型，就是要将地方政府从以往的全能主义模式中解放出来，同时引入社会力量参与到地方政府的基本公共服务质量评价实践中，实现地方政府在基本公共服务质量评价上的科学化与民主化的统一，推动地方政府基本公共服务质量评价走向"善治"。

（三）监督体系的构建

监督体系是指"由若干个对权力主体分配和行使权力的过程进行约束、限制、观察和纠正的机制相互联系而构成的一个整体"①。当前地方政府基本公共服务质量评价结果的形式化问题，很大程度上源于监督体系的不健全，并导致地方政府在对待基本公共服务质量评价上的非规范性。监督体系的构建，是在进一步完善相关制度体系的前提下，一方面健全内部监督系统，尤其是加强上级领导者的监督，重视地方政府基本公共服务质量评价活动，并将地方政府基本公共服务质量评价的结果作为地方政府政策制定或改进的重要依据；另一方面，完善外部监督系统，增强社会公众、媒体等的监督力度，其中尤其注重公众对地方政府基本公共服务质量评价活动的监督。这不仅是服务型政府的要义所在，同时还是公众对政府基本公共服务的积极回应。从当前的情况来看，政府的内部监督系统的健全是主导，外部监督系统的完善是重要支撑。通过地方政府基本公共服务质量评价内外部监督体系的完善，促使地方政府关注并落实基本公共服务质量评价的过程与结果，推动地方政府基本公共服务实践的民主化进程。

（四）信息技术的完善

在大数据背景下，信息技术的发展对于公共行政变革具有不可忽视的价值。"信息技术的居间调节作用改变了人们直接经验感知的世界，也改变了公共行政的生态环境。这使得信息技术对于公共行政具有特定的意向性，体现为一些特定的行政价值，如效率、公开、服务、回应、合作和民主等。它建构了公共行政的目的和行为，创造了自主的制度和文化，以至决定了公共行政的价值体系和治理模式。"②从当前我国行政信息发展与基本公共服务质量评价的结合程度来看，地方政府的行政信息化水平还有待完善。

---

① 桑学成、周义程、陈蔚：《健全权力运行制约和监督体系研究》，《江海学刊》，2014年第5期。

② 杨国栋、齐济：《融汇当代信息技术观的行政哲学建构》，《中南大学学报》（社会科学版），2014年第3期。

其一,进一步完善地方政府信息基础设施建设,该设施的不完善是访谈过程中被当地受访人员所诟病的地方。通过地方政府信息基础设施的完善,提高地方政府在基本公共服务质量评价中对有效信息进行搜集、分析和运用的能力,从而提升地方政府对其基本公共服务供给质量进行评估的科学性。

其二,积极拓展公众参与的行政信息平台与空间。在完善地方政府内部信息基础设施的前提下,积极开拓与公众互动参与的行政信息平台与空间。这不仅有利于地方政府从外部获取基本公共服务质量的重要信息,还在很大程度上推动了地方政府的透明化与公开化。信息技术的完善可以促进地方政府与公众在基本公共服务质量评价上的互动,同时也是基本公共服务质量评价合理性的重要保障。

后　记

在当代中国政府行政改革和行政发展中，政府职能转变无疑是重中之重。改革开放四十余年来,政府职能配置发生了两次重要调整:一是走向和建立社会主义市场经济阶段的以经济建设为中心的职能配置，二是服务型政府建设阶段的以公共供给适应公共需求为中心的职能配置。自2004年中央首次提出努力建设服务型政府以来，政府的服务职能越来越得到中央和地方的重视。2008召开的中共十七届二中全会所作出的《关于深化行政管理体制改革的意见》,对政府未来的行政改革作出了整体考虑和规划。该意见提出,到2020年建立起比较完善的中国特色社会主义行政管理体制。通过改革,实现政府职能向创造良好发展环境、提供优质公共服务、维护社会公平正义的根本转变。因此,近十余年来,建设服务型政府,实现基本公共服务均等化,以及提升政府公共服务质量就成为政府改革和发展中的主题词。

为了适应服务型政府建设的理论研究和相关实践的需求，探索进一步提升政府公共服务质量的方法和路径,2012年本人牵头申报了国家社科基金重点项目"政府公共服务质量评价体系研究"。项目获批之后,组织相关教师和研究生就选题研究重点、范围、方法和技术路线等再次修改完善;为了掌握地方政府公共服务及其评价的具体实践,课题组先后赴江西萍乡、广西北海、河南新乡、甘肃兰州、河北秦皇岛和内蒙古阿拉善等地区进行实地调研。此外,在本课题计划实施过程中,引导、鼓励相关专业的研究生就具体领域的公共服务及其评价展开研究,从而实现了科学研究和人才培养的双重目标。

本书由本人列出研究框架,具体写作分工如下:导论:沈亚平,第一章:

汪圣、陈建,第二章:张宇,第三章:金雅楣、侯霁桐、曾佳慧、汪圣,第四章:陈良雨、贾源,第五章:陈建、周冰玉,第六章:刘志辉,第七章:李瑛,第八章:李洪佳,第九章:马原。

　　本课题于 2018 年结项之后,对原有结项报告进一步修改,并由我最后修改定稿。本书借鉴了相关领域已有的研究成果,特向研究者表示感谢;同时感谢参与本课题调研的地方政府机关的领导和公务人员,感谢天津人民出版社的领导和编辑同志。对于书中内容的不当之处,欢迎业内同行和读者批评指正。

沈亚平

2019 年 10 月于南开

"南开公共管理研究丛书"书目